国家自然科学基金重大项目（71991480，719914
国家自然科学基金面上项目（72371229）
河北省教育厅科学研究项目（JCZX2024002）

U0500030

产业链视角的
稀土上市公司股价波动
量化因果关系研究

董志良　高湘昀 ◎ 著

中国财经出版传媒集团

经济科学出版社
Economic Science Press

·北 京·

图书在版编目（CIP）数据

产业链视角的稀土上市公司股价波动量化因果关系研究／董志良，高湘昀著．--北京：经济科学出版社，2023.12

ISBN 978-7-5218-5421-3

Ⅰ.①产…　Ⅱ.①董…　②高…　Ⅲ.①稀土金属-上市公司-股票价格-经济波动-研究-中国　Ⅳ.①F426.32

中国国家版本馆 CIP 数据核字（2023）第 233745 号

责任编辑：张　蕾
责任校对：杨　海
责任印制：邱　天

产业链视角的稀土上市公司股价波动量化因果关系研究

董志良　高湘昀　著

经济科学出版社出版、发行　新华书店经销

社址：北京市海淀区阜成路甲 28 号　邮编：100142

应用经济分社电话：010-88191375　发行部电话：010-88191522

网址：www.esp.com.cn

电子邮箱：esp@esp.com.cn

天猫网店：经济科学出版社旗舰店

网址：http://jjkxcbs.tmall.com

固安华明印业有限公司印装

710×1000　16 开　24 印张　440000 字

2023 年 12 月第 1 版　2023 年 12 月第 1 次印刷

ISBN 978-7-5218-5421-3　定价：108.00 元

（图书出现印装问题，本社负责调换。电话：010-88191545）

（版权所有　侵权必究　打击盗版　举报热线：010-88191661

QQ：2242791300　营销中心电话：010-88191537

电子邮箱：dbts@esp.com.cn）

前　言

稀土是有"工业维生素"之称的战略资源，根据矿物特质差异被分为轻稀土和重稀土两类，多应用于军事、冶金工业、石油化工等领域，因此稀土产业的发展对于现代工业发展至关重要。稀土产业链是具有某种内在联系的稀土企业群结构，产业链上、中、下游环节分别负责稀土矿开发、稀土冶炼分离以及深加工及应用。各环节之间存在着供需关系和相互价值的交换，上游环节向中下游环节输送产品或服务，下游环节向上游环节反馈信息，每个环节变动都将影响着其发展方向和投资者、消费者的决策。

根据国务院2012年发布的《中国的稀土状况与政策》白皮书所述，中国稀土行业的快速发展，不仅满足了国内经济社会发展的需要，而且为全球稀土供应作出了重要贡献。长期以来，中国认真履行加入世界贸易组织的承诺，遵守世界贸易组织规则，促进稀土的公平贸易。当前，中国以占全球23%的稀土资源承担了世界90%以上的市场供应。中国生产的稀土永磁材料、发光材料、储氢材料、抛光材料等均占世界产量的70%以上。中国的稀土材料、器件以及节能灯、微特电机、镍氢电池等终端产品，满足了世界各国特别是发达国家高技术产业发展的需求。

但由于一些历史客观原因，导致我国稀土产业一直缺乏市场话语权。因此，不断提升我国稀土行业集中度，提高市场话语权成为我国稀土产业的发展趋势。

我国稀土行业曾长期存在行业布局混乱、非法稀土交易猖獗等乱象。2011年，工信部提出组建"1+5"全国大型稀土集团方案，即形成北方一家稀土公司和南方五家稀土公司的新格局。之后，六大集团的组建方案于2014年获得批准。

为了进一步规范稀土行业发展，2015年初，工信部提出到2015年底前，国内六大稀土集团要整合全国所有稀土矿山和冶炼分离企业，实现以资产为纽带的实质性重组。经过行业整合，到 2016 年，产业集中度有了大幅度提升。中国五矿、厦门钨业等六大稀土集团整合了全国 23 家稀土矿山中的 22 家企业和 59 家冶炼分离企业中的 54 家企业。此时，由六大集团主导稀土生产的格局已基本成形。

虽然 5 年前稀土行业进行整合使行业集中度和规范度得到了较大幅度的提升，但现实中存在的问题仍然十分突出：一方面，稀土初级产品的产能严重过剩。虽然经过整合，稀土冶炼分离的产能已经从 40 万吨压缩到 30 万吨，但相比 10.5 万吨的最终产量，产能过剩的问题仍较为突出。此外，在巨额经济利益的驱动下，违法开采的现象仍然存在。

另一方面，行业内部竞争过大。尽管稀土产能由六大集团所整合，然而，其下属的生产企业有很多还是独立的决策单元。在稀土供过于求的市场环境下，稀土企业之间的竞争激烈。稀土作为重要的战略资源，目前我国还是以出口为主，大量低价的稀土出口，相当于变相用国内资源和环境损耗对国外企业进行补贴。

基于以上原因，我国未来的稀土行业国家政策仍然是以提高产业集中度，增强国际竞争力为主要发展趋势。在这一背景下，我国稀土产业上游企业的国际竞争力将日益增强，其上市公司股价波动对中下游企业的股价波动影响也会日趋明显。

本书从多角度研究了股票价格时间序列波动关系的研究方法，构建了股价量化因果关系分析与预测模型，从网络的角度对稀土产业上市公司股票间价格波动因果关系进行计算和预测，并据此分析其波动传导关系。主要研究工作和创新性成果如下。

（1）采用多种方法从不同角度选取不同研究对象，研究价格时间序列、股票价格时间序列间的波动关系特征，为更全面认识股票价格时间序列间的联动关系奠定了更为坚实的基础。

（2）构建股票间价格波动量化因果关系网络模型，对稀土产业上市公司股票间价格波动因果关系进行分析，以此探索全球稀土产业链各环节以及各地区间公司的关系。运用量化因果关系分析模型和复杂网络方法，从稀土产业上市公司间股价波动量化因果关系对稀土产业链各环节以及各地区间关系进行了分析，并给出各环节公司间的主要波动传导路径。

（3）构建了量化因果关系网络演化模型，把滑动窗步长作为变量加入量化因果关系模型，计算各滑动窗内的稀土产业上市公司股票间价格波动量化因果关系，并以计算结果研究了稀土产业链各环节的关系以及股票间的波动传导关系和传导路径的演化特征。

（4）以循环神经网络方法 LSTM 为基础构建了基于量化因果关系演化网络数据的 LSTM-TDD 因果关系预测模型，其明显提高了强因果关系预测精度和预测效率，同时也对预测结果进行了趋势分析。

笔者多年来一直从事我国战略性矿产资源相关投资、供给安全、国际贸易等相关研究和教学工作，积累了大量相关研究基础，本书的基本定位是：从创新研究方法和研究视角上对稀土产业链上的相关上市公司股价波动量化因果关系进行研究和分析，希望借此能对稀土产业链各环节以及各地区间稀土产业上市公司在股票市场中的波动传导作用提出规律性的认识，以此能较好地为股票市场各类参与主体提供决策支持。同时，所构建的预测模型能较好地预测强因果关系，对于投资者的投资决策也具有非常好的指导意义。

笔者的研究和建议只是基于自我认知和多年研究的积累，仅供读者参考，不敢做定论。

本书在写作过程中有河北地质大学李百华老师、安海岗老师、董晓娟老师和安素芳老师的参与、支持和帮助，同时，还有笔者的研究生王林夕、王子洋、贾妍婧同学，以及中国地质大学（北京）的武涛、王孝轩、魏红玉、习忭、赵怡然、司景舰等同学的参与协作，在此对他们表示感谢。同时，出版经费由国家社科基金一般项目"互联网＋"对京津冀传统产业价值链的破坏性重构作用机理研究（17BGL202）资助，在此一并致谢。

董志良　高湘昀

2023 年 8 月 22 日

目 录
Contents

第 1 章

绪　论

1.1　研究背景

　　稀土是有"工业维生素"之称的战略资源，根据矿物特质差异，可分为轻稀土和重稀土两类。稀土产业链是具有某种内在联系的稀土企业群结构，产业链上、中、下游环节分别负责稀土矿开发、稀土冶炼分离以及其深加工及应用。各环节间存在产品和价值的流动，从上游向中游、下游传递产品，从下游向上游传递价值和信息，每个环节的变动都将影响其他环节以及自身的发展方向和投资消费决策。

　　中国是全球最大的稀土生产国，也是世界上唯一能够提供全部 17 种稀土金属的国家，特别是军用重稀土。据国务院 2012 年发布的《中国的稀土状况与政策》白皮书所述，中国稀土行业的快速发展，不仅能满足国内经济社会发展的需要，而且为全球稀土供应做出了重要贡献。中国稀土开采量长期位居世界首位，根据美国地质勘探局（USGS）官网数据显示，2021 年中国稀土矿开采量为 16.8 万吨，中国稀土产量在 2021 年又恢复至占全球市场的 60%；第二名是美国，其在 2021 年的稀土开采量约为 4.3 万吨，同比新增了 10.3% 左右。当前，中国以 23% 的稀土资源承担了世界 60% 以上的市场供应。中国生产的稀土永磁材料、发光材料、储氢材料、抛光材料等均占世界产量的 70% 以上。中国的稀土材料、器件以及节能灯、微特电机、镍氢电池等终端产品满足了世界各国特别是发达国家高技术产业发展的需求。

　　但由于一些历史客观原因，我国稀土产业一直缺乏市场话语权。因此，不断提升我国稀土行业集中度，提高市场话语权成为我国稀土产业的发展趋势。

　　我国稀土行业曾长期存在行业布局混乱、非法稀土交易猖獗等乱象。

2011 年，工信部提出组建"1+5"全国大型稀土集团方案，即形成北方一家稀土公司和南方五家稀土公司的新格局。之后，六大集团的组建方案于 2014 年获得批准。为了进一步规范稀土行业发展，2015 年初，工信部提出到 2015 年底前，国内六大稀土集团要整合全国所有稀土矿山和冶炼分离企业，实现以资产为纽带的实质性重组。经过行业整合，到 2016 年，产业集中度有了大幅度提升。中国五矿、厦门钨业等六大稀土集团整合了全国 23 家稀土矿山中的 22 家企业和 59 家冶炼分离企业中的 54 家企业。此时，由六大集团主导稀土生产的格局已基本成形。

基于以上原因，我国稀土行业未来的国家政策仍然是以提高产业集中度，增强国际竞争力为主要发展趋势。在这一背景下，我国稀土产业上游企业的国际竞争力将日益增强，其上市公司股价波动对中下游企业的股价波动影响会日趋明显。

稀土产业特点较为突出，上游企业以我国企业为主，企业集中度不断提高，国际话语权逐步加强，但是我国稀土上游产业集中度低、企业两极分化情况严重。中游产品稀土永磁材料消耗了上游近50%的稀土，且稀土永磁产业是我国为数不多的在国际竞争中具有重要竞争优势和影响力的稀土类产业之一，具备了较强的国际竞争力，但是除稀土永磁类企业外，其他类型产品企业以日韩和欧美企业为主。下游则是日本企业占据了绝大多数。稀土类上市公司的特点主要是规模大或技术含量高，产业上中下游之间关联度强。

股票价格为宏观经济的"晴雨表"，研究全球稀土产业链上、中、下游所包含的各类稀土上市公司股票价格之间的波动传导规律，不仅能从全局视角分析稀土产业上市公司股票间价格波动传导规律，并且能够了解稀土产业链中处于风险传导关键位置的上市公司，还可以尝试为稀土产业链上的市场参与者防控市场波动风险提供一定参考，帮助稀土相关企业、投资者等进行合理投资决策。

股票波动具有高维复杂性特征，体现在以下几个方面。

第一，股票价格波动受多种因素影响。股票价格本身受上市公司经营情况、财务状况等方面的直接影响（李岳，1998），同时也受外部各类因素的影响，包括汇率（Abdalla and Murinde，1997）、能源价格（温晓倩、魏宇等，2012）、情绪等。而经济系统本身容易受公众情绪影响（Bollen and Pepe et al.，2009），股票市场对投资者情绪的影响更为显著（王美今、孙建军，2004）。因此股票价格波动受公司内外、产业上下游关系、主观客观等多种类影响因素控制，使其具有高维复杂性特征。

第二，股票价格波动会在股票市场内部各类股票间进行级联传导。由于股票市场本身存在供需平衡关系，在资金总量变化不大的情况下，股票价格的涨跌就会形成对市场资金的竞争关系（张金清、刘烨，2010），导致股票价格波动直接影响其他股票价格，进而形成级联传导。

第三，股票价格波动传导具有动态性。股票价格波动本身是非线性、非平稳过程，并且具有突变性（侯建荣等，2008），这种突变性可能受外部多种因素，包括政策、"黑天鹅"事件等的影响。而这种突变性波动形成的传导关系与常规传导关系并不一致，使得传导关系变得不稳定，由此也增加了股票价格波动传导的复杂性，使投资者和监管者很难依据常规传导规律对股市变化进行预测和管控。

基于以上股票市场价格波动传导关系的高维复杂性特征，对股票市场股票间价格波动传导的预测就成为一个研究的热点话题，同时也是难题。目前，学者主要依据股票间价格波动传导机理，运用各类计量经济方法对传导关系进行预测，但由于股票市场的复杂且海量数据的特征，分析难度较大，且预测精度不高。因此，选用对复杂系统更具解析能力、对海量数据更具高效处理能力的方法进行相关预测，才能有效提高预测精度。

1.2 研究目的与研究意义

1.2.1 研究目的

本书通过构建量化因果关系检验模型，从产业链视角研究稀土上市公司股票价格间波动量化因果关系及其网络特征，并运用演化方法，通过股票价格间波动量化因果关系网络研究产业链各环节、各地区间企业间关系的演化特征，同时构建机器学习模型，对强因果关系进行预测，以此了解未来稀土产业链各环节间、各地区间企业股票波动的内在联系，挖掘波动关联性的可靠规律，并为股票市场参与主体提供更为科学的决策参考依据，研究目的如下。

（1）根据稀土产业上市公司股票价格间因果关系，挖掘稀土产业链对股票价格波动关系影响的规律。稀土产业有特殊的规律，要掌握稀土产业链各环节间的相互关系，就需要通过稀土产业上市公司间股票价格波动因果关系特征进行印证。然而，股票间价格波动关系维度高、复杂程度高，同时还具有时变特征。在这种情况下，要很好地掌握波动关系的变化规律并对未来关系做出预测的难度就比较高，因此，本书通过构建量化因果关系模型，对股票间的各类因果关系进行计算，并依据计算结果构建强因果关系网络，以此挖掘稀土产业链各环节企业间的关系，以及各地区企业间的关系。

（2）预测稀土产业上市公司间股票价格波动因果关系，并为掌握其因果关系的未来变化提供可靠的预测方法。基于此目的，就需要构建股票价格间波动量化因果关系预测模型。由于高维复杂系统预测难度较高的特点以及因果关系预测的目的，我们结合循环神经网络基本原理，在长短期记忆模型的基础上，对模型的算法和学习过程进行了创新，构建的模型能够很好地预测股票价格间强波动量化因果关系，并针对预测结果进行产业链各环节关系特征进行分析，丰富了金融类时间序列间相互关系预测方法，并且能为市场各参与主体提供重要参考。

1.2.2　研究意义

本书对稀土产业上市公司股票价格间波动因果关系进行了研究，并结合稀土产业的特点，对产业链各环节以及地区之间的关系进行分析，构建了一个符合股票价格间波动因果关系预测需求的预测模型，具有重要的现实意义，同时也具有一定的理论意义。

（1）理论意义。根据股票价格波动的高维复杂性特征，通过集合相空间重构、符号动力学、滑动窗方法，构建量化因果关系模型，以此获得稀土产业上市公司股票间波动正向因果关系、负向因果关系和不明因果关系，比较全面地反映股票价格间波动的因果特征，并根据因果关系特征，分析产业链各环节间的关系以及各区域间的关系，同时结合循环神经网络模型，构建了适合股票价格间波动因果关系的预测模型，丰富了时间序列预测方法。

本书通过对股票间价格波动因果关系的研究反映产业链各环节间的关系，是对产业链关系研究的一种补充。

（2）现实意义。本书对稀土产业链各环节以及各地区间稀土产业上市公司在股票市场中的波动传导作用提出了规律性的认识，能很好地为股票市场各类参与主体提供决策支持。同时，所构建的预测模型能很好地预测强因果关系，对于投资者的投资决策具有非常好的指导意义。

1.3　研究内容、科学问题及创新点

1.3.1　科学问题

稀土产业链上市公司股票间价格波动量化因果关系及其演化特征和预测这个科学问题，可以分解为以下三个子问题。

（1）稀土产业链上市公司股票间价格波动实际因果关系识别问题。

（2）股票间价格波动量化因果关系动态演化特征。

（3）股票间价格波动因果关系预测机理。

1.3.2　研究内容

基于前述科学问题，本研究共包括以下三方面内容。

（1）构建股票间价格波动量化因果关系模型，并对稀土产业上市公司股票间价格波动因果关系进行分析，以此探索全球稀土产业链各环节以及各地区间公司的关系。

（2）构建股票间价格波动量化因果关系演化模型，对稀土产业上市公司股票价格时间序列每个滑动窗的价格波动因果关系进行分析，以研究全球稀土产业链各环节间以及地区间的关系演化特征。

（3）以循环神经网络方法 LSTM 为基础，构建基于因果关系演化网络数据的股价间波动强因果关系预测模型，并对预测结果进行趋势分析。

1.3.3　创新点

本书在借鉴前人相关研究的基础上，在方法和研究内容方面进行了创新，

主要有以下三点。

（1）运用模式因果关系分析方法，融入实际因子，构建了稀土产业链上市公司间股价波动量化因果关系网络模型。对稀土产业链各环节以及各地区间关系进行了分析，找到了主要波动传导路径。

（2）引入时间要素，对量化因果关系网络模型进行改进，构建了动态量化因果关系网络演化模型，并以此研究了稀土产业链各环节间关系以及股票间的波动传导关系和传导路径的演化特征。

（3）构建了基于因果关系演化网络数据的 LSTM – TDD 因果关系预测模型，明显提高了强因果关系预测精度和预测效率，并对预测结果进行分析，找到了主要波动传导路径。

1.4 研究方法与技术路线

1.4.1 研究方法

研究方法主要包括以下几种。

（1）文献研究法。通过收集稀土、股票、股价波动因果关系理论、复杂网络相关理论、神经网络理论等方面的已有文献，了解学术界对相关研究的现状以及相关理论方法，挖掘研究热点趋势和研究存在的问题，并为解决该问题提出合理的研究思路和框架，以及相应的理论基础。

（2）量化因果关系方法。利用相空间重构方法，对具有高维复杂特性的股票时间序列数据进行非线性动力系统的恢复和刻画，用重构的吸引子映射不可直接观测到的原系统上的点的特征；再利用符号动力学方法将吸引子上的点模态化，以有效降低噪声的影响；最后利用稀土产业链上市公司股票时间序列重构的吸引子邻域的模态特性来分析它们之间因果关系，计算两只股票价格时间序列的因果关系强度。

（3）复杂网络分析法。复杂网络分析方法是一种能够很好地刻画系统特征的分析方法，系统整体指标和个体指标都可以通过复杂网络方法得出。根据股票价格波动因果关系系统的特点，选取因果关系网络的入度、出度、中介中心性和聚类系数等参数进行系统特征分析，以此描述稀土产业上市公司股票价格间波动因果关系特征。

（4）神经网络法。神经网络法在时间序列预测任务方面有很好的效果，因此本研究根据稀土产业上市公司间股票价格波动因果关系预测任务，对循环神经网络中的长短期记忆模型（LSTM 模型）进行改进，以此预测未来股票价格间的强波动因果关系。

1.4.2 技术路线

在对现实发展和学术史进行梳理的基础上，提出本书要解决的问题，即稀土产业上市公司股票间价格波动量化因果关系及其演化特征和预测。以全球稀土产业上市公司股票价格波动为研究对象，总体研究思路共分为五步。

第一步，对获得的稀土产业上市公司股票收盘价数据进行预处理，运用相空间重构方法还原混的吸引子，在利用符号动力学去除噪声干扰的同时构建模态，对模态进行加权平均，以获得量化因果关系。之后，再考虑现实因素，加入地区因子、主营产品占比、加权净资产收益率等因素，形成量化因果关系模型，并以其计算结果构建复杂网络。

第二步，对第一步构建的稀土产业股票价格间因果关系网络进行分析，主要涉及强度分析、强因果关系网络的加权度、中介中心性和聚类系数等指标分析，并按产业链环节，找出最大波动传导路径。

第三步，对量化因果关系模型进行改进，把涉及滑动步长和窗体长度的时间标度加入模型，以此形成量化因果关系演化模型，并据此构建复杂网络，对新形成的 84 个复杂网络进行对比分析，找出因果关系在时间尺度上的变化规律。

第四步，根据演化模型计算的 84 组量化因果关系矩阵，对 LSTM 模型进行改进，改变其输入方式和矩阵计算方法，设计 LSTM-TDD 模型，以此预测稀土产业上市公司股价波动因果关系，并做预测数据分析。

第五步，总结对稀土产业上市公司间股价波动量化因果关系的规律、演化规律以及预测模型，并给出相应的对策建议。

本书的整体技术路线如图 1-4-1 所示。

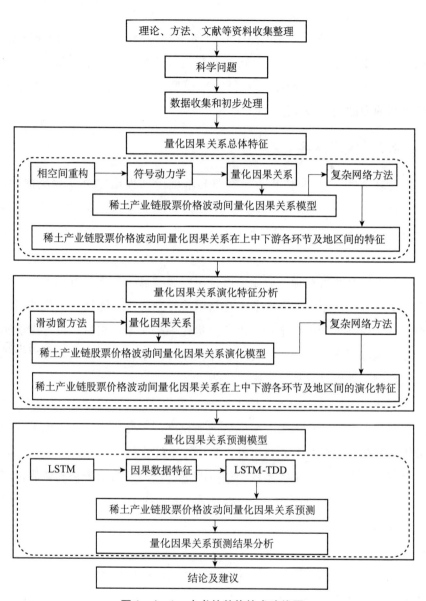

图1-4-1 本书的整体技术路线图

| 第 2 章 |
文献综述

本书主要涉及稀土产业链相关研究，尤其是稀土产业链投资领域；股票市场的波动关联关系研究及其与复杂网络结合的应用研究，更主要的是因果关系相关的研究；神经网络在时间序列预测方面的研究。这些研究近年来热度均较高，研究成果较多，因此需要从众多研究成果中梳理出研究的热点方向、发展趋势以及存在的问题，为本书提供理论空间。

2.1 稀土产业及其相关研究

目前，学者们对稀土及稀土产业的相关研究主要集中在对全球稀土资源开采的影响、稀土对环境方面的影响（Cai，2013；Rim，Koo et al.，2013；Xiang，Zhang et al.，2016）、中国稀土产业政策（Wübbeke and Jost，2013；Hayes-Labruto and Schillebeeckx et al.，2013；Wang and Ge et al.，2017；邱南平、徐海申等，2014）、稀土资源的供求状况及预测、稀土产业链发展情况以及关于稀土股市投资等方面。

2.1.1 稀土资源产业链、供求状况及其预测研究

目前，对于稀土产业链发展方面的研究，主要是对中国稀土产业链，对于全球稀土产业链的研究只限于对于产业链中供需链部分的研究且集中于上述对于供需状况的分析与预测。对于中国稀土产业链的研究一方面是对产业链情况做出评价与分析：张丽颖等（2012）对稀土产业链进行了综合绩效评价；杨斌清（2012）对江西稀土产业链进行了 SWOT 分析研究。

另一方面是对稀土产业链发展的影响因素研究：董娟等（2021）分析了中国稀土产业财政支持效率及其影响因素；吴一丁等（2020）立足于效率和风险两大驱动因素分析了阻碍稀土产业链延伸的主要因素；吴一丁等

（2021）研究得出稀土原料供应价格不稳定性不利于我国稀土产业升级。除关于中国稀土产业链的研究外还有关于俄罗斯稀土产业发展趋势的探究（Glushchenko and Nechaev et al.，2017）。

关于稀土资源的供求状况及预测的研究也较多。严广利和钟学（2020）使用面板数据分析方法对国际稀土供需进行研究，发现稀土需求量总体呈下降趋势。有研究发现世界稀土产量在过去几十年里持续增长（Wang，Guo et al.，2020）。邱南平等（2014）对全球稀土供应现状及未来趋势进行了分析。李振民等（2016）研究了世界稀土供应变化趋势，通过定量和定性分析，认为近年来世界范围内稀土供应国家将逐渐增加，中国稀土供应量占世界比例将下降，世界稀土矿产品的供应将呈现多元化的供应格局与趋势。

罗拉特等（Rollat et al.，2016）在考虑供需平衡的前提下预计2020年欧洲不会出现任何重大稀土供应短缺，且一些重稀土的供应将大大超过需求。由于中国在全球稀土生产中的主导地位和稀土终端产业的不断发展，研究中国稀土供应趋势逐渐成为热点话题。王西博和雷亚利（2015）采用Weng广义模型预测了三种主要生产于中国的稀土的产量。构建动态可计算均衡模型（DCGE）预测了2025年中国稀土产量、国内供应和出口（Ge，Lei et al.，2016），以及对中国稀土元素生产趋势和Hubbert峰值进行预测（Wang，Yao，et al.，2017），结果显示到2040年中国稀土元素产量将达到峰值，随后将缓慢下降。

这些研究为中国和世界稀土元素市场及稀土相关产业的可持续发展提供了一定参考。

2.1.2 稀土产业相关资本市场研究

对于稀土资本市场的研究以及投资方面的研究，一方面是对稀土股市投资价值及其结构的研究，郭磐（2016）对我国稀土资源类股票进行了投资价值分析，并对稀土类股票价格进行了估值与预测。考克斯等（Cox et al.，2017）研究了2010~2012年稀土危机前后以及期间的稀土市场投资演变。尚园等（2021）以北方稀土为例对其进行了投资价值分析。朱景和等（2002）对中国稀有稀土金属行业上市公司股权结构进行了分析并提出了改进策略。刘知博等（2011）运用最优控制理论构建模型分析了中国稀土类上市公司股票收益与市场结构间的关系。

另一方面是将稀土股市与其他行业相关联进行分析,雷布雷多等(Reboredo et al.,2020)运用马尔可夫区制转换向量自回归模型分析了稀土股与金融市场之间的价格溢出效应。陈宇锋等(2020)考察了国际原油、新能源和中国稀土市场之间的波动溢出效应和动态相关性。布里等(Bouri et al.,2021)分析了稀土股指数与清洁能源、消费电子、电信、医疗设备、航空航天和国防指数之间的动态回报和波动关联,结果表明极端市场情景对收益和波动连通性动态都有很强的影响。郑彪等(2021)研究了中国可再生能源和稀土市场的不对称连通性和动态溢出,并以网络连通性的形式描述了可再生能源和稀土市场企业之间的风险转移。

2.2　股票市场联动关系及波动传导研究

股票市场的联动效应非常复杂,不同市场主体,不同市场环境对的市场情况也不尽相同,其间的联系与影响情况仍亟须研究,针对以上问题,有研究人员做了很多研究。

2.2.1　股票之间价格波动存在紧密的联动关系

股票市场与很多金融系统之间存在密切的关联,同时股票市场内部存在多种因素影响,相互之间的关系非常紧密,因此其波动关联关系也就呈现复杂关系,很多学者对其进行了研究。

王户等(2019)通过构建多层网络分析中国金融衍生产品市场网络、银行间内部网络对系统性风险的营销,发现银行内部网络密度越大,金融系统的系统性风险越低。李岸等(2016)通过建立收益率网络和DCC-MVGARCH模型波动率网络对中国股票市场国际联动性进行实证分析。

李本田和皮德昌(2018)利用复杂网络方法构建了三个加权网络,对2005～2010年全球主要股指受2008年全球金融危机的影响进行了分析。陈功和潘棠(2019)利用传递熵构建股票市场网络,研究危机爆发情况下的股票市场。

2.2.2 产业链联结关系对股票波动影响研究

产业链是指各个产业部门之间基于一定的技术关联，依据特定的逻辑关系和时空布局关系客观形成的链条式关联关系形态。早期经济学家们在 17 世纪就对产业链进行了研究，虽然产业链的思想只是停留在了抽象概念方面，在国富论中，亚当·史密斯（Smith，2008）从宏观的劳动及专业化分工角度进行分析提出的劳动分工理论。赫希曼（Hirschman，1958）第一个对产业链进行了理论研究，分析产业供应消费的前后向关系对经济的影响。不只是经济学领域，波特和迈克尔（Porter and Michael，1985）提出供应链理论与价值链理论，将产业链研究广泛应用于管理学领域。

近年来，产业链也逐渐被拿来与金融服务、金融创新相结合研究，高华彬等（2017）研究如何在国家宏观政策和自身因素限制下，有效发挥金融机构在产业链中的作用。戈德塞尔等（Godsell et al.，2009）研究供应链整合的弊端，从战略联盟角度出发揭示破坏性的价值活动，为金融分析师提供策略和建议。目前，国外学者主要是对价值链与供应链上的股票进行相关研究。

郭燧、李华姣（2020）研究石油市场的产品在不同领域价格的传导，按照现货期货研究石油与股票市场等的传导关系，引入了结构端点的方法从不同时期研究价格动态传导关系，但是存在着不足，只集中在个体的传导，而不能从整体把握石油市场各个组成部分。吴烨（2013）研究国际铜价的波动对我国上中下游产业链的影响，提出国家储备和企业储备同时进行的建议。饶育蕾等（2017）则是通过铜的价格波动研究对上市公司股价的影响，通过构建敏感度指标指出其铜作为大宗商品，其宏观金融属性价格波动直接对股市产生影响。杨艳琳等（2015）从产业链出发研究金融产业链，明确定义和内涵，选取股票、期货和互联网金融产品进行产业构建，提出了金融产业链纵向基本形态表现不明显，横向产业链不完善的缺点，并给出金融市场改革建议。石智超等（2016）从产业链的角度，通过股价的波动关系分析市场间的传导关系，利用格兰杰因果关系研究进行分析，发现价格波动与上下游的影响关系。

从产业链的逐步完善发展，再到研究产业间的关联性，将产业链内部组成间的联系与金融、股票波动之间存在一定的因果关系，因此两者结合研究具有理论依据和基础。

2.2.3　因果关系研究

多只股票之间价格波动的相关、因果、协整等关系是复杂性科学的重要组成部分。但是相比于相关关系，因果关系更能够探索复杂系统内在规律的核心问题。近年来，有很多学者运用了多种方法对因果关系进行研究，有学者因为对因果关系的研究获得诺贝尔经济学奖（David Card，Joshua D. Angrist and Guido W. Imbens），也有学者因此获得图灵奖（Judea Pearl）。

2.2.3.1　格兰杰因果检验

Granger 因果关系检验是一种历史悠久的传统度量方法。因果分析的思想首先是韦纳（Weiner，1974）提出的，他认为如果加入第二个变量能使得第一个变量的预测精度提高，则第二个变量是第一个变量的因，否则不是。郭水霞（2008）认为这是一种很直观的思想，但是在实际问题中却存在很多问题，导致不好应用。格兰杰于 1969 年将 Wiener 的思想引入到时间序列因果关系中，并且完成了公式化，形成了著名的格兰杰因果检验（Granger，1979）。

目前，该方法在经济学、金融学、生态环境研究等领域得到了广泛应用（韩智勇、张旭光、刘春霞等，2015；谭程午、夏利民等，2018；Xu，2019；陈赫岩、施国良等，2019）。魏红玉等（2021）以锆、铬、钴、锂、铝等十种战略性金属矿产为研究对象，通过对矿产价格间的关系进行格兰杰因果关系检验对矿产资源的价格联动效应进行了研究。李伟伟（2017）在对不同大类蔬菜价格波动特征分析的基础上，基于居民日常蔬菜品种十年的价格数据，构建多品种蔬菜价格波动因果关系网络，分析了不同蔬菜品种价格波动的影响范围与被影响范围、媒介能力、社团特征等参数。布林克利（Brinkley，1999）使用格兰杰因果分析方法探讨了影响酒精消费的社会、人口和经济因素之间的关系。王丹等（2020）通过量化格兰杰因果关系网络中金融机构之间风险传递的影响分析了金融网络互联对宏观经济的预测能力。张蕾等（2020）使用 2013～2019 年不同体育行业代表股票的日收益波动值做因果关系的联动性检验，发现同行业股票内的联动性较弱，但体育业间股票收益波动的联动性较强。

多变量时间序列的关系研究是复杂性科学的重要内容，如相关关系、因果关系、协整关系等。因果关系是探究复杂系统内部规律的一个核心问题。传统的因果关系研究主要经历了从计量方法到动力学方法，从线性领域到非线性领域的两个时期。

2.2.3.2　非线性因果检验

Granger 因果关系检验基于线性自回归模型，在线性领域取得了令人满意的结果。然而，现实生活中的复杂系统往往是非线性的，传统的线性格兰杰因果检验并不能很好地解释现实系统间的关联。由此，国内外学者对非线性格兰杰检验以及基于传统的格兰杰因果检验展开了优化研究，并得到了广泛应用（曾志坚、谢天赐等，2021；Wang，Xie et al.，2013；Cao，Zhang et al.，2017；张爱英、赫永达、文红，2020）。陈向阳等（2021）将线性和非线性格兰杰因果检验结合起来，综合检验各碳交易试点地区的碳收益率与股票市场整体的相关性；面对剧烈波动的系统，洪勇昌等（2009）基于衡量极端风险的统计量 VAR 的格兰杰因果关系模型，可以用于刻画金融市场的剧烈波动尤其是不同市场之间的极端运动是否存在风险溢出效应。特瑞尔和米利美特（Terrell and Millimet，2012）提出了在分位数上的格兰杰因果关系的检验方法并对其在概念上和理论上都做出了进一步的发展及完善。

对于不同条件分位数下的格兰杰因果关系，琼和哈德尔（Jeong and Hardle，2007）进一步提出了一种基于在分位数上的格兰杰因果关系的非参数检验方法并将其推广到相依数据。此方法特别适合于在尾部区域和分布的中心区域呈现出明显的不同的数据，如大宗商品市场、不同汇率之间的因果关系等；高云远等（2019）提出转移熵也是格兰杰因果关系检验的扩展，它通过测量信息从一个随机过程到另一个随机过程的定向转移来探索因果关系，在经济金融方面也应用颇多，但是这种方法需要大量的数据样本。奥拉耶尼（Olayeni，2016）的时频框架将小波相关测度与连续小波变换相位差提供的因果信息流相结合，用于量化因果关系，阿拉姆等（Alam et al.，2019）基于高频日内数据，利用此方法在时频空间内研究了原油价格波动与六种主要双边汇率对美元汇率波动之间的因果关系，证明了该方法的有效性。

2.2.3.3　动力学角度探索非线性系统因果关系

除了对格兰杰因果关系的一系列拓展外，还有部分因果检验方法在研究时间序列数据上表现出了一定的优越性。苏吉哈拉等（Sugihara et al.，2012）提出了交叉收敛映射（CCM）算法，从动力学的角度探索复杂非线性系统的因果关系；这种算法不同于格兰杰因果关系。其核心策略是：在动力系统理论中，如果时间序列变量来自同一个动力系统，则它们之间存在因果联系。因此，每个变量都可以识别另一个变量的状态。通过 CCM，确定生态系统中存在三种因果关系：单向、双向或由外部变量驱动。但是该方法只适用于中等耦合的子系统，当耦合子系统太弱或太强时，它将失效。斯塔夫罗格鲁等（Stavroglou et al.，2019）提出了模式因果理论（PC）来探索因果关系。利用符号动力学理论，对每个变量进行符号化，减少噪声的影响。根据 PC 理论，正向因果关系和负向因果关系存在于生态系统中，而金融领域则存在着更为复杂的因果关系，即无序关系，变量 X 和变量 Y 既不"竞争"也不"促进"；安峰等（2021）将 PC 理论与复杂网络方法相结合，探讨了外汇市场上 25 种典型货币之间的因果关系。

这些方法都为因果关系的研究提供了大量借鉴，并从简单线性系统逐步深入到实际复杂非线性系统。这些方法在金融时间序列研究中显示了很好的潜能，分析出了金融时间序列之间存在因果关系，也有部分方法更细致地分析因果关系强度，以及在整个系统中起重要作用的原因变量。但是这些分析主要是以数据驱动的分析方法，只能反映数据上的先后联动关系，并不能真正称之为因果关系。所以本研究利用 PC 理论细致分析了金融市场中因果关系方向、强度，同时结合所分析实际问题中影响因果关系的因素，设计出真正反映因果关系且具有量化能力的模型，以及挖掘出了系统中具有重要影响力的变量。

2.3　复杂网络及股价波动关联性研究

经过持续地研究，发现如果将金融系统中的某类参与主体中的个体作为节点、将主体间的关联用一条连边表示，那么整个金融系统就成为一张具有复杂关系的网络，某个节点的异常，都会通过连接传递感染网络中的其他节点。网络模型既能从微观视角刻画波动在金融系统中的传导，还能从宏观层面反映和预测波动风险感染问题对整个经济系统的影响。通过使用网络工具对金融系统建模分析和预测波动风险传播。

1998 年瓦茨（Watts）首次提出 WS 小世界网络模型化，一年后阿尔伯特（Albert，1999）正式提出复杂网络以及 BA 无标度网络模型这个概念。目前，复杂网络方法经常被应用到生物、经济、社会、金融、医药卫生等领域。

股票市场是一个复杂的系统，涉及经济、管理、系统科学等多学科知识，其周期明显、结构相近、力求平稳等特点，与复杂网络的自组织、自相似、自吸引等特性相对应，利用复杂网络可以较好地对股票市场进行分析。复杂网络方法是研究事物间关系的新型方法，近年来随着复杂网络模型的提出和完善，该建模分析方法被广泛运用到各学科领域。把某只股票作为关系的主体，看作复杂网络上的节点，股票直接的相互影响关系看成连边，就可以运用复杂网络模型方法对股票市场内部的波动规律进行宏观和微观分析。针对复杂网络在股票市场的应用，国内外学者从不同侧重点做了许多研究。

在股票市场与复杂网络不同特性对应研究方面，不同学者通过对各类股票形成的复杂网络的分析，将分析结果与复杂网络不同类别特性相对应，以便于利用相应特性进行后续分析。

吉姆等（Kim et al.，2002）就标准普尔 500 股票的价格关联特性引入了一个无标度加权网络，研究发现股票的影响力绝对值大小分布呈现无标度特性。李萍和王兵宏（2006）构建了中国香港股票市场的相关复杂网络，提出该网络不属于随机网络，具有复杂性和稳定性。庄新田等（2007）选取了中国 2002 年前上市且在 2002～2004 年仍然持续交易的股票，发现该网络具有小世界效应和无标度特性。

肖琴等（2016）对中国五大类共包括 134 只股票数据进行相关分析，构建了最小生成树和复杂关系网络，运用拓扑概念讨论网络的非平凡的结构，并把网络分成 8 个社区对其进行分析，探讨了复杂网络对股市相关分析的意义。博南诺等（Bonanno et al.，2004）研究了近期基于相关性的金融资产网络结构，通过在不同时域条件下的金融序列形成的网络，得到它与时域的关系，这表明经济信息可以从相关矩阵中提取处理，通过网络的拓扑性质来判断市场的有效性。黄玮强等（2013）从复杂网络的视角出发，实证研究了我国股票市场内股票间的信息溢出关系及其影响因素、个股信息溢出能力分布及其影响因素。研究发现，股票间较长期收益的相互影响要强于较短期收益。

目前，有学者对金融市场关联性进行了研究，很多利用复杂网络对股票市场进行单层网络建模，主要是用物理统计学的指标表述网络特征。单层网络当中，节点和边均是单一属性。网络建模主要是以股票价格或股票收益率的某种相关特性来构建网络的连边。

陈锐刚等（2005）对国内多个金融市场间以及单个金融市场内部的关联性进行了复杂网络研究。胡秋灵等（2011）运用复杂网络方法对股票市场和债券市场之间的溢出效应进行了研究，发现其随股票市场行情的变化而变化。张兵等（2010）运用复杂网络方法对中国金融市场开发程度进行研究，发现我国市场与其他国家市场的联动性呈现日益增强的特征，李红权等（2011）则对中美两国的股市间相互影响进行了研究。菲多等（Fiedor et al.，2015）使用偏互信息来揭示线性关系，荣格等（Jung et al.，2005）使用最小数方法来对其降噪。普利加等（Puliga et al.，2014）发现金融相关关系复杂网络对突发事件提供早期预警的能力较弱。

综上所述，复杂网络方法能很好地反映股票市场中股票间价格波动关系，并能通过网络指标对金融风险传播进行研究，结合计量经济方法，能在很大程度上把复杂系统的特征挖掘出来。

2.4　神经网络在时间序列预测方面的相关研究

心理学家麦克洛奇（W. Mcculloch，1943）和数理逻辑学家皮兹（W. Pitts，1943）在分析、总结神经元基本特性的基础上提出了二值神经元模型（MP 模型），开创了神经网络研究的时代。神经网络具有非常好的信息综合能力，并且结构独特，数据处理效率高等特点，在实际应用中取得了许多显著的成效。

2.4.1　神经网络算法的发展

信息时代的到来对计算机智能化要求越来越高，语音识别，图像识别，自然语言翻译等准确性及效率要求逐步提升。而神经网络技术的应用使这些方面的要求得到了逐步提升。在语音识别方面，傅国康等（1999）发现修正后的模糊自组织神经网络（FSONN）具有较强的聚类能力，使信息更加有序，提高其分类性能。同时指出了神经网络在语音识别方面应用的可行性。格拉维斯和施密特伯格（Graves and Schmidhuber，2005）将双向长短期记忆神经网络（LSTM）应用于语音识别技术，从挖掘语句信息方面提升了语音识别效率。张文宇等（2018）研究发现卷积神经网络（convo-lutional neural net-work，CNN）的结构十分适合语音信号的特征提取过程，使最终识别率有了很大的提升。神经网络技术在语音识别方面的应用使信息变得更加有序，信息处理能力逐步提升，使语音识别的效率效果更进一步得到发展。盖荣丽等（2021）认为神经网络可降低图像分类误差，得到高识别率。

格尔西克等（Girshick et al.，2014）认为图像识别是区分不同类别的图像，卷积神经网络（CNN）是完成图像识别任务的最佳算法之一。如刘炳宇等（2020）和李强等（2019）的研究表明基于卷积神经网络的模型在人脸识别领域的运用，可以极大地提高检测精度。周宇成等（2019）提出了基于卷积神经网络的医学运动图像智能识别算法，从不同角度描述了医学图像人体运动信息。卷积神经网络在各领域的应用都体现出了其在计算机视觉方面的明显优势。21世纪深度学习等机器学习方法的逐渐成熟，开始应用于自然语言处理领域（冯洋、邵晨泽，2020）。卡尔什布伦娜和布兰森（Kalchbrenner and Blunsom，2013）提出利用神经网络进行机器翻译，随后一两年内，秋等（Cho et al.，2014）提出了基于编码器—解码器结构的神经机器翻译模型，标志着机器翻译进入深度学习的时代。仲斯·道蒙特等（Junczys-Dowmunt et al.，2016）在30多个语言对上对神经机器翻译和统计机器翻译进行对比，神经机器翻译在27个任务上超过了基于短语的统计机器翻译，这展现了神经机器翻译的强大能力。

2.4.2 神经网络应用进展

除计算机智能化方面的应用外，为解决生活中的实际问题，神经网络也逐步应用到了生产生活的各个行业。在农业领域，卷积神经网络成为虫害识别的关键技术。梁万杰等（2017）提出了基于卷积神经网络的水稻虫害识别方法。赵建敏等（2018）基于卷积神经网络对马铃薯叶片病害进行识别并进行晚疫病斑检测有助于识别大规模病虫害风险达到及时防治的目的。此外，为更好开展耕地"非农化"整治的工作的执行，石文西等（2021）基于残差神经网络提高了农业大棚遥感识别精度。柴俊伟等（2021）研究发现 BP（back propagation）神经网络对农业原材料的价格有较强的预测能力，预测值与真实值十分接近，预测准确率都能达到90%以上。

神经网络在医学领域的应用还处于萌芽时期，目前发展较为成熟的方面为对医学影像的处理。孙君顶等（2012）提出了一种基于 BP 神经网络的医学图像分类方法，可以很好地对医学图像进行分类识别。亚萨卡等（Yasaka et al.，2017）采用卷积神经网络对 CT 图像中的五类肝脏肿瘤进行鉴别，经过训练和验证达到了 0.84 的准确率。谢豆等（2021）基于卷积神经网络提出了 COVID-19 医学影像远程诊断算法，用以搭建基于人工智能的影像远程会诊平台，从而减轻医生的工作量。此外，田娟等（2020）将 BP 神经网络应用于儿童甲状腺疾病的预测，为儿童甲状腺疾病的防治工作提供了理论依据。神经网络的应用逐渐深入到对某一指标或某一特征的预测，以更好地应对未来。

2.4.3　神经网络对时间序列金融数据的预测应用

金融时间序列数据的预测，能够帮助了解其未来走势，能对投资者的投资决策起到重要的指导作用。传统的金融时间预测方法主要是运用参数统计方法，计算最佳估计值，建立历史行为数据与未来价格走势数据间的关系模型，进一步利用市场的历史样本数据进行预测。

维尔塔宁等（Virtanen et al.，2019）通过构建基于 ARIMA 的计量模型，对芬兰股票市场指数进行预测研究。阿德比伊等（Adebiyi et al.，2014）提出一个基于 ARIMA 的股票价格预测系统，并在两个典型证券交易所的上市股票中进行实验，实验结果证明 ARIMA 模型在短期预测方面潜力明显。

因为金融时间序列数据的非线性特征通过传统的统计模型进行分析，存在较大的问题，无法反映其非线性特征。相比于传统计量模型，神经网络模型对时间序列的非线性特征具有显著的映射和拟合能力，因此，机器学习方法的神经网络模型成为特征选择的另一重要替代。

尹和斯威尔斯（Yoon and George Swales，1991）在股票价格预测方面运用神经网络方法与多元判别分析方法进行了比较分析，结果表明神经网络方法预测效果提升明显。学者们将神经网络应用于金融时间序列的预测当中，并通过对比分析证实其预测有效性，并逐步做出改进提升其预测效率。陈小玲（2017）采用了 ARIMA 模型和 BP 神经网络对百度、阿里巴巴两只股票的收盘价进行建模与预测，并对比了两模型的预测精度，结果表明两种预测模型都达到比较理想的预测精度和短期预测可行的效果。迪克森等（Dixon et al.，2017）使用随机梯度下降的 BP 算法对 43 种商品和期货进行未来 5 分钟的价格变化预测，准确率高达 42%。刘京璐等（2003）采用改进的遗传算法对 BP 网络的结构参数进行优化，并对上海证券交易所的指数进行了预测，实验结果充分支持了该方法的效率。阿德比伊等（Adebiyi et al.，2014）利用纽交所的股票数据，对比 ARIMA 和神经网络模型的预测性能，研究表明神经网络模型预测效果更优。

邱锡鹏（2020）研究表明，循环神经网络（RNN）具有记忆性、参数共享并且图灵完备（turing completeness），因此在对序列的非线性特征进行学习时具有一定优势。但如果循环神经网络的隐藏层过多，其对较长时间前的信息无法记忆。因此，霍克利特和施密特伯格（Hochreiter and Schmidhuber，1997）于 1997 年提出了长—短期记忆模型，引入了"门"的概念，能够有效解决对远期信息遗忘的问题。LSTM 可以学习到比浅层神经网络更复杂的模式，广泛应用于金融时间序列如人民币汇率（黎壹，2021）、比特币价格（张宁、方靖雯等，2021）以及通货膨胀率（陈彦斌、刘玲君等，2021）等相关的预测。为提高股票价格预测精度，学者们不断做出相应改进，对股票价格的预测彭燕等（2019）构建了基于 LSTM 的股票价格预测模型，对比评价指标与预测效果找到适宜的 LSTM 层数与隐藏神经元个数，将预测准确率提高了约 30%。

2.5　文献评述

综合以上研究文献，可以发现上市公司股票间价格波动因果关系非常显著，且波动传导的方向也较为明确。但是目前的相关研究仍然存在可以继续拓展的方向，具体如下。

（1）时间序列因果关系研究是近年来的热点方向，但现有相关研究，多是从线性方程、信息论、数据相关性的角度进行研究和度量，这些方法对于线性系统的研究更有效，而对于非线性系统则存在解释性不足的问题，大多只能判断是否有因果关系，无法判断因果关系程度大小。因此，为了更好地研究股票这种高维复杂系统的因果关系，则需要采用非线性动力学的方法进行研究，才能够更全面更有效反映其特征。目前的 CCM 和 PC 两种量化因果关系方法，既能够分析因果关系的种类，也能够判断因果关系程度大小，非常有助于全面认识股票市场的因果关系。但是其在具体应用时，仍然存在一定的适用性的问题。比如方法只考虑了通常情况，未考虑具有行业背景或特殊共性的股票价格时间序列的波动因果关系的特殊性，因此需要根据这种特殊情况进行研究，设计适合的方法，获取更为准确的因果方向和量化因果关系值。同时也能够据此获得更符合实际的股票波动传导规律。

（2）产业链上中下游联结关系确实与股票市场的价格波动关联性有一定关系，目前尚未有用于表征这种关系的因果关系模型，已有研究主要是从上游单一商品价格的变动对产业链各环节股票价格的影响进行研究。因此需要根据现有因果关系模型结合产业链之间的传导关系，构建模型并研究产业链对股价波动因果关系的影响。这样有助于投资者获得更为准确，且合乎产业规律的因果关系。

（3）目前，机器学习在金融时间序列方面的预测，更多是把对价格的预测作为目的，但是金融时间序列一般都不是孤立存在，尤其是股票价格时间序列，其波动会受到多方的影响，并且与其他股票价格时间序列的关系尤为明显。因此，对于金融时序数据来说，预测的目的不仅在于计算未来价格，更重要的是要明确多只股票间价格波动的因果关系，对价格波动关系进行预测。这样有助于提高股市各参与主体对股票市场整体关系的认识。

| 第 3 章 |

价格时间序列复杂网络模型研究

各类价格，包括商品、期货、现货等在不断变化中形成了价格时间序列数据，这类数据对于民生、投资甚至国家战略都具有重要意义，且其变化往往是基于各种各样复杂原因，采用复杂网络模型进行价格时间序列研究，在一定程度上能够从物理统计学的角度对数据特征形成一定的解释，甚至进一步预测其发展趋势。以下是运用各类方法构建价格时间序列复杂网络模型的系列研究。

3.1 基于协整网络和 Granger 因果网络检测金融系统的长期均衡和扩散路径

金融股票系统是由大量的股票组成的，这些股票属于不同的行业。金融股票系统是一个混乱的系统，其中一个部分的轻微变动可能会影响整体的情况。众所周知，美国次贷危机引发了全球经济危机。因为房地行业是国民经济的重点行业，具有行业链长、价值链长、融资需求大的特点。房地行业具有带动作用，对其他行业的影响很大。房地行业的带动作用引起了社会各界的关注。政府可以通过金融政策对房地产行业进行干预，促进宏观经济稳定和均衡发展。另外，对房地产行业的冲击可能会使风险在包括房地产行业及其上下游行业在内的金融经济体系中扩散。一个行业的变化也可能导致制定或更新不同的政策。例如，为了避免房地产行业出现金融泡沫，中国制定了一系列限制购房的政策，特别是在北京等大城市。在中国一线城市，每个家庭只能购买严格限定数量的房子，这甚至导致了假离婚以购买更多房子的闹剧。因此，有必要研究不同行业之间的关系，以了解金融体系中潜在风险扩散的机制。

以往的研究表明，住房市场和股票市场之间存在着共同运动和因果关系。

目前的研究大多是从宏观角度或行业层面关注房地行业对国民经济其他行业的影响问题。在这一问题上，从系统的角度广泛采用了两种方法：基于行业联动理论的投入产出分析方法和可计算一般均衡模型。研究者根据投入产出表考察了房地行业在国民经济中的作用，发现房地行业对其他行业的影响很大。基于 CGE，研究者建立了城市住房动态均衡模型，用于研究税费补贴问题。为了模拟政策效果，建立了中国房地产与宏观经济的动态 CGE 模型。综上所述，投入产出分析法和 CGE 模型为研究房地产行业联系提供了实用的途径。

然而，这两种方法都有一定的局限性，即数据更新速度慢，数据需求复杂。由于这些局限性，一些结果也面临着时效性的限制。特别是在金融系统中，行业（如房地行业、钢铁行业、建材行业、建筑产品和工程行业、银行业、家庭耐用消费品行业）的股票市场之间的反应是迅速的。因此，拟采用现代计量经济学方法来检测基于实时股价数据的不同行业的股票市场之间的关系。

理解金融股票制度的另一个重要问题是从微观结构的角度来理解宏观行为。投入产出分析法和 CGE 模型从微观到宏观都显示出其核心思想的优势，即清晰地识别每个行业对整个经济系统的贡献。然而，目前的文献大多侧重于宏观或行业角度。事实上，在金融股票系统中，每个行业都有大量的上市公司。如果从这些上市公司之间关系的微观角度来研究这些行业之间的联系，将为理解金融股票系统提供更详细的信息。

通过这种研究范式（从微观结构到宏观行为），很明显，上市公司之间的关系形成了一个联系的网络。因此，可以建立和分析理解金融股票系统的网络模型。幸运的是，复杂网络理论作为一个热点，目前为基于时间序列的网络建模和分析提供了一种方法。复杂网络理论的核心思想是结构决定系统的功能。文献中有很多基于复杂网络理论对金融网络进行建模和分析，他们研究了不同类型上市公司在股票市场中的作用和风险扩散问题，并基于股票价格量化了上市公司之间的关系。然而，在目前的大多数文献中，股票价格之间的关系的定义是基于互相关系数或偏相关系数的简单相关性。股票复杂网络的建模应考虑协整检验和 Granger 因果检验，这可以揭示金融股票系统中扩散路径的长期均衡和因果关系方向。

因此，运用复杂网络理论将金融股票系统中不同行业的上市公司之间的关联网络可视化。收集了房地产行业及其他相关上下游行业的每日股价时间序列数据，涉及数百只股票。股票价格之间的关系用计量经济学方法进行了量化。然后，从协整网络模型和 Granger 因果关系网络模型两个方面构建并分析了金融股复杂网络模型。因此，为政策决策和风险扩散预防提供了见解。

3.1.1　数据与方法

3.1.1.1　数据

为了研究基于网络分析范式的金融股票系统中的关系，使用股票价格时间序列建立网络模型。选取中国股市房地产行业（REI）、钢铁行业（SI）、建材行业（BMI）、建筑产品与工程行业（CPEI）、银行业（BI）和家庭耐用消费品行业（HDCGI）的股票收盘价作为样本数据。共有 309 个股票价格时间序列。每个股票价格时间序列包含 2016 年的 200 个每日数据点。所有数据均来自 Wind 经济数据库。

各行业统计数据见表 3 - 1 - 1。不同行业的股价水平是不同的。在同一行业，不同的股票之间也存在很大的差异。（1）REI 共有 120 只股票，平均股价为 11.14 元，最低股价为 1.08 元，最高股价为 67.60 元。（2）在房地产行业中扮演重要角色的钢铁行业面临着中国产能过剩的困境。SI 的 37 只股票的平均股价仅为 8.16 元，中位数股价为 5.74 元。未来经济增长和房地产开发的放缓将使中国钢铁行业前景黯淡。（3）BMI 和 CPEI 的股价处于相似水平。房地行业直接影响着建筑材料行业和建筑产品工程行业。（4）中国房地行业与银行业有着密切的关系。2016 年 2～10 月房地产开发投资资金来源累计银行贷款 14795 万亿元[①]。中国银行业陷入了一个尴尬的境地，它承担着来自房地产行业的风险。（5）对于房地产行业的下游行业，家庭耐用消费品行业，HDCGI 的平均股价为 23.08 元，高于其他行业。房地产行业通过购房者的家装需求间接影响家庭耐用消费品行业。

---

① 千展数据库，http：//d. qianzhan. com/。

表 3 - 1 - 1　　　　　　　　不同行业股票价格统计（CNY）　　　　　　单位：元

行业	总数	平均值	中位数	最小值	最大值
REI	120	11. 14	9. 29	1. 08	67. 60
SI	37	8. 16	5. 74	2. 29	54. 38
BMI	34	11. 70	8. 84	1. 05	90. 10
CPEI	86	13. 59	10. 82	3. 57	84. 18
BI	16	9. 19	9. 13	2. 89	18. 75
HDCGI	16	23. 08	18. 97	1. 42	68. 00

3.1.1.2　方法

首先，针对不同的研究问题建立了网络模型。例如，为了研究金融股票系统的长期均衡关系，结合计量经济学模型和复杂网络理论构建了协整网络模型。然后，在协整网络模型的基础上，建立了 Granger 因果网络模型，以理解金融股票系统的因果关系方向。网络模型构建过程如图 3 - 1 - 1 所示，具体步骤如下。

步骤一，单变量时间序列的单位根检验。协整检验的必要条件是不同变量之间的同阶积分。因此，采用 Augmented Dickey - Fuller 检验对各变量时间序列数据进行检验。如果两个变量之间有相同的积分阶数，可以做协整检验。

步骤二，协整检验。两个变量之间的协整关系意味着它们的线性组合是平稳的。一些研究者基于协整检验建立了股票复杂网络（Tu，2014；Yang and Chen et al. , 2014）。然而，他们使用 Engle - Granger 进行协整检验。En-gle - Granger 是基于残差检验，而 Johansen 协整检验是基于回归参数检验。Engle - Granger 假设一个变量是内生的，另一个是外生的，这就不考虑回归量可能的内生性。但 Johansen 协整检验允许所有变量都是内生的。Johansen 协整检验比 Engle - Granger 方法更有效（Johansen and Juselius，1994；Abdul Rahim and Othman，2009）。因此，可以利用基于向量自回归模型（VAR）的 Johansen 协整检验方法来检验变量之间的协整关系。

值得注意的是，本节对两个变量之间的协整关系进行了检验。由于金融股票系统中有 309 个变量，在一个 VAR 模型中考虑数百个变量是不现实的。在金融股票系统中数百个变量之间错综复杂的关系中，最简单和最基本的要素是两个变量之间的关系。因此，检验了 309 个变量两两之间的协整关系，

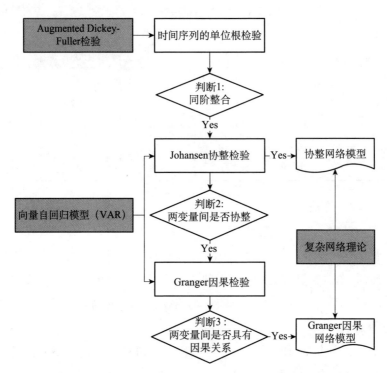

图 3 – 1 – 1 协整网络模型和 Granger 因果关系网络模型的建立过程

这意味着用 $\dfrac{309^2 - 309}{2} = 47\ 586$ 次构建 Johnson 协整检验的 VAR 模型。Y_t^i 和

Y_t^j 两个变量和之间的 VAR（p）模型如下：

$$\begin{pmatrix} Y_t^j \\ Y_t^i \end{pmatrix} = \Phi_1 \begin{pmatrix} Y_{t-1}^j \\ Y_{t-1}^i \end{pmatrix} + \Phi_2 \begin{pmatrix} Y_{t-2}^j \\ Y_{t-2}^i \end{pmatrix} + \cdots + \Phi_p \begin{pmatrix} Y_{t-p}^j \\ Y_{t-p}^i \end{pmatrix} + \epsilon_t \qquad (3-1-1)$$

其中，Y_t^i 和 Y_t^j 表示两只股票的收盘价时间序列；Φ_p 是 2×2 维的系数矩阵；ϵ_t 为二维随机误差的列向量；p 是滞后阶数，其取值采用赤池信息准则（akaike information criterion，AIC）和施瓦茨准则（schwarz criterion，SC）选取。根据5%的显著性水平从两个标准的结果中选择滞后阶数中较小的一个作为 p 值。p 的取值既能满足模型设定的要求，又能避免自由度的过大损失。

在 VAR（p）模型的基础上，通过特征根的迹线检验，对两个变量进行了 Johansen 协整检验。然后，通过比较 Johansen 分布临界值来判断协整关系。在5%显著性水平下，如果特征根的迹统计值大于 Johansen 分布临界值，则存在协整向量，即变量之间存在显著的协整关系。

　　步骤三，协整网络模型的建立。为了建立协整网络模型，需要定义节点和边。本书将股票定义为节点，股票之间显著的协整关系定义为边。金融股票系统的协整网络模型可以用上三角矩阵 $G_{cointegration}$ 表示：

$$G_{cointegration} = (V_{cointegration}, E_{cointegration}) = \begin{bmatrix} 0 & coint_{1,2} & \cdots & coint_{1,k} \\ 0 & 0 & \cdots & coint_{2,k} \\ \vdots & \vdots & \ddots & \vdots \\ 0 & 0 & \cdots & 0 \end{bmatrix} \quad (3-1-2)$$

　　其中，$V_{cointegration}$ 为节点集，$E_{cointegration}$ 为边集，$coint_{i,j}$ 表示股票 i 与股票 j 之间是否存在显著的协整关系。

$$coint_{i,j} = \begin{cases} 1 & \text{存在显著协整关系} \\ 0 & \text{不存在显著协整关系} \end{cases} \quad (3-1-3)$$

　　因此，协整网络是一个无向无权的复杂网络，用网络图将其可视化，如图 3 -1 -2 所示。由于复杂网络的结构决定了系统的功能（Newman，2006），可以通过研究协整网络来了解金融股票系统。

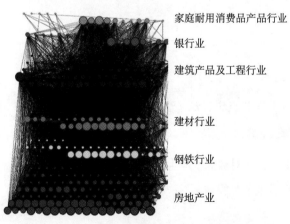

家庭耐用消费品产品行业

银行业

建筑产品及工程行业

建材行业

钢铁行业

房地产业

图 3 -1 -2　金融股票系统的协整网络模型
注：节点越大度值越大，不同层次代表不同行业。

步骤四，Granger 因果检验。Granger 因果检验的实质是检验一个滞后变量是否可以引入到其他变量方程中。如果一个变量受到其他变量滞后的影响，则它们之间存在 Granger 因果关系。因此，检验了金融股票系统中两个变量之间的 Granger 因果关系，如果 Granger 因果关系检验在 5% 水平上通过显著性检验，定义两只股票之间存在 Granger 因果关系。

步骤五，Granger 因果网络模型的建立。风险扩散与病毒传播类似，需要一个传播平台。关系网络是平台。在金融股票系统中，任何行业的波动都可能对其他行业产生影响，甚至对整个系统产生影响。风险可能由波动产生；因此，波动或风险可能在基于 Granger 因果网络的系统中扩散。然而，由于不同的网络结构决定了系统中不同的风险扩散形式，因此有必要了解 Granger 因果网络的结构。

在本书中，将股票定义为节点，股票之间的显著 Granger 因果关系定义为边（显著水平为 5%）。金融股票系统的 Granger 因果网络模型可以用邻接矩阵 $G_{causality}$ 表示：

$$G_{causality} = (V_{causality}, \ E_{causality}) = \begin{bmatrix} 0 & caus_{1,2} & \cdots & caus_{1,k} \\ caus_{2,1} & 0 & \cdots & caus_{2,k} \\ \vdots & \vdots & \ddots & \vdots \\ caus_{k,1} & caus_{k,2} & \cdots & 0 \end{bmatrix}$$

$$(3-1-4)$$

其中，$V_{causality}$ 为节点集，$E_{causality}$ 为边集，$caus_{i,j}$ 表示股票 i 对股票 j 产生的 Granger 原因是否显著。

$$caus_{i,j} = \begin{cases} 1 \ \text{股票 } i \ \text{对股票 } j \ \text{产生显著 Granger 原因} \\ 0 \ \text{股票 } i \ \text{对股票 } j \ \text{不产生显著 Granger 原因} \end{cases}$$

$$(3-1-5)$$

Granger 因果关系具有方向性，因此，Granger 因果网络是一个有向无加权的复杂网络，用网络将其可视化，如图 3-1-3 所示。

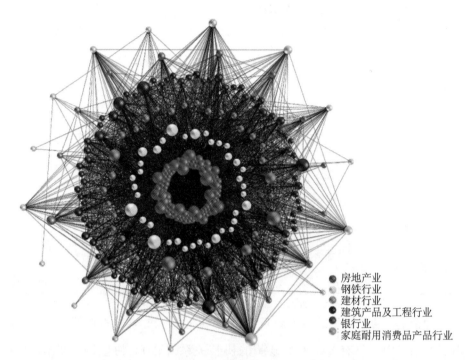

图 3 - 1 - 3　金融股票系统的 Granger 因果网络模型

注：节点越大出度越大，不同的圆圈代表不同的行业。

图例：
- 房地产业
- 钢铁行业
- 建材行业
- 建筑产品及工程行业
- 银行业
- 家庭耐用消费品产品行业

3.1.2　结果

网络分析范式是通过分析网络模型的结构来研究金融股票系统中的关系。网络为行业间的交互行为提供了平台。因此，分析了两种类型的网络（协整网络模型和 Granger 因果关系网络模型）来理解金融股票系统中的相互作用行为。对于协整网络模型分析，可以检测金融股票系统的长期均衡关系。在 Granger 因果网络模型分析中，可以识别波动或潜在风险的传播方向和扩散路径。

3.1.2.1　协整网络模型分析

协整检验的目的是确定变量之间的长期均衡关系。为了理解金融股票系统的长期均衡关系，从协整网络的基本统计分析、协整网络的程度分析和行业间协整分析三个方面进行了分析。

3.1.2.1.1　协整网络的基本统计分析

检验了309只股票价格时间序列（节点）中两个变量之间的协整关系。协整网络可视化如图3-1-2所示，协整网络分析各指标统计结果如表3-1-2所示。

表3-1-2　　　　　　　　　　协整网络统计指标

指标	值
节点数	309
边数	8304
网络密度	0.175
网络直径	7
网络平均路径长度	2.093

理论上，协整关系的最大数目为$(309^2 - 309) / 2 = 47\ 586$，然而，在金融股票系统中，只有8 304个显著的协整关系（边）。协整网络的密度为0.175。大多数股票之间的关系不是协整的（$1 - 0.175 = 82.5\%$）。这意味着，虽然不同行业之间存在密切的相关性，但从微观结构的角度来看，长期的均衡关系是稀疏的。但网络平均路径长度仅为2.093，网络直径为7，说明协整网络的连通性较好。基于协整网络，系统中任意变量的波动都可以方便地传播。

以往的研究表明，从宏观角度来看，行业间存在协整（Ren and Folmer et al. , 2014；Li and Chang et al. , 2015），但从微观角度来看，协整并不总是存在。因此，有时候，从宏观的角度来看，很容易被表面现象所迷惑。在金融股票体系中，企业和企业之间的关系是宏观系统的微观基础。为了更详细地了解行业间的关系，有必要了解协整网络的微观结构。研究各股票在协整网络中的作用是很重要的。

3.1.2.1.2　协整网络的度分析

度分析可以帮助了解每个股票在协整网络中的作用。由于一些关键股票在金融股票系统中占有重要地位，因此这些关键股票与其他股票之间存在许多长期均衡关系。当一个主要股票剧烈波动时，许多其他股票可能受到影响。为了识别关键股票，测量节点度。一个节点的度可以被认为是与其他相邻节点的边的数量。节点 i 的度数定义为 D_i：

$$D_i = \sum_{j \in N_i} coint_{i,j} \qquad (3-1-6)$$

其中，N_i 为节点 i 相邻节点的集合，$coint_{i,j}$ 为节点 i 与节点 j 之间的值（0或1）。度越大的股票（节点）在图 3-1-2 中表示越大，在金融股票系统中重要性越强。

定义协整网络的平均度为 $\overline{D}$：

$$\overline{D} = \frac{\sum_{i=1}^{n} D_i}{N} \qquad (3-1-7)$$

其中，N 为协整网络中的节点数。

将协整网络中各个行业的平均度定义为 $\overline{D}_k$：

$$\overline{D}_k = \frac{\sum_{i \in K} D_i}{N_k} \qquad (3-1-8)$$

其中，K 为某一行业的节点集，N_k 为该行业的节点数。本节所研究的金融股票体系分为 6 个行业。因此，可以衡量每个行业的重要性 $\overline{D}_k$。平均度越大的行业，其在金融股票体系中的重要性越大。

度分布既不是正态分布，也不是幂律分布。协整网络的平均度为 53.75，即平均每只股票与其他约 54 只股票存在协整关系。协整网络的度分布如图 3-1-4 所示。可以发现，近 30% 的股票度为 1~10，53.40% 的股票度小于 50，21.04% 的股票度大于 100。将所有股票按程度降序排序，然后计算累积概率，如图 3-1-4 的嵌套图所示。只有 39.48% 的股票对累积概率的贡献率超过 80%。

度分布的结果反映了金融股票系统中协整关系的情况。少数度值大的个股在系统中起着重要作用，但大多数个股的度值都很小（各个股的度见表 3-1-3）。

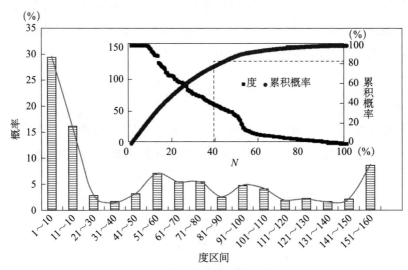

图 3 - 1 - 4　协整网络的度分布

表 3 - 1 - 3　　　　　　　　　　各行业度值统计

行业	平均度	最大度值	最小度值	标准度
REI	60.03	155	5	51.33
SI	46.57	155	3	51.73
BMI	61.00	155	1	46.77
CPEI	46.41	150	1	53.70
BI	54.56	155	1	53.61
HDCGI	46.44	151	1	52.13

　　协整网络中各行业的度统计如表 3 - 1 - 3 所示。从表 3 - 1 - 3 可以看出，建材行业（BMI）和房地产业（REI）在金融股票系统中扮演着最重要的角色。建筑产品和工程行业（CPEI）、家庭耐用消费品行业（HDCGI）和钢铁行业（SI）的平均度低于系统中其他行业。银行业（BI）平均程度处于中等水平。在金融股票系统中，309 只股票中的两只股票之间并不总是协整的。一只股票与其他股票至少存在 1 个协整关系，最多存在 155 个协整关系。

3.1.2.1.3　行业间协整分析

本节的行业间协整分析不同于现代计量经济分析方法。没有使用宏观行业指数系列来检验行业间的协整关系。因为系统中有上百只股票，所以统计了不同行业之间协整关系的个数。因此，行业之间的协整（宏观层面）反映为股票之间的协整（微观层面）。定义行业 I 和行业 J 之间的协整程度为 C_{I-J}，其定义为：

$$C_{I-J} = \frac{N(Coin_{I-J})}{N(I) \times N(J)}, \quad I \neq J \qquad (3-1-9)$$

其中，$N(Coin_{I-J})$ 为行业 I 与行业 J 的协整关系个数，$N(I)$ 和 $N(J)$ 分别为行业 I 和行业 J 的股票个数。$N(I) \times N(J)$ 表示行业 I 与行业 J 协整关系的理论最大值，$C_{I-J} \in [0, 1]$，$C_{I-J} = C_{J-I} \times C_{I-J}$ 价值越大，金融股票系统中行业间协整程度越大。

行业间协整程度如表 3-1-4 所示。不同行业之间存在协整，但协整程度不同。协整程度的前 3 位分别是 $REI-BMI$、$REI-BI$ 和 $BMI-BI$。这说明房地行业、建材行业和银行业之间存在着稳定的均衡关系。

表 3-1-4　　　　　　　　　行业间协整程度

行业 I	行业 J					
	REI	SI	BMI	CPEI	BI	HDCGI
REI		0.179	0.221	0.168	0.204	0.171
SI	0.179		0.178	0.122	0.149	0.122
BMI	0.221	0.178		0.170	0.199	0.171
CPEI	0.168	0.122	0.170		0.143	0.129
BI	0.204	0.149	0.199	0.143		0.160
HDCGI	0.171	0.122	0.172	0.129	0.160	

表 3-1-4 的结果与目前的研究结果不同。如上所述，微观因素是宏观现象的基础。尽管有大量证据表明房地行业与其他相关行业之间存在长期均衡关系，但这些研究的视角都是宏观的。房地产行业与其他相关行业的股票并不总是存在均衡关系。因此，表 3-1-4 从微观角度给出了不同行业之间

的协整程度。

3.1.2.2 Granger 因果网络模型分析

Granger 因果关系可以反映一个时间序列变量在预测另一个时间序列变量时是否有用。当一个时间序列变量 Granger 导致另一个时间序列变量时，该变量的波动模式在一段时间滞后在另一个变量中近似重复。许多变量之间的 Granger 因果关系在一个系统中形成了一个网络。基于 Granger 因果网络，任何变量的波动都可能在系统中扩散。因此，可以通过分析 Granger 因果网络模型来研究波动或潜在风险的传播方向和扩散路径。在这一部分中，对 Granger 因果网络模型的四个方面进行了分析：Granger 因果网络的基本统计分析、Granger 因果网络的入度和出度分析、传播媒介的识别以及行业间的 Granger 因果分析。

3.1.2.2.1 Granger 因果网络的基本统计分析

Granger 因果网络是一个有向无加权的复杂网络，如图 3 - 1 - 3 所示。Granger 因果网络分析指标的统计结果如表 3 - 1 - 5 所示。金融股票系统中存在 6 034 条显著 Granger 因果关系（边）。Granger 因果网络的密度为 0.063。与协整网络相比，Granger 因果关系更稀疏。

表 3 - 1 - 5　　　　　　　Granger 因果网络分析指标统计

指标	值
节点数	309
边数	6034
网络密度	0.063
网络直径	8
网络平均路径长度	2.609

结果表明，扩散路径的数量是有限的。然而，Granger 因果网络的直径为 8，Granger 因果网络的平均路径长度仅为 2.609，这意味着扩散是快速方便的。波动或潜在风险仅通过少数股票（传播媒介）就能扩散到整个系统。在 Granger 因果网络的平台上，不同的股票或行业在扩散中扮演不同的角色。

3.1.2.2.2 Granger 因果网络的入度和出度分析

基于 Granger 因果关系网络，入度和出度分析可以帮助了解每种股票或每种行业在扩散过程中的作用。由于 Granger 因果网络是一个有向复杂网络，考虑 Granger 因果关系的方向。一些股票可能 Granger 导致其他股票，反之，一些股票可能 Granger 导致其他股票。为了计算股票 Granger 导致的股票数量，测量了股票的出度（节点）。为了计算一只股票是 Granger 引起的股票的数量，测量股票的入度（节点）。一个节点的入度可以认为是该节点的边数，一个节点的出度可以认为是其他节点的边数。节点 i 是入度定义为 D_i^{in}，出度定义为 D_i^{out}。

$$D_i^{in} = \sum_{j \in N_i} caus_{i \leftarrow j} \qquad (3-1-10)$$

$$D_i^{out} = \sum_{j \in N_i} caus_{i \rightarrow j} \qquad (3-1-11)$$

其中，N_i 为节点 i 相邻节点的集合，$caus_{i \leftarrow j}$ 为节点 j 到节点 i 的值（0 或 1）。$caus_{i \rightarrow j}$ 为节点 i 到节点 j 的值（0 或 1）。出度越大的股票（节点）在图 3-1-3 中表现得越大，由该股票 Granger 引起的其他股票越多，其在金融股票系统扩散过程中的重要性就越大。关联度越大的股票（节点）更容易受到其他股票的影响，在系统中也更敏感。

由于 Granger 因果关系是成对的，因此，Granger 因果网络的平均入度 $\overline{D^{in}}$ 等于其平均出度 $\overline{D^{out}}$。

$$\overline{D^{in}} = \frac{\sum_{i=1}^{n} D_i^{in}}{N} = \overline{D^{out}} = \frac{\sum_{i=1}^{n} D_i^{out}}{N} \qquad (3-1-12)$$

其中，N 为 Granger 因果网络的节点数。

将 Granger 因果网络中各行业的平均入度定义为 $\overline{D^{in}}_k$，各行业的平均出度定义为 $\overline{D^{out}}_k$：

$$\overline{D^{in}}_k = \frac{\sum_{i \in K} D_i^{in}}{N_k} \qquad (3-1-13)$$

$$\overline{D^{out}}_k = \frac{\sum_{i \in K} D_i^{out}}{N_k} \qquad (3-1-14)$$

其中，K 为某一行业的节点集，N_k 为该行业的节点数。可以通过 $\overline{D^{in}}_k$ 和

$\overline{D^{out}_{k}}$来衡量每个行业的重要性。平均出度越大的行业，受其 Granger 因果影响的行业越多，在金融股票体系中的重要性越大。平均入度越大的行业更容易受到其他行业的影响，在系统中也更敏感。

入度和出度分布均服从长尾分布。如图 3-1-5 所示，可以发现，随着度区间的增大，入度和出度的概率迅速下降。近半数股票的入库度和出库度为 1~10。在金融股票系统中，只有少数股票在扩散过程中起着关键的推动作用。然而，由于长尾分布，这些关键股票是其他数百只股票的 Granger 原因，关键股票的波动可能对整个系统产生影响。因此，应该更加关注这些重点股票进行风险监控。

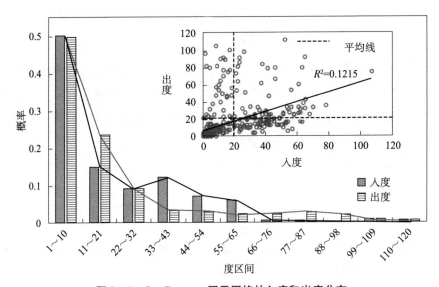

图 3-1-5 Granger 因果网络的入度和出度分布

此外，绘制了入度和出度之间的分布，如图 3-1-5 的嵌套图所示。平均线表示平均入度和平均出度。Granger 因果网络的平均入度和出度为 19.53。入度与出度呈弱正相关。这意味着股票在影响其他股票的同时，也容易受到其他股票的影响。四个象限由平均值线划分，平均值线可以帮助识别系统中的股票类型。第一象限有 58 只股票（节点）（如北京首创控股），第二象限有 35 只股票（如中国银行），第三象限有 159 只股票，第四象限有 57 只股票（如中国建设银行）。不同的象限意味着不同类型的股票。例如，第二象限的股票影响许多其他股票，但它们不容易受到其他股票的影响。第三象限的股票情况与第一象限相反。

各行业在 Granger 因果网络中的程度统计如表 3-1-6 所示。建材行业（BMI）和房地产业（REI）的关联度较大，在金融股票系统中扮演着最重要的角色。同时，内度较大的行业也容易受到其他行业的影响。对比入度和出度，钢铁行业对其他行业的影响更大。特别是中国正在经历钢铁行业去产能的改革。钢铁行业的波动可能引起房地产行业和其他行业的波动。相反，银行业（BI）更容易受到其他行业的影响。中国房地行业的资金主要依赖于银行贷款。因此，事实上，风险被转嫁给了银行业。其他行业的利益直接关系到银行业的风险。这也是中国房地产金融的一个棘手问题。

表 3-1-6　　　　　　　　各行业入度和出度统计

行业	入度				出度			
	平均值	最大值	最小值	Std. Dev.	平均值	最大值	最小值	Std. Dev.
REI	21.67	107	0	21.05	21.98	95	0	25.01
SI	12.68	54	0	13.14	20.00	99	0	25.73
BMI	23.12	63	0	20.92	23.91	111	0	29.60
CPEI	18.06	70	0	19.81	16.30	97	0	20.12
BI	19.19	53	2	16.92	12.44	47	1	11.22
HDCGI	19.94	54	1	19.89	15.19	83	0	21.60

3.1.2.2.3 Granger 因果网络的传输媒介识别

与病毒传播类似，不仅关注出入度大的关键股票（节点），而且关注扩散过程中的传播媒介。每个节点都可以在网络中扮演一个中介角色。但是不同的节点具有不同的中介能力。图 3-1-6 显示了网络中传输媒体的示例。节点 C 的度数（入度数或出度数）虽小，但具有较强的中介能力。在 Granger 因果网络中识别传播媒介，有助于抑制不利风险的扩散。

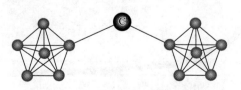

图 3-1-6　网络中传输媒介的样本

因此，可以通过计算一个节点的归一化中间度中心性来评估中介能力。节点 i 的归一化中介中心性可以定义为 BC_i：

$$BC_i = \frac{\sum\limits_{j}^{n} \sum\limits_{k}^{n} g_{jk}(i) / g_{jk}}{N^2 - 3N + 2}, j \neq k \neq i, j < k \qquad (3-1-15)$$

其中，$g_{jk}(i)$ 为节点 j 与节点 k 之间经过节点 i 的最短路径数，g_{jk} 为节点 j 与节点 k 之间最短路径的总数。归一化中介中心性越强的股票（节点）在系统中的中介能力越强。

还可以通过计算行业的平均归一化中介中心性来衡量各行业在 Granger 因果网络中的中介能力。在 Granger 因果关系网络中，每个行业的平均归一化中介中心性定义为 $\overline{BC}_k$：

$$\overline{BC}_k = \frac{\sum\limits_{i \in K} BC_i}{N_k} \qquad (3-1-16)$$

平均归一化中介中心性越大的行业在金融股票系统中的中介能力越强。

归一化中介中心性在 Granger 因果网络中的分布如图 3-1-7 所示。平均值线表示平均归一化中介中心性。Granger 因果网络的平均归一化中介中心性为 0.00243。只有 25.89% 的个股处于均值线以上，大部分个股（74.11%）的归一化中介中心性较低。这表明少数股票在风险扩散过程中起着重要的中介作用。

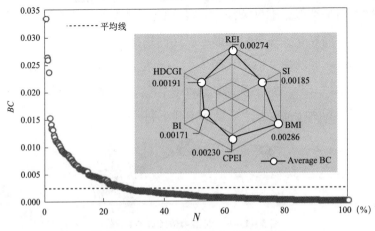

图 3-1-7 归一化中介中心性的分布

在图 3-1-7 的嵌套图中绘制了每个行业的平均标准化中介中心性。房地产行业和建材行业在金融股票体系中具有较强的中介能力。而银行业和钢铁业的中介能力较弱。当风险发生时，了解各个行业在风险扩散过程中的中介能力有多大是有帮助的。应该更多地关注中介能力强的行业。

3.1.2.2.4 行业间 Granger 因果关系分析

为了衡量行业间 Granger 因果关系的程度，统计了不同行业间 Granger 因果关系的个数。与行业间协整分析类似，行业间（宏观层面）的 Granger 因果关系反映为股票间（微观层面）的 Granger 因果关系。由于 Granger 因果关系具有方向性，定义行业 I Granger 导致行业 J 的程度为 $GC_{I \to J}$：

$$GC_{I \to J} = \frac{N\ (Caus_{I \to J})}{2 \times N(I) \times N\ (J)},\ I \neq J \qquad (3-1-17)$$

where $N\ (Caus_{I \to J})$ 为行业 I 和行业 J 的 Granger 因果关系数，$N(I)$，$N(J)$ 分别为行业 I 和行业 J 的股票数量。$2 \times N(I) \times N\ (J)$ 表示行业 I 与行业 J 之间 Granger 因果关系的理论最大值。$GC_{I \to J} \in [0, 1]$，$GC_{I \to J}$ 的值越大，金融股票系统中行业间的 Granger 因果关系程度越大。

行业间 Granger 因果关系程度如表 3-1-7 所示。不同行业之间存在双向 Granger 因果关系，但 Granger 因果关系的程度不同。将不同程度阈值下的行业之间的 Granger 因果关系可视化，如图 3-1-8 所示。

表 3-1-7　　　　　　　　　　行业间 Granger 因果关系的程度

行业 I	行业 J					
	REI	SI	BMI	CPEI	BI	HDCGI
REI		0.024 8	0.044 1	0.033 6	0.034 4	0.035 4
SI	0.039 9		0.035 4	0.024 2	0.036 3	0.032 1
BMI	0.044 0	0.026 6		0.035 9	0.033 1	0.035 8
CPEI	0.028 6	0.014 5	0.030 1		0.026 2	0.026 9
BI	0.024 0	0.011 8	0.031 3	0.012 0		0.029 3
HDCGI	0.028 1	0.011 8	0.023 0	0.024 0	0.025 4	

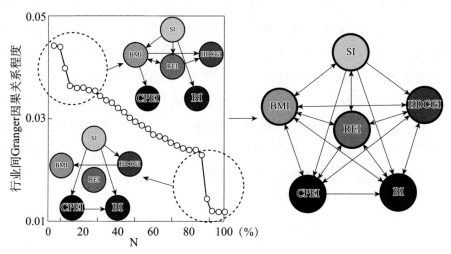

图 3 – 1 – 8 不同阈值下行业间 Granger 因果关系
（边越粗，行业间 Granger 因果关系程度越强）

当 Granger 因果阈值大于 0.035 时，行业间存在 8 条有向边。这些行业之间的强 Granger 因果关系为：$REI \leftrightarrow BMI$，$SI \rightarrow REI$，$SI \rightarrow BI$，$BMI \rightarrow CPEI$，$BMI \rightarrow HDCGI$ 和 $REI \rightarrow HDCGI$。其中房地产业与建材行业之间存在双向 Granger 因果关系，其余均为单向 Granger 因果关系。结果显示了行业间波动的扩散路径。例如，钢铁行业（SI）不容易直接对家庭耐用消费品行业（HDCGI）产生 Granger 原因。然而，SI 可能会通过其他行业影响 HDCGI。影响的扩散路径可以是 $SI \rightarrow REI \rightarrow HDCGI$ 或 $SI \rightarrow REI \rightarrow BMI \rightarrow HDCGI$。

3.1.3 讨论与结论

本节研究建立了协整网络模型和 Granger 因果关系网络模型两种网络模型来理解金融股票系统中的相互作用行为。协整网络模型分析有助于研究系统中的长期均衡关系，Granger 因果网络模型分析有助于研究系统中波动或潜在风险的扩散路径。网络分析范式的优点是时间序列数据的容易获得性使得模型构建时间效率高。此外，可以从微观结构的角度来理解行业层面的风险扩散。分析结果对政策制定和风险扩散防范具有一定的启示意义。

（1）房地产行业与其相关行业之间存在着密切的相关性。然而，在金融股票系统中，长期均衡关系是稀疏的。协整网络显示了系统的均衡状态，但只有少数股票在均衡中起重要作用。应该更大程度地关注这些股票，因为这些股票的剧烈波动可能会导致短期震荡。

（2）协整网络具有良好的连通性。该结果为政策决策提供了重要的见解。房地产行业链条长，影响范围广；然而，任何因素波动的影响都可以很容易地在系统中传播。根据行业间协整程度的差异，决策者可以在一个行业波动剧烈时判断其他行业的影响范围。例如，当房地产行业剧烈波动时，建材行业和银行业受到的影响较大，而建筑产品和工程行业受到的影响程度相对较弱。

（3）在 Granger 因果网络中，入度和出度均服从长尾分布。这意味着在金融股票系统的扩散过程中，存在着少数主要起驱动作用的关键股票。决策者应该更加关注这些重点股票进行风险监控。此外，系统中存在不同类型的股票；一些股票可以 Granger 导致许多其他股票，但它们不容易受到其他股票的影响，而一些股票则处于相反的情况。这些结果可以帮助决策者确定每只股票在风险监测中的作用。

（4）基于行业间 Granger 因果关系程度的差异，有助于检测行业间波动的扩散路径。特别是在中国，房地产行业的资金主要依赖于银行贷款。如果中国发生金融危机，后果将是可怕的。这将是一个难以想象的系统性崩溃问题。因此，为了防止风险扩散，结果为扩散路径的可视化提供了非常重要的信息。同时，类似于控制病毒的传播，可以对传播媒介进行监测和干预，以遏制风险在系统中的扩散。

本节仅以中国金融股票系统为实证样本，主要关注现状。在未来，将继续研究其他国家的金融股票制度，并进行相互比较。还将研究金融股票系统随时间的演变动态。

3.2　原油价格时间序列自回归子模式传输特征分析

原油是现代工业最基本的原材料和整个经济发展的生命线，原油已经成为消费比重最大的能源种类，原油价格的波动必然会对整个世界的经济发展、各个国家的能源安全以及石油企业的生存与发展等产生广泛的影响，所以对原油价格的研究是必要的。本书研究通过分析原油价格时间序列来了解原油价格市场的结构和特征。许多研究人员提出了基于计量经济学的各种时间序列模型，如自回归移动平均模型（ARIMA）、双线性时间序列模型、自回归条件异方差模型（ARCH）、广义自回归条件异方差模型（GARCH）、阈值自回归模型和神经网络模型等。在非线性分析中，研究人员应用小波变换，多尺度熵，多重分形和递归量化分析等，量化时间序列的复杂性，包括特征，识别和动力学等问题。为了研究时间序列的动态特征，随着复杂网络理论的发展，一些研究将时间序列转化为网络。张鉴（2006）和徐小克等（2008）介绍了一种解决伪周期时间序列的方法，并发现相应网络的结构取决于动力学该动力学系列。李淳等（2008）提出了一种从单分子时间序列中提取多尺度状态空间网络的方案。一些研究人员将包含不同时间延迟项的线性模型转化为复杂网络。时间序列被分成具有固定大小的子模块。拉卡萨等（Lacasa et al.，2008）提出了可视图算法，它可以将所有类型的时间序列映射到网络中，然后，通过可视图算法研究分数布朗运动的赫斯特指数。到目前为止，可视图算法已在许多领域中得到了广泛应用。从这个意义上讲，复杂网络理论在分析非线性动力学特征方面是有效的。高湘昀等（2015）将金融时间序列划分为子模块并建立自回归子模式，研究它们的传递特征，为本节研究提供了时间序列的研究思路。

近年来的研究忽略了时间序列线性回归的演化是一个动态传递的过程。此外，在整个周期的不同子模块中存在着不同的线性回归子模式，随着时间的推移，这些子模式会发生变化并相互传输。因此，应用一种获取内部传输机制的方法，来帮助理解时间序列波动信息的传递情况是必要的。

本节利用每日大庆原油现货价时间序列来研究自回归子模式的传递特征。原油时间序列中存在许多类型的自回归子模式，它们形成传输过程，代表着时间序列波动形态。在本节研究中，将自回归子模式设置为节点，将子模式之间的传输设置为边，然后将时间序列中自回归子模式的传输过程转换为网络，从复杂网络的角度分析原油价格时间序列传输特征。

3.2.1　数据及方法简介

在本节研究中，研究了原油价格时间序列中自回归子模式的传输特征。

首先，运用自回归的计量经济学方法，运用时间滑动窗方法将时间序列分割成相同长度的子模块，通过自回归方程得到自回归子模式，进而将自回归子模式的传输映射到网络中。其次，利用复杂网络分析方法，研究自回归子模式的传输特征，波动聚类效应和传输介质的分布。

3.2.1.1　数据来源

在本节研究中，运用大庆原油日现货价作为研究对象，包含 2008 年 1 月 2 日至 2018 年 12 月 13 日的 2 721 条数据，数据来源于 Wind 数据库。大庆原油的价格反映了中国原油市场的变动趋势，对于研究中国原油市场的走向有着深远意义。

3.2.1.2　数据处理

划分子模块。为了给大庆原油日现货价时间序列划分子模块，如图 3 - 2 - 1 步骤一所示，首先，基于相空间重构理论（Rand and Young，1981），运用时间滑动窗，设置步长为 1，将大庆原油现货价时间序列划分为 n 个子模块，每一个子模块都作为一个自回归子模式。然后，本节研究定义每个子模块的规模为 θ，这个规模就是各子模块区间的长度，也是每个滑动窗的窗体长度，每个区间包含 θ 个时间序列数据元素，从而将整个大庆原油时间序列划分为了 $n = (2\,721 - \theta + 1)$ 个子模块。利用这种方法的益处在于每个子模块都具有记忆性和传递性，还可以根据要分析的对象设置合适的 θ 值。

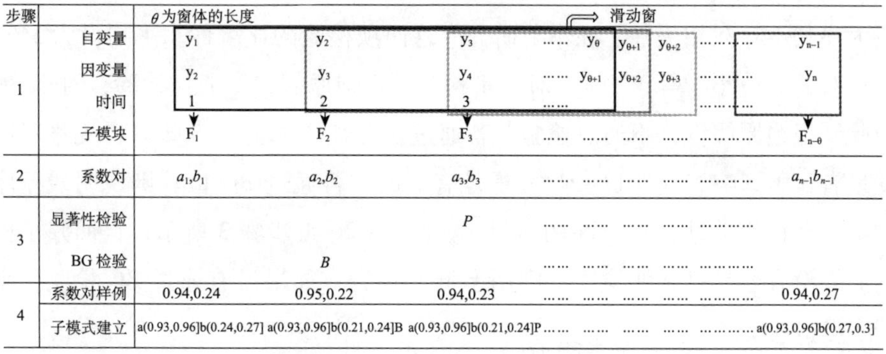

步骤		θ 为窗体的长度						滑动窗		
1	自变量	y_1	y_2	y_3	…… y_θ	$y_{\theta+1}$	$y_{\theta+2}$		……	y_{n-1}
	因变量	y_2	y_3	y_4	…… $y_{\theta+1}$	$y_{\theta+2}$	$y_{\theta+3}$			y_n
	时间	1	2	3	……					
	子模块	F_1	F_2	F_3	……					$F_{n-\theta}$
2	系数对	a_1,b_1	a_2,b_2	a_3,b_3						$a_{n-1}b_{n-1}$
3	显著性检验			P	……					
	BG 检验		B							
4	系数对样例	0.94,0.24	0.95,0.22	0.94,0.23						0.94,0.27
	子模式建立	a(0.93,0.96)b(0.24,0.27)	a(0.93,0.96)b(0.21,0.24)B	a(0.93,0.96)b(0.21,0.24)P	……					a(0.93,0.96)b(0.27,0.3)

图 3 - 2 - 1　构建子模块过程示意

方程拟合。对划分的每个子模块进行回归方程拟合，并且得到相应的回归系数。在本节研究中，设置子模块回归方程为一个符合 AR（1）模型的方程。第 i（$i=1,2,\cdots,(2\,721-\theta+1)$）个子模块中的 θ 个时间序列数据元素满足以下方程，即：

$$ln\,(y_{j+1})=a_i ln\,(y_j)+b_i+\varepsilon_j,\ 1\leqslant j\leqslant\theta \qquad (3-2-1)$$

其中，y_j 为第 i 个大庆原油现货价时间序列子模块中的第 j 个元素，a_i 和 b_i 为第 i 个子模块的回归系数，ε_j 为残差项。取对数是为了消除时间序列数据趋势。

利用式（3-2-1），对每一个子模块进行回归，得到（$2\,721-\theta+1$）个自回归方程和（$2\,721-\theta+1$）对（a，b）回归系数对，这两个系数的每个组合都涉及一个描述维度为 θ 的自回归子模式的回归方程，这里的自回归子模式也代表着时间序列的波动形态。

结果检验。得到各自回归子模式回归方程后，需要对它们进行检验，以确保各自回归子模式回归方程的准确性和数理统计意义。本节研究通过 Student t 检验（也称 T 检验）测试回归模型的显著性，并通过 BG 检验（也称 LM 检验）测试残差的自相关性。T 检验是运用 t 分布理论来计算发生差异的概率，用来比较两个数之间的差异是否显著，本节研究中 T 检验用以检验式（3-2-1）中自变量和因变量之间的显著性，其中原假设为回归系数为零。BG 检验用来检验通过式（3-2-1）回归后得到的残差序列的自相关性，若残差序列不存在自相关性，则证明回归不属于伪回归，BG 检验的原假设为序列不存在相关性。在本节研究中这两项检验的显著性水平均设为 5%，若检验的 p 值小于等于 5%，对于 T 检验则拒绝原假设，通过检验；对于 BG 检验则拒绝原假设，不通过检验。若通过显著性 T 检验，意味着自变量对因变量有显著影响，线性自回归方程是有效的；若通过 BG 检验则说明残差序列不存在自相关性，不存在伪回归。如图 3-2-1 步骤 3 所示，自回归子模式如果没有通过显著性检验，则用字母 P 标记；如果没有通过 BG 检验，则用字母 B 标记。

确定回归系数区间。为了更好地把系数归类，以便更好地分析，将回归系数 a 和 b 取值划分到不同的区间。图 3-2-2 为将系数 a 和系数 b 划分到不同区间构建复杂网络后得到的节点数和边数的实际情况，可以看出节点数曲线和边数曲线在区间范围 0.03 之前均是明显下降趋势，而在 0.03 之后逐渐趋于稳定状态，说明区间范围 0.03 是节点数曲线和边数曲线的拐点，所以本节研究定义回归系数 a 和系数 b 的划分区间范围均为 0.03。

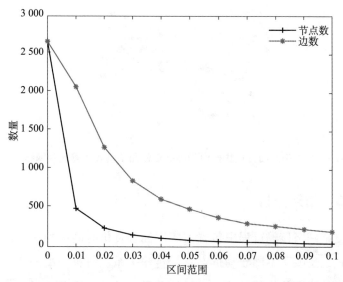

图 3 – 2 – 2　回归系数 a 和系数 b 划分到不同区间下构建复杂网络的节点数和边数

3.2.1.3　构建网络

本节研究目的是将自回归子模式的传输映射到复杂网络中，以复杂网络的方法研究原油价格时间序列的传输特征。由于已经得到了自回归子模式的 (a, b) 系数对序列，随着滑动窗的移动，这意味着自回归子模式会随着时间的推移进行演化，如子模块 1→子模块 2→……→子模块 n，反映着大庆原油现货价时间序列的波动形态。通过对系数对 (a, b) 划分区间后，实际拥有的自回归子模式的种类少于子模块的个数。为了将自回归子模式与复杂网络联系起来研究，把自回归子模式 (a, b) 系数对的类别定义为各节点，它们之间的传输方式作为边，边的权重为各自回归子模式之间的传输频率。从而将大庆原油现货价时间序列中自回归子模式的传输映射到一个有向加权复杂网络中。在本节研究中，选取窗体长度 $\theta = 50$，步长为 1，构建的复杂网络如图 3 – 2 – 3 所示。

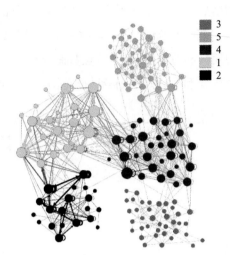

图 3 - 2 - 3   大庆原油日现货价时间序列自回归子模式传输复杂网络（$\theta = 50$）

3.2.2   结果分析

上述复杂网络传输过程中包含大庆原油现货价时间序列中不同类型的自回归子模式，反映了不同波动形态之间传输关系。每种类型的自回归子模式在复杂网络传输中的拓扑结构中都扮演着重要角色，因此，可以通过分析所构建的复杂网络中各节点传导形式进而来研究时间序列自回归子模式的传输特征。

复杂网络理论为识别主要的自回归子模式、社团和传输介质提供了许多指标，如度、中介中心性等。在研究中可以根据分析的需要来设置滑动窗的大小，即设置 θ 的不同尺度，若研究的是短周期的自回归子模式的传输特性，则可以将 θ 的尺度设置为较小的值；若研究的是长周期的自回归子模式的传输特性，可以将 θ 的尺度设置为更大的值。随着 θ 的增大，对应复杂网络的节点数和边数相应减少，但是 θ 的增大会掩盖自回归子模式的许多特征，所以 θ 的值太大时，研究时间序列中自回归子模式的传输是没有意义的。本节研究以 $\theta = 50$ 的尺度为例，将整个大庆原油现货价时间序列分为 $n - 50 + 1 = 2\,672$ 个子序列，然后，构建了 $2\,672$ 个回归方程，并对模型进行了 $2\,672$ 次检验。结果显示显著性 T 检验和 BG 检验均通过的自回归子模式占 88%，定义子模块后，得到 $2\,672$ 个自回归子模式。然而，通过对回归系数 a 和系数 b 区间划分之后，复杂网络传输中只出现了 154 种类型的自回归子模式，即构建的复杂网络中只有 154 个节点。在本节研究中，一种自回归子模式即代表着时间序列的一种波动形态。

3.2.2.1　传输中的主要自回归子模式分析（节点）

本节研究通过自回归子模式的传输能力来识别主要的自回归子模式，这些自回归子模式的传输能力可以通过构建的复杂网络中节点的加权出度来衡量。加权出度是节点局部信息的综合指标，它不仅考虑相邻节点的数量，而且考虑相邻节点之间的权重即连接的边数。本节研究中相邻节点的权重是用复杂网络中的度来表示的，即以相邻节点间的连接边数的多少来衡量的，相邻节点间如果有一次传输则有一条边，传输次数越多，则边越多，度越大，在图 3 - 2 - 3 中的边越粗。加权出度越大，在图 3 - 2 - 3 中显示的节点越大。节点的加权出度 w_i^{out} 定义为：

$$w_i^{out} = \sum_{j \in N_i} w_{ij} \qquad (3-2-2)$$

其中，N_i 为节点 i 的邻居节点的数量，w_{ij} 是节点 i 到节点 j 的权重。

如图 3 - 2 - 4（a）所示，本节中的复杂网络节点的加权出度符合幂律分布，并且，如图 3 - 2 - 4（b）所示，前 24% 的节点包含了 80.2% 的传输能力。这意味着少数几种类型的自回归子模式在传导过程中起着重要作用，说明大庆原油现货价时间序列的波动形态在统计上具有显著的非随机性，少数一些自回归子模式驱动着大庆原油现货价时间序列的振荡。

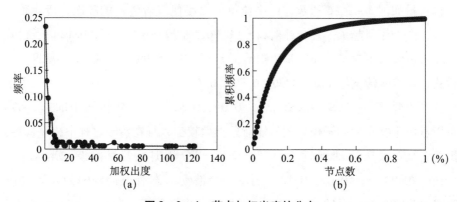

图 3 - 2 - 4　节点加权出度的分布

3.2.2.2 传输模式（边）

上面从节点的角度分析了传输过程中的主要自回归子模式。本节研究也分析了任意两个自回归子模式之间的传输模式，即构建的复杂网络的边。在本节的复杂网络传输中，共有 154 种类型的自回归子模式，即节点。因此，理论上，在两个任意的自回归子模式之间可以存在 $154^2 = 23\,716$ 种类型的传输模式，但在本节的复杂网络传输过程中仅有 859 个有向加权边，这意味着在传输过程中存在 859 种类型的传输模式，表明少数几种传输类型控制着主要的传输模式，占主导地位。

在本节中，虽然有 154 种类型的自回归子模式（154 个节点）和 859 种传输模式（859 条边），但主要传输模式集中在小部分节点之间。因此，大庆原油现货价时间序列中自回归子模式的传递过程中存在重要的规律和特征。自回归子模式不会随机传递给其他人，相反，波动形态的传输主要由少数几种类型的传输模式所主导。特别是一些自回归子模式会传递给自身，并且传给自身的概率还不小，比如，a（0.96，0.99］b（0.09，0.12］这个自回归子模式在传输过程中有 40.2% 传输给了自己；a（0.96，0.99］b（0.12，0.15］这个自回归子模式在传输过程中有 33.1% 传输给了自己。

此外，每种类型的自回归子模式在传输时传向许多不同的传输对象，但是只有少数类型的传输对象的传输占比更高。主要自回归子模式（数量排名前 7 的自回归子模式）的传输比率如图 3-2-5 所示。以 a（0.96，0.99］b（0.09，0.12］子模式的传输为例，该子模式一共传输给了 12 个传输对象，传输流量如图 3-2-6 所示，图中流量的大小代表着传输的频次，传输频次越高，图中流量越大。在传输时，a（0.96，0.99］b（0.09，0.12］子模式 40.2% 传输给了自身，18.7% 传输给了 a（0.96，0.99］b（0.06，0.09］子模式，18.7% 传输给了 a（0.96，0.99］b（0.12，0.15］子模式，这三个子模式共占据了 a（0.96，0.99］b（0.09，0.12］子模式传输中的 77.6%。可以看出主要自回归子模式的传输对象类型较少，且在传输过程中相对稳定。因此，在对大庆原油现货价时间序列进行分析时，若目前波动形态为 a（0.96，0.99］b（0.09，0.12］则后一个波动形态有很大概率为 a（0.96，0.99］b（0.09，0.12］、a（0.96，0.99］b（0.12，0.15］或 a（0.96，0.99］b（0.06，0.09］，对投资者具有参考意义。

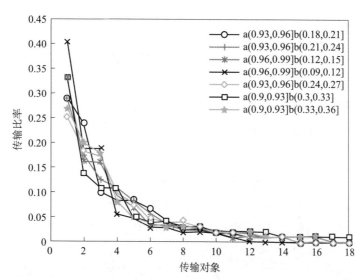

图 3 - 2 - 5　主要传输子模式的传输对象占比（加权出度不小于 100）

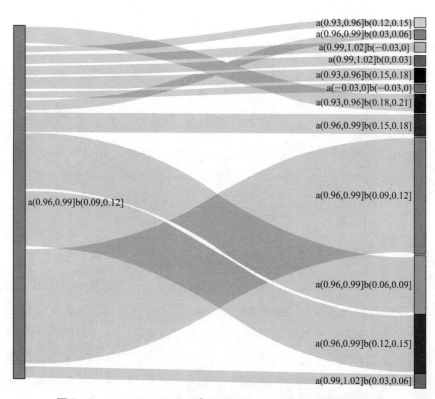

图 3 - 2 - 6　a（0.96，0.99］b（0.09，0.12］子模式传输流量

3.2.2.3 聚类效应对传输过程中波动的影响

对复杂网络传输中社团的分析可以了解传输过程中的波动聚类效应。本节将所研究的复杂网络节点按它们之间的传输概率进行划分,若一些子模式之间有很高的传输概率,那么将这些子模式划分为一个子网络,即一个社团。在一个社团中,社团内部的节点的边密度较高,而不同社团之间的边密度较低。

在 $\theta = 50$ 时,本节研究中的传输复杂网络划分为 5 个社团(见图 3 - 2 - 3)。从图 3 - 2 - 7 中可以看出,各社团节点数量与各社团加权出度之和之间存在弱相关关系,因此,具有较强传输能力的社团,自回归子模式类型也较多。

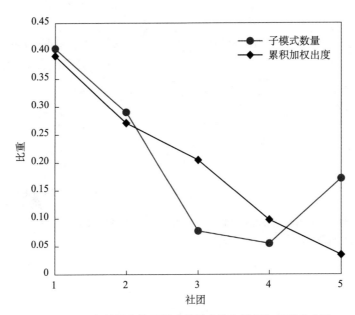

图 3 - 2 - 7　各社团中的子模式数量占比和累积加权出度占比

本节研究中的复杂网络传输中有三个主要社团,即社团 1、社团 2 和社团 3,其传输能力占整个网络的 86.7%。主要社团的出现暗示着大庆原油日现货价时间序列波动中的稳定信号,可以为投资者提供一段时间内大庆原油价格时间序列在某一主要社团周围波动的重要信息。图 3 - 2 - 8 是大庆原油日现货价时间序列社团随时间变化的分布图,图 3 - 2 - 8 中不同颜色代表着不同社团，可以看出对应时间的传输子模式位于哪一个社团。例如，2008 年 7 月初，大庆原油现货价格在攀升到最高峰后，持续下跌，这种趋势一直持续到 2008 年底，这段区间主要由社团 1 中的子模式控制，自回归子模式相对稳定。2015～2017 年，大庆原油价格现货价格呈现不断震荡波动状态，但是自回归子模式是相对稳定的，尤其是社团 1 显示出对波动的明显聚类效应。虽然社团 4 和社团 5 共包含 22.7% 的自回归子模式类型，但累积加权出度仅占整个传输网络的 13.30%。社团 4 或社团 5 的出现可以反映不稳定的投资信号，这意味着自回归子模式在相应时期内会发生变化；社团 3 仅包含 7.8% 的自回归子模式，但是它的累积加权出度却占整个传输网络的 20.5%，这说明社团 3 的传输效率极高，代表着大庆原油现货价市场的稳定信号。

图 3 - 2 - 8　五个社团随时间的走势分布

此外，不同的社团具有不同的自回归子模式。社团 1、社团 2、社团 3 三个主要社团中主要自回归子模式分别是 a（0.93，0.96] b（0.18，0.21]、a（0.96，0.99]b（0.12，0.15] 和 a（0.87，0.9] b（0.45，0.48]。因此，投资者可以参考不同时期的不同自回归子模式，具有相应的波动聚类效应。

不同社团之间的传输能力不同。如图 3 - 2 - 9 所示，把从一个社团的节点（行）转移到另一个社团节点（列）的传输频率用比较直观的形式刻画出来。图 3 - 2 - 9 表明，在社团之间传输能力可以划分为三个层次。第一层是在社团内部发生高传输能力，这也证明了社团分区是有效的。第二层传输能力发生在社团 1 与社团 2，社团 2 与社团 5 之间，这意味着在传输过程中自动恢复子模式的变化主要发生在两种情况下：社团 1↔社团 2、社团 2↔社团 5。第三层，这些社团之间的传输能力很弱，例如，社团 1、社团 3 或社团 4 难以传输到社团 5，但社团 5 难以传输到社团 1、社团 3 或社团 4。因此，社团之间存在传输中介，其使得一个自回归子模式能够传输到另一个自回归子模式。

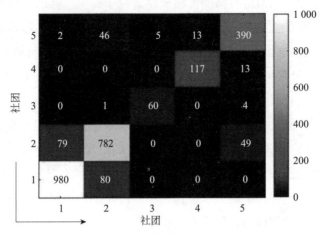

图 3 - 2 - 9 社团间传输能力的分布（从行到列）

3.2.2.4 传输中介性

如果一个自回归子模式位于两个其他自回归子模式之间的最短路径上，则它在传输过程中起传输中介的作用，具有中介中心性。传输中介中心性的高低可以反映一个节点在传输过程中控制信息的能力。只有通过这些中介节点进行传输，某些自回归子模式才能传递给其他子模式。中介中心性在复杂网络的拓扑结构中发挥着重要作用。特别是在复杂网络传输中，社团之间的传输中介性是自回归子模式显著变化的必要条件，可以为投资者提供有关未来大庆原油日现货价格可能变化的重要信息。因此，可以评估节点的归一化中介中心性，用来表示复杂网络传输中每个自回归子模式的中介能力。节点 i 的归一化中介中心性 BC_i 可以定义为：

$$BC_i = \frac{\sum_{j}^{n} \sum_{k}^{n} g_{jk}(i) / g_{jk}}{n^2 - 3n + 2}, j \neq k \neq i, j < k \qquad (3-2-3)$$

其中，$g_{jk}(i)$ 是通过节点 i 的节点 j 和 k 之间最短路径的数量。g_{jk} 是节点 j 和 k 之间的最短路径的总数。中介中心性越高，中介能力越强。

图 3 - 2 - 10（a）表明 28.57% 的自回归子模式（44 种类型）承担了 70.72% 的中介能力，而前 6 个自回归子模式承担了复杂网络传输中介能力的 15.5%。这些具有高中介能力的自回归子模式对于大庆原油价格市场的信息

变化和传输具有重要意义，具有高中介能力的自回归子模式在控制信息方面起着重要作用。本节还发现某些低权重的自回归子模式具有更高的中介能力，如图 3 - 2 - 10 （b）中矩形图标代表的子模式，虽然这些自回归子模式不是大庆原油日现货价格时间序列中的主要模式，但它们在调解各子模式之间的传递中具有重要作用。例如，a（0.81，0.84］b（0.69，0.72］（BC = 0.20124，加权出度为 14）和 a（0.78，0.81］b（0.81，0.84］（BC = 0.143162，加权出度为 6）从网络中介中心性的角度来看，这些自回归子模式的出现意味着市场变化的前兆，因此，应该着重关注这些自回归子模式。通过识别自回归子模式的中介中心性可以更好地理解大庆原油日价格时间序列的波动规律和自回归子模式的传输过程。

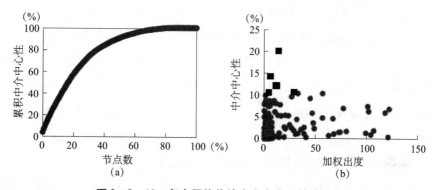

图 3 - 2 - 10　复杂网络传输中中介中心性的分布

3.2.3　讨论与结论

本节用 11 年的大庆原油日现货价格时间序列来研究其波动形态的传输特征，结合计量经济学的方法来定量地定义自回归子模式。自回归子模式就是实际意义的时间序列波动形态，运用时间滑动窗思想，研究大庆原油现货价时间序列的波动过程，然后，以自回归子模式的系数对为节点，子模式之间的传输为边，建立了一个有向加权复杂网络。

研究表明，少数几种类型的波动形态自回归子模式推动了大庆原油日现货价格的振荡。少数类型的主要传输子模式集中在一个小的区域，且主要的波动形态具有稳定的传输对象。波动形态的传输过程中存在波动聚类效应，社团间传输能力的分布存在三个层次，波动聚类分析中社团间的相互转换有两种情况，即：社团 1↔社团 2、社团 2↔社团 5。通过测量节点的中介能力，可以识别大庆原油日现货价时间序列中控制主要波动传输信息的波动形态。某些非主要的波动形态具有较高的中介能力，在传输过程中发挥着重要作用。

这些结果表明，大庆原油日现货价时间序列在统计上明显不是随机变化的，为投资者提供了重要决策参考信息。首先，投资者应根据其投资需要参考不同的自回归系数。不同的观察周期长度具有不同的波动形态。例如，对于 50 天的投资决策，可参考的最重要的波动形态有 7 个，包括 a（0.93，0.96］b（0.18，0.21］、a（0.93，0.96］b（0.21，0.24］、a（0.96，0.99］b（0.12，0.15］、a（0.96，0.99］b（0.09，0.12］、a（0.93，0.96］b（0.24，0.27］、a（0.9，0.93］b（0.3，0.33］、a（0.9，0.93］b（0.33，0.36］。其次，根据目前的波动形态，投资者可以根据传输模式、聚类效应和中介能力的结果来确定下一个波动形态出现的概率和范围。例如，若目前波动形态为 a（0.96，0.99］b（0.09，0.12］则后一个波动形态有很大概率为 a（0.96，0.99］b（0.09，0.12］、a（0.96，0.99］b（0.12，0.15］或 a（0.96，0.99］b（0.06，0.09］；如果目前的波动形态位于社团 5，下一个波动形态很大可能位于社团 5 或社团 2（见图 3 - 2 - 9）。

在本节中，了解基于大庆原油现货价时间序列不同时期的传输的不同特征，然而，原油时间序列受到多方面因素的影响。今后将在本书基础上，考虑这些因素，研究不同时间尺度和不同能源相关时间序列下自回归子模式的传输特征。

3.3　基于网络的大宗矿产商品价格间波动溢出动态关系研究

近年来，大宗矿产商品之间的关系已成为矿产资源政策的热点问题。从宏观经济角度来看，原油、煤炭、铝等大宗矿产商品是工业的原材料或关键投入。一般来说，活跃的全球经济活动可以增加这些商品的价格和需求。因此，由于需求面的冲击，这些商品的价格具有高度相关性。此外，原油等能源大宗商品价格的变化往往会导致政府调整货币政策，从而影响所有大宗商品价格的联动。从大宗矿产相关产品的角度来看，大宗矿产商品的需求与基于各种原材料或相关投入的全球矿产相关产品的总需求密切相关。近年来，随着全球经济一体化和大宗商品金融化的发展，大宗矿产市场的信息传递不断增强，大宗矿产商品价格的联动更加复杂。应该提供新的证据来支持不同大宗矿产商品价格之间波动溢出效应的信息传递机制。本节可以为大宗矿产相关产品的定价机制和矿产资源政策制定提供重要影响。

目前，存在各种计量经济模型研究了大宗矿产商品价格之间的关系。例如，卡若利和拉米雷兹（Karali and Ramirez，2014）分析了矿产商品（包括原油、取暖油和天然气价格）的随时间变化的波动性和溢出效应。结果表明，天然气和原油之间以及天然气和取暖油市场之间存在双向溢出。罗森（Rossen，2015）构建了统计方法研究了贵金属和有色金属等 20 种金属商品的联动、短期周期和铜周期。结果表明，贵金属和有色金属具有共同的模式，钢合金等其他金属组显示出截然不同的价格动态。艾哈曼迪、比米瑞和曼内拉（Ahmadi，Behmiri and Manera，2016）应用结构向量自回归模型来探索与原油商品相关的铜、黄金和白银商品的波动性。康晟勋等（2017）构建了多元 DECO-GARCH 模型和溢出指数研究了原油、黄金、白银之间的动态收益和波动溢出指数。结果表明，黄金和白银都是原油的信息传递者，并确定了不同商品期货市场的双向回报和溢出效应。拉扎、乌丁等（Raza, Uddin et al.，2018）构建了 Co-VaR 框架来模拟原油、天然气、乙醇、取暖油、煤炭和汽油价格的多元尾部依赖结构和溢出效应。他们发现，取暖油和乙醇市场的投资所造成的损失更大。沙赫扎得和奈姆等（Shahzad and Naeem et al.，2022）使用广义动态因子模型、随机波动模型和网络理论研究了包括大宗矿产商品价格在内的 22 种商品价格的时间和频率结构。结果发现，特定商品类别中存在更多溢出效应，并且贵金属可以在危机期间充当避风港。总之，最近大多数研究通过构建计量经济学模型，从整体角度论证大宗矿产商品价格的波动溢出效应。然而，他们很少论证大宗矿产市场的溢出效应与溢出的动态演化过程之间的联系。溢出的动态联系可以揭示溢出过程中隐藏的一些重要信息，这可能是溢出过程的主要信息。

复杂网络理论提供了一个有效的研究框架来描述各种现实世界系统中复杂系统的动态过程。该理论的主要思想是将复杂系统转化为一个网络，网络中的节点代表复杂系统的元素，连接边代表两个节点之间的相互作用，然后通过分析复杂系统的特征来揭示复杂系统的特征。网络的拓扑结构，特别是，一些学者应用复杂网络理论，通过识别重要元素或分析网络整体结构的演化特征，来识别复杂系统的演化机制。例如，张海英等（2014）利用复杂网络理论研究石油进口国之间的竞争，识别竞争模式的演化结构。李华娇等（2016）通过建立同波动矩阵传输网络来识别能源股票市场的波动和同波动模式。斯克斯格罗等（Scarsoglio et al.，2017）根据时间序列构建了一个复杂的网络，以根据正常窦性心律（NSR）识别心房颤动（AF）期间的脑血管血流模式。张林等（2016）提出了一个出租车出行网络来分析中国南京滴滴出租车出行系列的日常动态演化特征。拉斐尔等（Rafael et al.，2018）建立了一个综合空间电力网络，可以根据经济和技术因素模拟电力系统的演化过程。

在研究中，选择了 19 个大宗矿产商品价格作为样本数据，然后利用复杂网络理论来确定大宗矿产商品价格之间的溢出联系的演化过程。研究至少做出了两个贡献。首先，基于动态网络框架和 GARCH－BEKK 模型将 19 种大宗矿产时间序列转换为数千个随着时间的推移相互演化的网络。该模型结合滚动窗口方法来追踪大宗矿产之间关系中溢出流的演化机制。其次，识别演化过程中的重要市场，并通过分析这些网络的拓扑结构来研究跨市场溢出连接的演化机制。

3.3.1　方法

在本节中，介绍方法的流程。整个过程有四个步骤。步骤一，从每日大宗矿产商品价格时间序列中获得对数收益时间序列。步骤二，使用滚动窗口方法将整个收益序列划分为数千个随着时间的推移而相互演化的片段。步骤三，在每个细分市场建立了基于 GARCH－BEKK 模型的散装矿物溢出矩阵。步骤四，将溢出矩阵映射到一个网络中，然后获得了数千个相互演化的网络。

3.3.1.1　大宗矿产品间溢出关系模型

步骤一，收益序列。

定义收入序列：

$$L = \begin{bmatrix} L_{1,1} & \cdots & L_{1,T} \\ \vdots & L_{i,t} & \vdots \\ L_{N,1} & \cdots & L_{N,T} \end{bmatrix} \qquad (3-3-1)$$

其中，l 是一个 $T \times N$ 矩阵，每行表示一个时间序列，N 表示市场个数。$L_{i,t}$ 表示时间序列 i 在 t 时刻的对数收益：

$$L_{i,t} = 100 \times \left[\ln \left(Q_{i,t}/Q_{i,t-1} \right) \right] \qquad (3-3-2)$$

其中，$Q_{i,t}$ 表示大宗矿产品 i 在时刻 t 的价格。

步骤二，演化窗口。

滚动窗口方法是研究时间序列动态过程的通用方法。在研究中，使用固定长度的滚动窗口将整个回报序列分割成随着时间的推移相互演变的片段。结果表明，不同的片段具有不同的时间序列特征。给定一个返回序列，获得 M 个窗口，其定义为：

$$M = (T - \omega + 1) \ /s \qquad (3-3-3)$$

其中，ω 是窗口长度 $\omega \leqslant T$，s 表示步长。每个窗口 W_m 定义如下：

$$W_m = \begin{bmatrix} R_{1,s(m-1)+1} & \cdots & R_{1,s(m-1)+\omega} \\ \vdots & \ddots & \vdots \\ R_{N,s(m-1)+1} & \cdots & R_{N,s(m-1)+\omega} \end{bmatrix} \qquad (3-3-4)$$

其中，$m \in \{1, \cdots, M\}$。另外，参数 ω 和 s 的选择取决于计量经济学意义和实际情况。一般情况下，步长可以设置为 $S=1$，这表明这些窗口具有记忆性和传递性的特征。窗口宽度代表经济周期的周期长度。用户可以选择半年、一年或两年。此外，如果 $\omega = T$，则只有一个窗口，因此表明经济周期是回报时间序列的整个周期，并且模型仅生成一项简单的工作。

步骤三：溢出矩阵。

不同市场之间的波动溢出在金融市场中广泛出现。为了研究这个问题，提出了大量的模型 GARCH。在研究中，建立了通用的模型 GARCH-BEKK

（1，1）来衡量大宗矿产商品价格的溢出效应。此外，选择一个滞后是因为相邻窗口包含很高比例的重叠信息。

通过给定窗口 W_m 大宗矿产市场 i 和大宗矿产市场 j 的模型 GARCH-BEKK（1，1）得出条件均值方程和条件方差方程，分别表示为：

$$D_t(m) = \begin{bmatrix} D_{i,t}(m) \\ D_{j,t}(m) \end{bmatrix} = \begin{bmatrix} \mu_{i,t}(m) \\ \mu_{j,t}(m) \end{bmatrix} + \begin{bmatrix} \varphi_{ii} & \varphi_{ij} \\ \varphi_{ji} & \varphi_{jj} \end{bmatrix} \begin{bmatrix} D_{i,t-1}(m) \\ D_{j,t-1}(m) \end{bmatrix} + \epsilon_t(m) \quad (3-3-5)$$

$$H_t(m) = C'C + A'\epsilon_{t-1}(m)\epsilon'_{t-1}(m)A + B'H_{t-1}(m)B \quad (3-3-6)$$

其中，$D_t(m)$ 表示条件均值 W_m，$\mu_{i,t}(m)$ 和 $\mu_{j,t}(m)$ 时刻的长期漂移系数，$\epsilon_t(m)$ 表示随机误差 $\epsilon_t(m) \mid \Omega_{t-1} = [\epsilon_{i,t}(m), \epsilon_{j,t}(m)]' \sim N\{0, H_t(m)\}$。此外，$C$，$A$ 和 B 定义如下：

$$C = \begin{bmatrix} c_{ii} & 0 \\ c_{ji} & c_{jj} \end{bmatrix}, \ A = \begin{bmatrix} a_{ii} & a_{ij} \\ a_{ji} & a_{jj} \end{bmatrix} \ \text{and} \ B = \begin{bmatrix} b_{ii} & b_{ij} \\ b_{ji} & b_{jj} \end{bmatrix} \quad (3-3-7)$$

刘学勇等（2017）基于式（3-3-7）得到了溢出结果。$Sp_{i,j}(m)$ 表示市场 i 到市场 j 的溢出，$Sp_{j,i}(m)$ 表示从市场 j 到市场 i 的溢出：

$$Sp_{i,j}(m) = |a_{ij}| + |b_{ij}| \quad (3-3-8)$$

$$Sp_{j,i}(m) = |a_{ji}| + |b_{ji}| \quad (3-3-9)$$

得到溢出矩阵 S_m：

$$S_m = \begin{bmatrix} 0 & Sp_{1,2}(m) & \cdots & Sp_{1,N}(m) \\ Sp_{2,1}(m) & 0 & \cdots & Sp_{2,N}(m) \\ \vdots & \vdots & Sp_{i,j}(m) & \vdots \\ Sp_{N,1}(m) & Sp_{N,1}(m) & \cdots & 0 \end{bmatrix} \quad (3-3-10)$$

此外，在计量经济模型中，如果近似估计参数的显著性小于显著性水平，则认为两个市场之间存在溢出效应。在研究中，选择 10% 作为显著性水平，因为这是避免丢失重要信息的最高水平。因此，当两个不同的市场不表现出溢出效应时，散装矿物基质中的元素为零。

步骤四，溢出网络。

根据 2.1 节中的算法，从窗口 W_m 转化为矩阵 S_M，最后转化为网络 Net_m 的其中节点是大宗矿产市场，有向加权边表示两个市场之间溢出流量的方向和大小。因此获得了溢出矩阵 $Net = \{Net_1, Net_2, \cdots, Net_m, \cdots, Net_M\}$。

3.3.1.2　大宗矿产品模型度量参数

3.3.1.2.1　度量单个市场指标

（1）强度。节点的强度是衡量节点中心性的基本指标，它包含了节点邻居的数量和节点间链路的权重，定义如下（Barrat, Barthelemy et al. , 2004）：

$$S(i)_{in,m} = \sum_{j \in N_j} w_{ji,m} \qquad (3-3-11)$$

$$S(i)_{out,m} = \sum_{j \in N_j} w_{ij,m} \qquad (3-3-12)$$

其中，N_j 表示邻居节点集合；$w_{ji,m}$ 表示节点 j 到 i 的强度；$w_{ij,m}$ 表示节点 i 到 j 的强度。

（2）介数中心性。两个不相邻节点的通信取决于属于连接它们的路径的节点，定义如下：

$$B(i)_m = \sum_j^n \sum_k^n \frac{g_{jk,m}(i)}{g_{jk,m}} / n^2 - 3n + 2, j \neq k \neq i, j < k \qquad (3-3-13)$$

其中，$g_{jk,m}(i)$ 表示节点 j 到 k 通过 i 的最短路径；$g_{jk,m}$ 表示节点 j 到节点 k 的最短路径和。

3.3.1.2.2　度量整体系统指标

（1）平均路径长度。平均路径长度是网络中的一个重要指标，衡量网络的传输性能。定义如下：

$$L_{avg,m} = \frac{1}{N} \sum_{i=1}^N \sum_j \frac{d_{ij,m}}{N-1} \qquad (3-3-14)$$

其中，$d_{ij,m}$ 表示节点之间的最短路径长度。

（2）度和。某节点的度为：

$$k(i)_m = \sum_{j \in N_j} a_{ij,m} \qquad (3-3-15)$$

其中，$k(i)_m$ 表示网络节点的度。度和表示为：

$$k_{sum,m} = \sum_{i=1}^N k(i)_m \qquad (3-3-16)$$

3.3.2 结果

3.3.2.1 数据分析

以下分析基于包含 19 个散装矿物时间序列的数据集。数据涵盖 2011 年 2 月 23 日至 2019 年 4 月 30 日，每个时间序列共有 1 666 个每日期货价格。表 3-3-1 显示了数据集的详细描述。此外，正在考虑更多的大宗矿产商品：能源（天然气、原油、RBOB 普通汽油、取暖油、煤炭）、贵金属（黄金、钯、铂、银）和工业金属（铝、铜、锌、铅、镍、锡、钴、铀、铁矿石、美国钢铁）。本节所有数据均来自能源信息管理局网站（http：//www. eia. gov）、https：//www. investing. com 和 Wind 数据库。

表 3-3-1   **数据分析与源**

类型	序列	描述
能源	天然气	天然气期货合约 1（美元/百万英国热量单位）
	原油	俄克拉何马州库欣原油期货合约 1（每桶美元）
	RBOB 普通汽油	纽约港改制 RBOB 普通汽油期货合约 1（美元每加仑）
	加热油	纽约港 2 号取暖油期货合约 1（美元每加仑）
	煤炭	煤炭期货（UCXMc1）
贵金属	金	COMEX 黄金期货
	钯	NYMEX 钯金期货
	铂	NYMEX 铂金期货
	银	COMEX 白银期货
工业金属	铝	LME 铝期货
	铜	LME 铜期货
	锌	LME 锌期货
	铅	LME 铅期货
	镍	LME 镍期货
	锡	LME 锡期货
	钴	LME 钴期货
	铀	CME 铀期货
	铁矿	CME 铁矿石期货
	美国钢铁	CME 美钢

注：COMEX 是商业交易所，NYMEX 是纽约商品交易所，LME 是伦敦金属交易所，CME 是芝加哥商品交易所。

大宗矿产市场价格分布特征如表 3 - 3 - 2 所示。钴的均值最大，铁矿石的标准差最大。在能源矿产市场中，原油的均值最大，标准差也最高。所有价格都有正偏度值和负偏度值，其中锡的绝对值最低，钴的绝对值最高。此外，煤、钴和贵金属（钯、金和银）的峰值比高斯分布更明显。此外，Jarque - Bera 检验的统计数据也证实了原木价格的非正态性。

表 3 - 3 - 2　　　　　　　　　　大宗矿产品市场分布

市场	平均值	最大值	最小值	标准差	偏离	峰度	Jarque - Bera
铝	7.56	7.93	7.27	0.13	0.23	3.03	14.41**
煤炭	4.04	4.38	3.51	0.20	-0.67	2.90	125.83**
钴	10.47	11.45	9.98	0.37	1.09	3.01	329.69**
铜	8.79	9.20	8.37	0.19	-0.14	2.54	20.25**
原油	4.22	4.73	3.38	0.34	-0.23	1.73	126.43**
金子	7.20	7.54	6.96	0.13	0.73	2.60	158.80**
加热油	0.78	1.20	-0.11	0.32	-0.40	1.97	118.25**
铁矿	4.47	5.23	3.65	0.40	0.15	1.83	101.67**
带领	7.65	7.95	7.36	0.12	-0.05	2.51	17.36**
天然气	1.15	1.81	0.49	0.23	-0.11	2.72	9.10*
镍	9.53	10.27	9.00	0.28	0.19	2.45	31.18**
钯	6.65	7.36	6.15	0.22	0.69	3.72	167.12**
铂	7.08	7.56	6.65	0.26	0.10	1.57	143.95**
RBOB 普通汽油	0.74	1.23	-0.04	0.31	-0.20	1.74	121.62**
银	3.01	3.86	2.61	0.31	0.86	2.40	232.64**
锡	9.92	10.41	9.50	0.16	0.03	3.91	57.47**
美国钢铁	6.44	6.83	5.90	0.19	-0.56	3.51	105.44**
铀	3.50	4.25	2.88	0.32	0.07	2.05	63.51**
锌	7.72	8.18	7.29	0.19	0.43	2.53	67.19**

注：*、**分别表示在10%、5%水平上显著。

基于3.2节中描述的算法，首先，从所选样本数据中获取对数返回时间序列数据。其次，使用固定长度的滚动窗口将19个对数回报序列划分为1 427段，其中窗口宽度为除周末和节假日外的一年经济周期（240天）。再次，在每个部分构建了散装矿物溢出矩阵。最后，将矩阵转化为大宗矿物溢出网络，得到1 427个相互演化的大宗矿物溢出网络。利用大宗矿产溢出网络的动态拓扑结构，识别了重要的大宗矿产市场以及整个市场溢出的演化特征。

3.3.2.2 单个市场溢出度量结果分析

在本节中，计算网络中每个大宗矿产市场的动态内强度/外强度和介数中心性。通过这些手段，可以追踪大宗矿产市场重要性的演变，并确定该市场在演变过程中是发挥核心作用还是边缘作用。

（1）单一市场的动态强度。图3－3－1显示了19种大宗矿产商品价格的动态入度强度。这反映出大宗矿产市场接受其他市场溢出的重要性随时间而变化。图3－3－1给出了市场的平均入度强度。例如，图3－3－1中第一行第一列的子图表明，铝市场作为溢出接收器的入度强度是随时间变化的，并且铝市场作为溢出接收器的入度强度是随时间变化的。整个样本期间的入度强度平均值为6.30。图3－3－2按升序显示了这些大宗矿产商品的平均强度。结果显示，天然气的平均强度最小，美国钢铁公司的平均强度最大。这一发现表明，就从其他市场获得的溢出效应而言，天然气是最不重要的市场，但美国钢铁公司是最重要的。此外，图3－3－2的子图从社区角度说明了能源、贵金属和工业金属市场的平均强度。结果表明，贵金属市场的平均强度最大，能源市场的平均强度最小。它们表明，四个贵金属市场（五个能源市场）中的大多数在从其他市场收到的溢出效应方面具有更大（较小）的重要性。

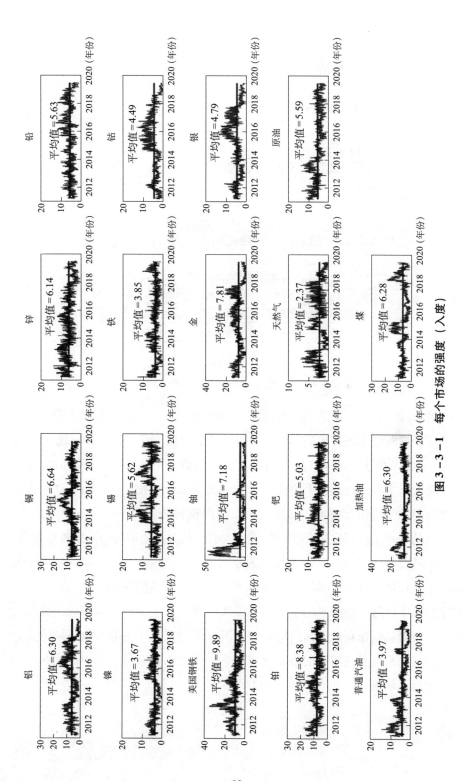

图 3-3-1 每个市场的强度（入度）

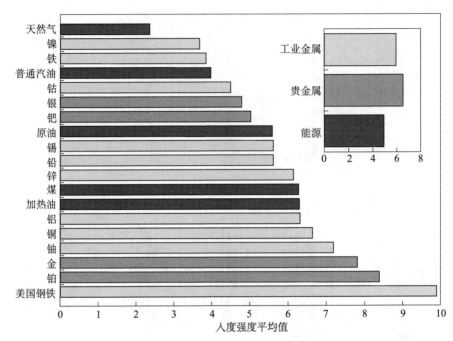

图 3 - 3 - 2　每个市场的入度强度平均值

　　图 3 - 3 - 3 显示了 19 个大宗矿产市场的动态出度强度。结果表明，大宗矿产市场向其他市场传递溢出效应的重要性随时间而变化。例如，图 3 - 3 - 3 第一行第一列子图显示，铝市场作为溢出接收者的超强程度是随时间变化的，整个样本期间的超强平均值为 5.34。图 3 - 3 - 4 按升序显示了这些大宗矿产商品的平均出度强度。结果表明，美国钢铁公司的平均出度强度最小，天然气的平均出度强度最大。这一发现表明，就对其他市场的溢出效应而言，美国钢铁公司（天然气）的重要性最小（最大）。此外，图 3 - 3 - 4 的子图显示了从社区角度来看能源、贵金属和工业金属市场的平均出度强程度。该数字反映了能源市场的平均出度强度最大，而工业金属市场的平均出度强度最小。就对其他市场的溢出效应而言，五个能源市场中的大多数市场的重要性最高，而就对其他市场的溢出效应而言，十个工业金属市场中的大多数市场的重要性最低。

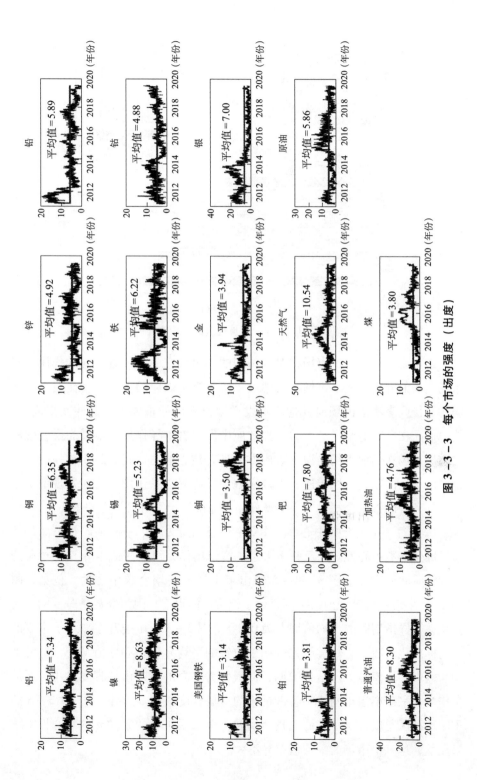

图 3 - 3 - 3　每个市场的强度（出度）

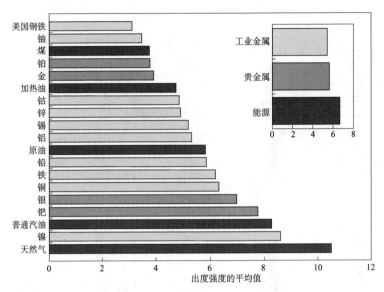

图 3 - 3 - 4　出度强度的平均值

最重要的是，矿产市场在对其邻国的溢出效应中发挥着不同的作用。对市场强弱的分析凸显了市场从其他市场接收溢出效应的重要性，而对市场强弱的分析则表明了市场向其他市场发送溢出效应的重要性。这些发现表明，能源商品在向其他市场产生的溢出效应中发挥着主导作用。金融品质较强的贵金属市场在其他市场的溢出效应方面具有核心地位。商品品质较强的工业金属市场在向其他市场传递溢出效应方面发挥着边缘作用。这些发现证实了天然气和美国钢铁公司对大宗矿产商品其他市场产生溢出效应的重要性。

（2）每个市场介数中心性。图 3 - 3 - 5 显示了 19 个散装矿物市场的动态标准化介数中心性。它反映了大宗矿产市场作为纽带（或中介）的桥梁的程度随时间而变化。图 3 - 3 - 5 给出了市场的平均介数中心性。例如，图 3 - 3 - 5 中第一行第一列的子图显示了铝市场的程度，因为介数是时变的，并且是整个样本期间的平均值周期为 0.048。图 3 - 3 - 6 按升序显示了市场的平均标准化介数中心性。结果表明，白银的平均介数中心性值最小，钯的平均介数中心性值最大。结果表明，白银作为中介的矿产市场程度最小，而钯金作为大宗矿产溢出网络中纽带桥梁的市场程度最大。此外，图 3 - 3 - 6 的子图从社区角度说明了能源、贵金属和工业金属市场的平均介数中心性。结果显示，这三个市场的平均值差异不大。

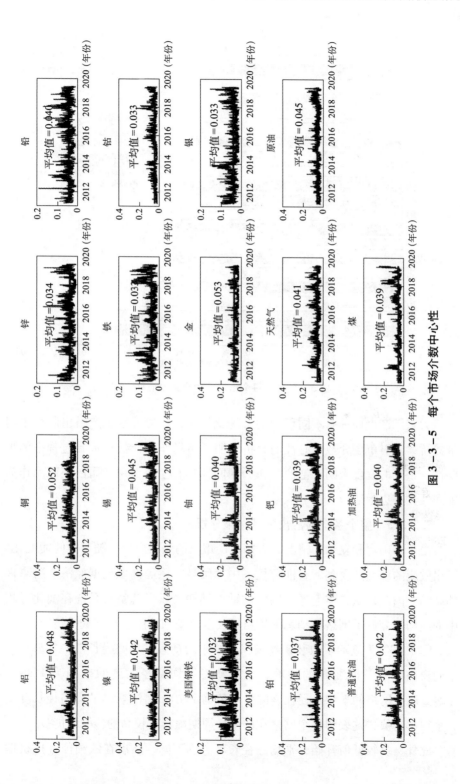

图 3 - 3 - 5　每个市场介数中心性

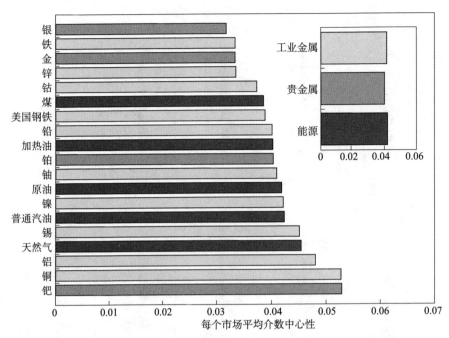

图 3 - 3 - 6　每个市场平均介数中心性

　　大宗矿产市场具有不同程度的市场化作用，作为大宗矿产溢出网络中纽带的桥梁。对市场介数中心性的分析表明了市场作为介数在传导过程中的重要性。重要的发现表明，钯商品作为中间性具有主导作用，而白银商品作为中间性具有边缘地位。

3.3.2.3　整个系统的溢出度量结果分析

　　由于不确定和复杂的情况，大宗矿产市场的溢出效应会随着时间而变化。溢出效应的波动性受到新石油危机、中美贸易摩擦等许多典型经济金融事件的影响。因此，从整体上考察网络的动态结构，以了解整个系统在演化过程中的结构。分析了网络的动态平均路径长度、动态总度和动态聚类情况。

　　图 3 - 3 - 7 显示了散装矿物溢出网络中的动态平均路径长度，并显示了不同窗口中随时间变化的传输性能。动态平均路径长度的范围为 1.49 ～ 2.24，所有网络的平均路径长度的平均值为 1.70。请注意，平均路径长度是一个很小的值，这表明整个网络在的采样周期内具有较高的传输性能。

　　此外，从较低值开始，平均路径长度急剧下降，然后在欧洲债务危机期间（2011～2012 年）急剧上升。这表明散装矿物溢出网络在这些时期具有较高的传输性能。此后，平均路径长度持续存在并超过平均值，表明传输性能低于之前，这可以解释为全球经济复苏的迹象。看到该指标从 2014～2016 年一直保持较低值。在此期间，最近发生了石油危机，油价暴跌。分析样本期的最后阶段，到 2017 年底出现下降，然后平均路径长度高于平均值，但变化很大。这一结果表明，中美贸易摩擦期间，传输性能随着不确定性的增加而变化。

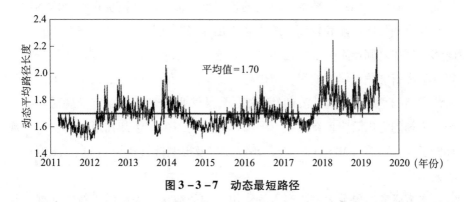

图 3 - 3 - 7　动态最短路径

最重要的是，当典型的经济金融事件发生时，大宗矿产品价格的溢出结构整体上会发生变化。2014～2016 年欧洲债务和石油危机爆发期间，输电性能和溢出流量有所增加。这表明整个大宗矿物系统的结构变得复杂且不确定。这一发现补充了麦基弗等（Mciver et al.，2017）以及巴利等（Balli et al.，2019）的研究结果，后者仅报告大宗商品在欧洲债务和石油危机期间具有更高的溢出（结构）。2017 年底后，由于大宗矿产市场的增长趋势取决于供需、实体经济发展等多种复杂因素，传导过程放缓，溢出流量减少，随后出现较大波动。世界主要经济体的金融政策和地缘政治冲突出现。尽管经历了英国脱欧、中美贸易摩擦等一系列事件，全球经济仍呈现温和复苏态势，但整个大宗矿产体系结构发生高波动。

3.3.3　结论与讨论

本节采用基于 GARCH - BEKK 模型和滚动窗口方法的大宗矿产溢出网络模型，研究了多种大宗矿产市场波动溢出效应的演变和结构。所提出的模型不仅可以表征滚动窗口中大宗矿产市场的溢出结构，还可以分析其动态演化过程。首先，分析大宗矿产溢出网络的拓扑结构，探讨大宗矿产市场的重要性。动态结构反映了市场溢出的程度和方向随时间而变化。美国钢铁公司作为净接收者，溢出效应最高；天然气作为传输源，溢出量最大；钯金作为网络的桥梁，其度数最高。与不同商品类别相比，还发现，能源市场扮演着最大溢出效应的净发送者，而贵金属市场作为净接收者，具有最大的溢出效应。

其次，计算整个网络的动态拓扑特性，以研究整个散装矿物系统的演化特征。尽管整个网络的结构是时变的，但整个散装矿物系统在整个样本期内具有较高的传输性能和较少的跨市场溢出流量。此外，市场往往在相互关联的邻国群体之间产生更多的溢出效应。最重要和有趣的发现是，2014～2016年欧债和石油危机爆发期间，结构趋于复杂化，但2017年底后整个大宗矿产系统的结构呈现出较高的波动性。这一结果表明全球经济稳定发展对大宗矿产品市场的溢出效应正在减弱，但溢出效应的不确定性却在增加。这一发现补充了麦基弗等（Mciver et al., 2017）以及巴利等（Balli et al., 2019）的研究结果。

本节研究结果为大宗矿产市场溢出结构的演化过程提供了新的证据，并指出了市场管理相关文献中单一市场的重要性以及整个大宗矿产系统的演化特征。因此，价格制定者可以更深入地了解市场溢出的动态行为，从而为矿产相关产品设定合理的价格。使用动态和图形工具对演变和结构进行分析，为政策制定者提供了清晰的可变结构，以防止传染效应并促进市场稳定。

未来的研究可以调查大宗矿产市场和其他资产市场（如农产品价格）的溢出效应。本节仅建立基于固定窗口宽度和固定滞后的 GARCH – BEKK 模型的散装矿物溢出网络。人工智能算法和具有不固定滞后和长度的复杂先进计量经济学模型可用于研究未来溢出的动态行为。

3.4　战略性金属矿产资源价格多维联动网络研究

为保障国家的经济、国防安全以及战略性新兴产业的稳定发展，我国于2016年将铁、铬、铜、铝、金、镍、钨、锡、钼、锑、钴、锂、稀土、锆十四种矿产列为战略性金属矿产，这些矿产因其独特的材料性能（翟明国等，

2019），在国家发展新能源、信息技术、国防军工等高尖端产业方面具有不可替代的作用。而战略性金属矿产的供给程度会对其价格造成波动，这将直接关系到高新技术产业的发展，甚至影响我国经济和技术的高质量发展，更重要的是，不同战略性金属矿产间可能存在价格联动效应。由于很多高新技术产业或产品同时需要其他战略性金属矿产的支撑，若这些金属矿产间存在价格联动关系，对其经营成本和产品竞争力会造成不同程度的影响，例如，航空航天领域的一种重要金属材料是由铝和锂制成的铝锂合金，如果铝和锂之间存在价格联动关系，铝或锂的价格发生波动时必然会对铝锂合金的成本造成影响。因此，监管者在关注矿产市场价格波动时，不仅关注单一矿种的价格，同时也要关注不同矿种的价格以及它们之间的联动关系，而且可以利用战略性金属矿产的价格联动关系对其价格进行预期，从而使相关市场能依据矿产间的价格联动关系及时制定合适的价格监管策略，进而构建价格监测系统，全方位、多层次地对价格波动进行分析与判断。

价格联动指不同矿产或商品市场价格的共同变化或相互影响。目前的研究多从单一维度对价格联动进行分析，例如，仅通过 VAR – DCC – GARCH 模型（Yue et al.，2015）、DCC-GARCH 模型（李洁等，2017）、回归模型（董晓娟等，2018）、VAR 模型（王江等，2019；李百吉等，2018）、SVAR 模型（高丽等，2019）分析不同矿产间期货市场价格的联动性，或者通过格兰杰因果关系模型（王楚玥等，2019；Dong et al.，2019）分析某一矿产期货价格与现货价格间的联动关系等。此外，研究价格联动的模型还包括欧氏距离、相关系数和涨跌联动等，但是每一维度的侧重点不同，分析价格联动的视角也不同。例如，格兰杰因果关系模型有方向性而且考虑时间的滞后性和序列的自回归现象，相关系数重点关注序列的整体相关性，如果从单一维度进行研究容易存在视角偏差或信息缺失等问题。因此，本节从多维的角度对价格联动进行研究，通过构建多维价格联动网络全面的分析矿产间价格的联动关系，从而得到更综合、更全面的研究结果。

由于数据的可获性，本节选择锆、铬、钴、锂、铝、镍、锑、铜、钨、锡十种战略性金属矿产（以下简称十种金属矿产）为本节的研究样本，从价格联动的视角切入，应用复杂网络的方法以十种金属矿产的价格为节点，通过对矿产价格间的关系进行格兰杰因果关系检验、测算欧氏距离、相关系数、涨跌联动确定网络中的边，构建十种金属矿产的多维价格联动网络。从网络的基本特征，中心性以及凝聚子群等多角度分析战略性金属矿产价格联动的动态传导关系，研究战略性金属矿产间价格的联动关系，为高新技术产业的发展以及市场价格的监控提供参考，为制定合适的价格监管策略提供科学依据。

3.4.1 研究方法与数据来源

3.4.1.1 研究方法

3.4.1.1.1 网络构建

（1）复杂网络分析方法。

复杂网络包含两个基本要素，即节点和边。本节将十种金属矿产的价格作为节点，模型的实验结果为边。边的权重具体如下，在格兰杰因果关系中，如果两种矿产之间存在格兰杰因果关系则确定一条边，将存在格兰杰因果的概率作为边的权重；在欧氏距离中，将两种矿产之间的距离作为权重；在相关系数中，将两种矿产之间的相关系数取绝对值选后作为权重；在涨跌联动中将两种矿产之间同涨同跌的概率进行归一化处理后进行筛选作为边的权重。

（2）格兰杰因果关系检验。

格兰杰因果关系检验，假设有关 x 和 y 每一变量的预测的信息全部包含在这些变量的时间序列之中。检验要求估计以下的回归，其中 u_{1t} 和 u_{2t} 假定为不相关的。

$$y_t = \sum_{i-1}^{q} \alpha_i x_{t-i} + \sum_{j-1}^{q} \beta_j y_{t-j} + u_{1t} \qquad (3-4-1)$$

$$x_t = \sum_{i-1}^{s} \lambda_i x_{t-i} + \sum_{j-1}^{s} \delta_j y_{t-j} + u_{2t} \qquad (3-4-2)$$

式（3-4-1）假定当前 y 与 y 自身以及 x 的过去值有关，而式（3-4-2）对 x 也假定了类似的行为。

对式（3-4-1）而言，其零假设 $H_0: \alpha_1 = \alpha_2 = \cdots = \alpha_q = 0$。

对式（3-4-2）而言，其零假设 $H_0: \delta_1 = \delta_2 = \cdots = \delta_s = 0$。

（3）欧氏距离。

欧几里得度量（也称欧氏距离）用来表示 m 维空间中两个点之间的真实

距离，本节用欧氏距离来反映任意两种矿产价格间的差距大小。两种矿产价格间的欧氏距离越大，说明这两种矿产价格的差距越大；反之，则差距越小。如式（3-4-3）所示：

$$d(x,y) = \sqrt{(x_1 - y_1)^2 + (x_2 - y_2)^2 + \cdots + (x_n - y_n)^2} = \sqrt{\sum_{i=1}^{n}(x_i - y_i)^2}$$

$$(3-4-3)$$

其中，x_i、y_i 表示不同时间的矿产价格，n 表示日期天数。

（4）相关系数。

相关系数是指不同矿产之间的价格的相关性大小。利用矿产的价格数据计算十种金属矿产两两间的相关系数，并得到相关系数矩阵，在系数矩阵中，包含正相关和负相关，当两种矿产之间的相关系数的绝对值越大，这两种矿产的相关性越大，反之越小。相关系数如式（3-4-4）所示，其中，$Cov(X, Y)$ 为 X 与 Y 的协方差，$Var[X]$ 为 X 的方差，$Var[Y]$ 为 Y 的方差。

$$r(X, Y) = \frac{Cov(X, Y)}{\sqrt{Var[X]Var[Y]}} \qquad (3-4-4)$$

（5）涨跌联动。

涨跌联动是指不同矿产之间的价格出现同涨同跌的现象（王甜等，2020）。每一种矿产的价格都会出现三种情况，分别是涨、平、跌，因此任意两种矿产之间会出现九种情况。其中包括同涨同跌同平三种情况。

实验中选取 2 天为一个单位，步长为 1 天，因此每一组矿产都可以得到 1 207 - 1 = 1 206 组涨跌情况。比如，有 A、B 两种矿产，假设每种矿产均有 21 个数据，则每种矿产均可以得到 20 个涨跌情况的数据，对两种矿产之间的涨跌情况进行抽象处理，如式（3-4-5）所示，则矿产 A、B 同涨同跌同平的概率为 5/10 = 0.5，具体处理如表 3-4-1 所示。在每一组矿产的同涨同跌概率得出后再进行归一化处理。

$$\begin{cases} 1，A、B 同涨同跌同平 \\ 0，其他 \\ -1，A、B 一涨一跌 \end{cases} \qquad (3-4-5)$$

表 3 - 4 - 1 涨跌联动处理过程

序号	矿产 A	矿产 B	A 的涨跌	B 的涨跌	A&B 涨跌情况
1	99 850	51 805			
2	99 750	51 615	− 100	− 190	1
3	99 800	51 920	50	305	1
4	99 700	52 010	− 100	90	− 1
5	99 400	52 080	− 300	70	− 1
6	98 950	52 050	− 450	− 30	1
7	97 900	51 665	− 1 050	− 385	1
8	97 900	51 580	0	− 85	0
9	97 400	51 530	− 500	− 50	1
10	96 300	51 790	− 1 100	260	− 1
11	96 300	51 810	0	20	0

注：实线框表示第一组试验单位，虚线框表示第二组试验单位。

3.4.1.1.2 网络拓扑结构

（1）网络密度。

网络密度将网络图之间相互联系的紧密度表现出来。假设有 n 个节点，在有向网络中，理论关系数就等于 $C_n^2 = n(n-1)$，在无向网络中，则为 $C_n^2/2 = n(n-1)/2$，网络密度是网络中节点间实际关系数与理论关系数的比值（邱均平等，2011），主要测量网络中节点间相互关联的紧密程度，网络密度越大，表明该网络节点的相互关联程度越紧密（赵丽佳，2016）。

（2）平均路径长度。

平均路径长度为网络中任意两个节点间距离的平均值，它是衡量网络中信息传输效率的一种方法（刘立涛等，2017）。在真正的网络中，较短的平均路径长度有助于信息的快速传输并降低成本。计算如式（3 - 4 - 6）所示：

$$L = \frac{1}{\frac{N(N+1)}{2}} \sum_{i \geqslant j} d_{ij} \qquad (3 - 4 - 6)$$

其中，L 表示平均路径长度，N 表示节点总数，d_{ij} 表示节点 i 到节点 j 的最短路径长度。

（3）中介中心度。

中介中心度是指一个网络中经过该节点的最短路径的数量，反映了一个节点对网络中其他节点的干预程度，常被用来度量网络中节点的传导媒介能力（柴源，2018），在矿产的价格联动网络中用来反映某种矿产在多大程度上影响其他矿产之间的关联关系，度数越高，说明该矿产越能影响其他矿产在价格传导之间的关联关系，即在价格联动网络形成中，起关键桥梁的中介作用（黄杰，2018）。

（4）接近中心度。

接近中心度是以距离为指标测量节点中心程度的（Goh et al.，2003），反映某一节点与网络内的其他节点联系的紧密程度（朱冬芳等，2012），度数越高，说明该矿产在网络中与其他矿产的"距离"越短，该矿产就更容易与其他矿产产生直接关联（黄杰，2018），如式（3-4-7）所示：

$$C_{RCi} = \frac{N-1}{\sum_{j \neq i} d_{ij}} \tag{3-4-7}$$

其中，C_{RCi} 表示节点 i 的接近中心度，N 表示节点个数，d_{ij} 表示节点 i 到节点 j 的最短路径长度。

（5）特征向量中心度。

特征向量中心度反映一个节点的重要性既取决于其相邻节点的数量（即该节点的度），也取决于其相邻节点的重要性，可以将单个节点的影响力看成是所有其他节点影响力的线性组合（宋玉萍等，2016），度数越高，说明该矿产在网络中越重要，如式（3-4-8）所示：

$$C_{ECi} = c \sum_{j=1}^{n} a_{ij} x_j \tag{3-4-8}$$

其中，C_{ECi} 表示节点 i 的特征向量中心度，c 为比例常数。

（6）聚类系数。

节点的集聚系数反映了该节点的近邻之间的集团性质，近邻之间的关联越紧密，该节点的集聚系数就越高（任卓明等，2013）。若该节点的集聚系数较高，度值也较高，则说明该节点与其近邻节点形成了一个小团体，在网络中具有一定的领导地位，如式（3－4－9）所示：

$$C_{CCi} = \frac{K}{|N_i|(|N_i|-1)/2} \qquad (3-4-9)$$

其中，C_{CCi} 表示节点 i 的聚类系数，K 表示节点 i 的邻居集合构成的网络中边的数量，N_i 表示节点 i 的相邻节点的个数（即节点 i 的度）。

（7）凝聚子群。

网络的凝聚性分析是通过对网络中心行动者子集的特征来刻画与研究社会群体（刘军，2009）。凝聚子群分析的方法和使用指标很多，本节使用强调各行动者关系相关性（convergent correlations）的 CONCER 法进行（刘法建等，2010）。

3.4.1.2　数据来源及处理

3.4.1.2.1　数据来源

本节选取锆、铬、钴、锂、铝、镍、锑、铜、钨、锡十种战略性金属矿产为研究对象，基于 Choice 金融数据库，选取 2013 年 9 月 22 日至 2018 年 9 月 21 日矿产现货价格的日收盘价。经过数据清洗，每种矿产均得到 1707 条有效数据。

3.4.1.2.2　数据处理

（1）数据归一化。

归一化方法有两种形式，一种是把数变为（0，1）之间的小数，一种是把有量纲表达式变为无量纲表达式，主要是为了数据处理更方便快捷。本节采用第一种方法，如式（3－4－10）所示：

$$x' = \frac{x - \min(x)}{\max(x) - \min(x)} \qquad (3-4-10)$$

其中，x 为原始数据，x' 为归一化后的数据，$\min(x)$ 表示所有数据中的最小值，$\max(x)$ 表示所有数据的最大值。

（2）单位根检验。

价格数据有可能是非平稳的，直接进行回归分析可能会导致伪回归等问题，从而得到没有实际意义的结论，单位根检验（ADF 检验）可以判断变量是否平稳。

3.4.2　不同矿产的价格波动传导分析

3.4.2.1　描述性统计

首先对每种矿产的有效数据进行归一化处理。在进行格兰杰因果关系检验之前，首先通过对价格序列进行水平序列检验，结果如表 3-4-2 所示，显示统计量值大于相应的 DW 临界值，是非平稳序列，此外，每一种矿产的 P 值都接近 1，也说明了每一种矿产的价格序列都是非平稳序列。

表 3-4-2　　　　　　　　水平序列下单位根检验结果

序号	种类	t 统计量	P 值	1% 的置信度	5% 的置信度	10% 的置信度
1	锆	2.846	0.999	-2.567	-1.941	-1.627
2	铬	0.480	0.819	-2.567	-1.941	-1.617
3	钴	0.609	0.848	-2.567	-1.941	-1.617
4	锂	-0.284	0.584	-2.567	-1.941	-1.617
5	铝	-0.528	0.488	-2.567	-1.941	-1.617
6	镍	-0.644	0.438	-2.567	-1.941	-1.617
7	锑	-1.430	0.143	-2.567	-1.941	-1.617
8	铜	-0.795	0.372	-2.567	-1.941	-1.617
9	钨	-2.480	0.013	-2.567	-1.941	-1.617
10	锡	-0.444	0.523	-2.567	-1.941	-1.617

然后，对价格序列进行一阶差分检验，一阶差分就是离散函数中连续相邻两项之差。当自变量从 x 变到 $x+1$ 时，函数 $y = y(x)$ 的改变量 $\Delta y = y(x+1) - y(x)$，$(x = 0, 1, 2, \cdots)$ 称为函数 $y(x)$ 在点 x 的一阶差分，记为 $\Delta y = y(x+1) - y(x)$，$(x = 0, 1, 2, \cdots)$。在进行单位根检验的时候，一阶差分法是一种很常见的方法，易于检验两个序列是否具有平稳性。结果如表 3-4-3 所示，结果显示，在 1%、5%、10% 的置信度下 P 值均为 0，说明这 10 种矿产的价格均通过了平稳性检验。此外，每一种矿产的 t 统计量在三种置信度水平下也均小于临界值，这也说明了可以通过平稳性检验。

表 3 - 4 - 3   一阶差分下单位根检验结果

序号	种类	t 统计量	P 值	1% 的置信度	5% 的置信度	10% 的置信度
1	锆	-28.976	0	-2.567	-1.941	-1.617
2	铬	-15.867	0	-2.567	-1.941	-1.617
3	钴	-10.721	0	-2.567	-1.941	-1.617
4	锂	-11.759	0	-2.567	-1.941	-1.617
5	铝	-31.113	0	-2.567	-1.941	-1.617
6	镍	-39.456	0	-2.567	-1.941	-1.617
7	锑	-14.206	0	-2.567	-1.941	-1.617
8	铜	-34.103	0	-2.567	-1.941	-1.617
9	钨	-34.659	0	-2.567	-1.941	-1.617
10	锡	-27.155	0	-2.567	-1.941	-1.617

由于十种金属矿产的一阶差分均通过了平稳性检验，所以可以对十种金属矿产的一阶差分序列进行格兰杰因果关系检验。

数据经格兰杰因果关系、欧氏距离、相关系数、涨跌联动四种方法处理后，对欧氏距离和相关系数的结果进行第二次归一化处理，处理后的数据在不同域值下的个数如图 3 - 4 - 1 所示，其中格兰杰因果关系对应次坐标轴，欧氏距离、相关系数、涨跌联动对应主坐标轴。格兰杰因果关系中，横坐标为 0.05 的点表示置信度为 0.05 时符合条件的共 37 个；欧氏距离中，横坐标为 0.05 的点表示欧氏距离小于等于 0.05 的个数为 3 个；相关系数中，横坐标为 0.05 的点表示相关系数大于 0.05 的共 6 个；涨跌联动中，横坐标为0.05 的点表示同涨同跌的百分比在 95% 之上（包括 95%）的共 3 个。

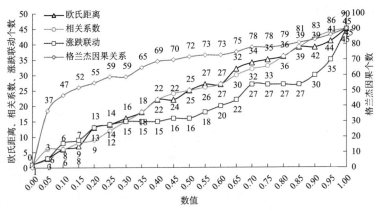

图 3 - 4 - 1 不同域值的符合条件个数（单位：个）

　　在格兰杰因果关系中，选取置信度为 5% 可形成一个有 37 条边的有向图；在欧氏距离中，如果两种矿产之间的距离小于 0.6 则确定一条边，可形成一个有 27 条边的无向图；在相关系数中，如果两种矿产之间的相关系数大于 0.4 则确定一条边，可形成一个有 27 条边的无向图；在涨跌联动中，如果两种矿产之间价格联动概率大于 0.3 则确定一条边，可形成一个有 27 条边的无向图，具体如图 3 - 4 - 2 所示。对每个网络图进行聚类划分，同一种颜色的节点即为同一个聚类，相同聚类内节点的连边与聚类颜色相同，不同聚类内节点的连边为聚类外的颜色。如在格兰杰因果关系网络中分为两大聚类，聚类一为绿色聚类，包括锆、铬、钴；聚类二为红色聚类，包括锂、铝、镍、锑、铜、钨、锡。

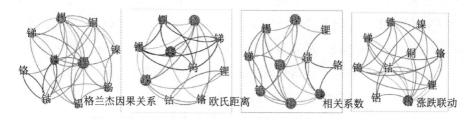

图 3 - 4 - 2　不同模型网络

3.4.2.2　多维联动网络的网络特征分析

　　计算平均度、平均加权度、网络密度及平均路径长度，不同模型下有所不同，具体如表 3 - 4 - 4 所示。在欧氏距离网络中，平均度、平均加权度、网络密度、平均路径长度分别为 5.4、8.059、0.6、1.489，这说明网络的连通性和整体联系程度均较好，在该价格联动网络中矿产的价格波动传导速度较快（赵丽佳，2016；刘立涛等，2017）；在相关系数网络中，平均路径长度较欧氏距离网络有进一步提升，且网络的平均度、平均加权度、网络密度均较高，网络的连通性较强，说明某种矿产价格的波动容易引起其他矿产价格的变化；在涨跌联动网络中，虽然平均加权度较欧氏距离和相关系数降低，但是平均路径长度在四种网络中是最短的，网络的传输效率较好，说明矿产价格波动之间可以相互影响且影响速度较快；在格兰杰因果关系网络中，平均度、平均加权度、网络密度、平均路径长度分别为 3.7、3.667、0.411、1.789，虽然网络联通性也较好，但是相比于其他三个网络略微差一点，这说明在该价格联动网络中矿产的价格波动传导速度相对较慢。由于格兰杰因果关系模型存在方向性，而且考虑了时间的滞后性和序列的自回归，因此和其他模型间的差异相对较大。

表 3 - 4 - 4　　　　　　　　　不同网络基本特征

网络	平均度	平均加权度	网络密度	平均路径长度
格兰杰因果关系	3.7	3.667	0.411	1.789
欧氏距离	5.4	8.059	0.6	1.489
相关系数	5.4	8.028	0.6	1.422
涨跌联动	5.4	7.18	0.6	1.4

在以上分析中可以看出多维价格联动网络存在差异，但整体来看，网络的连通性和传输效率较强，这说明不同矿产的价格波动可以相互影响且影响的传导速度较快，不同矿产间存在价格的联动变化，这会对国家高新技术产业或产品的经营成本及产品竞争力造成影响，相关人员应密切关注十种金属矿产的价格波动，在矿产的价格发生波动时应及时调整相关计划策略。

3.4.2.3　多维联动网络的节点特征分析

网络中心性是表达社会网络中一个节点在整个网络中所占据中心的程度，是测量节点在这个网络中影响力的概念。测量方法可以分为度中心度（degree centrality）、中介中心度（betweenness centrality）、接近中心度（closeness centrality）和特征向量中心度（eigenvector centrality）（刘军，2014）。本节主要从加权度、中介中心度、接近中心度、特征向量中心度以及节点的集聚系数五个角度来分析不同矿产在不同模型下的异同。

计算加权度、中介中心度、接近中心度、特征向量中心度和节点的集聚系数，不同模型下有所不同，为了统一量纲，将同种角度数据进行归一化处理，使得数据均处于 0~1 范围内。

（1）同种矿产在不同模型下分析。

通过雷达图的方式可以更直接地分析同种矿产不同模型维度的异同（Ge et al.，2016），具体如图 3 - 4 - 3 所示，分别对应矿产为锆、铬、钴、锂、铝、镍、锑、铜、钨、锡，雷达图对应十种金属矿产在格兰杰因果关系、欧氏距离、相关系数、涨跌联动四种模型下在加权度、中介中心度、接近中心度、特征向量中心度、集聚系数五个分析角度的异同。

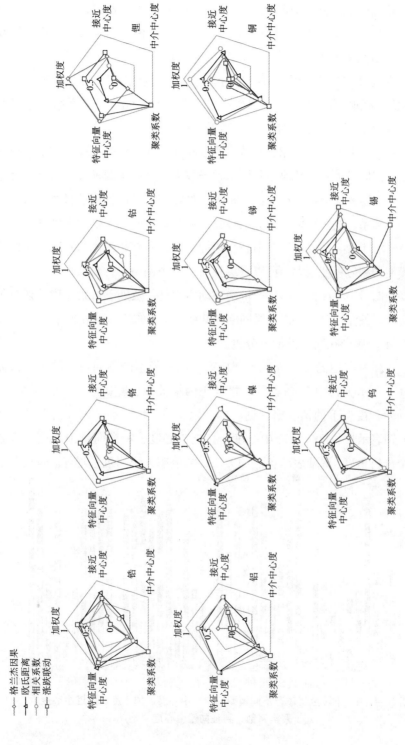

图 3 - 4 - 3　十种金属矿产的五个角度分析

不同模型代表不同的分析角度，格兰杰因果关系代表相关的方向性，欧氏距离代表价格近似程度，相关系数代表整体趋势相关，涨跌联动代表波动关系趋势。虽然不同维度的价格联动网络侧重点不同，但在一定程度上存在相似性。在同种矿产的分析结果上部分模型存在趋势的相似性，如镍矿中的相关系数网络和欧氏距离网络、钨矿中是涨跌联动网络和相关系数网络都几乎重合，在聚类系数角度四种模型的结果也较为相似。

综上所述，欧氏距离、相关系数、涨跌联动在某些矿产上存在相似的分析结果，格兰杰因果关系与其他三种模型差异较大。这说明四种分析模型虽然角度不同但在一定程度上存在相似性，相关人员在进行矿产价格监督时，可以从格兰杰因果关系、欧氏距离、相关系数、涨跌联动对矿产价格的多维联动网络进行研究，对于聚类系数和接近中心度指标即矿产间相邻团体的共同变化的分析四种模型的相似程度较大，可以只关注其中一个网络，针对加权度、中介中心度、特征向量中心度指标即矿产价格波动传导路径及处于桥梁作用的矿产价格的分析可以关注格兰杰因果关系网络和其余三个中的任一网络即可。

（2）不同矿产在同种模型下分析。

通过三维柱状图的方式分析不同矿产在同种模型的不同角度的区别，如图3-4-4所示，其中X轴表示在格兰杰因果关系、欧氏距离、相关系数、涨跌联动四种模型下的锆、铬、钴、锂、铝、镍、锑、铜、钨、锡十种金属矿产，Y轴表示加权度、中介中心度、接近中心度、特征向量中心度、集聚系数五个分析角度，z轴表示各点的数值，数值越大说明效果越好。

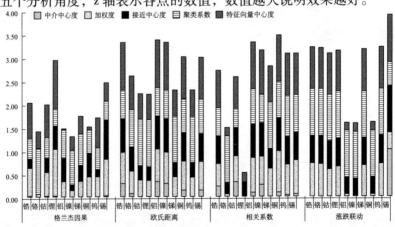

图3-4-4　十种金属矿产不同模型的中介中心度、加权度、接近中心度、聚类系数、特征向量中心度

综合分析多维价格联动网络得出，在加权度角度，处于优势的为锡，这表明锡在价格联动网络中对其他矿产的影响较大；在中介中心度角度，处于优势的为锡，这表明锡在价格联动网络中起到最关键的桥梁作用；在接近中心度角度，处于优势的为锡，这表明锡在价格联动网络中最易于影响其他矿产；在特征向量中心度角度，处于优势的为锡，这表明锡在价格联动网络中对比于其他矿产影响程度最大；在聚类系数角度，处于优势的为铬，这表明铬在价格联动网络中对比于其他矿产影响程度较大，处于领导地位。

整体来说，锡和铬在价格联动网络中的影响作用和桥梁作用最大。锡的平均加权度、平均中介中心度、平均接近中心度、平均特征向量中心度分别为 0.63、0.76、0.3、0.78，均为十种金属矿产中最大的，说明锡能直接影响的矿产较多而且可以迅速影响其他矿产，因此应该将锡作为重点的目标进行价格管控；铬的平均聚类系数为 0.95，处于领导地位，网络中其他矿产传播价格波动时大多会经过铬，对铬的价格进行适时监控可以影响其他矿产间的联动。

3.4.2.4 多维联动网络的凝聚子群分析

以深度为 2、集中度为 0.2 的标准，对不同方法下构建的价格联动网络进行凝聚子群分析，得到表 3-4-5 所示的 4 个子群。其中锆和锂子群在格兰杰因果关系、相关系数、涨跌联动网络中均处于同一子群，铜和锡子群在格兰杰因果关系、欧氏距离、相关系数网络中均处于同一子群，这说明锆和锂、铜和锡的子群性更稳定，更具有凝聚性，即在价格波动过程中对其他矿产的影响情况更为相似或相互影响程度更强。

表 3-4-5　　　　　　　　　　凝聚子群成员

子群	格兰杰因果关系	欧氏距离	相关系数	涨跌联动
子群 1	锆、锂	锆、镍	锆、锂	锆、铬、锑、锂、钨
子群 2	钴、铬	锑、铬、钨	钴、铬	钴
子群 3	铝、铜、锑、锡	钴、锡、铜、锂	铝、铜、锑、锡	镍、铜、铝
子群 4	钨、镍	铝	钨、镍	锡

格兰杰因果、相关系数、欧氏距离和价格联动四种方法下，整个网络的密度值分别为 0.411、0.6、0.6、0.6，将计算得出的密度矩阵表中大于等于

网络密度的值都修改为1，小于网络密度的值都修改为0，得到转换矩阵，如表3-4-6所示。

表3-4-6 子群密度矩阵

方法	子群	密度矩阵			
		子群1	子群2	子群3	子群4
格兰杰因果关系	子群1	1	1	0	0
	子群2	1	1	0	0
	子群3	1	0	1	1
	子群4	1	0	0	1
相关系数	子群1	0	0	0	0
	子群2	0	1	0	0
	子群3	0	0	1	1
	子群4	0	0	1	1
欧氏距离	子群1	0	0	0	0
	子群2	0	0	0	0
	子群3	0	0	0	0
	子群4	0	0	0	0
价格联动	子群1	1	1	0	0
	子群2	1	0	0	0
	子群3	0	0	0	0
	子群4	0	0	0	0

经过筛选后的价格联动网络分为4个子群，部分之间存在价格联动关系，帮派性较为明显。在四种方法中，占据明显关系的子群不同。格兰杰因果关系网络中，有明显关系的是铝、铜、锑、锡组成的子群；欧氏距离网络中，传导联动关系并不明显；相关系数网络中，有明显关系的是铝、铜、锑、锡组成的子群和钨、镍组成的子群；价格联动网络中，有明显关系的是锆、铬、锑、锂、钨组成的子群。

在多维价格联动网络中，虽然不同网络处于明显子群关系的矿产不同，但是整体来看锡、铜、锑、铝在价格联动过程中子群凝聚性较强，该子群价格的联合波动会对其他子群的价格造成较大的影响；其中锡和铜组成的子群更稳定，在格兰杰因果关系网络、相关系数网络和涨跌联动网络中均处于明显传导关系。在价格监督过程中，不应只关注一种矿产的价格变化情况，而应从子群的角度对多种矿产的价格进行综合考虑，应着重注意锡和铜组成的子群的价格变化情况。

3.4.3　结论

以往的研究对价格联动的分析多基于一种维度，本节基于锆、铬、钴、锂、铝、镍、锑、铜、钨、锡十种战略性金属矿产 2013～2018 年的价格数据，以价格联动为视角切入，运用复杂网络的方法，通过格兰杰因果关系检验、欧氏距离、相关系数、涨跌联动模型，构建多维价格联动网络，分析不同矿产之间的价格联动关系并得出以下结论。

（1）多维价格联动网络虽然存在差异，但是网络的连通性和传输效率较强，这说明不同矿产的价格波动可以相互影响且影响的传导速度较快，这会对高新技术产业或产品的经营成本以及产品竞争力造成影响，相关人员应密切关注矿产的价格波动情况并及时调整相关技术策略。

（2）多维价格联动网络虽然分析角度不同但是在某些网络指标存在相似性，在多维价格联动网络中，相关人员进行价格监督时，对于聚类系数和接近中心性即矿产间相邻团体的共同变化的分析可以关注其中的某一网络，对于加权度、中介中心度和特征向量中心度即矿产价格波动影响情况及起到桥梁作用的矿产价格的分析可以关注格兰杰因果关系网络和其余三个中的任一网络即可。

（3）锡和铬在价格联动网络中的影响作用和桥梁作用较大。锡能直接影响的矿产较多而且可以迅速影响其他矿产，因此应该将锡作为重点的目标进行价格管控；铬处于领导地位，网络中其他矿产传播价格波动时大多会经过铬，对铬的价格进行适时监控可以影响其他矿产间的联动。

（4）在多维价格联动网络中，不同网络处于明显子群关系的矿产不同，但是整体来看锡、铜、锑、铝在价格传导联动过程中子群凝聚性较强，其中锡和铜组成的子群更稳定，凝聚性更强。在进行价格监督时不应只关注一种矿产的价格变化，而应从子群的角度对锡、铜、锑、铝的价格进行综合考虑，且着重注意锡和铜的价格变化。

从多维度构建矿产的价格联动网络，使得对价格联动的研究更综合全面。战略性矿产对国家发展高新技术产业以及进行技术改革有着重要的作用，甚至会影响我国经济和技术的高质量发展，而不同矿产之间的价格又有着不可忽视的联系。研究战略性金属矿产间的价格联动关系，可以使高新技术产业以及政府监管部门有选择、有重点地进行价格监督，从而对矿产的价格进行预期并制定合适的策略，进而构建价格监测系统，全方位、多层次地对价格波动进行分析与判断。但是本节研究只选取了十种金属矿产的价格数据，现实中还有其他战略性矿产，因此，进一步研究的方向是扩大样本量。

3.5 原油与中美黄金价格不同时期内波动相关时变网络分析

原油价格和黄金价格的波动一直都受到投资者、生产者以及政策制定者的关注。由于市场因素、投机因素、突发因素等多种不确定因素的影响，原油与黄金价格均存在很大不确定性。但两者价格波动表现出相同趋势，原油经济危机期间，黄金也经历了类似危机。通过研究原油市场与黄金市场的相关性，对判断和预测原油和黄金价格趋势起到指导作用，可为不同的投资者和决策者把握价格变动提供参考，降低投资风险。

近年来黄金的货币属性逐步得到回归，黄金市场的战略地位正在提升。黄金市场已成为与股票市场、期货市场、债券市场、外汇市场等并列的金融市场。而原油市场是最重要的大宗商品市场，在全球经济、贸易以及投资活动中扮演着重要角色，且与其他金融市场密切关联。过去几年，投资者倾向于将资金投入到石油期货等大宗商品上，加强了石油市场与金融市场间的联系。

原油市场与黄金市场的密切关联不仅引起投资者关注，也引起学术界对原油价格走势以及两者关系关注。目前，有关原油与黄金的研究多采用基于线性回归的计量经济模型，如格兰杰因果、GARCH 模型、结构向量自回归模型，主要从整体角度出发进行研究。但由于选取的样本以及方法的不同，两者之间的关系还没有统一的认识。近年来也有学者使用小波分析方法研究发现短期内原油与黄金的相关性具有时变特征，并且表明短期内两者的相关性更显著。原油价格和黄金价格之间的相关性是时变的，又是非线性、不稳定的。复杂网络方法为分析复杂系统提供了便利。近几年，复杂网络方法常被应用于能源领域，其核心思想是将真实系统中变量间的联系看成一个复杂的网络，以网络形式来描述真实关系，通过分析网络拓扑结构来反映真实信息。本节将滑动窗和复杂网络方法结合可研究原油与黄金价格间的时变关系。此外，还有一个重要的问题，不同时期内价格波动规律不同，与黄金的相关性也存在差异（Huang，An et al.，2016，Kanjilal and Ghosh，2017）。因此，本节将价格波动划分为不同时期，单独研究各时期内原油与中美黄金价格波动相关性的改变。

除了研究原油与黄金间的关系外，本节内容还探索了原油与中美两国黄金价格相关性的差异。原因有三：一是随着市场发展以及中国影响力的提升，中国黄金市场日益受到国际的关注。二是美国作为全球最大经济体，在政治、经济制度上均与中国不同，而且以美元为中心的国际货币体系似乎使得两国黄金市场表现出不同特征。三是现有研究只选取特定的国家作为研究对象，很少分开研究两个市场（国家）。然而金融市场间的影响因市场不同而不同。因此，本节原油市场和中、美黄金市场间的相关性。

综上所述，运用复杂网络方法研究原油与黄金价格波动相关性。首先，根据原油价格波动划分不同时期。其次，利用复杂网络理论建立不同时期内原油与中美黄金价格波动相关多元时变网络。最后，通过可视化从识别关键模态、关键模态转换和模态媒介能力三个方面分析原油与中美黄金价格相关性以及其差异。

3.5.1　数据与方法

3.5.1.1　数据

本节从 Wind 数据库选取 2008 年 1 月 9 日至 2019 年 5 月 24 日英国布伦特原油期货（Brent）、上海期货交易所黄金期货和纽约金属交易所（COMEX）黄金期货日收盘价作为样本数据。

国际黄金交易中，现货交易不足总交易量的 3%，因此，研究期货交易更具有参考价值。研究所选跨度较长，包含 2008 年次贷危机，2014 年石油大跌等事件，能较充分反映不同背景下原油与黄金价格相关波动情况。布伦特原油期货合约是布伦特原油定价体系的一部分，该价格体系涵盖了世界原油交易量65%，流动性较强且价格透明度高，可以很好代表国际原油价格波动情况。虽然中国黄金市场发展较晚，但随着中国的发展以及国际影响力的提升，中国黄金市场的影响力不断提升。美国黄金期货市场是当前全球最大黄金期货交易中心，其价格波动能反映国际金价波动。因此上海期货交易所黄金期货和纽约金属交易所能代表中美黄金期货市场价格波动。

网络模态构建之前，本节对数据进行了检验。表3-5-1为单位根检验结果。全样本时期变量间不存在协整关系，但是划分时期后样本存在一个或两个协整关系。协整检验结果如表3-5-2表示。原油价格、中国黄金和美国黄金价格均为非平稳序列，三个变量均为一阶平稳性序列（见图3-5-1）。协整关系的存在避免研究中产生虚假关系，计算变量间的相关性不会产生不正确的信息。虽然全样本期间数据并不服从正态分布，但滑动窗长度内短期数据却服从。因此，可用皮尔逊相关计算变量间的相关性，计算结果表明变量间确实存在相关性。

表3-5-1　　　　　　　　　　　单位根检验结果

变量	计量	P 值	1%临界值	5%临界值	10%临界值
Z（原油）	-0.703 5	0.412 3			
Z（中国黄金）	0.094 9	0.712 7	-3.430	-2.860	-2.570
Z（美国黄金）	0.177 5	0.737 7			

表3-5-2　　　　　　时期Ⅱ中原油与美国黄金协整检验结果

变量	假设协整关系数量	特征根	迹统计量	5%临界值	P 值
原油与中国黄金	无协整*	0.021 8	17.354 5	15.494 7	0.025 9
	最多1个协整	0.001 2	0.873 8	3.841 5	0.349 9
原油与美国黄金	无协整*	0.021 9	17.880 8	15.494 71	0.021 4
	最多1个协整	0.001 8	1.320 4	3.841 4	0.250 5

注：迹检验显示1个协整方程处于5%水平。*表示在5%水平上拒绝假设。

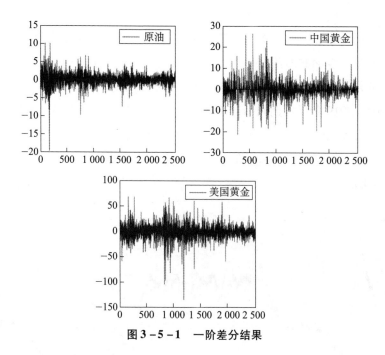

图 3 - 5 - 1　一阶差分结果

3. 5. 1. 2　方法

此部分详细介绍论文研究方法，其流程如图 3 - 5 - 2 所示。首先是划分时期，其次是定义相关程度，最后是构建网络，每部分详细说明如下文。

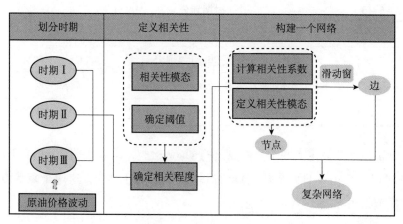

图 3 - 5 - 2　方法流程

3.5.1.2.1 时期划分

从长期来看，原油与黄金价格波动情况较为复杂，通过划分不同时期，可以更好揭示波动的内在复杂性。因本节欲探究原油与中美两国黄金价格的相关性的差异，因此依据原油价格波动情况划分时期。

2008~2019年样本期间内，原油价格波动共经历了三个不同时期。一是2008~2011年金融危机时期；二是2011~2014年油价维持高位时期；三是2014~2019年油价高位转头跳水时期，具体划分情况如图3-5-3和表3-5-3所示。

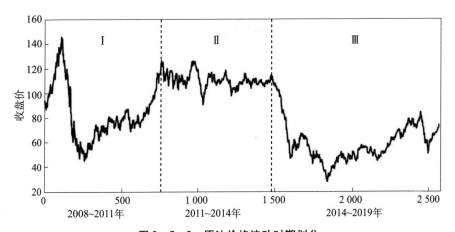

图3-5-3 原油价格波动时期划分

表3-5-3   时期划分

序号	范围	状态
时期Ⅰ	2008年1月9日~2011年3月15日	金融危机时期
时期Ⅱ	2011年3月16日~2014年7月7日	维持高位时期
时期Ⅲ	2014年7月8日~2019年5月24日	高位转头跳水时期

分别对本节设定的两个分断点进行chow检验，结果表明2011年3月15日和2014年7月7日两个数据点前后均发生结构性改变，这两个点为断点，具体检测结果如表3-5-4所示。

表 3 - 5 - 4			断点检测结果		
第一个断点 （2011 年 3 月 15 日）	原油 中国黄金	F - 统计量	375. 2496	p 值. F（2, 1475）	0
		对数似然比	608. 3471	p 值. 卡方分布（2）	0
		沃尔德统计量	750. 4993	p 值. 卡方分布（2）	0
	原油 美国黄金	F - 统计量	598. 5413	p 值. F（2, 1475）	0
		对数似然比	878. 8221	p 值. 卡方分布（2）	0
		沃尔德统计量	1197. 083	p 值. 卡方分布（2）	0
第二个断点 （2014 年 7 月 7 日）	原油 中国黄金	F - 统计量	130. 8341	p 值. F（2, 1798）	0
		对数似然比	244. 8377	p 值. 卡方分布（2）	0
		沃尔德统计量	261. 6682	p 值. 卡方分布（2）	0
	原油 美国黄金	F - 统计量	168. 1726	p 值. F（2, 1798）	0
		对数似然比	309. 0159	p 值. 卡方分布（2）	0
		沃尔德统计量	336. 3451	p 值. 卡方分布（2）	0

3.5.1.2.2　定义相关程度

本节用皮尔逊相关计算任意两个变量的相关性。皮尔逊相关是指对两个或多个具备相关性的变量进行分析，通过相关系数值衡量变量间的相关程度，反映变量间波动相似性，计算公式如下：

$$\rho_{i,j} = \frac{Cov\ (x_i,\ x_j)}{\sqrt{Var\ (x_i)}\ \sqrt{Var\ (x_j)}} \qquad (3 - 5 - 1)$$

其中，i 与 j 分别表示两个不同的变量，$Cov\ (x_i,\ x_j)$ 为变量 i 与 j 的协方差，$\sqrt{Var\ (x_i)}$ 与 $\sqrt{Var\ (x_j)}$ 分别为变量 i 与 j 的方差。$\rho_{i,j}$ 为相关系数，其取值范围为 [-1, 1]，值越大相关程度越高，波动越相似；正值为正向相关，变量间波动方向相同；负值为负向相关，波动方向相反。

为了区分相关性的强弱，需要通过具体的临界值将各相关性系数值划分在表示不同强度的相关性区间内。因此，本书需要两个阈值来划分相关性系数范围，从而将相关性系数区间 [-1, 1] 划分为五种不同程度的相关并用相应的符号表示。研究中通常认为相关系数小于 0. 3 即为不相关，因此首先将 0. 3 作为第一个阈值。然后通过灵敏度分析得到第二个阈值，用于进一步区分相关性的强弱。这种灵敏性分析是根据网络结构对相关性阈值变化的响应而体现的，即阈值的大小与网络节点数变化成反比。如果阈值在某个区间内逐渐增大，网络节点数会急剧减小，但在此区间外，阈值变化对节点数变化影响不大。这体现的是当阈值在一定区间内变化时，网络结构具有明显的拓扑性质，但在此区间外，网络分布较为稀疏，拓扑性质不明显。所以，本书通过灵敏度分析选取的第二阈值是指在该阈值下网络的拓扑性质稳定，有利于网络的研究。灵敏度分析结果如图 3 - 5 - 4，随着阈值的增加，网络节点数呈现先增加后减少的趋势，第二个阈值大于 0.6 之后，网络节点数开始减少，这说明 0.6 是网络状态的突变点，阈值大于 0.6 网络分布稀疏特征不明显。因此，将 0.6 作为第二个阈值。

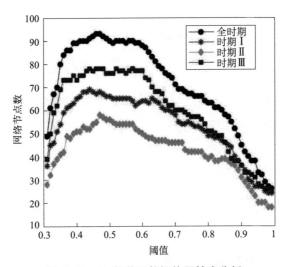

图 3 - 5 - 4　相关系数阈值灵敏度分析

综上所述，本节的两个阈值分别为 0.3 和 0.6。通过阈值将变量间的相关性转换成 5 种不同符号，分别表示不同强度的相关。如 R 表示正向强相关，具体符号序列 (R, r, U, n, N) 如式（3 - 5 - 2）所示。

$$S = \begin{cases} R, & (0.6 < \rho_{i,j} \leqslant 1，强正相关) \\ r, & (0.3 < \rho_{i,j} \leqslant 0.6，弱正相关) \\ U, & (-0.3 \leqslant \rho_{i,j} \leqslant 0.3，不相关) \\ n, & (-0.6 \leqslant \rho_{i,j} < -0,3，弱负相关) \\ N, & (-1 \leqslant \rho_{i,j} < -0.6，强负相关) \end{cases} \quad (3 - 5 - 2)$$

3.5.1.2.3　网络构建

为了更好理解变量间相关性的转换规律，借鉴复杂网络理论来建立相关网络。复杂网络理论主要思想是将真实系统中各部分间的关系视为一个复杂的网络，将变量作为网络的节点，变量之间的转换关系作为网络的边，构建一个复杂的网络模型。本节通过 3 个步骤构建原油与中美黄金价格多元时变网络。

（1）计算相关系数。首先使用式（3-5-1）计算变量间的皮尔逊相关系数，然后用式（3-5-2）将其转化为相应的符号序列。

（2）定义相关模态。通过步骤（1）变量间形成一个 $n \times n$ 的系数相关矩阵，如表 3-5-5 所示。本节中变量为原油价格、中国黄金价格和美国黄金价格，所以 $n=3$。无论具体数值如何，粗粒化都能保持数据的波动轨迹，有助于简化复杂数据，能更清晰表达信息。本节利用粗粒化方法将表示相关性强弱的符号组合成原油与黄金相关模态，如图 3-5-5 所示。例如，模态（RrR）表示原油与中国黄金、美国黄金价格的相关性为分别为正向强相关和正向弱相关、中美黄金价格为正向强相关。

表 3-5-5　　　　　　　　　皮尔逊相关系数矩阵

相关系数	v_1	v_2	...	v_{n-1}	v_n
v_1		ρ_{21}	...	$\rho_{(n-1)1}$	ρ_{n1}
v_2	ρ_{12}		...	$\rho_{(n-1)2}$	ρ_{n2}
⋮	⋮	⋮		⋮	⋮
v_{n-1}	$\rho_{1(n-1)}$	$\rho_{2(n-1)}$	...		$\rho_{n(n-1)}$
v_n	ρ_{1n}	ρ_{2n}	...	$\rho_{(n-1)n}$	

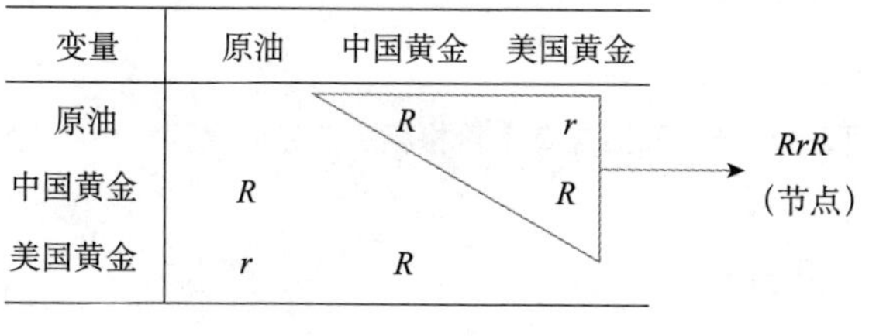

变量	原油	中国黄金	美国黄金	
原油		R	r	RrR
中国黄金	R		R	（节点）
美国黄金	r	R		

图 3-5-5　定义模态

（3）构建多元时变网络。通过计算变量间的相关性得到模态，即网络的节点。为了获取网络的边，本节引入滑动窗。滑动窗使得数据具有记忆和传递的特征，能更好地识别隐含在数据内部的信息。通过使用滑动窗可表示短期内的相关性，避免研究长时期的相关性丢失某些重要的市场信息。综上，本节中滑动窗的长度为20天，滑动步长为1天。随着滑动窗的移动可获得一系列模态，模态1→模态2→……→模态n。其中，前一模态向后一模态的转变即为网络的边，由于两种模态之间的转换方式会重复，所以模态的转换轨迹就形成一个网络，具体构建过程如图3-5-6所示。本节以相关模态为节点，模态间的转换为边，转换频次为权重，分别建立了全时期和3个子时期共4个原油与中美黄金相关有向加权多元时变网络。

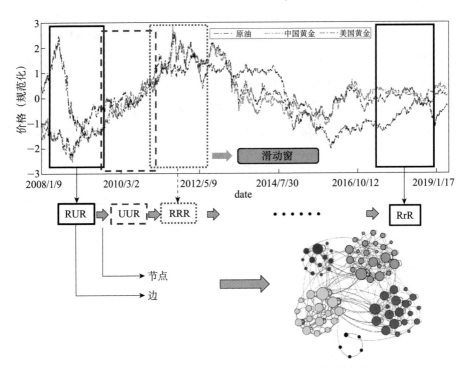

图3-5-6　原油与黄金价格相关多元时变网络构建过程

3.5.2　结果分析

3.5.2.1　识别原油与黄金关键相关状态

如上文所述，网络中的模态表示滑动窗内原油与中美黄金价格的相关性强弱，模态表示同一时期内原油与中美两国黄金的相关性。通过识别网络中的关键模态可以发现各时期相关性强弱的不同之处。统计结果显示各时期内网络各项指标存在差异，表现出不同特征，具体数值见表 3 – 5 – 6。从表中可以看出价格剧烈波动时期（时期 I 和时期 III）网络指标明显不同，稳定波动时期（时期 II）与全时期网络指标较类似。整体分析样本可能会丢失剧烈波动时期的信息，这也侧面验证了划分时期的必要性。

表 3 – 5 – 6　　　　　　　　　　　　网络基本指标

时期	模态数	边数	平均路径长度	网络直径	平均聚类系数
全时期	88	480	3.797	10	0.355
时期 I	64	218	5.802	18	0.310
时期 II	50	217	3.614	9	0.356
时期 III	77	329	4.149	13	0.304

网络中的关键模态是网络中影响力较大的节点，表示各时期内网络的主要状态。然而各时期网络模态数量不等，如果对每个模态都进行分析则缺少针对性，也不利于发现网络特征。因此，本节用节点强度衡量网络模态的重要性。节点强度是一个综合性指标，不仅考虑相邻节点的数量，而且考虑了相邻节点的权重，节点值越大在网络中就越重要。有向网络中节点强度又分为入强度与出强度。本节重点研究相关强弱状态的改变，因此仅对出强度进行研究，其计算公式如下：

$$S_i^{out} = \sum_{j \in N_i} W_{ij} \qquad\qquad (3 – 5 – 3)$$

其中，N_i 是所有相邻节点的集合，W_{ij} 表示从节点 i 到节点 j 的权重。

图 3 – 5 – 7 是全时期和 3 个子时期中网络节点出强度和强度分布频率的双对数坐标图，横坐标表示节点强度，纵坐标表示频率，节点强度分布呈现"长尾"效应。最小二乘估计结果表明全时期和剧烈波动时期（时期 I 和时期 III）节点强度分布符合幂律分布。这意味着网络中多数模态的节点强度非常小，只有少数模态显著影响着网络中模态的变化，这些少数模态就是网络中的关键模态。稳定波动时期（时期 II）不符合幂律分布可能是因为网络中节点较少且波动幅度较小。这说明不同时期内均存在关键模态主导相关性的

正反和强弱。

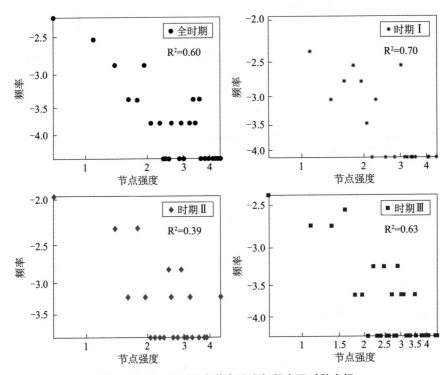

图 3 - 5 - 7　各时期内节点强度与频率双对数坐标

为了进一步确定各时期内原油与黄金价格相关性强弱的主要状态，计算模态节点强度的累积分布，发现各时期内 10 个模态的节点强度占总节点强度50% 以上。虽然时期 II 不符合幂律分布，但前 7 个模态强度仍占总强度的50% 以上。鉴于各时期内网络模态个数不同，取节点强度排名前 5 的模态作为关键模态，具体信息见表 3 - 5 - 7。

表 3 - 5 - 7　　　　　　　　　　各时期关键模态

时期	关键模态				
全时期	RRR	UUR	DDR	URU	rrR
时期 I	RRR	UUR	URU	rRR	rRr
时期 II	UUR	RRR	UrR	rrR	rRR
时期 III	DDR	UUR	RRR	UUr	rrR

表 3 - 5 - 7 中关键模态重要程度从左至右依次降低。不同时期内，网络状态由不同的模态主导，例如，只有时期Ⅲ中出现原油与中美黄金价格负相关模态。不同时期内原油与黄金相关性明显不同，时期Ⅰ、时期Ⅱ和时期Ⅲ中，主要相关状态为正向强相关、不相关和负向强相关。金融危机期间原油和黄金的相关性为正，危机后相关性减弱。当原油价格降低时，相关性呈现出负向的趋势。不考虑不相关的状态，时期Ⅰ、时期Ⅱ中原油与美国黄金相关性更强。这可能是因为原油市场与美国黄金市场以美元作为交易货币，而中国黄金市场以人民币进行交易的原因。多数情况下原油与中美黄金的相关性表现相同，如当原油与中国黄金相关性为 R 时，原油与美国黄金相关性通常也为 R；但也有不同的情况，如当原油与中国黄金相关性为 r 时，原油与美国黄金的相关性可能为 r 或 R。

3.5.2.2　关键相关状态的转变

短期内原油与黄金的相关性的强度是不断变化的，其有一定的规律性。复杂网络中平均路径长度和网络直径可衡量网络传输性能与效率。平均路径长度描述网络模态转换时间，是网络中所有节点对之间的平均最短距离，其中最大距离为网络直径。平均路径长度计算公式为：

$$L = \frac{1}{N(N-1)} \sum_{i \neq j \in V} d_{ij} \qquad (3-5-4)$$

其中，d_{ij} 为模态 i 与 j 之间的最短距离。表 3 - 5 - 6 显示网络平均路径长度在 3 ~ 6 之间，说明原油与黄金相关状态平均 3 ~ 6 天就可能发生改变，任意两种状态间的转换平均需要 2 ~ 5 个中间模态。原油和黄金价格间相关性转变缓慢，为投资者调整策略提供了宝贵的时间。时期Ⅱ平均路径和网络直径最小，模态转变灵活。时期Ⅰ和时期Ⅲ平均路径和网络直径较大，模态转变复杂。通过对比三个不同时期平均路径长度和网络直径，总体上时期Ⅱ网络传输效率较高，更容易从一个状态变化到另一个地方。时期Ⅰ和时期Ⅲ，网络传输效率差，节点间波动频繁。

相关状态的转变分为维持自身和转向其他两种。图 3 - 5 - 8 是各时期关键模态转变概率分布图，横坐标表示模态转变对象，纵坐标表示转变概率。折线长短不同，每种相关状态有多个不同的转变对象；折线最高点为转向自身概率，说明相关状态更倾向于保持自身的状态，即市场间价格相关性有一定连续性。

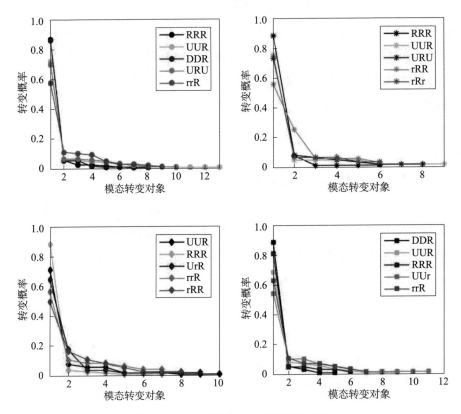

图 3 - 5 - 8　各时期关键模态转换概率

也对关键模态转向其他状态的情况进行了统计，如表 3 - 5 - 8 所示。表 3 - 5 - 8 对模态符号进行了分解，以单个符号表示模态的转变状态。整体上，相关状态的转变具有连续性，通常会转向相邻状态，如从 R 变为 r。当初始状态为强正相关时，原油与中国黄金的相关性更倾向维持强正相关的状态，原油与美国黄金的相关性则有更大的概率转为弱正相关。当初始状态为 r、U 或 D 时，原油与中美黄金相关状态的转变相同。

模态	转变概率		模态	转变概率		模态	转变概率	
	中国黄金	美国黄金		中国黄金	美国黄金		中国黄金	美国黄金
R→R	**0.50**	0.49	R→r	0.45	**0.51**	R→U	0.05	—
r→U	**0.40**	**0.35**	r→r	0.37	**0.35**	r→R	0.23	0.30
U→d	0.20	0.25	U→U	**0.52**	**0.6**	U→r	0.28	0.15
D→D	0.33	0.44	D→d	**0.67**	**0.56**	—	—	—

3.5.2.3　相关状态媒介能力分析

原油与黄金的相关状态从强正（负）相关转变为强负（正）相关需要媒介模式。在复杂网络中，中介中心性描述的是其控制其他模态交往的能力。如果某一模态中介中心性值较高，说明其处于较重要地位，在网络中任意两节点通行路径中出现概率较高。在原油与黄金相关网络中，用中介中心性可度量相关模态在网络拓扑结构中的重要性，即网络中模态的媒介能力。一个模态通过的最短路径数越多媒介能力越强，中介中心性定义如下：

$$BC_i = \sum_{s \neq i \neq t} \frac{n_{st}^i}{g_{st}} \qquad (3-5-5)$$

其中，g_{st} 表示节点 s 到节点 t 的最短路径的个数，n_{st}^i 为 g_{st} 通过节点 i 的最短路径数。

模态中介中心性排名累计分布如图 3 - 5 - 9 所示，20% 模态对网络中介中心性贡献率约为 60%，40% 模态对网络中介中心性的贡献率约为 80%。可见只有少数模态拥有较高的媒介能力。图 3 - 5 - 10（a）是中介中心性分布图，横坐标是模态点强度，纵坐标是中介中心性。图中多数点位于原点周围，还有一些点位于左上方和横坐标右侧。研究模态中介中心性和模态强度发现，某些点强度较高的节点中介中心性很弱（如全时期中 RRR），某些点强度较低的节点（如时期 I 中 ddR）反而充当着网络中重要的中介功能。网络中存在许多这样的媒介模态，如全时期 UUU；时期 I 中的 ddR 和 UUr；时期 II 中的 UUR 和时期 III 中的 UUr 和 rUU。原油与中美黄金相关性较弱或不相关时所形成的模态多为媒介模态。当网络中出现 UUR 此类节点时，说明此时原油与黄金价格相关性正处于转变状态，网络处于过渡阶段。在一定程度上，媒介可以作为原油与黄金价格相关性模态之间转换的前兆，对其进行研究将有利于更好地把握原油与黄金价格相关性的规律，为规避市场风险提供决策支持。

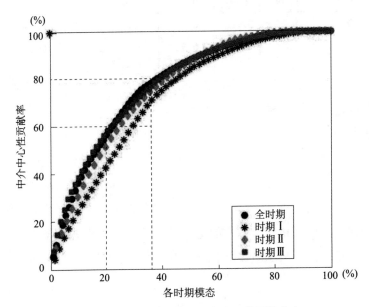

图 3 - 5 - 9   各时期模态中介中心性累计分布

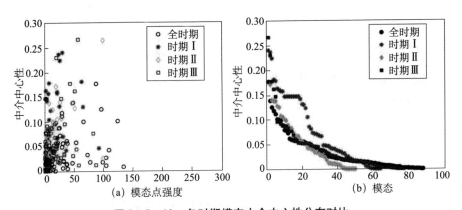

图 3 - 5 - 10   各时期模态中介中心性分布对比

从不同时期看，模态媒介能力也有差别。图 3 - 5 - 10（b）是各时期模态中介中心性总体对比图，时期Ⅰ中模态中介性高于其他时期，说明时期Ⅰ模态媒介能力强，原油与黄金相关状态转变最频繁，相关性波动情况复杂。

时期Ⅱ和时期Ⅲ中介中心性分布较相似，但时期Ⅲ高中介中心性模态较多，这就意味着时期Ⅲ中媒介模态较多，原油与黄金相关状态转变相对较多。三个不同时期内网络模态媒介能力的差异表明，时期Ⅰ和时期Ⅲ原油与黄金价格相关状态波动更加频繁。

为验证复杂网络方法研究变量时变相关的稳定性，构建了 DCC – GARCH 模型，发现不同时期内变量间的相关性不同。模型结果表明，序列波动的长期和短期影响显著。原油和美国黄金之间的动态相关性先表现为正向，之后变为负向；原油和中国黄金间的动态相关性一直呈现负向；中国和美国黄金之间的动态相关性总是正的。原油和黄金之间的相关性是动态的，而且在每个时期的相关性是不同的。因此，DCC – GARCH 模型的结果可检验复杂网络方法的稳定性。

3.5.3   结论

以 2008 年 1 月 9 日至 2019 年 5 月 24 日的布伦特原油期货和中美黄金期货为样本数据，研究原油与中美黄金价格的相关性及其变化。根据原油的不同，将价格序列分为三个阶段。结果还表明，将长期序列划分为多个短期序列更能反映信息的波动。按照一定的规律构建了原油与中美黄金价格相关性的时变网络。分析网络的拓扑结构发现原油与黄金相关性的一些规律。整体上，与中国黄金相比，原油与美国黄金价格的相关性更强，保持强正或强负相关的比例更多。通过分析不同时期内原油与黄金关键相关状态的区别，发现原油与黄金价格相关性并不是保持不变。金融危机期间为正向，危机过后价格回升相关性表现减弱，而当原油价格由高位向低位回落时，相关性则表现为负向。因此，采用投资黄金避险方式并不能一直起到作用。虽然长期内原油和黄金价格的相关性趋势明显，但短期内相关性却是不断变化的。相关性的改变也有一定规律可循，短期内原油与黄金相关性变化较缓慢，且有更大的概率保持不变。研究还发现，原油与黄金相关性状态的较大程度的改变需要借助媒介。网络中存在较多媒介则暗示着未来一段时间内价格可能发生较大改变。此外，还发现原油与黄金相关性的转变至少需要 3~6 天时间，这可为投资者提供预警信息。

研究结果对投资者、政策制定者具有重要的启示意义。首先，本书建议，投资者需根据相关性状态调整是否采用购买黄金或其他产品的方式来规避风险。只有原油与黄金价格波动负向相关时，黄金才能起到避险保值的作用。其次，短期内根据原油与黄金价格相关性变化规律，投资者可采取"买进多头"或"卖出空头"头寸的策略获取利益。最后，原油与黄金价格相关性改变规律可为投资者调整之前的投资策略提供预警信号和时间。

| 第 4 章 |
股票价格波动关联关系网络分析及其演化

股票市场是能够非常敏感反映市场经济变化趋势很好的工具，其股票价格波动受多方面因素影响，包括国际国内环境、企业竞争情况、股票市场供需情况、金融供给情况、其他股票市场情况等。股票价格波动影响因素的复杂程度远远超过一般商品，因此股票价格时间序列往往属于高维复杂系统。

对于高维复杂系统，采用更加复杂的模型进行研究，才有助于对其变化规律的认识和驾驭。才能够抛开现实的因素，只运用模型对变化的数据本身的变化进行研究，就有可能认识其变化规律，以下是运用各类方法构建股票价格时间序列复杂网络模型的系列相关研究。

4.1 基于波动相关性的金砖国家股指时变
网络结构演化研究

股票市场的波动成为近年来学者研究金融市场投资及国家经济发展的热点。金砖国家经济在金融危机后保持了强劲的增长势头，2016 年金砖国家 GDP 占全世界 GDP 比重高达 22.29%。因此，金砖国家被认为是新兴市场国家投资代表，具有较高的投资价值，股票市场作为金砖国家重要的投资标的，是投资者关注的对象。已有研究表明，金砖国家的股票市场具有长期相关性，但投资者还需要了解这些股票市场在短期内的相关性，以及短期相关性的演化规律。本节通过复杂网络方法构建金砖国家主要股指波动结构随时间的演变情况，以反映其短期内的波动相关性及其演化特征，帮助投资者了解金砖国家股指短期波动相关性及其演化规律，为金砖国家股市投资者提供短周期参考。

建立复杂网络模型来分析不同国家或地区的股票价格波动或联动效应是近年来开始兴起的一种研究方法。股票市场中的第一个网络模型是由曼特纳（Mantegna，1999）提出的，并使用股票相关网络对标准普尔 500 股票进行分类。最近，用于理解股票系统的复杂网络相关研究较多，例如，标准普尔股票价格变动相关加权网络（Kim et al.，2007），KOSPI 的 200 个股票挂钩网络（Lee et al.，2007），法兰克福证券交易所（Wiliński and Sienkiewicz et al.，2013），美国股票市场网络（Shirokikh and Pastukhov et al.，2013），中国上证 50 指数（Chi and Bian et al.，2017），能源股市（Xi and An，2018），油价和股市（Boubaker and Raza，2017；Huang and An et al.，2018）。

时间序列数据是动态高维数据，静态数据的不同之处在于它随时间变化。在许多领域，如金融（Nair and Kumar et al.，2017；Lin and Sun et al.，2018），经济学（Raza and Shahbaz et al.，2018），工程管理（Deng and Wang，2017；Jakimow and Griffiths et al.，2017），挖掘和分析时间序列数据可以为管理者提供许多有价值的商业信息，并为管理决策提供参考。

使用滑动窗口是分析非平稳时间序列中最广泛使用的技术之一，库尔蒂等（Courty et al.，1999）将价格波动的状态转换为特定的符号，并以粗粒化的方式描述它们，建立一系列基于时间序列的价格波动符号。北村和马兰吉（Kitamura and Managi，2017）将 WTI 现货价格 FOB 转换为由三个字符（R，e，D）组成的符号序列，并分析了原油价格数据的动态。基于模态的概念，一些研究逐渐将时间序列之间的相关性或距离作为关系集，分析多元时间序列（Gao and Yang et al.，2016；Gao and Yang et al.，2016）。基于上述现有贡献，发现多元时间序列内部关系变化中更丰富的动态信息仍然是一个巨大的挑战。

在跨国股票市场，约瑟夫和马吉德（Yusof and Majid，2006）发现，在金融危机之后，美国对马来西亚股市的影响远远小于日本对马来西亚股市的影响。贝克特等（Bekaert et al.，2007）研究了 1980~2005 年 23 个国家 26 个行业的股票收益溢出效应，发现国家与行业之间的联系呈现短期现象。阿鲁里和阮（Arouri and Nguyen，2009）发现海湾地区各国股票市场之间存在弱波动溢出效应。哈诺塞克和克恩达（Hanousek and Kocenda，2011）认为捷克共和国，匈牙利和波兰的三个新兴市场存在不同程度的信息溢出效应。李小明和彭路（2017）提供了关于股票市场相关性如何由国际背景下与政策相关的不确定性冲击驱动的第一个证据。李朝悟和诺比（2018）发现，在危机期间，亚洲地区的国家联系薄弱，美洲地区的国家与欧洲国家紧密相连。通过以上的研究发现，国家间股票市场存在着不同程度的相关性。

通过传统的经济学分析手段，可以将变量之间存在的某种关系表述出来，但对于关系是如何波动的以及内在的变动规律和演化机理却无法描述。要解决该问题可以借鉴统计物理学的思想，将粗粒化方法和复杂网络理论应用于相关性波动的研究中来。因此，本节将借鉴粗粒化方法把金砖五国主要股指间的相关性波动关系抽象成为关系模态，再利用复杂网络理论方法对相关性波动模态之间的关系进行分析，进而研究其内在复杂的变动规律和演化机理，以帮助投资者理解金砖国家股市在短期内的相关关系及其变化规律。

4.1.1　数据和方法

4.1.1.1　数据

本节从 Wind 数据库（http：//www. wind. com. cn/en/default. html）选取上证指数、俄罗斯 RTS 指数、印度孟买 SENSEX 指数、巴西 BOVESPA 指数、MSCI 南非指数 2001 年 1 月 2 日至 2018 年 1 月 23 日股票收盘价时间序列数据作为研究样本，共获取 4 136 组数据。

对金砖国家股指日收盘价数据进行归一化处理后，形成图 4－1－1 所示的趋势关系。从图 4－1－1 中可以看出金砖国家股指之间存在一定程度同升同降的趋势，有着一定的相关性。

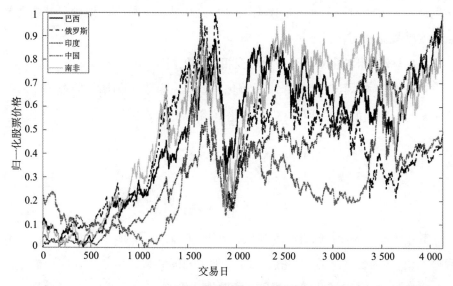

图 4－1－1　金砖国家股指时间序列（归一化后）

长期数据的相关性如表 4 - 1 - 1 所示，金砖五国主要股指均存在不同程度的相关性，其中，除俄罗斯 RTS 与印度 SENSEX 股指相关系数小于 0.5 以外，其他各股指间相关系数均处于强相关范围。

表 4 - 1 - 1　　　　　　　　金砖国家股指间相关系数

金砖五国	巴西	俄罗斯	印度	中国	南非
巴西	1				
俄罗斯	0.773 594	1			
印度	0.830 303	0.451 971	1		
中国	0.673 336	0.535 821	0.647 058	1	
南非	0.921 432	0.779 433	0.847 216	0.591 591	1

但是不难发现它们的波动方向在同一个时刻并不完全一致，各个时刻的联动性综合在一起形成一个非线性、非稳定的复杂系统。从局部分析，各国股市主要股指间相关性并不完全一致，长期尺度的数据相关性并不能带给投资者太多的投资建议。因此需要进行短期尺度的相关性演变行为研究。本节借鉴粗粒化方法把多变量之间的波动相关关系抽象成为关系模态，再利用复杂网络理论方法对相关性波动模态之间的关系进行分析，进而研究其内在复杂的变动规律和演化机理。

4.1.1.2　粗粒化处理及多元时变相关演化网络构建

相关性波动模态的建立采用粗粒化的方法，首先要利用相关系数 r_{xy} 对双变量 x 与 y 之间的相关性程度进行量化，相关性定义为：

$$r_{xy} = \frac{\sum_{i=1}^{n} (x_i - \bar{x})(y_i - \bar{y})}{\sqrt{\sum_{i=1}^{n} (x_i - \bar{x})^2} \sqrt{\sum_{i=1}^{n} (y_i - \bar{y})^2}} \qquad (4 - 1 - 1)$$

其中，x_i 为变量 x 的时间序列值，$\bar{x}$ 为变量 x 的平均值，y_i 为变量 y 的时间序列值，$\bar{y}$ 为变量 y 的平均值，n 为变量数列的项数。

由式（4 - 1 - 1）也可以看出 r_{xy} 的取值范围为 [-1, 1]，因此根据 r_{xy} 值

界定多变量间的相关性程度，并将相关性程度抽象为符号pe_i表示：

$$\begin{cases} T\ (\alpha < r_{xy} \leqslant 1,\ \text{正相关性}) \\ pe_i = O\ (-\alpha \leqslant r_{xy} \leqslant \alpha,\ \text{无相关性}) \\ F\ (-1 \leqslant r_{xy} < -\alpha,\ \text{负相关性}) \end{cases} \qquad (4-1-2)$$

为了获得金砖国家股指间的时变相关关系，本节使用滑动窗口将股指时间序列划分为几个子周期。与将时间序列划分为不同的个体时间段相比，滑动窗口的优点在于它们包含记忆和传递性的特征。滑动窗口的长度应该满足两个条件：一是滑窗的长度应满足分析的需要，如果目标是在短期内研究相关关系模式的转换特征，则可以将长度设置为较小的值。如果目标是研究长期转换特性，则可以将长度设置为更大的值。二是应保证相关关系模式的多样性和转换。随着滑动窗口长度的增加，子时间段内的数据将更接近原始时间序列。

本节选择以 60 个交易日为滑动窗窗体长度，构建金砖国家主要股指相关关系模态的基本单元；以 1 个交易日为滑动步长，构建基本单元间的链接，以分析金砖国家股市在季度线尺度下的多元时变相关关系转换过程的动态特性。之所以选择 60 作为窗体长度，是因为 60 日线被称为决策线，一般是中长期走势，60 日均价是最近两个月的收盘平均价，对个股后期走势有重要意义，很多技术指标已经明了了，所以个股如果有效跌破 60 日均价，大多后市看跌。因此对于 60 日周期内股指波动情况的研究就具备了重要意义。

设 60 表示滑动窗口的长度。首先，选择第 1 天作为起点，并获得从第 1 天到第 60 天的子周期。然后，选择第 2 天作为起点，并获得从第 2 天到第 61 天的子周期，这样可以获得一系列的子周期。接下来，本节通过三个步骤构建多变量时变相关演化网络。

第一步：确定任何两个时间序列之间的相关关系。在一个子周期中，计算任意两个时间序列之间的相关关系，并根据式（4-1-2），将相关性程度抽象为符号pe_i表示。

第二步：定义相关关系模态。在确定任意两个时间序列之间的相关关之后，所有两两时间序列对的相关关系形成一个 $n \times n$ 矩阵。

$$PEM_t = \begin{bmatrix} PE_{11}(t) & \cdots & PE_{1n}(t) \\ \vdots & \ddots & \vdots \\ PE_{n1}(t) & \cdots & PE_{nn}(t) \end{bmatrix} \qquad (4-1-3)$$

本节中的金砖国家主要股指，共五个时间序列，所以 $n = 5$。相关关系矩阵如表 4 - 1 - 2 所示。

表 4 - 1 - 2　　　　　　　　　　**5 × 5 相关关系矩阵**

时间序列	S_1	S_2	S_3	S_4	S_5
S_1		PE_{12}	PE_{13}	PE_{14}	PE_{15}
S_2	PE_{12}		PE_{23}	PE_{24}	PE_{25}
S_3	PE_{13}	PE_{23}		PE_{34}	PE_{35}
S_4	PE_{14}	PE_{24}	PE_{34}		PE_{45}
S_5	PE_{15}	PE_{25}	PE_{35}	PE_{45}	

将时间序列中的相关关系表示为相关关系模态，如图 4 - 1 - 2 所示。

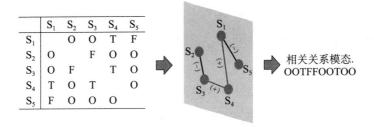

图 4 - 1 - 2　相关关系模态示意图

第三步：构建多变量时变相关演化网络。随着滑动窗口的移动，可以获得一系列相关关系模态。随着时间的推移，一种相关关系模式被转换为另一种：模态 1→模态 2→模态 3→……→模态 n（$n = T - w + 1$）。由于两种相关关系模态之间的转换会在转换过程中重复出现，所以相关关系模式之间转换的轨迹形成一个网络。为了表示演化网络，本节将相关关系模态作为节点，并将相关关系模态之间的转换关系作为边，边的权重是两种相关关系模式之间转换的频率，建立多变量时变相关演化网络的过程，如图 4 - 1 - 3 所示。

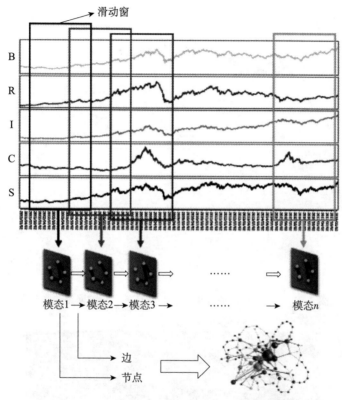

图 4 - 1 - 3　构建多元时变相关演化网络示意图

在构建多变量时变相关演化网络之前，本节进行灵敏度分析以选择合适的相关系数阈值。把相关系数阈值为 0.10 ~ 0.89，按每增加 0.01 计算一次，进行灵敏度分析。从图 4 - 1 - 4 可以看出，随着阈值的增加，网络边数先是保持基本不变，当相关系数达到 0.65 之后出现拐点，网络边数急剧下降。因此，选择 0.65 作为相关系数阈值。此时的复杂网络更能代表节点间相关关系，更有利于对金砖国家股指关系结构的研究。因此，本节将相关关系阈值设置为 0.65。

图 4 - 1 - 5 是依据窗体长度为 60 日，步长为 1 日，相关系数阈值为 0.65 所绘制的多元时变相关演化网络。节点的大小代表了节点的加权度分布数值

大小，连线的粗细程度体现了两个模态节点边的权重，模态间的转换次数越多则连线也越粗。

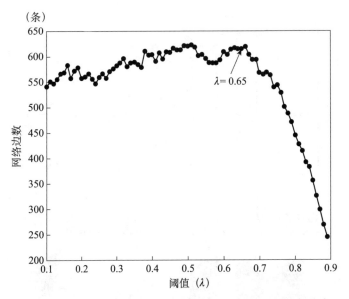

图4-1-4 不同阈值条件下去除自环关系后的网络边数分布

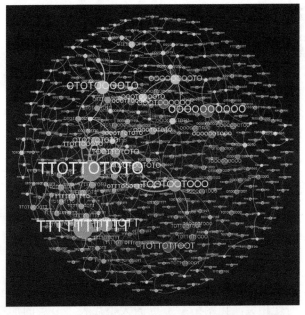

图4-1-5 金砖国家股指多元时序变化相关演化网络

4.1.2　结果与分析

4.1.2.1　转换过程统计特征

本节中，金砖国家多元时变演化网络属于有向加权网络。

时间序列会随着时间的推移而变化，因此时间序列之间的关系也会随时间而变化。在以 60 天为窗体长度的情况下，构造多变量时变相关演化网络后，理论上存在 4 077 个节点（相关模态）和 4 076 条连边（转换关系），实际上只有 395 个节点（相关模态）和 1 010 条连边（转换关系，其中包含 307 条自环关系）。因此，这五个股指时间序列的 60 日相关关系演化在中心性、重复性和回归性等方面具有一定的复杂性特征。

金砖国家股指多元相关关系演化网络中，对金砖国家股指相关关系模态点强度与其排序名次作双对数计算，得到线性回归方程：$\ln(P) = -1.56 - 0.867\ln(k)$，方程拟合优度为 0.655，由此可知，其相关关系模态分布具有幂律分布特征，金砖国家股指多元时变相关演化网络是无标度网络，其典型特征是在网络中的大部分节点只和很少节点连接，而有极少的节点与非常多的节点连接。结果如图 4-1-6 所示。

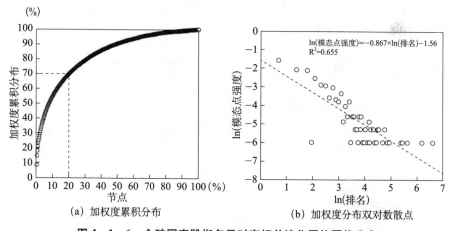

图 4-1-6　金砖国家股指多元时变相关演化网络幂律分布

4.1.2.2　点加权度：关键相关关系模态

为了识别转换过程中的关键相关关系模态，本节研究使用加权度衡量相关关系模态的重要性。加权度是衡量节点重要性的综合指标，它不仅考虑相邻节点的数量，还考虑与其相邻节点相连的权重。加权度计算公式如下：

$$w_i = w_i^{in} + w_i^{out} = \sum_{j \in N_i} w_{ji} + \sum_{j \in N_i} w_{ij} \qquad (4-1-4)$$

其中，N_i 表示连接到节点 i 的集合，w_{ji} 表示从节点 j 到 i 的边的权重，w_{ij} 表示从节点 i 到 j 边的权重。正如所定义的那样，本节将两种相关关系模态之间的转换频率作为边的权重。

从图 4-1-5 可以看出，节点的加权度符合典型的幂律分布，说明网络中依然存在几种关键的模态，这意味着在转换过程中有几种类型的模态起主要作用，金砖国家股指波动情况是由几种相关关系模态驱动的。如表 4-1-3 所示。通过对节点加权度的排序，可以识别排名前五的相关关系模态，这五个模态的加权度明显高于其他模态，因此将其定义为关键相关关系模态。排名第一的是 TTTTTTTTTT 模态，加权度为 736，加权度占所有模态加权度的 9.03%；排名第二的是 TTOTTOTOTO 模态，加权度为 485，加权度占所有模态加权度的 5.95%；排名第三的是 TOOTOOTOOO 模态，加权度为 278，加权度占所有模态加权度的 3.41%；排名第四的是 OTOTOOOOTO 模态，加权度为 230，加权度占所有模态加权度的 2.82%；排名第五的是 OOOOOOOOOO 模态，其加权度为 216，占所有模态加权度的 2.65%。这五种关键相关关系模态在网络中模态之间的转换中起主要作用。

表 4-1-3 相关关系网络中关键相关关系模态及其加权度

节点	加权度	占总加权度的比重（%）
TTTTTTTTTT	736	9.03
TTOTTOTOTO	485	5.95
TOOTOOTOOO	278	3.41
OTOTOOOOTO	230	2.82
OOOOOOOOOO	216	2.65

排名前四的模态表明，首先，金砖五国主要股指间在 60 天之内波动相关性均相关或多数相关的情况最多；其次，在关键模态中，巴西—南非波动相关性最强，巴西—俄罗斯、巴西—印度、俄罗斯—南非、印度—南非四对股

指波动相关性较强情况比较多，巴西—中国、俄罗斯—中国、印度—中国、中国—南非四对股指波动相关性较弱情况比较多。

4.1.2.3　边权：传导模态

在认识到转换过程中的关键相关关系模态后，发现一个完整的转换单元不仅包含节点，还包含节点之间的边。一个基本的转换单元即转换模态，应该包含两个节点及其边：$T_{ji} = \{P_i，P_j\}$。T_{ij}表示模态P_i转换为P_j的转换过程。不同的转换模态叠加在一起，形成完整的转换过程。本节将金砖国家股指的时间序列划分为 4 077 个片段，实际上只有 1 010 条加权有向边。从图4 - 1 - 7可以看出，线性回归方程：$\ln(P) = -2.324 - 1.099\ 32\ln(\text{edge-weight})$，方程拟合优度 0.769。由此可知，过渡模态边权分布具有幂律性，金砖国家股指多元时变相关演化网络是无标度网络。这说明少数关键过渡模态在转换过程中起主要作用。

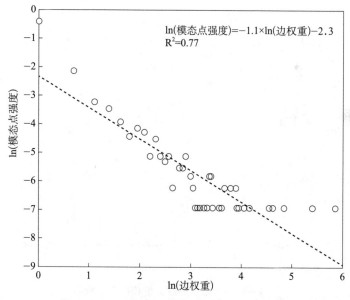

图 4 - 1 - 7　关键相关关系模态转化边权分布

这表明，相关关系模态之间的转换不是一个随机过程，而是遵循转换过程受某些关键相关关系模态控制的规则。更为具体地说，这些关键相关关系模态倾向于转化为自己。在本节构建的网络中，其边权总体分布所代表的转化总体情况如表 4 - 1 - 4 所示。

表 4 - 1 - 4   边权总体分布情况

总体分布	总数	自我转化	比重（%）	非自我转化	比重（%）
边数	1 010	307	30.4	703	69.6
边权	4 076	3 258	79.9	818	21.1

图 4 - 1 - 8 是排名前四的相关关系模态转换概率分布图，这些模态分别是 TTTTTTTTTT、TTOTTOTOTO、TOOTOOTOOO、OTOTOOOOTO。每个折线的端点都是四个模态分别转向自身，其中 TTTTTTTTTT 转向自身的概率约为 94.29%，TTOTTOTOTO 转向自身的概率约是 91.32%，TOOTOOTOOO 转向自身的概率约是 91.37%，OTOTOOOOTO 转向自身的概率约为 88.70%。同时可以看出 TOOTOOTOOO 转换概率折线图尾部最短，说明 TOOTOOTOOO 有较少的转换模态。

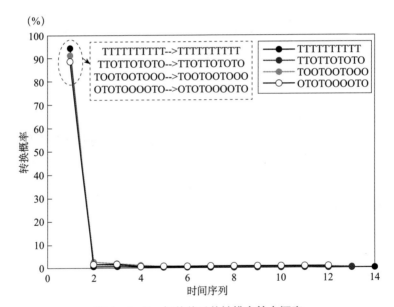

图 4 - 1 - 8   相关关系关键模态转变概率

以上数据说明金砖国家股指 60 日相关关系结构中，关键的相关关系模态转换为包括相同状态在内的多种相关关系状态。但是，只有少数转换对象具有较高的转换概率，且具有最高转换概率的关键相关关系模态的转换对象是其本身。一些关键的相关关系模态在转型过程中具有重要的调节作用，并诱导转型过程显示回归的特征。即关键相关关系模态可以控制转换过程的随机性。

4.1.2.4　转换过程聚类效应

网络的集聚系数反映了一个网络的聚类特征，集聚系数是衡量网络集团化程度的重要参数，计算节点 i 的聚集系数 C_i 公式如下：

$$C_i = \frac{2E_i}{K_i(K_i-1)} \qquad (4-1-5)$$

其中，K_i 表示节点 i 邻接节点的数量，E_i 为节点 i 的 K_i 个邻接点之间实际边数，节点 i 通过 K_i 与其他节点相连，最多可能有 $K_i(K_i-1)/2$ 条边。近邻之间关联越紧密，该节点的集聚系数就越高。对于多元时变相关转换网络，当节点的集聚系数较高，加权度较大，表明这种相关关系模态在网络中具有一定的主导地位。

随着对复杂网络研究的深入，网络的社团结构越来越受到重视。社团结构也指网络当中的"群"或"团"，这些结构内部的节点之间连接比较紧密，但在与其他社团连接时又比较稀疏。根据对关键相关关系模态的研究，实验发现一些相关关系模态之间频繁地相互转换，而不是转换为其他相关关系模态。这种现象使某些相关关系模态及其关系形成了一些小社团。社团中的相关关系模态彼此之间相关性较强，因此每个社团代表一种特殊的过渡类型。对聚类效应分析可以为预测时间序列之间关系的发展提供一些参考信息。应用 GN 算法计算后，本节有四个关键社团，如图 4-1-9 所示。

多变量时变相关转换网络中，每个社团形成一个子网络，如图 4-1-9 所示。分析四个子网络的结构可以帮助理解每一个社团的特征。根据表 4-1-5，社团 4 拥有最多的节点，社团 3 拥有最多的边，社团 2 的平均最短路径长度最短，社团 1 的平均最短路径最长。社团 3 与社团 4 具有较多的节点和边，这意味着多变量时变相关转换网络中存在很多相关关系模态，并且它们经常在第三类社团和第四类社团中相互转换。在第二类中，相关关系模态和相关关系模态之间的转换较少。同时，社团 2 的平均路径长度最短，平均聚类系数较小。这意味着社团 2 的网络结构是较为紧密的。相反，社团 4 的平均路径长度较长，而平均聚类系数较小。这意味着社团 4 的网络结构最为松散。因此，相关关系模态的转变在第

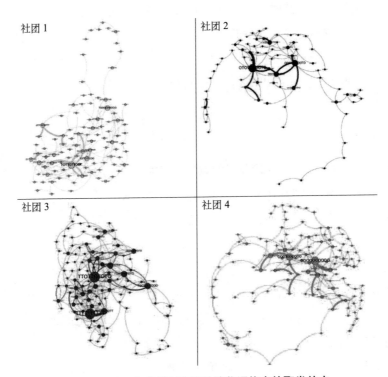

图4-1-9 多变量时变相关演化网络中的聚类效应

注：社团1：24.81%；社团2：18.48%；社团3：26.08%；社团4：30.63%。

三类和第四类中是多方向和不可预测的，而第一类和第二类社团中相关关系模态的转变是具有一定方向的链式转变。通过研究相关关系模态发生的频率可以来判断联动性处于哪个社团，对金砖国家股指预测以及投资方面具有一定的意义。

表4-1-5　　　　　　　　　　　　社团的结构特征

项目	社团1	社团2	社团3	社团4
网络节点数	98	73	103	121
网络边数	134	101	194	160
平均聚类系数	0.041	0	0.062	0.007
平均最短路径长度	7.678	6.503	6.534	7.651

各社团相关关系模态随时间变化分布如图4-1-10所示。其中社团3的相关关系模态最密集，在时间1 000~3 200之间较聚集，表明社团3在

2001 年 1 月 2 日至 2018 年 1 月 23 日间出现的次数比较均匀，且社团 3 中
的相关关系模态可能更多地在内部进行转换，同时由于五个关键相关关系
模态中有三个处于社团 3 当中，所以，社团 3 就成为最常出现的状态。社
团 4 的相关关系模态较为密集，在时间 500 之前聚集，集中出现在前期时
间段，后期较为分散，同时相关关系模态可能会更频繁地转换成其他模态。
社团 1 和社团 2 中的相关关系模态与社团 3 相比较为稀疏。社团 1 的节点
数较少，且其平均最短路径长度最长，相关关系模态最为稀疏，相关关系
模态在时间 1 500，时间 3 500 处短期聚集，相关关系模态转换为其他模态
的可能性较高。

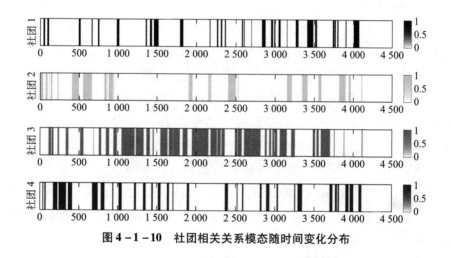

图 4 - 1 - 10　社团相关关系模态随时间变化分布

4.1.3　结论与讨论

本节使用上证指数、俄罗斯 RTS 指数、印度孟买 SENSEX 指数、巴西
BOVESPA 指数、MSCI 南非指数作为研究对象，研究 2001 年 1 月 2 日至 2018
年 1 月 23 日股票收盘价时间序列数据，运用滑动窗检验任意两个国家股票指
数时间序列之间的短期相关关系及其转换，定义可描述多变量时间序列之间
相关关系的模态，并构建了金砖国家股指相关关系模态演化网络。通过分析
该网络的强度分布、平均最短路径长度、聚类效应及社团结构，探讨金砖国
家股指之间的相关性联动关系及内在规律，得到了一些启示和结论。

第一，研究发现，金砖国家股指相关关系模态演化网络是一个有向加权复
杂网络，网络中一些特定关系模态出现的频次与排列名次，以及模态与其他模

态链接的累积强度服从幂律分布，是典型的无标度网络，说明金砖国家股指相关关系模态主要为少数的几种，并且只有少数模态与其他模态链接较为紧密，大多数模态与其他模态的联系并不紧密。2001～2018年，金砖国家股指之间存在一定的正向联动关系，但不同股指之间的联动性不是始终保持正向，体现了金砖国家股指相关关系的演变具有一些复杂性和内在动力学特征。

第二，针对复杂网络拓扑性质进行分析，结果发现，该方法可以识别转换过程中的具有重要调控效应的关键相关关系模态，当其他相关关系模态转换为这些关键相关关系模态时，它们倾向于转化为自己而不是其他相关关系模态，根据相关关系模态的加权度分布及边权分布情况分析，关键模态向自身转化的概率都超过90%，这意味着一旦关键模态状态出现，这种状态将维持一定时间。这对投资者具有重要参考价值，可以更加准确地预测股票价格的下一个状态。因此金砖国家股指间相关关系随时间变化相对稳定，投资者可以根据这一特点，把握投资节奏，提高投资收益率。

第三，由关键相关关系模态的基本状态，可在金砖国家主要股指60日内具备的两两相关关系中，结合投资的风险控制目的，有针对性地选择。高风险承受力情况下，可以选择强相关的巴西—南非股市进行组合投资；中等风险承受力情况下，可选择相关性较强的巴西—俄罗斯、巴西—印度、俄罗斯—南非、印度—南非四对股市或其中部分股市进行组合投资；保守型投资者，可选择巴西—中国、俄罗斯—中国、印度—中国、中国—南非四对股市进行对冲组合投资。

第四，根据社团特征分析发现，社团3中包含了三个关键相关关系模态，且从时间上看，60日相关关系模态在多数时间内处于社团3之内。因此，一旦60日相关关系进入社团3所属节点状态时，内部转化的概率更高，且持续时间较长。因此，投资者可以根据此特征判断金砖国家股指间相关关系的走向，提高预判能力。

4.2　矿业股票价格因果关系的动态多尺度分析

矿业是国民经济的基础和支柱产业（Modak and Pathak et al.，2017；Chand and Thakkar et al.，2020），矿业发展影响国民经济和个人生计（Lei and Cui et al.，2013；Rahman and Khattak et al.，2020；Shen and Zhong et al.，2020）。采矿业也与金融业保持着密切的联系（Jiang，2019）。随着矿业上市公司的不断增多，矿业金融市场日益繁荣。2020 年，新冠肺炎疫情引发大宗矿产品价格大幅波动，矿业金融市场活跃度增强。

股票市场价格的波动较好地反映了市场参与者对未来经济前景的预期，它们可能显示出属于同一行业的上市公司之间的相似性。上市公司的正面或负面消息，可能会影响市场参与者对同行业其他上市公司的情绪，从而日益影响该公司的股价。采矿业作为一个独立的行业分类，与各个子行业的联系更加紧密，这使得采矿业上市公司的股价具有趋同性。同属一个行业的子行业之间的联动效应会放大股价波动的扩散。因此，运用实证方法分析矿业股票市场内部的因果关系具有重要的现实意义。

目前，很多学者关注矿业金融市场（Hu and Zhong et al.，2018；An and Gao et al.，2020；Bao，2020），尤其是矿业股票市场（Ashfaq and Tang et al.，2020；Wang and Gao et al.，2020；Xi and Gao et al.，2021）。王路等（2020）提出了一个极端格兰杰因果分析模型来揭示原油与金砖国家股票市场之间的关系。他们发现油价对股票市场的影响在极端情况下强于正常情况，油价的急剧上涨或下跌对股票价格的极端上涨或下跌变化具有不对称的影响（Wang and Ma et al.，2020）。利沃等（Liow et al.，2020）采用双变量 ARFI-MA – FIAPARCH – DCC 模型等方法研究了东盟 5 国和 G5 国股票市场的相关性。他们发现，在全球金融危机期间，东盟 5 国和 G5 国股市的联系更为紧密，具有更强的条件相关性、更强的风险溢出和更强的因果风险依赖（Liow and Song，2020）。王寻晓和王宇东（2019）利用行业股票指数数据，在广义预测误差方差分解的频谱表示框架中，研究了原油和中国股市之间波动溢出的频率动态。他们发现了主要由短期溢出效应驱动的总波动溢出效应的证据，石油市场的净溢出效应几乎都是积极的，并由短期因素主导，尽管中国 2015 年金融危机期间的溢出效应是消极的，并归因于长期因素。此外，石油和行业股票市场之间的净两两（频率）溢出存在异质性（Wang and Wang，2019）。杰恩等（Jain et al.，2016）利用 DCC-GARCH 模型探讨了全球黄金和原油价格、美元兑印度卢比汇率和印度股市之间的关系。他们发现黄金和原油价格的下跌导致印度卢比和股票指数的下跌，并提出印度应该制定动态政策来抑制汇率波动和股市波动（Jain and Biswal，2016）。由于对股票市场的分析具有重要的现实意义，可以指导社会和经济政策建议，对中国矿业股进行了多尺度因果分析。

传递熵法是研究因果关系的一种常用方法，因为它可以有效地度量时间序列之间基于概率的不平衡因果关系。对于矢量自回归，传递熵可以简化为格兰杰因果关系（Barnett and Barrett et al.，2009）。当格兰杰因果关系的模型假设不成立时，例如，在非线性信号的分析中（Lungarella and Ishiguro et al.，2007；Steeg and Galstyan，2011）。换句话说，传递熵自然地结合了时间序列的线性和非线性信息流，并且不为两个系统之间存在的因果效应假设任何特定的模型（Mao and Shang，2017）。它被广泛应用于生物学（Servadio and Convertino，2018）、气候科学（Tongal and Sivakumar，2021）和脑科学（Gao and Su et al.，2019）等领域，尤其是金融领域。石油市场与股票市场之间存在非线性的双向因果关系（Xiao and Wang，2020）。WTI 和 Brent 原油价格在不同国家的股票市场中扮演着不同的角色。牛宏利和胡子昂（2021）建立了净传递熵网络，发现随着时间尺度的增加，商品期货市场与股票市场之间的相对信息传递逐渐减弱，使股票市场处于更有影响力的地位。在本节中，使用传递熵方法来量化股票之间的因果关系，因为传递熵方法可以有效地度量非线性时间序列的因果关系，而股票价格时间序列是非线性的。

以往对股票市场的研究只关注单一的时间尺度（Singhal and Choudhary et al.，2019；Hu and Zhang et al.，2020；Mokni and Hammoudeh et al.，2020）。然而，复杂系统的时间序列与相互作用的调节机制的层次结构相关联，通常会在多个时间尺度上产生复杂的波动（Costa and Peng et al.，2008）。股票市场上有多种不同投资时间尺度的交易者，如短期、中期和长期交易者（Peters，1994），股票市场的不同周期对不同的市场参与者很重要（Feng and Huang et al.，2018；Mahata and Nurujjaman，2020）。例如，政策制定者倾向于关注市场的长期稳定，而投资者更有可能考虑短期波动（Huang and An et al.，2016）。多尺度分析的主要优势在于它能够在多个时间尺度上揭示丰富的信息结构，因此可以比单尺度分析更准确地反映系统动态（Zhao and Sun et al.，2018）。因此，有必要在多个时间尺度上分析股票市场，这可以为所有交易者提供更丰富、更准确的信息和建议。李冉然等（2021）引入了一种新的多尺度混合模型用于原油价格预测，结果表明，多尺度模型在预测复杂时间序列，特别是原油价格方面是有效的。李舒淇等（2020）提出了一种新的两阶段方法，即基于总体经验模态分解的混合模型，用于预测复杂金融时间序列。在本节中，参考了许多前人的研究，并在多个时间尺度上进行了研究。

许多研究证明，股票市场具有非线性和不稳定的特征（Wang，2002；Li and Vilela et al.，2020）。EEMD 及其导数方法适用于非线性和不稳定信号的分解。同时，EEMD 是完全后验的，分解过程完全基于时间序列的局部时间尺度，保证了提取的振荡能够准确反映时间序列。它们在地理科学（Zhang and Tang et al.，2021）和气候科学（Ren and Suganthan et al.，2015）等多个领域得到了广泛应用，尤其是在金融领域。邵柳国等（2020）利用 EEMD 将铅铋、铅硒、锌镉、锌锗以及四对主要金属和副产物的价格序列分解为不同的频段，并检验了不同频段的非线性格兰杰因果关系。他们发现，主要金属价格对次要金属价格的影响并不像之前认为的那么显著，次要金属价格对主要金属价格的影响被低估了，可以采用 EEMD 方法对股票价格时间序列进行分解。

贡献主要包括以下两点。首先，构建了三个不同时间尺度下矿业个股间的因果关系网络，并从静态角度分析了影响较大的个股和子行业，从动态角度分析了因果关系的变化趋势。其次，在因果分析的基础上构建不同的投资组合，并通过对投资组合的分析为投资者和监管机构提供建议，有助于提高投资者的投资成功率和监管机构的监管效率。

4.2.1　数据与方法

4.2.1.1　数据

4.2.1.1.1　数据预处理

本节基于包含 59 只股票时间序列的每日收盘价的数据集进行分析。这些股票在中国证券监督管理委员会（CSRC）的分类中属于中国股市的"矿业"类别。数据范围为 2011 年 1 月 4 日至 2020 年 12 月 31 日，共 2432 个交易日，数据来源于 Wind 数据库。在证监会的分类中，这 59 只股票来自以下子行业：煤炭开采和加工业（CMPI）、石油和天然气开采加工业（PGEI）、黑色金属开采和加工业（FMPI）、有色金属开采和加工业（NFMPI）和采矿辅助活动（MAA）。为了稳定起见，使用返回数据的对数率进行后续分析。所有数据均通过 ADF 平稳性检验。

4.2.1.1.2　描述性统计

对股票价格收益序列进行了统计分析。所有股票的统计分析见附录 A。此外，对矿业类的各个子行业进行了统计分析。由于沪深股停盘期长不考虑 000688. SZ 和 600871. SH 的峰度和偏度。由表 4 - 2 - 1 可知，各子行业的平均收益率均为负，其中黑色金属开采加工业的收益率最大。黑色金属开采和加工业的标准差最大。通过偏度和峰度，也发现每个子行业不符合正态分布，这可以通过附录 A 的 JB 检验来证明。

表 4 - 2 - 1   子行业的描述性统计

项目	CMPI	PGEI	FMPI	NFMPI	MAA
平均值	- 0. 000 35	- 0. 000 26	- 0. 000 04	- 0. 000 10	- 0. 000 33
标准差	0. 025 82	0. 022 09	0. 031 08	0. 028 12	0. 027 42
Skew.	- 0. 165 99	- 0. 167 43	- 0. 089 24	0. 003 40	- 0. 188 90
Kurt.	3. 683 10	5. 910 06	2. 490 08	2. 931 50	3. 221 08

4. 2. 1. 2 方法

4. 2. 1. 2. 1 EEMD

使用 EEMD 方法将原始时间序列分解为不同频率的 IMFs，然后将 IMFs 重构为低、中、高频时间尺度，分析矿业股票在不同时间尺度上的因果关系。

经验模态分解（empirical mode decomposition，EMD）是由黄锷（N. E. Huang）提出的。EMD 方法既适用于分析非线性和非平稳信号，也适用于分析线性和平稳信号。同时，该方法克服了传统小波变换和傅立叶变换方法的缺点（Huang and Shen et al.，1998；Sun and Yao et al.，2016）。总体经验模态分解（ensemble empirical mode decomposition，EEMD）是一种基于 EMD 方法的噪声辅助数据分析方法，在保留 EMD 方法优点的同时，有效地解决了 EMD 的混合现象（Wu and Huang，2009）。EEMD 在原始信号中加入大量均匀分布的高斯白噪声来补偿本征模态函数（IMF）尺度的损失，通过 EMD 对加入白噪声后的时间序列信号进行分解，然后计算得到的均值信号。加入白噪声后，解决了 EMD 的模态混叠问题。而且，由于白噪声的均值为零，白噪声的不同部分相互抵消，保留了原始的时间序列信息。

给定一个原始时间序列信号 $x(t)$，EEMD 的具体步骤如下。

第 1 步，加入一组白噪声 $w(t)$，形成新的信号 $X(t)$：

$$X(t) = x(t) + w(t) \qquad (4-2-1)$$

第 2 步，通过对 $X(t)$ 进行 EMD 分解，得到 n 个 IMF 分量和一个残差。$X(t)$ 可表示为：

$$X(t) = \sum_{i=1}^{n} IMF_i + r \qquad (4-2-2)$$

第 3 步，对原始时间序列信号 $x(t)$ 加入 N 组不同的白噪声，重复上述两步：

$$X_i(t) = x(t) + w_i(t), \quad i \in (1, N) \qquad (4-2-3)$$

第 4 步，EMD 分解后，各组的 IMFs 可表示为：

$$X_i(t) = \sum_{j=1}^{n} C_{ij} + r_i, i \in (1, N) \qquad (4-2-4)$$

第 5 步，计算每次分解得到的相应 IMF 的均值：

$$C_j = \frac{1}{N} \sum_{i=1}^{N} C_{ij} \qquad (4-2-5)$$

其中，N 是添加的白噪声的数量。这里，将白噪声的数量设置为 1 000，白噪声的幅度设置为 0.05。

4.2.1.2.2　传递熵

传递熵法（Schreiber, 2000）是在信息熵的基础上提出的。这种方法通过检查一个变量的过去状态是否可以减少另一个变量未来状态的不确定性来分析变量之间的信息传递。传递熵法可以测量两个时间序列之间的不平衡因果关系，更重要的是，它是一种量化动态系统耦合强度和不对称特性的有力技术。在本节中，使用传递熵来量化股票价格之间的因果关系。接下来，简要地描述了传递熵的计算。

首先，根据信息论（Shannon, 1948），对遵循概率分布的独立离散变量 X 进行最优编码所需的最小信息量为：

$$H_X = -\sum_i p(i) \log_2 p(i) \qquad (4-2-6)$$

香农熵的单位是比特。那么，如果用不同的概率分布 $q(i)$ 代替正确的概率分布 $p(i)$ 来编码信息，那么编码过程中多余的比特可以通过 Kullback 熵来计算，也称为相对熵（Kullback and Leibler, 1951）：

$$K_X = \sum_i p(i) \log \frac{p(i)}{q(i)} \qquad (4-2-7)$$

此外，必须考虑过渡态的概率。在 k 阶平稳马尔可夫过程中，如果已知之前的所有状态，则编码新状态所需的平均比特数为：

$$h_X = -\sum p(x_{n+1}, x_n, \cdots, x_{n-k+1}) \log p(x_{n+1} | x_n, \cdots, x_{n-k+1}) \qquad (4-2-8)$$

由于式（4-2-8）满足马尔可夫性质，它等价于时延为 k+1 的香农熵之差和 k，$h_X = H_{X(k+1)} - H_{X(k)}$。

对于联合概率的传递熵，需要考虑两个序列 X 和 Y，它们的滞后分别为 k 阶和 l 阶。如果不存在从 X 到 Y 的信息传递，则添加 X 的状态不影响 Y 的状态，则以下广义马尔可夫性假设成立：

$$p(y_{n+1} | y_{n_j}, \cdots, y_{n-l+1}) = p(y_{n+1} | y_n, \cdots, y_{n-l+1}, x_n, \cdots, x_{n-k+1})$$

$$(4-2-9)$$

否则，如果添加 X 的状态对 Y 有影响，则信息从 X 流向 Y。这种偏差可以用 Kullback 熵来量化，传递熵根据 Kullback 熵来定义。

$$T_{X \to Y} = \sum p[y_{n+1}, y_n^{(l)}, x_n^{(k)}] \log \frac{p[y_{n+1} | y_n^{(l)}, X_n^{(k)}]}{p[y_{n+1} | y_n^{(l)}]} \quad (4-2-10)$$

本节基于金融时间序列的马尔可夫性质，$k=1$ 和 $l=1$（Bekiros and Nguyen et al.，2017）。在因果推理中，将负熵值计算为 0，因为负熵值没有积极作用。

4.2.1.2.3　基于滑动窗口的传递熵网络

在本节中，详细描述了如何使用 EEMD 和传递熵方法在滑动窗口下构建多时间尺度节点中心性的三维针状图。滑动窗口法是研究时间序列动态过程的常用方法。本节还采用滑动窗口法研究了不同时间尺度下的动态因果关系。

为了更清楚地描述本节中使用的方法，使用流程图进行说明。图4-2-1显示了研究的程序步骤。首先，使用 EEMD 方法对收益率数据进行分解，并对 IMFs 进行重构，得到三个不同的时间尺度（高频、中频和低频）。其次，按照图4-2-1所示的步骤对三个不同时间尺度进行处理。对于得到的时间序列划分窗口，窗口的大小和滑动步长应考虑到测量意义和实际情况。肖迪等（2020）在研究原油与股市之间动态复杂的因果关系时，选择了2年（500个交易日）作为窗口大小。安海忠等（2020）在研究大宗矿产品的动态波动和溢出时，选择滑动步长为1，认为窗口大小可以是半年、一年或两年。因此，应根据研究目的和实际情况确定窗口大小和滑动步长。详细考虑了中短期波动引起的变化，决定使用 17 作为滑动步数，51 作为因子后的窗口大小。这样，就可以考虑短期波动和中期趋势。然后，计算每个窗口中股票收益时间序列之间的传递熵，并将负传递熵改为 0。计算得到的传递熵形成一个矩阵，传递熵矩阵表示为：

$$TE = \begin{bmatrix} t_{1,1} & t_{1,2} & \cdots & t_{1,58} & t_{1,59} \\ t_{2,1} & t_{2,2} & & t_{2,58} & t_{2,59} \\ \vdots & & \ddots & & \vdots \\ t_{58,1} & t_{58,2} & & t_{58,58} & t_{58,59} \\ t_{59,1} & t_{59,2} & \cdots & t_{59,58} & t_{59,59} \end{bmatrix} \qquad (4-2-11)$$

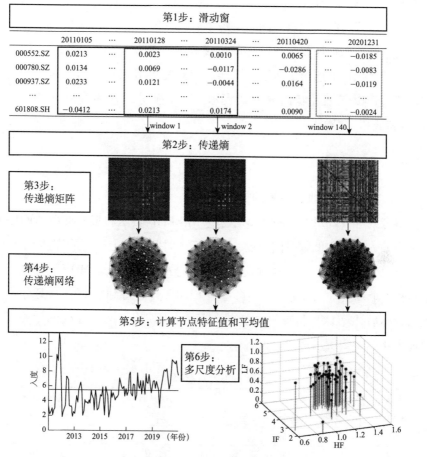

图 4-2-1　方法的总体框架

注：第 1 步是确定窗口大小和滑动步长。第 2 步是计算每个窗口下时间序列之间的传递熵。第 3 步是构造传递熵矩阵。第 4 步是将传递熵矩阵构造为一个有向加权网络，其中节点表示股票，边的权重表示信息传递。第 5 步是计算每个窗口中所有节点的特征值，特征值的变化以折线图的形式表示，其中平行于 x 轴的实线表示平均值。第 6 步是将节点在不同时间尺度下的相同特征值用三维针状图表示出来进行分析。

在矩阵中，$t_{(x,y)}$ 是第 x 组时间序列到第 y 组时间序列的传递熵。当 $x = y$，$t_{(x,y)} = 0$。传递熵矩阵可以以热力图的形式可视化。利用传递熵矩阵构造了一个有向加权网络。通常，有向加权网络 $Net_m = (N, L, W)$ 包含节点集 $N = \{n_1, n_2, \cdots, n_N\}$，边集 $L = \{l_1, l_2, \cdots, l_k\}$ 和权重集 $W = \{w_{1,1}, w_{1,2}, \cdots, w_{i,j}\}$。权重 $w_{i,j}$ 为节点 i 到节点 j 的连接边的权重。如果节点 i 和节点 j 之间没有边连接，则 $w_{i,j} = 0$。本节用网络中的节点来表示股票，节点 x 和节点 y 的连接权 $t_{(x,y)}$ 表示两个节点之间的传递熵。如果 $t_{(x,y)} = 0$，则节点 x 和节点 y 没有边。计算有向加权复杂网络中每个节点在每个窗口下的特征值和平均值，本节的特征值包括加权入度、加权出度和加权中介中心性。在高、中、低频时间尺度上执行上述第 1 步至第 5 步，得到每个节点在不同时间尺度上的平均特征值，以三维针状图的形式表示，三个轴分别代表高频（HF）、中频（IF）和低频（LF）。

4.2.2　结果

4.2.2.1　股票收益序列的分解与重构

参考刘等（2021）的研究，本节采用 EEMD 方法将股票收益时间序列分解为高频、中频和低频时间尺度，并在三个时间尺度上进行研究。

对 59 只股票的日收益序列进行 EEMD 分解，每个 EEMD 分解产生 10 个 IMF 和 1 个残差（长期趋势）。将每次 EEMD 分解得到的对应 IMF 分量相加平均，然后计算 IMF 和残差的方差贡献率、周期以及与原序列的相关性。结果如表 4 - 2 - 2 所示。

表 4 - 2 - 2　　　　　　　　IMFs 的方差贡献率和周期

IMFs	方差贡献率（%）	周期（日）	pearson 相关
IMF1	64.78	2.78	0.78
IMF2	18.60	5.80	0.55
IMF3	7.70	11.36	0.40
IMF4	4.44	23.38	0.31
IMF5	2.16	46.75	0.24
IMF6	1.17	81.03	0.16
IMF7	0.39	173.64	0.10
IMF8	0.32	486.20	0.07

IMFs	方差贡献率（%）	周期（日）	pearson 相关
IMF9	0.09	607.75	0.05
IMF10	0.13	2 431.00	0.01
res	0.21	—	0.01

根据邵柳国等（2020）的方法，将 IMF1、IMF2 和 IMF3 组合成高频时间尺度分量；将 IMF4、IMF5、IMF6 组合成中频时间尺度分量；其余的 IMFs 被组合成低频时间尺度分量。重构后，高频时间尺度分量周期为 3.03 个交易日，中频时间尺度分量周期为 24.56 个交易日，低频时间尺度分量周期为 221.00 个交易日。这样，将收益的时间序列在不同的时间尺度上划分为三个序列。三个时间尺度下各子产业合并后的主成分分析如表 4-2-3 所示。可以发现，三个时间尺度是各子行业的主要组成部分，具有较好的解释效果。一般来说，短期波动（高频时间尺度）所反映的分量受到短期不规则因素的影响，中期波动（中频时间尺度）反映的是受到重大冲击影响的时间序列，导致重大变化，长期波动（低频时间尺度）反映的是时间序列的潜在趋势。

表 4-2-3　　　　　　　　　　多时间尺度的主成分分析　　　　　　　　　　单位:%

子行业	高频时间尺度（H）	中频时间尺度（I）	低频时间尺度（L）
CMPI	42.92	32.18	24.91
PGEI	42.39	32.61	25.00
FMPI	43.83	32.21	23.95
NFMPI	44.29	31.69	24.01
MAA	42.55	32.02	25.43

注：H 为高频时间尺度，I 为中频时间尺度，L 为低频时间尺度。

4.2.2.2　多尺度因果网络分析

在本节中，构建了股票价格在高、中、低频时间尺度上的有向加权因果网络，如图 4-2-2、图 4-2-3、图 4-2-4 所示。网络中的节点代表股票，边代表因果关系，边的权重代表因果关系的强度。采用加权出度、加权入度和加权中介中心性三个节点中心性指标。一个节点的加权出度反映了该节点对网络中其他节点的影响程度。一个节点的加权入度表示该节点受网络中其他节点影响的程度。加权中介中心性可以衡量节点在网络中充当连接桥梁的程度。节点的中介中心性越高，表明其在因果网络中的重要性越高。

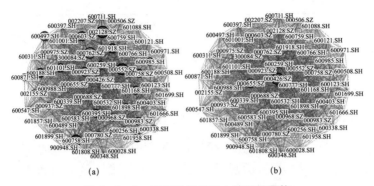

(a)   (b)

图 4 – 2 – 2　高频时间尺度上的因果网络

注：该图显示了高频时间尺度上的因果网络。子图（a）节点大小采用加权出度排序，子图（b）节点大小采用加权入度排序。

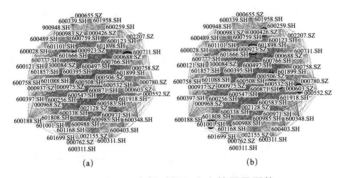

(a)   (b)

图 4 – 2 – 3　中频时间尺度上的因果网络

注：该图显示了高频时间尺度上的因果网络。子图（a）节点大小采用加权出度排序，子图（b）节点大小采用加权入度排序。

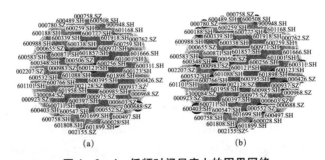

(a)   (b)

图 4 – 2 – 4　低频时间尺度上的因果网络

注：该图显示了高频时间尺度上的因果网络。子图（a）节点大小采用加权出度排序，子图（b）节点大小采用加权入度排序。

接下来，分析高、中、低频时间尺度的因果网络。首先，分析了节点的加权出度。高频时间尺度上对其他节点影响较大的节点主要是 CMPI、FMPI 和 NFMPI；中频时间尺度上的 NFMPI 和 MAA；在低频时间尺度上属于 CMPI 和 MAA 的部分节点 600028.SH，000688.SZ，600121.SH，600871.SH，000655.SZ。其次，对节点的加权入度进行分析。受网络中其他节点影响较大的节点有：高频时间尺度上的 000426.SZ，600259.SH，000655.SZ，000688.SZ，和600777.SH；000923.SZ，600532.SH，000603.SZ，601001.SH 等在中频时间尺度上属于 NFMPI 的部分节点；和主要是低频时间尺度上的 CMPI、NFMPI、PGEI 节点。

图 4-2-5 是从左到右的高、中、低频时间尺度上每个子行业股票价格之间平均转移熵的热力图。在高频时间尺度上，子行业间的传递熵为 0.005~0.010，FMPI 是影响最大的子行业。在中低频时间尺度上，各子行业间的传递熵分别在 0.009 ~ 0.017 和 0.148 ~ 0.192，其中 MAA 是影响最大的子行业。子行业间的转移熵随着周期的延长而增大。

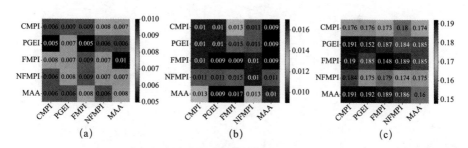

图 4-2-5 子行业之间因果关系的热力

注：图 4-2-5 的子图（a）（b）（c）分别显示了每个子行业在高频、中频和低频时间尺度上的股票价格的平均因果热力。

4.2.2.3 股票价格因果关系的多尺度动态分析

为了研究矿业股票价格在不同时间尺度上因果关系的动态特征，采用滑动窗口法对股票收益率进行处理，并为每个窗口建立网络。在本节中，滑动步数为 17，窗口大小为 51。在网络的基础上，用节点中心性的值来表示节点的特征。

4.2.2.3.1 股票之间的影响程度

为了研究某一节点的股价波动受其他节点股价波动影响的程度，使用加权入度衡量。加权入度越大，其他节点对该节点的影响越大。为了研究特定节点的股价波动对其他节点的影响，使用加权出度衡量。

首先，为了理解股票是如何受到影响的，分析了节点的加权度。图 4 - 2 - 6 显示了在高频、中频、低频时间尺度上的加权度分析。图 4 - 2 - 6（a）是节点加权度的三维针状图，其中每个节点代表一只股票。图 4 - 2 - 6（a）中，三个平面分别代表高频、中频、低频时间尺度上节点的加权度均值。这三个平面将空间划分为 8 个象限，如表 4 - 2 - 4 所示。为了进一步研究多个时间尺度下节点加权度的特征，将所有节点按子行业分类，并计算每个子行业在 8 个象限中的分布。结果图 4 - 2 - 6（b）所示。发现 PGEI 节点分布在象限 Ⅳ、Ⅵ、Ⅶ和Ⅷ；即 PGEI 在中、低频时间尺度上的收益波动受其他节点收益波动的影响较小。FMPI 节点分布在象限 Ⅰ 和Ⅶ之间，节点的加权入度是极化的。收益率要么受其他节点的影响很大，要么在三个时间尺度上几乎不受影响。

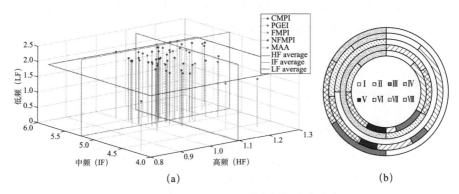

（a）　　　　　　　　　　　　　　（b）

图 4 - 2 - 6　多时间尺度节点加权入度分布

注：图（a）为多个时间尺度节点加权入度的三维针状图。三个轴分别是高频（HF）、中频（IF）和低频（LF）。图（b）是每个象限中每个子行业的节点数量的环状图。从内圈到外圈代表的子行业分别是 CMPI、PGEI、FMPI、NFMPI 和 MAA。

表 4 - 2 - 4　　　　　　　　　　　　　　　　象限分区

时间尺度平均值	Ⅰ	Ⅱ	Ⅲ	Ⅳ	Ⅴ	Ⅵ	Ⅶ	Ⅷ
HF average	>	<	<	>	>	<	<	>
IF average	>	>	<	<	>	>	<	<
LF average	>	>	>	>	<	<	<	<

注：>表示该象限大于该时间尺度的平均值，<表示该象限小于该时间尺度的平均值。

　　为了更好地理解子行业是如何随着时间的推移而受到影响的，使用热力图来表示每个子行业的加权入度，如图 4 - 2 - 7 所示。在高频时间尺度上，PGEI、MAA 和 FMPI 在早中期受影响较大，PGEI、FMPI 和 NFMPI 在后期受影响较大。在中频时间尺度上，CMPI、FMPI 和 MAA 受影响最大。在低频时间尺度上，子行业之间的影响相似。例如，0 ~ 60 窗对 CMPI、PGEI 和 FMPI 的影响同时增强或降低，80 ~ 100 窗对 FMPI、NFMPI 和 MAA 的影响也同时增强或降低。

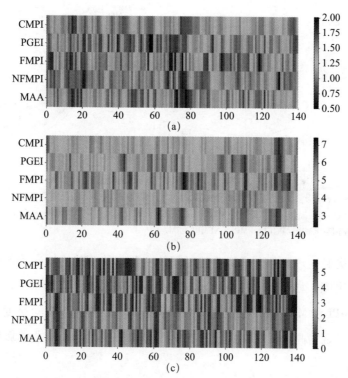

图 4 - 2 - 7　不同时间尺度下受影响的子行业随时间推移的热力图

注：横轴表示每个窗口的数量，纵轴表示子行业。

　　其次，分析了多个时间尺度下节点的加权出度。图 4 - 2 - 8 是在高频、中频、低频时间尺度上的节点加权出度分析。图 4 - 2 - 8 的类型与图 4 - 2 - 6 相同。发现 CMPI 节点分布在除象限Ⅳ以外的所有象限中，在象限Ⅱ、Ⅵ和Ⅷ中所占比例最大，而 PGEI 节点分布在象限Ⅰ、Ⅱ、Ⅲ和Ⅶ中。

因此，这两个子行业节点在高频时间尺度上对其他节点的收益率影响不大。NFMPI节点分布在除Ⅵ之外的所有象限中，其中象限Ⅱ所占比例最小。也就是说，NFMPI在高频时间尺度上对其他子行业的收益影响较小，而NFM-PI在中频时间尺度上对其他子行业的收益影响较大。MAA节点分布在Ⅰ、Ⅲ、Ⅵ和Ⅶ象限，这意味着MAA在高频时间尺度上对其他子行业的影响可能很小。

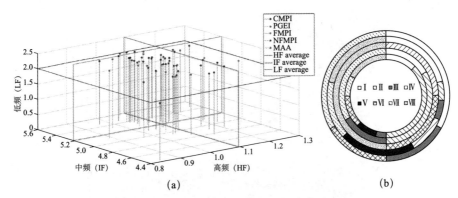

图4-2-8 多时间尺度节点加权出度分布

注：图（a）为多个时间尺度节点加权入度的三维针状图。三个轴分别是高频（HF）、中频（IF）和低频（LF）。图（b）是每个象限中每个子行业的节点数量的环状图。从内圈到外圈代表的子行业分别是CMPI、PGEI、FMPI、NFMPI和MAA。

为了更好地理解每个子行业随时间的变化，使用热力图来表示每个子行业的加权出度，如图4-2-9所示。在高频时间尺度上，前半段影响最大的节点是FMPI和MAA，后半段是FMPI和NFMPI。在中频时间尺度上，子行业的影响表现为高—低—高变化。在低频时间尺度上，子行业的影响呈显著同向变化。

基于以上分析，发现子行业之间在高频时间尺度上的影响总是快速变化的。在中频时间尺度上，子行业间的影响呈现高—低—高的趋势。在低频时间尺度上，子行业之间的影响可以同时明显增加或减少，这可能是由于短周期内矿产和衍生品波动对股价波动的影响。在长周期中，子行业之间的影响主要受市场环境变化的影响。

4.2.2.3.2 节点间的中介中心性

本节中，研究了节点的加权中介中心性，它反映了节点在不同时间尺度

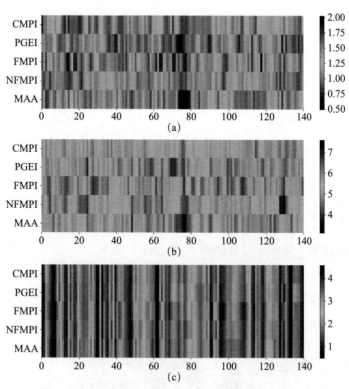

图 4 - 2 - 9　子行业在不同时间尺度上随时间变化的热力图

注：横轴表示每个窗口的数量，纵轴表示子行业。

上作为"桥梁"的程度。

　　高频、中频、低频时间尺度的加权中介中心性分析如图 4 - 2 - 10 所示。从图中可以发现，CMPI 节点分布在除象限 Ⅱ 之外的所有象限中，其中象限 Ⅶ 和 Ⅷ 中节点所占比例最大；换句话说，CMPI 节点在中频时间尺度上不能起到较好的桥梁作用。PGEI 节点主要分布在 Ⅰ 象限，说明大多数 PGEI 节点在三个时间尺度上是因果网络的"桥梁"。FMPI 节点主要分布在 Ⅳ、Ⅵ、Ⅷ 象限，NFMPI 节点主要分布在 Ⅲ、Ⅶ 象限。这两个子行业在中频时间尺度上只有少量的信息传输。MAA 节点主要分布在 Ⅰ、Ⅱ、Ⅲ、Ⅳ，在低频时间尺度上起着极其重要的"桥梁"作用。

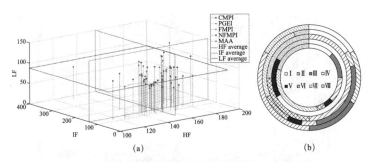

图 4 – 2 – 10　多时间尺度节点加权中介中心性分布

注：图（a）为多个时间尺度节点加权入度的三维针状图。三个轴分别是高频（HF）、中频（IF）和低频（LF）。图（b）是每个象限中每个子行业的节点数量的环状图。从内圈到外圈代表的子行业分别是 CMPI、PGEI、FMPI、NFMPI 和 MAA。

为了更好地了解各子行业随时间变化的中介能力，使用热力图来表示各子行业的加权中介中心性，如图 4 – 2 – 11 所示。在高频时间尺度上，PGEI 和 FMPI 节点起着"桥梁"的作用。在中低频时间尺度上，PGEI、FMPI 和 MAA 具有较强的中介能力。

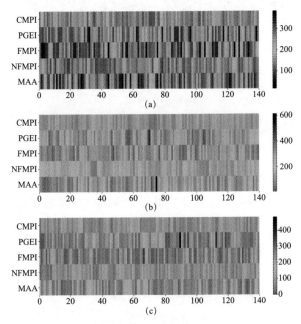

图 4 – 2 – 11　中介子行业在不同时间尺度上随时间变化的热力图

注：横轴表示每个窗口的数量，纵轴表示子行业。

4.2.3　讨论与结论

本节采用 EEMD 法、传递熵法和复杂网络法，通过构建多时间尺度下的因果网络，分析矿业股票之间的因果关系。此外，还从静态和动态两个角度分析了因果关系。最后，在结论部分通过分析投资组合来说明研究的实际意义。

本节的主要发现如下：首先，发现随着周期的延长，矿业各子行业之间的因果关系强度逐渐增强，这意味着矿业各子行业波动的长期趋势比短期趋势更加一致。这可能是由于长期趋势受行业发展的影响，而短期趋势包含很多噪声。FMPI 是短期影响最大的子行业，MAA 是中长期影响最大的子行业。还发现矿业股与子行业之间的因果关系是不对称的、时变的，这与许多学者的研究结果一致（Feng and Huang et al.，2018；Chen and Li et al.，2019）。

其次，发现矿业股票的五个子行业的影响力和影响力传递在不同的时间尺度上同时增强或降低，这表明虽然子行业不同，但作为同一行业的公司，它们具有相似的市场表现。这一结论揭示了同行业股票的变化趋势，是对股票市场同行业股票研究和商品研究的补充（Yue and Fan et al.，2020；Shen and Jiang et al.，2021）。此外，发现，由于上市公司经营范围、市值、利润等条件不同，三个时间尺度下最具影响力的股票和子行业也不同。

最后，为了更好地说明研究的现实意义，借鉴了沙赫扎德等（Shahzad et al.，2022）的方法在三个时间尺度上构建高转移熵组合和低转移熵组合，组合结果如表 4-2-5 所示。当股市上涨时，高转移组合通常可以获得更高的投资回报，而当股市下跌时，低转移组合通常可以获得更少的投资损失。对于投资者来说，建议在股市普遍好时关注高传递熵的投资组合，在股市普遍差时关注低传递熵的投资组合。对于监管者来说，建议关注高转移熵投资组合中股票所包含的子行业的波动，因为它们在市场下跌时损失更大，更容易引起子行业的异常波动，从而影响投资者对市场的信心，引发系统性金融风险。

表 4 - 2 - 5　　　　　　　高频和低频传递熵组合的收益　　　　　单位:%

频次	时间	SSE	HF		IF		LF	
			HTE	LTE	HTE	LTE	HTE	LTE
Shock fall	2011 年 1 月 4 日 ~ 2012 年 11 月 29 日	-31.17	-37.84	-39.15	-34.10	-39.00	-50.16	-48.86
Rise	2012 年 11 月 29 日 ~ 2015 年 6 月 12 日	163.12	160.66	91.14	203.42	84.62	69.89	164.87
Fall	2015 年 6 月 12 日 ~ 2016 年 1 月 27 日	-47.05	-55.80	-48.67	-50.20	-43.41	-56.51	-49.55
Shock rise	2016 年 1 月 27 日 ~ 2020 年 12 月 31 日	26.91	3.79	79.48	24.68	1.19	75.51	28.23

注：SSE 即上海证券交易所指数。HTE 是一个高传输熵的组合，LTE 是一个低传输熵的组合。

目前，本书还存在一定的局限性。首先，网络中节点之间的因果关系可能存在一定的延迟。一个节点的波动不会瞬间导致另一个节点的波动，这在本书中无法体现。其次，本节分析的节点中心性特征值是经过平均后得到的，因此忽略了滑动过程中的大波动和最大值、最小值。在未来的工作中，研究将从节点间因果关系的延迟开始，试图根据节点间的因果关系捕捉关键节点变化的时间差，从而更好地实现预警和监管。

4.3　全球股票市场的时变模式因果推理

研究多元时间序列之间的关系对于揭示其动态规律具有重要意义，目前，已采用了相关、协整、因果等方法。其中，相关性和因果关系在金融领域的应用最为广泛。例如，相关性分析可以探索股票市场系统性风险的结构和动态传导机制（Sun et al.，2020；Acemoglu et al.，2015；Neaime，2012；Das et al.，2019；Chen et al.，2019；Bein and Tuna，2015）。此外，许多研究建立了基于相关性的网络来检测传导特征（Song et al.，2011；Wen et al.，2019；Huang et al.，2015；Gebarowski et al.，2019）。协整分析描述了股票之间的非线性调整机制，可以揭示部分股票之间的平稳均衡关系（Caporale et al.，2019；Shi et al.，2019；Ausloos et al.，2020）。但考虑长期均衡关系，未能揭示均衡关系背后隐藏的动态，严重依赖于时间长度。此外，因果关系分析通常用于检测系统的波动性并构建因果网络（Balcilar and Ozdemir，2013；Wang et al.，2020；Zhang et al.，2019；Tang et al.，2019）。虽然相关分析和协整分析可以揭示许多特征，但它不能确定因果关系可以探索的变量之间的内在规律，即一个变量的变化如何驱动另一个变量变化。此外，相关关系不同于因果关系，这在研究中得到了证明，零相关并不意味着没有因果关系。此外，即使可能存在较强的相关性，但它根本无法确定变量之间的因果关系（Sugihara et al.，2012）。

现有研究已经提出了多个模型来检测因果关系。其中，线性格兰杰因果检验是一种传统方法，广泛应用于经济、金融、生态环境等领域（Vyrost et al.，2015；Li et al.，2019；Zhuo，2011）。当意识到非线性在实际应用中无处不在时，非线性格兰杰因果检验被提出，它成功地揭示了不同领域的非线性因果关系（Breitung and Candelon，2006；Dao，2016；Ta，2020；Zhao，2020）。然而，两者都是基于预测，一个重要的前提是可分性。也就是说，如果变量 X 是变量 Y 的格兰杰原因，那么如果从所有可能的因果变量的范围中去掉 X，目标变量 Y 的预测精度就会下降。而在实际的非线性复杂系统中，每个变量都可以承载系统的全部信息。因此，非线性系统通常是不可分离的。此外，格兰杰因果检验未能揭示因果相互作用的本质，如积极、消极或黑暗因果相互作用。传递熵是另一种可以根据变量之间的信息流动来检测因果关系的工具，它本质上是格兰杰因果检验的扩展（Bekiros et al.，2017；Papana et al.，2016；Gao et al.，2019）。从动力学角度来看，交叉收敛映射（cross – convergent mapping，CCM）其核心策略是时间序列变量如果来自同一动力系统，则它们是因果联系的，即它们有一个共同的吸引子。因此，每个变量都可以识别另一个变量的状态（Sugihara et al.，2012）。CCM 方法在复杂非线性系统中具有较好的因果关系检测能力，解决了格兰杰因果检验的不足；此外，它还可以区分因果关系和相关关系。然而，在实际系统中，噪声的影响是不可避免的；因此，斯塔维戈鲁等（Stavroglou et al.，2019）在 CCM 的基础上提出了模式因果关系算法（PC），该算法利用符号动态来降低噪声的影响。PC 算法不仅可以检测因果关系，还可以量化因果强度。

以往的研究往往是在整个时间范围内检测因果关系，而忽略了因果关系在一些时间序列变量之间是随时间变化的。部分研究通过格兰杰因果检验获得时变因果关系（Zhang et al.，2016；Balcilar et al.，2014；Nataf et al.，2019）。然而，这些方法不能考虑因果关系强度，更复杂的因果关系无法揭示。

股票市场是全球经济中的重要市场，与其他市场联系密切。严嘉佳等（2013）基于相关分析研究了中国股票市场与国际商品期货市场的关系。任非等（2016）研究了股票指数及其衍生品之间的动态超前－滞后关系。泽伦等（2016）揭示了股票市场与外汇市场之间的因果关系。另一个重要的问题是预测股票的趋势。哈桑等（Hassan et al.，2007）提出了一种结合 HMM、ANN 和 GA 的融合模型来预测股票。安苏克·崇等（Chong et al.，2017）采用深度学习方法进行预测。此外，股票市场的系统风险检测也很重要。卡塔诺等（Caetano et al，2011）基于催化化学反应模型构建了股票市场系统风险评估模型。门西等（Mensi et al.，2017）使用基于分解的 copula 方法对股票市场和石油市场的系统风险进行建模。然而，揭示股票市场内在的因果关系有助于发现系统风险并做出预测。

因此，为揭示股票市场的因果关系，并检测其中的时变因果关系特征，包括因果关系的性质和因果关系的强度。为了实现这一目标，采用了 PC 方法、CCM 方法、复杂网络和滑动窗口。PC 方法可以确定因果关系的性质和强度。CCM 方法可以区分因果关系和相关关系。复杂网络可用于可视化。最后，滑动窗口在提取时间序列片段方面具有较好的效果，可以为研究整个时间序列的结构特征提供坚实的基础（Scruggs，2007）。首先，研究了模拟确定性系统，并确定了时变因果关系。其次，研究了实际系统和全球股票市场。为了揭示其内在的因果规律，对整个时期和不同时期进行了评估，并构建了因果网络。通过对拓扑特征的分析，揭示了市场中的因果关系。

4.3.1 方法

已有几种方法被证明能够检测多变量时间序列之间的因果关系，如格兰杰因果检验（Vyrost et al.，2015）和传递熵（Bekiros et al.，2017）。然而，交叉收敛映射（CCM）和模式因果关系（PC）在非线性系统中取得了令人满意的效果，并已应用于生态和金融（Sugihara et al.，2012；Stavroglou et al.，2019）。本节将 46 个 MSCI 股票指数视为一个高维非线性系统。因此，本节同时应用了 CCM 和 PC，而 PC 在量化因果关系强度方面更有效。此外，滑动窗口用于检测因果关系随时间的演变，窗口的长度可以由式 $L/2 \leqslant l_{win} \leqslant L$ 确定，其中 L 为数据的长度（Justin et al.，2018）。此外，这里还使用了复杂网络，这是一个很好的可视化工具。CCM 和 PC 方法的主要步骤如图 4 - 3 - 1 所示。

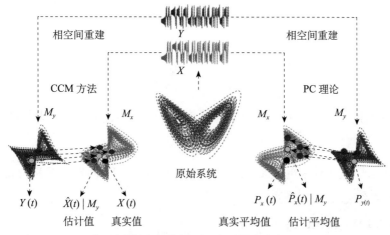

图 4 - 3 - 1　检测从 X 到 Y 的因果关系的 CCM 和 PC 方法示意图

注：点之间的有向虚线表示一对一映射。

采用 Lorenz 系统来显示 CCM 和 PC 方法的主要步骤。原系统是由动力学变量 X、Y 和 Z 构成，基于这些步骤，也可以检测到变量 Z 的因果关系。

4.3.1.1　交叉收敛映射

CCM 由 Sugihara 等（2012）提出。修正了格兰杰因果检验在检测非线性系统因果关系时的不足。考虑从时间序列 X 到 Y 的因果关系（这里，变量 X 被称为因果驱动者，变量 Y 被称为因果接收者）。首先，根据空间重构理论，分别由 X 和 Y 构造吸引子 M_x 和 M_y。M_x 上的每一个点表示为 $x(t) = \{X(t), X(t-\tau), \cdots, X[t-(E-1)\tau]\}$，$t = 1 + (E-1)\tau$，$t = L$（L 为 X 的长度），其中 E 为嵌入维数，τ 为时间滞后阶数。本节使用伪最近邻算法同时确定 E 和 τ（Krakovská et al., 2015）。其次，根据 M_y 估计 X，其中 $\hat{X}(t) \mid M_y$。为了实现这个目标，首先找到 $y(t)$ 的 $E+1$ 个最近的点，这是基于欧几里得距离，并且控制了时间指标。这些时间指标对应于 $y(t)$ 在 M_y 的最近邻居，用于识别 X 中的点（邻居），以从 $E+1$ X 值的局部加权平均

值估计 X。

$$\widehat{X}(t) \mid M_y = \sum_{i=1}^{E+1} w_i X(t_i) \qquad (4-3-1)$$

$$\text{where } w_i = \frac{k_i}{\sum_{j=1}^{E+1} k_j} \qquad (4-3-2)$$

$k_i = \exp\{-d[x(t), x(t_i)]/d[x(t), x(t_1)]\}$，d：欧几里得距离
$$\qquad\qquad(4-3-3)$$

如果从 X 到 Y 存在因果关系，则估计 $\widehat{X}(t) \mid M_y$ 将收敛于 X 的真实值，使用相关系数加权收敛性。

4.3.1.2 模式因果

虽然 CCM 可以有效地检测因果关系，但不能量化因果强度。因此，PC 理论被应用，它可以量化因果强度（Stavroglou et al.，2019）。PC 理论结合了符号动力学，可以减少噪声的影响，特别是在实际系统中。根据 PC 理论，每个变量对之间的因果关系的性质可以是三种类型之一，即正因果关系、负因果关系和暗因果关系。正因果关系意味着"互惠"，负因果关系意味着"竞争"，而暗因果关系是一种更复杂的关系，既不是"互惠"也不是"竞争"，如图 4-3-2 所示。此外，最强的因果关系（通过比较因果强度）是现实中表现出来的主导因果关系。

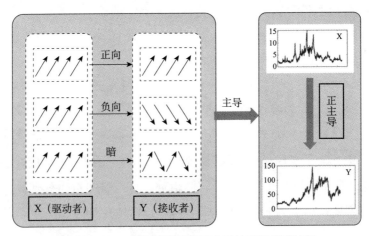

图 4-3-2 时间序列变量 X 到 Y 的因果关系示例

从图 4 - 3 - 2 左边可以看出，当 X 的增加导致 Y 的变化趋势与 X 相同时，可以确定为正因果关系（一致）。当 X 的增加导致 Y 的变化趋势与 X 相反时，可以确定负因果关系。当 X 的增加引起 Y 的波动（无序）时，可以确定暗因果关系。依据图 4 - 3 - 2 右半部分可知，根据因果强度可以确定从 X 到 Y 的主导因果关系。

为了检测从时间序列 Y 到 X 的因果关系，首先，应该分别重建吸引子 M_y 和 M_x。其次，需要根据每个 M_x 的最近邻域计算其平均模式 $x(t)$，并控制其时间指标。这些指数是用来估计 $y(t)$ 的平均模式。最后，计算 $y(t)$ 的同期估计平均模式等于 $y(t)$ 的实际平均模式的情况的百分比，即从 Y 到 X 的因果强度（CS）。CS 的取值范围为 0 ~ 1，值越小说明因果关系越弱，值越大说明因果关系越强。

$x(t)$ 的平均模式可确定为（4，5，6，7，8），$y(t)$ 的平均模式可以用同样的方式确定。

$$P_{x(t)} = f\left(H_{x(t)}\right) \tag{4-3-4}$$

$$H_{x(t)} = \sum_{i=1}^{E+1} w_i^x h_i^x \tag{4-3-5}$$

$$h_i^x = \left(\frac{X(t_i-\tau)-X(t_i)}{X(t_i)},\ \cdots,\ \frac{X(t_i-(E-1)\tau)-X(t_i-(E-2)\tau)}{X(t_i-(E-2)\tau)}\right) \tag{4-3-6}$$

$$w_i^x = \frac{e^{-d(x(t),x(t_i))}}{\sum_i e^{-d(x(t),x(t_i))}},\ \text{where } d:\text{ Euclidean distance} \tag{4-3-7}$$

$$x(t_i) = (X(t_i),\ X(t_i-\tau),\ \cdots,\ X(t_i-(E-1)\tau)) \tag{4-3-8}$$

其中，$P_{x(t)}$ 表示 $x(t)$ 的平均模式，f 是一个函数，它将一个向量转换为另一个向量，其元素为 - 1，1 或者 0，1。例如 $f(0.3, 4.8) = (1, 1)$，$f(-0.9, 2) = (-1, 1)$，$f(1.3, 0) = (1, 0)$。

另外，确定 $y(t)$ 的估计平均模式为（9，10，11，12）。

$$\widehat{P}_{y(t)} = f\left(\widehat{H}_{y(t)}\right) \tag{4-3-9}$$

$$\widehat{H}_{y(t)} = \sum_{i=1}^{E+1} w_i^x \widehat{h_i^y} \tag{4-3-10}$$

$$\widehat{h_i^y} = \left(\frac{\widehat{Y}(t_{x_2})-\widehat{Y}(t_{x_1})}{\widehat{Y}(t_{x_1})},\ \cdots,\ \frac{\widehat{Y}(x_{t_E})-\widehat{Y}(x_{t_{E-1}})}{\widehat{Y}(x_{t_{E-1}})}\right) \tag{4-3-11}$$

$$\widehat{y}(t_i) = (\widehat{Y}(t_{x_i}), \ \widehat{Y}(t_{x_i} - \tau), \cdots, \ \widehat{Y}(t_{x_i} - (E-1)\tau)) \qquad (4-3-12)$$

其中，t_{x_i} 为 x（t）最近邻居对应的时间。

对 M_x 中的每个 x（t）重复此过程，并用估计的平均模式与实际平均模式的比率填充 CS（因果强度）矩阵。图 4 - 3 - 3 显示了 X = 3 时的 CS 矩阵，其他情况相同。列向量表示 x（t）在其最近邻域中的平均模式，行向量表示 y（t）（与 x（t）同期）在其最近邻域中的平均模式。矩阵的每个元素表示估计的平均模式与实际平均模式的比率。

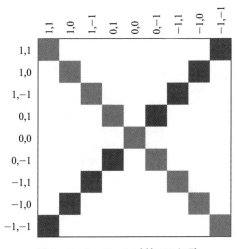

图 4 - 3 - 3　X = 3 时的 CS 矩阵

矩阵的主对角元素和矩阵的后对角元素分别对应于正因果关系（浅灰色区域）和负因果关系（深灰色区域），而其他元素对应于暗因果关系（白色区域）。自然，可以计算从 Y 到 X 的三个因果关系如下。

从 Y 到 X 的正因果强度：

$$CS(positive) = \frac{1}{n} \sum_{main} (matrix(CS)) \qquad (4-3-13)$$

从 Y 到 X 的负因果强度：

$$CS(negative) = \frac{1}{n} \sum_{back} (matrix(CS)) \qquad (4-3-14)$$

从 Y 到 X 的暗因果强度：

$$CS(dark) = \frac{1}{n} \sum_{others} (matrix(CS))　　　(4-3-15)$$

每个变量对之间可能有三种类型的因果相互作用，每种类型都有不同的因果强度。因此，因果强度最强的因果关系被视为它们之间的主导因果关系，这只是在现实中表现出来的。

4.3.1.3　CCM 方法：相关性和因果关系

用几个实用的工具来描述时间序列变量之间的关系，其中相关性和因果关系被更广泛地使用。然而，相关不同于因果关系，零相关并不意味着没有因果关系。例如，在式（4-3-16）中，可以得到 X 与 Y 的相关性为 $corr$ (X, Y) = 0.025。而通过 CCM，可以揭示出 $x'(t)$ 对 $x(t)$（$\rho = 0.995$）的收敛性和 $y'(t)$ 对 $y(t)$（$\rho = 0.404$）的收敛性，即 X 到 Y 存在强因果关系，Y 到 X 存在弱因果关系，如图 4-3-4 所示。可以得出 ISR 与 AUT 之间存在弱相关关系，但两者之间确实存在因果关系，如表 4-3-1 所示。因此，本节通过检验因果关系来揭示时间序列变量之间的规律。

$$X(t+1) = X(t)(3.8 - 3.8X(t) - 0.02Y(t))　　(4-3-16)$$
$$Y(t+1) = Y(t)(3.3 - 3.3Y(t) - 0.1X(t))$$

其中，$X(0) = 0.4$，$Y(0) = 0.2$，$L = 200$，$E = 2$，$\tau = 1$。

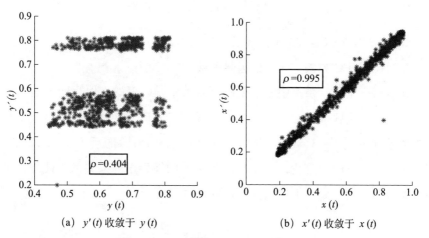

(a) $y'(t)$ 收敛于 $y(t)$　　　　(b) $x'(t)$ 收敛于 $x(t)$

图 4-3-4　从估计值到实值的收敛

注：利用相关系数对收敛性（ρ）进行加权。

表 4 - 3 - 1　　　　　ISR 与 AUT 的相关及因果关系

驱动者	接收者	相关关系	因果关系
ISR	AUT	-0.099	0.16
AUT	ISR		0.62

注：因果关系的方向是从"驱动者"到"接收者"。

4.3.1.4　PC 方法：时变因果关系

为了证明变量之间随时间变化的因果关系，构建了一个模拟系统，如式（4 - 3 - 17）所示。PC 理论为提供了检测因果关系类型和强度的方法。在这里，使用 PC 理论检测从 Y 到 X 的因果关系，滑动窗口的宽度为 151，滞后为 1。从图 4 - 3 - 5 来看，一方面，负面因果关系（介于 0.5 与 0.55 之间的虚线水平线）的平均强度强于正面因果关系（介于 0.35 与 0.45 之间的虚线水平线），这代表了整个时期的主导因果关系是负面因果关系；另一方面，正因果关系和负因果关系的因果强度在不同时期都是变化的，并且两种类型的因果关系交替领先，这意味着主导因果关系是时变的。此外，它们的规律始终与平均因果关系不一致。因此，可以得出结论，即使对于确定性系统，因果关系的强度和类型也是时变的。

$$X(t+1) = X(t)(3.8 - 3.8X(t) - 0.02Y(t))$$
$$Y(t+1) = Y(t)(3.5 - 3.5Y(t) - 0.1X(t))$$
(4 - 3 - 17)

其中，$X(0) = 0.4$，$Y(0) = 0.2$，$L = 200$，$E = 2$，$\tau = 1$。

4.3.1.5　PC 方法：一致的因果关系

在最后一个确定系统中，主要的因果关系是时变的，但相同的情况并不总是相同的。在式（4 - 3 - 18）中，同样应用了 PC 理论检测了从 Y_1 到 Y_2 的因果关系（见图 4 - 3 - 6）。滑动窗口的宽度为 151，滞后为 1。结果表明，因果关系强度随时间变化，但主导因果关系始终为正因果关系。此外，主导因果关系与平均主导因果关系保持一致。

$$Y_1(t+1) = Y_1(t)(4 - 4Y_1(t) - 2Y_2(t) - 0.4Y_3(t))$$
$$Y_2(t+1) = Y_2(t)(3.1 - 0.31Y_1(t) - 3.1Y_2(t) - 0.93Y_3(t))$$
(4 - 3 - 18)
$$Y_3(t+1) = Y_3(t)(2.12 + 0.636Y_1(t) + 0.636Y_2(t) - 2.12Y_3(t))$$

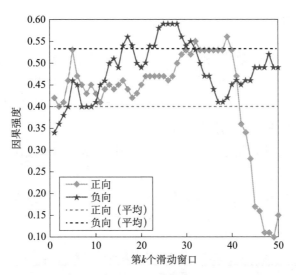

图 4 - 3 - 5　从 Y 到 x 的因果关系

注：水平线代表平均因果关系，这是从整个时期得到的。介于 0.35 与 0.45 之间的虚线水平线代表正向因果关系的平均强度；介于 0.5 与 0.55 之间的虚线水平线代表正向因果关系的平均强度。

其中，$Y_1 = Y_2 = Y_3 = 0.2$，$L = 200$，$E = 2$，$\tau = 1$。

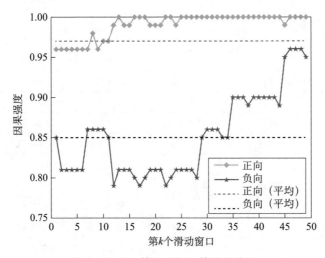

图 4 - 3 - 6　从 Y_1 到 Y_2 的因果关系

注：水平线代表平均因果强度，这是从整个时期得到的。

4.3.2 数据

为了研究全球股票市场的因果关系，选择了每个国家或地区的 MSCI（morgan stanley capital international）股票指数，这是世界上投资组合经理使用最广泛的基准指数，已成为衡量各国资本市场表现的重要基准。根据 MSCI，全球股票市场包含三种类型的市场，即发达市场、新兴市场和前沿市场。本节选取 20 个发达市场国家或地区，21 个新兴市场国家或地区，5 个前沿市场国家或地区，分别如表 4-3-2、表 4-3-3、表 4-3-4 所示。选取 2017年 1 月 1 日至 2019 年 11 月 16 日每日收盘价作为样本。数据来源于 Wind 数据库。

表 4-3-2　　　　　　　　　发达市场 MSCI 股票指数样本

国家或地区	所在洲	最大值	最小值	平均值	标准差
以色列	亚洲	221.69	166.38	195.03	10.93
澳大利亚	大洋洲	883.08	698.13	802.61	31.35
奥地利	欧洲	1 723.39	981.85	1 285.23	174.84
加拿大	北美洲	1 833.1	1 399.50	1 674.57	70.89
丹麦	欧洲	10 773.22	7 733.53	9 389.82	657.59
芬兰	欧洲	593.33	438.74	529.77	35.25
法国	欧洲	2 085.24	1 528.25	1 841.51	125.22
德国	欧洲	2 545.59	1 773.21	2 105.56	174.08
中国香港	亚洲	13 153.68	9 346.12	11 666.44	786.35
爱尔兰	欧洲	222.91	151.37	189.36	14.82
意大利	欧洲	323.8	217.2	266.74	24.76
日本	亚洲	3 725.75	2 774.19	3 200.71	187.89
新西兰	大洋洲	172.12	128.35	145.29	8.7
挪威	欧洲	2 869.7	2 053.0	2 463.54	192.52
葡萄牙	欧洲	76.59	57.88	67.26	4.5
瑞典	欧洲	8 450.64	6 354.2	7 364.67	471.87
瑞士	欧洲	6 050.16	4 586.46	5 324.19	308.03
英国	欧洲	1 316.1	1 003.45	1 150.27	60.9
美国	北美洲	2 971.24	2 129.36	2 555.15	202.38
新加坡	亚洲	4 511.22	3 164.02	3 853.26	261.74

表 4 - 3 - 3　　　　　　　　　　MSCI 新兴市场股票指数样本

国家或地区	所在洲	最大值	最小值	平均值	标准差
俄罗斯	欧洲	792.8	497.24	619.3	59.29
埃及	非洲	691.15	457.28	582.27	42.04
印度尼西亚	亚洲	965.35	677.79	821.58	55.12
马来西亚	亚洲	419.11	316.64	359.178	24.38
泰国	亚洲	526.56	362.829	452.718	40.64
中国	亚洲	101.3	58.5589	79.178	8.9
墨西哥	拉丁美洲	6 145.47	4 001.99	5 111.78	514.68
菲律宾	亚洲	623.99	447.22	536.28	34.88
巴西	南美洲	2 393.48	1 561.00	1 997.03	194.17
智利	南美洲	2 182.26	1 164.23	1 722.98	208.21
中国台湾	亚洲	417.46	304.9	364.51	22.56
哥伦比亚	南美洲	757.91	532.33	636.80	44.98
捷克	欧洲	343.05	236.43	289.38	23.26
希腊	欧洲	33.57	18.05	24.64	3.91
匈牙利	欧洲	868.64	572.84	716.87	64.94
印度	亚洲	641.55	445.03	559.95	35.74
韩国	亚洲	583.31	380.85	474.95	50.32
秘鲁	南美洲	1 917.27	1 245.00	1 635.12	169.11
波兰	欧洲	888.33	525.99	696.16	65.21
南非	非洲	656.16	403.59	498.87	52.02
土耳其	亚洲	456.53	182.00	313.67	81.25

表 4 - 3 - 4　　　　　　　　　　前沿市场 MSCI 股票指数样本

国家或地区	所在洲	最大值	最小值	平均值	标准差
摩洛哥	非洲	351.69	271.66	303.72	20.34
阿根廷	南美洲	4 529.49	1 213.71	2 863.23	894.26
斯里兰卡	亚洲	209.66	140.07	173.76	19.95
约旦	亚洲	99.65	71.33	81.82	5.61
巴基斯坦	亚洲	160.78	48.66	98.30	31.53

4.3.3　结果

从以上模拟可以看出，即使对于确定性系统，变量之间的主导因果关系也有随时间变化的，也有一直保持不变的。然而，在真实的系统中会发生什么呢？现在来看看全球股票市场。PC 理论也适用。滑动窗口的宽度为530，滞后为20，$E=3$，$\tau=1$。为了区分每个时间段的因果关系，这里称之为平均因果关系和平均主导因果关系，它们是从整个时间段确定的。PC 方法的一个重要前提是分别基于股票 X 和股票 Y 的吸引子之间存在一一映射。这可以通过吸引子的拓扑结构来证明。在图 4-3-7 中，只展示了四只股票，可以发现四只股票重建的四个吸引子拓扑同构，因此它们之间可以建立一一映射。因此，应用 PC 和 CCM 方法来检测它们之间的因果关系是合适的。

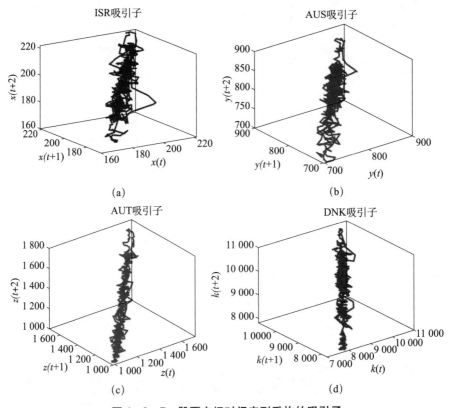

图 4-3-7　股票市场时间序列重构的吸引子

4.3.3.1 不同市场的因果关系

全球股票市场包括发达市场、新兴市场和前沿市场。图 4 - 3 - 8 展示了整个市场和三种不同类型市场的因果关系。水平线代表平均因果强度，这是从整个时期得到的，而折线是在不同时期得到的。

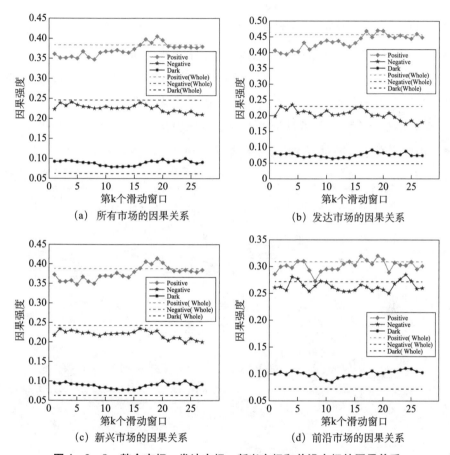

图 4 - 3 - 8 整个市场、发达市场、新兴市场和前沿市场的因果关系

对于整个股票市场，平均正因果强度为 0.38，强于平均负因果（0.25）和暗因果（0.06）；随着时间的推移，正因果关系的强度会增加。在全球股票市场中可以发现正的主导因果关系。在不同的时间段，因果强度会发生变化，但正向因果强度始终是最强的。因此，可以得出结论，不同时期的主导因果关系总体上是一致的。接下来，评估具体的市场类型。

在发达市场，平均正因果强度为 0.46，强于其他两种类型。正主导因果关系在这些市场中仍然存在。此外，平均正因果强度强于全球市场。此外，在这些市场中，不同时间窗的主导因果关系总体上保持一致。

在新兴市场和前沿市场中，不同时期的主导因果关系等于平均主导因果关系，即正因果关系。

4.3.3.2 不同市场之间的因果关系

研究了不同市场的因果关系。当然，讨论市场之间的因果关系很重要。图4-3-9描述了发达市场、新兴市场和前沿市场之间的因果关系。

可以得到一个共同的特征，即平均正因果强度在每个市场对之间最强。因此，在三个市场之间可以推断出正主导因果关系。此外，如图4-3-9中(a)、(c)所示，发达市场对新兴市场的平均因果关系强度明显强于其他市场。因此，发达市场对新兴市场的因果关系更强。

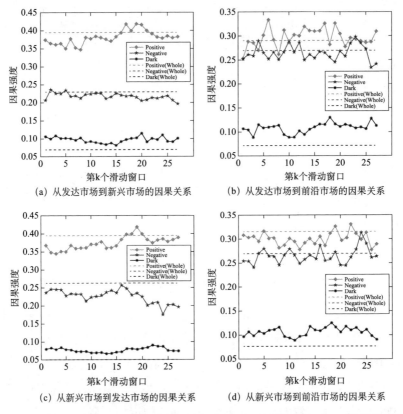

(a) 从发达市场到新兴市场的因果关系　　(b) 从发达市场到前沿市场的因果关系

(c) 从新兴市场到发达市场的因果关系　　(d) 从新兴市场到前沿市场的因果关系

对于不同的时间段，正主导因果关系也可以被揭示出来。虽然因果强度

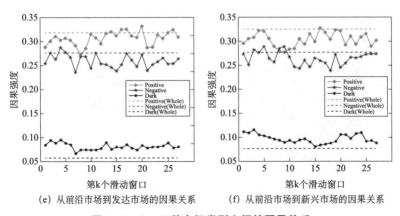

(e) 从前沿市场到发达市场的因果关系　　(f) 从前沿市场到新兴市场的因果关系

图 4 - 3 - 9　三种市场类型之间的因果关系

是时变的，但它相对于平均因果强度保持稳定。不幸的是，在前沿市场中也有一些例外，在某些时期发现了负的主导因果关系。这些不确定性应该引起投资者和政府管理者的注意。

4.3.3.3　全球股票市场的不确定因果关系

以往的研究表明，在整个市场和特定类型的市场中都存在正主导因果关系。在这里，因果特征看起来是确定的和"宁静的"的。然而，从微观角度来看，揭示了一些与市场因果关系不一致的例外。虽然大多数股票指数对之间的平均主导因果关系为正主导因果关系，但部分股票指数对之间存在负主导因果关系。

为了查看全球市场的平均主导因果关系，使用了复杂的网络。节点表示国家或地区，其大小按权重排序，有向边表示因果强度。图 4 - 3 - 10（a）描述了平均的主导正因果网络，其密度为 81.3%。平均因果强度为 0.42，近 76% 的因果强度分布在 0.2 ~ 0.5。但有 24% 的股票大于 0.5，说明它们之间存在较强的因果关系，如图 4 - 3 - 10 中（b）、（e）所示。根据加权程度，选择了排名前十的股票，它们均来自发达市场和新兴市场，如表 4 - 3 - 5 所示。平均负主导网络虽然包含 46 个股票指数，但并非完全连通，其密度仅为 18.7%。平均因果强度为 0.37。如图 4 - 3 - 10 中（d）、（e）所示，90% 以上的权重小于 0.5，10% 的权重介于 0.5 ~ 0.66。根据权重程度，选择了排名前十的股票，其中大部分来自新兴市场和前沿市场，如表 4 - 3 - 6 所示。

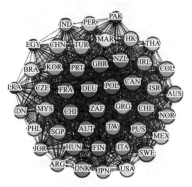

（a）全球股票市场的平均正主导因果网络

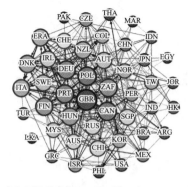

（b）因果强度大于0.5的平均正主导因果网络

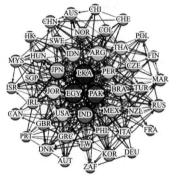

（c）全球股票市场的平均负主导因果网络

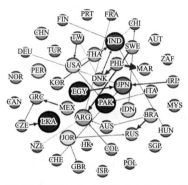

（d）因果强度大于0.5的平均负主导因果网络

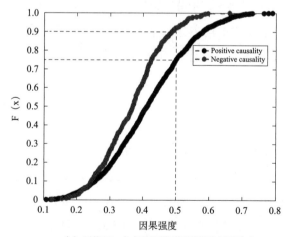

（e）平均正、负主导因果关系强度的累积分布

图4-3-10　股票市场的平均主导因果网络

因此，在这些市场中，平均正主导因果关系更强。抛开这里平均负主导因果关系的弱点不讲，如果关系不被揭示，它会带来一些潜在的风险。其中，与 LKA 和 EGY 的负主导因果关系更为密集和强，如图 4 - 3 - 11 所示。与 LKA 相连的节点有 35 个，与 EGY 相连的节点有 34 个，平均因果强度分别为 0.46 和 0.43。

表 4 - 3 - 5　　　　　　平均正向因果主导网络的拓扑指标

国家	子市场	所在洲	加权度	加权入度	加权出度
英国	发达市场	欧洲	38.83	19.51	19.32
德国	发达市场	欧洲	38.78	20.42	18.37
南非	新兴市场	非洲	38.26	19.03	19.23
波兰	新兴市场	欧洲	37.81	19.39	18.41
法国	发达市场	欧洲	37.74	18	19.73
加拿大	发达市场	北美洲	36.97	19.57	17.4
芬兰	发达市场	欧洲	36.51	18.15	18.36
智利	新兴市场	南美洲	35.95	18.53	17.41
新西兰	发达市场	大洋洲	35.87	19.18	16.69
匈牙利	新兴市场	欧洲	35.82	18.85	16.97

表 4 - 3 - 6　　　　　　平均负向因果主导网络的拓扑指标

国家	子市场	所在洲	加权度	加权入度	加权出度
斯里兰卡	前沿市场	亚洲	16.63	10.83	5.8
埃及	新兴市场	非洲	15.25	10.38	4.87
巴基斯坦	前沿市场	亚洲	14.29	5.88	8.41
印度	新兴市场	亚洲	12.67	6.97	5.7
日本	发达市场	亚洲	11.38	7.26	4.12
阿根廷	前沿市场	南美洲	10.48	6.2	4.28
约旦	前沿市场	亚洲	9.01	2.46	6.55
印度尼西亚	新兴市场	亚洲	8.41	4.78	3.63
美国	发达市场	北美洲	8.33	5.64	2.69
秘鲁	新兴市场	南美洲	8.19	3.96	4.23

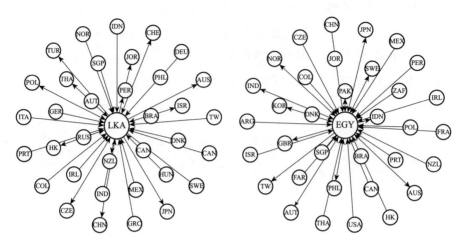

(a) LKA的负向主导因果网络　　　　(b) EGY的负向主导因果网络

图4-3-11　市场中典型股票指数对的负主导因果网络

已经揭露了一些例外，它们的主导因果关系违反了整个市场的因果关系。此外，当考虑来自不同时间段的这些异常时，可以揭示一些更复杂的情况。在图4-3-12中，平均加权出度表示因果交互的驱动者，平均加权入度表示因果交互的接收者。暗因果强度弱到0，这里忽略。

在图4-3-12（a）、（b）中，LKA与其他人（作为因果驱动者和因果接收者）之间的平均负主导因果关系不同于整个市场。此外，主导因果关系在不同时期发生变化；此外，因果强度波动较大。

在图4-3-12（c）、（d）中，虽然EGY与其他人之间的平均主导因果关系与整个市场一致（正主导因果关系），但随着时间的推移，它是不稳定的，因果强度振荡较大。

在图4-3-12（e）、（f）中，当PAK为因果驱动时，情况更为复杂，平均主导因果关系不明确，因果强度较弱。此外，当它是驱动者和接收者时，主导因果关系都会发生变化。

4.3.4　结论与讨论

为了更好地掌握时间序列变量之间的规律，揭示它们之间的关系是一种令人满意的方法。相关性和因果关系是两个广泛应用于许多领域的流行工具。

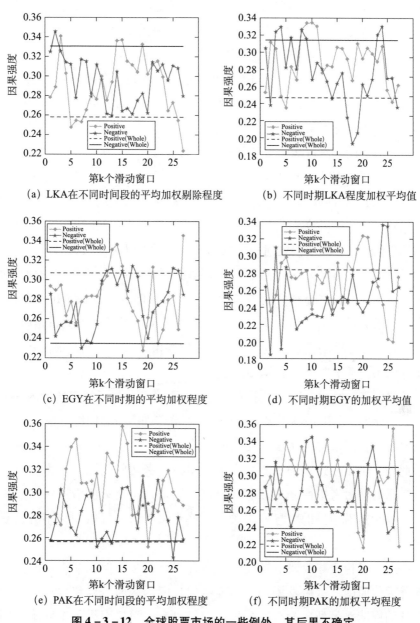

（a）LKA在不同时间段的平均加权剔除程度　　（b）不同时期LKA程度加权平均值

（c）EGY在不同时期的平均加权程度　　（d）不同时期EGY的加权平均值

（e）PAK在不同时间段的平均加权程度　　（f）不同时期PAK的加权平均程度

图 4 - 3 - 12　全球股票市场的一些例外，其后果不确定

虽然因果分析可以发现它们的内在规律，但相关性和因果关系之间的关系是不确定的，它们并不总是相关的。通过 CCM 发现，即使时间序列变量之间的相关系数为 0，也可以确定强因果关系，而当确定强相关时，变量之间可能没有因果关系。基于 PC 理论，发现即使在确定性系统中，变量之间的因果关系也是不确定的。因果关系在因果强度和因果类型上都是时变的。这些不确定性将增加风险，尤其是在金融体系中。

当考虑全球股票市场时，虽然因果强度是时变的，但在全球股票市场以及三种不同类型的市场中，可以确定整个时期和不同时期的正主导因果关系。总的来说，正主导因果关系的特征告诉，这些子市场的波动是一致的。这意味着一只股票的上涨可能会引起其他股票的上涨。一只股票的下跌很可能会引起其他股票的下跌。因果强度决定了驱动力的大小。两只股票之间强烈且正主导因果关系可以解释为它们的波动趋势高度一致，这对于长期投资可能具有风险，但对于风险承受者来说，特别是在短期或繁荣时期，这可能是一个高回报的选择。当股票之间的负主导因果关系可以对冲损失时，波动将可能相反。因此，因果关系分析可以揭示驱动趋势，为指导投资和管理提供基础理论依据。虽然在市场中获得了稳定的特征，但也可以揭示出一些例外，其主导因果关系是负因果关系。更复杂的情况是，主导因果关系是时变的，这里既有正主导因果关系，也有消极的主导因果关系。因此，仅仅基于平均的主导因果关系来做决定是有风险的。

总体而言，发达市场的因果关系更强、更稳定，与新兴市场的因果关系更密切。此外，前沿市场因果关系较弱，隐藏着许多不确定性。

因此，就因果关系而言，发达市场的不确定性较低，因果关系清晰稳定。此外，由于发达市场和新兴市场之间存在密切的正因果关系，在决定投资产品时同时考虑两个市场更为合理。但是，在投资前沿市场时要更加注意，因为前沿市场的主导因果关系不确定，因果强度较弱，不容易获得因果规律。

然而，尽管全球股票市场显示出多种因果关系，但未能揭示时变因果关系背后的原因。这启发增加数据样本的长度，从而可以包含一些有影响的事件的周期。另外，没有区分直接因果关系、间接因果关系和虚假因果关系，这可以是对因果关系本质的更全面的讨论，将在未来的研究中考虑这些因素。

| 第 5 章 |
股票价格波动关联关系影响机制研究

除了运用数理方法对股票价格时间序列波动关联关系进行数据层面的分析外，还应该从实际影响因素出发进行分析，如公司财务指标、国内外竞争关系、产业链间竞合关系等。这样更能够切近现实，让更多人便于理解和接受。

5.1 揭示财务指标结构相似性对股票收益的影响

矿业是发展国民经济、保障国家安全的主要产业。随着中国矿业上市公司数量的不断增加，矿业金融市场日益繁荣。矿业投资与矿业上市公司股票收益问题已成为业界和学术界关注的热点问题。许多学者对金融市场和股票收益进行了研究（Gao et al., 2018; Ji et al., 2018），这些研究是基于股票价格的测量。

股票价格只是影响收益的单一因素，因此，在投资时还应该考虑股票的其他基本面和价值（Kara et al., 2011）。在这些基本面中，最重要和最本质的是上市公司发布的一系列财务指标，这些指标全面、系统地反映了当前公司的盈利和发展前景（Szóka, 2015），并对未来股票收益的估计有重要影响（Soboh et al., 2011）。几位学者已经证实，某些财务指标对股票价格和收益有影响，如盈利能力和盈余质量（Subramanyam and Venkatachalam, 2007），资本结构（Tahmoorespour et al., 2015）和现金流量（Jabbari et al., 2013）。汤姆斯托尔等（Tahmoorespour et al., 2015）观察到财务指标与股票收益密切相关，有积极或消极的影响（Chung and Kim, 2001; Edirisinghe and Zhang, 2008）。此外，这些指标可以为投资者提供支持，并对后期投资产生影响（Lin and Guo, 2013）。因此，本节以财务指标为基础，研究财务指标对矿业上市公司股票年收益的启示作用，旨在为投资者和管理者提供客观、全面的建议。

目前，已有不少学者对金融市场进行了相关研究（Gao，et al.，2018；Ji et al.，2020；斯佩尔塔等，2020；Stavroglou et al.，2019），并专注于矿业金融市场（S. F. An et al.，2020）。他们研究了采矿市场贵金属现货价格的动态和相关性（Bao，2020；Bhatia et al.，2018）和贵金属市场的迷信季节性和多尺度金融传染（Auer，2015；王晓宇等，2019），以及对有色金属市场（Zhou et al.，2019）和中国铁矿石期货市场（Ge et al.，2019）进行了研究。这些研究大多是基于价格波动或价格之间的相关性。这些研究采用的方法主要有格兰杰因果关系法（Zhang，2017）、时变 copula 模型和 GARCH 模型（Ji et al.，2020；Sarwar et al.，2020；王晓宇等，2019）和分位数因果关系方法（Bhatia et al.，2018）。现有文献为研究提供了依据和政策建议。这些研究和方法主要针对的是时间序列数据，而财务指标数据属于截面数据，有其独特的特点。因此，计量经济学中的许多回归模型（Mans-Kemp and van der Lugt，2020；Wei et al.，2020）；分位数回归是计量经济学中常用的一种研究方法。与其他模型相比，回归结果更加稳健，能够更全面地描述分布特征（Coad and Rao，2006）；因此，这种方法也被广泛应用于金融市场（Jareno et al.，2020）。因此，利用该方法建立了股票年收益的揭示模型。

矿业金融市场是一个典型的由大量相关要素组成的复杂系统。金融市场内部各种因素的复杂性，许多难以量化的外部因素，以及各公司相互作用之间的动态传递关系，使人们难以理解系统的特征（赵等，2020）。目前，复杂网络被广泛用于分析金融市场（H. Z. An et al.，2014；余俊宁等，2020），例如，基于时间序列的金融网络（Gao et al.，2018），基于相关性的金融网络（王国杰、谢国杰等，2017；Wang G. J. et al.，2018），溢出网络（Wang G. J.，Xie and He，et al.，2017；王忠等，2020；L. Yu et al.，2020）和股市（Ashfaq et al.，2020）。这些基于网络的研究很好地反映了市场参与者之间的复杂关系和网络的动态特征。矿业上市公司的财务指标也有着错综复杂的关系（Buffett and Clark，2011）。它们的相互影响和关联效应对整个矿业上市公司的发展产生重要影响，也会对其收益产生一定影响。因此，结合复杂网络理论，构建财务指标之间的关系网络，用网络参数来表示公司之间的财务关系和相互作用，从而揭示公司的股票收益。

因此，本节构建了矿业上市公司财务指标的结构相似网络。样本包括2010～2019年在上海和深圳证券交易所上市的矿业公司的财务数据以及这10年的股价信息。上市矿业公司共有155家，属于上、中、下游行业，财务指标分为盈利能力与盈利质量（PE）、成长能力（GA）、资本结构与偿债能力（CD）和运营能力（OA）四类。首先，使用归一化欧氏距离（Xia et al.，2015）计算上市公司财务指标的结构相似性，该距离很好地代表了个体之间的相似性。其次，在之前计算的基础上，构建了四种类型的网络：PE 网络、GA 网络、CD 网络和 OA 网络。再次，分析了网络的拓扑特征，并用网络参数表示公司间财务结构的相似关系。最后，使用分位数回归模型来验证网络参数与股票收益之间的关系。这为研究矿业上市公司的财务问题提供了一个新的视角。

5.1.1　数据和方法

5.1.1.1　数据

本节使用的数据来自 Wind 数据库。收集了沪深两市 155 家矿业上市公司近 10 年的财务指标数据和股价数据。公司类型涉及矿业、有色金属（黄金）、工业金属（铜、铅、锌、铝）、稀有金属（稀土及磁性材料、镍、钴、锡、锑、钨、锂等）和铁矿石。财务指标分为四类：盈利能力和盈利质量（PE）、资本结构和偿债能力（CD）、运营能力（OA）、增长能力和现金流量（GA）。PE 反映了公司盈利的能力，CD 反映了公司的资产和负债状况，OA 是指企业利用其资产赚取利润的能力，GA 代表了公司扩大经营和现金流动性的能力。本节的研究对象是股票收益率的 10 年平均值和财务指标。

根据中国证监会（CSRC）的分类，将公司分为上、中、下游，如图 5-1-1 所示。从数量上看，上游企业占 45.58%，中游企业占 50.34%，下游企业占 4.08%。

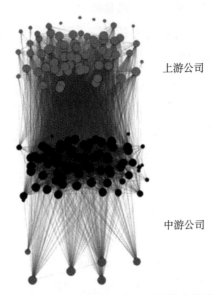

图 5 - 1 - 1　企业上、中、下游行业分类

5.1.1.2　方法

5.1.1.2.1　上市矿业公司财务指标结构相似网络（MFSN）

步骤一，结构相似性的定义。

每个公司都有数百个财务指标，这些指标的价值和维度不同，因此，需要对它们进行标准化和量纲化。本节的研究目标是获得公司间财务指标结构的相似性。欧式距离可以测量 m 维空间中两点之间的真实距离，反映个体值的绝对差值。这很好地反映了不同财务指标之间的相似性。因此，本节采用标准化欧氏距离法。计算两个 m 维向量 a（x_{11}, x_{12}, $\cdots$, x_{1m}）和 b（x_{21}, x_{22}, $\cdots$, x_{2m}）之间的标准化欧几里得距离，如式（5 - 1 - 1）所示：

$$distance(a,b) = \sqrt{\sum_{i=1}^{m}\left(\frac{x_{1i} - x_{2i}}{s_i}\right)^2} \qquad (5-1-1)$$

其中，x_{1i} 表示第一家公司的指标。x_{2i} 表示第二家公司的指标。因为有些距离是无限的，取它们的倒数得 $d = \dfrac{1}{1 + dist(a, b)}$，分别计算了矿业上市公司四类财务指标的结构相似性。相似度越大，越有可能处于相似的发展阶段，如发展的早期或成熟阶段，或者两家公司的主营业务相似。这将在很大程度上导致公司面临相同的情况以及相似的收益。

步骤二，MFSN 的构建。

复杂网络是研究复杂系统的一种角度和方法。它关注系统中个体的相互作用和拓扑结构，是理解复杂系统本质和功能的有力工具。它是一组点和一组边的组合。本节将上市矿业公司表示为节点，将两家公司财务指标的结构相似性表示作为边。

基于这四类财务指标，得到了矿业上市公司的四种相似网络。为了更准确地描述上市公司之间的关系和结构，文中过滤掉了一些弱边。保留了最终网络中占结构相似性累积分布 80% 的边。此时的网络结构比较清晰，能够很好地展现矿业上市公司之间相对完整的关系。

5.1.1.2.2　网络拓扑特征

加权程度可以表征一个公司的财务指标与其他公司的财务指标之间的相似程度。它是与第 i 家上市公司相连的所有边的权重之和，其定义如式（5 - 1 - 2）所示：

$$S_i = \sum_{j=1}^{N} w_{ij} \qquad (5-1-2)$$

其中，S_i 为加权度，w_{ij} 为公司 i 和 j 之间所有边的权重值。

中间中心性（Freeman，1979）表明该公司与两个社区内的其他公司具有相似的财务指标。中介中心性高的企业，表明其在其他两家企业的接触路径中多次处于必要位置。方程定义见式（5 - 1 - 3）：

$$B_i = \frac{1}{(n-1)(n-2)} \sum_{j}^{n} \sum_{k}^{n} g_{jk}(i) / g_{jk}, \, j \neq k \neq i, j < k$$

$$(5-1-3)$$

其中，g_{jk} 表示节点 j 和 k 之间的最短路径总数，$g_{jk}(i)$ 表示通过节点 i 的最短路径总数。n 表示网络中上市矿业公司的数量。

聚类系数（Newman and Watts，1999）是指相似的内聚能力。它可以表示上市公司相邻公司的相似程度。节点 i 有 k_i 个邻居节点。k_i 节点最多有 $k_i (k_i - 1) / 2$ 条边，但 k_i 节点之间的实边数为 E_i。定义 E_i 与 $k_i (k_i - 1) / 2$ 的比值为节点 i 的聚类系数，公式为：

$$C_i = 2 E_i / k_i (k_i - 1) \qquad (5-1-4)$$

其中，$C_i = 1$ 表示所有的邻居都相互连接，而 $C_i = 0$ 表示一个公司的邻居没有连接。

5.1.1.2.3 分位数回归模型

计算每个上市矿业公司的股票收益率，设其为因变量 Y。收益率定义为第二天收盘价与前一天收盘价的自然对数差。这一过程降低了数据的异方差，如式（5-1-5）所示：

$$r_{i,t} = \ln(p_{i,t}) - \ln(p_{i,t-1}) \qquad (5-1-5)$$

其中，$r_{i,t}$ 表示股票 i 的收益，$p_{i,t}$ 表示股票 i 在交易日 t 的收盘价，$p_{i,t-1}$ 表示交易日 $t-1$ 的收盘价，股票年收益率由式（5-1-5）计算。

本节还计算了网络的结构参数：加权度、中间中心性和聚类系数。它们分别代表矿业上市公司的相似强度（SST）、相似中介能力（SMA）和相似凝聚能力（SCA）。这些参数客观地反映了网络的结构，并解释了这些网络中公司的相似性，选择它们作为解释变量。此外，选择平均每股收益（ASE）和股票平均总资产（ATA）作为控制变量。变量的描述信息如表5-1-1所示。

表5-1-1　　　　　　　　　　变量的描述信息

变量	缩写	具体的指标
被解释变量	AAR	股票的平均年回报率
解释变量	SST	强度相似性
	SMA	中介能力相似性
	SCA	凝聚力相似性
控制变量	SAE	平均每股收益
	ATA	股票平均总资产

这里提出如式（5-1-6）所示的一般回归模型如下：

$$\ln AAR_i = \alpha_i + \beta_1 \ln SST_i + \beta_2 \ln SMA_i + \beta_3 \ln SCA_i$$
$$+ \beta_4 \ln ASE_i + \beta_5 \ln ATA_i + \varepsilon_i \qquad (5-1-6)$$

其中，α_0 为常数，i 为矿业上市公司，$\beta_1 \sim \beta_5$ 为对应的弹性系数，ε_i 为随机误差项。

采用 QRA 来检验四种类型网络的网络结构参数与股票收益之间的关系。分位数回归是计量经济学的研究前沿之一。与传统的 OLS 方法相比，它可以更详细地描述变量的统计分布（Xu et al.，2017）。能准确地描述自变量 X 对因变量 Y 的变化范围和条件分布形状的影响，解决了因异方差和峰厚尾分布导致估计结果鲁棒性的问题。因此，本节采用分位数回归模型，即式（5-1-7）：

$$Q_{y_i}(\tau \mid x_i) = \beta_0(\tau) + \beta_1(\tau)x_i + \varepsilon_i(i=1,2,\cdots,n) \quad (5-1-7)$$

其中，$Q_{y_i}(\tau \mid x_i)$ 是在 τ 处的样本条件分位数函数，τ 在（0，1）范围内，$\beta_0(\tau)$ 和 $\beta_1(\tau)$ 是估计系数，它们随 τ 的变化而变化。系数的估计值可以通过最小化 y 与其拟合值之间的加权绝对偏差之和得到，参数在 τ 处的估计值为：

$$\beta(\tau) = min \sum_{i=1}^{n} \rho_\tau(y_i - \beta_0(\tau) - \beta_1(\tau)x_i) \quad (5-1-8)$$

其中，ρ_τ 为相函数。

5.1.2　实证结果

5.1.2.1　MFSN 的整体结构特征

MFSN 为全连通网络。为了更好地分析网络的拓扑特征以及其中一些重要的节点和边，这里去掉了一些弱相关边。最后，选择累积分布的前 80% 的边。这样既保证了网络结构的完整性，又消除了相关性非常弱的边。这种方法有助于更清晰地探索上市矿业公司的财务结构，并推断其收益。

在此基础上，计算了网络中的基本网络参数，如表 5-1-2 所示，其中包含了一些自变量，从整体上说明了网络的结构特征。

表 5-1-2　　　　　　　　四种类型网络的网络参数统计

网络指标	节点	边	平均度	平均加权度	网络直径	网络密度	平均聚类系数	平均路径长度
PE	147	7 443	101.265	21.319	4	0.694	0.911	1.347
GA	138	7 317	106.043	24.595	4	0.744	0.932	1.224
CD	135	7 203	106.711	23.031	4	0.796	0.917	1.215
OA	147	7 440	101.224	35.430	6	0.693	0.907	1.435

四个网络的节点数约为 140 个，边数约为 7 000 多条，平均度值约为

100，说明矿业上市公司之间基本存在相似性。OA 网络的加权平均值在 30 以上，说明矿业上市公司之间的相似运营能力高于其他能力。这主要是因为所考察的指标为周转天数和周转率，其波动性低于其他指标。较高的网络密度和平均的聚类系数表明，矿业上市公司财务指标关系密切，具有较高的凝聚力。网络直径和路径长度较小，说明网络中企业之间基于财务指标相似性的相关性非常直接。

从图 5-1-2 的社区特征可以看出，这四种类型的网络被划分为 2~5 个社团。一个社团内的关系比社团外的关系联系得更紧密。这说明矿业上市公司表现出聚类现象，且财务指标类型不同，上市公司的聚类特征也不同。它们的社团分工与它们的主营业务密切相关。相似的主营业务往往被归入同一个社团，这也表明它们的财务指标更相似。

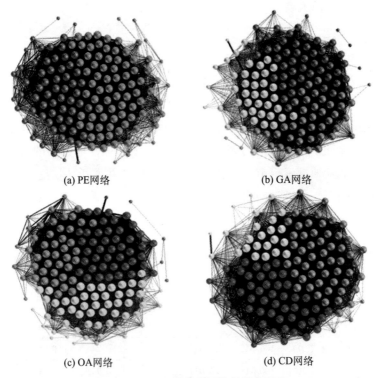

(a) PE网络　　　　　　　　　(b) GA网络

(c) OA网络　　　　　　　　　(d) CD网络

图 5-1-2　四种类型网络的社团特征

本节制作了一张热图，将四个网络中强度相似、媒介能力相似、聚类能力相似的前 10 家公司联合起来。热图有助于更好地识别每个网络中的关键公司节点，并显示它们的数量大小和作用。颜色越深，数值越高，排名越高，如图 5 - 1 - 3 所示。

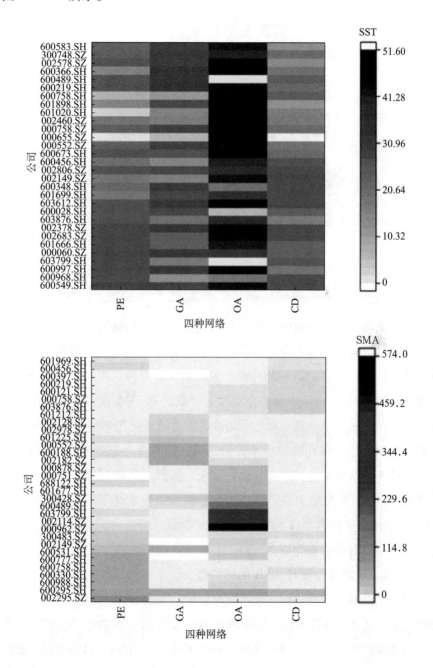

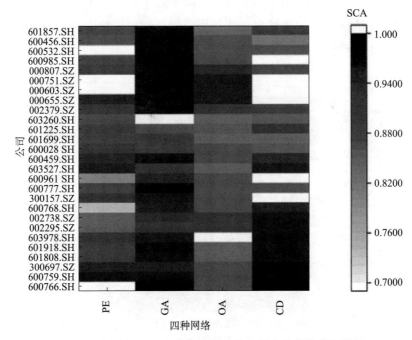

图 5 - 1 - 3 按 SST、SMA 和 SCA 指标排名前十的公司热图

一般来说，排名靠前的企业是有色金属冶炼和轧制加工、黑色金属冶炼和轧制加工、有色金属和黑色金属采矿、煤炭开采和采矿辅助企业。具体而言，在 SST 中，PE 和 GA 网络中钴、钨、铝矿等有色金属冶炼加工业企业排名靠前，OA 和 CD 网络中煤矿企业排名靠前。在 SMA 方面，从事铜制品和黄金等有色金属开采和铁等有色金属冶炼加工的企业在 PE 和 GA 网络中排名最高。属于有色金属开采加工业的铜、铅、锌和贵金属开采加工企业在 OA 和 CD 网络中排名靠前。SCA 方面，黄金、油气、铁矿石等有色金属开采类企业在 PE 和 GA 网络中排名最高，综合服务类企业属于采矿辅助行业，在 OA 和 CD 网络中排名最高。综上所述，相似强度较高的矿业企业多为上游矿业企业，中游制造业媒介能力较强，下游综合企业凝聚力较强。

5.1.2.2　网络特征与 AAR 的相关性

对因变量和自变量进行多重共线性检验，如表 5 - 1 - 3 所示。一般认为，如果公差 < 0.2 或 VIF > 10，则应考虑自变量之间存在多重共线性。在研究中，自变量的公差 > 0.2，VIF < 10，通过了测试。因此，可以进行相关分析。

表 5 - 1 - 3　　　　　　　　　　　多重共线性检验

独立变量	PE		GA		OA		CD	
	容忍度	方差膨胀因子	容忍度	方差膨胀因子	容忍度	方差膨胀因子	容忍度	方差膨胀因子
SST	0.916	1.092	0.759	1.318	0.812	1.231	0.947	1.056
SMA	0.998	1.002	0.959	1.043	0.923	1.084	0.948	1.055
SCA	0.914	1.094	0.778	1.286	0.783	1.278	0.997	1.003

注：AAR 为因变量。

对原始数据进行 Pearson 相关检验，如表 5 - 1 - 4 所示。在不同类型的网络中，这三个变量与股票收益显著相关。其中，SST 与收益呈显著负相关，SMA 与收益呈显著正相关，而 CD 网络中的 SCA 与收益呈显著正相关。自变量之间的相关系数较小，减少了多重共线性的影响，为分位数回归提供了依据和保证。

表 5 - 1 - 4　　　　　　　　　　不同网络变量的相关检验

PE	AAR	SST	SMA	SCE
AAR	1.000			
SST	− 0.205 *	1.000		
SMA	0.080	− 0.037	1.000	
SCA	− 0.141 *	0.128	− 0.055	1.000
GA	AAR	SST	SMA	SCE
AAR	1.000			
SST	− 0.267 *	1.000		
SMA	0.002	0.122	1.000	
SCA	− 0.058	0.136	− 0.250 *	1.000
OA	AAR	SST	SMA	SCE
AAR	1.000			
SST	− 0.154	1.000		
SMA	0.074 *	− 0.181	1.000	
SCA	− 0.208 *	0.305 **	− 0.178	1.000

续表

CD	AAR	SST	SMA	SCE
AAR	1.000			
SST	-0.109	1.000		
SMA	-0.039	0.162	1.000	
SCA	0.287**	-0.607**	-0.324**	1.000

注：**、*分别表示在5%、10%水平上显著。

5.1.2.3 回归结果

5.1.2.3.1 描述性统计

由于股价信息不完全，最终删除了53家公司，并与各类网络中的公司相交，得到表5-1-5中的数据，表5-1-5显示了变量的均值、最小值、最大值和标准差。SST、SMA和ATA变量的标准差都很大，说明离散度和误差都很大。因此，为了保证回归的有效性，进行了对数处理。

表5-1-5 回归变量描述性统计

变量	PE 样本（95 个观察值）				GA 样本（88 个观察值）			
	均值	最小值	最大值	标准差	均值	最小值	最大值	标准差
AAR	-0.105	-0.267	0.080	0.074	-0.102	-0.267	0.080	0.078
SST	19.797	0.132	32.779	9.896	23.395	0.163	37.178	10.862
SMA	27.062	0.000	211.530	39.263	17.564	0.000	157.662	33.155
SCA	0.883	0.000	1.000	0.165	0.876	0.000	1.000	0.227
APE	0.285	-0.623	1.926	0.378	0.295	-0.623	1.926	0.384
ATA	674.308	5.645	22851.815	2752.592	712.640	2.540	22851.815	2856.260

变量	OA 样本（96 个观察值）				CD 样本（88 个观察值）			
	均值	最小值	最大值	标准差	均值	最小值	最大值	标准差
AAR	-0.101	-0.267	0.125	0.079	-0.107	-0.267	0.080	0.072
SST	35.499	0.265	51.500	15.266	22.455	0.417	31.662	8.124
SMA	30.584	0.000	573.551	77.780	15.412	0.000	133.855	16.486
SCA	0.893	0.000	1.000	0.169	0.900	0.000	1.000	0.103
APE	0.274	-0.623	1.926	0.376	0.267	-0.209	1.926	0.344
ATA	667.863	5.645	22 851.815	2 739.054	717.179	2.540	22 851.815	2 854.975

5.1.2.3.2 分位数回归结果

表5-1-6给出了四个网络中不同分位数（q10、q25、q50、q75和q90）的解释变量和控制变量对AAR的回归结果。

表 5－1－6　不同网络的分位数回归结果

变量	模型 A (PE)					模型 B (GA)				
	q10	q25	q50	q75	q90	q10	q25	q50	q75	q90
SST	0.025	-0.021	-0.013	-0.022	-0.042*	-0.012	-0.017	-0.030	-0.012	-0.015*
	(1.000)	(-1.354)	(-0.669)	(-1.108)	(-1.615)	(-0.601)	(-0.958)	(-1.153)	(-0.536)	(-0.223)
SMA	-0.007	-0.006	-0.006	-0.004	0.013	0.003	0.001	0.013	-0.001	-0.005
	(-0.631)	(-0.624)	(-0.545)	(-0.413)	(0.866)	(0.390)	(0.097)	(0.620)	(-0.083)	(-0.289)
SCA	-0.486***	-0.266***	-0.161	-0.037	0.012	0.026	0.077	0.104	-0.085	0.003
	(-4.026)	(-2.736)	(-1.346)	(-0.341)	(0.151)	(-0.252)	(0.769)	(0.918)	(-0.620)	(0.015)
ASE	0.008	-0.021	0.012	0.034	-0.023	0.005	-0.048	-0.017	0.030	0.035
	(0.140)	(-0.551)	(0.242)	(0.993)	(-0.312)	(0.081)	(-1.131)	(-0.376)	(0.787)	(0.964)
ATA	-0.052***	-0.037***	-0.017	-0.010*	-0.012*	-0.047***	-0.032**	-0.018	-0.012**	-0.020***
	(-3.828)	(-3.254)	(-1.397)	(-1.712)	(-1.682)	(-3.491)	(-2.093)	(-1.401)	(-2.125)	(-3.862)
C	0.306***	0.266***	0.119	0.075	0.130***	0.044	-0.004	-0.033	0.081**	0.132
	(3.869)	(3.397)	(1.280)	(1.413)	(2.837)	(0.703)	(-0.054)	(-0.399)	(0.748)	(1.352)

变量	模型 C (OA)					模型 D (CD)				
	q10	q25	q50	q75	q90	q10	q25	q50	q75	q90
SST	-0.041***	-0.018	-0.019	-0.014	0.035**	-0.009	0.017	-0.002	0.023	-0.021*
	(-3.378)	(-1.543)	(-1.519)	(-0.666)	(2.333)	(-0.299)	(0.443)	(-0.060)	(0.708)	(-0.391)
SMA	0.016**	0.006	0.013	-0.003	-0.015*	-0.011	-0.026	-0.010	-0.021	-0.005
	(2.021)	(0.768)	(1.475)	(-0.325)	(-1.646)	(-0.602)	(-1.223)	(-0.414)	(-0.808)	(-0.361)
SCA	0.237**	0.148	0.249**	-0.043	-0.136	-0.335***	-0.325**	-0.163	-0.158*	0.018
	(2.398)	(1.454)	(2.204)	(-0.303)	(-1.368)	(-3.026)	(-2.338)	(-1.378)	(-1.754)	(0.085)
ASE	-0.003	-0.030	0.025	0.057*	0.014	0.018	-0.003	0.022	0.021	0.007
	(-0.090)	(-0.731)	(0.610)	(1.477)	(0.319)	(0.281)	(-0.035)	(0.405)	(0.481)	(0.091)
ATA	-0.026	-0.026*	-0.009	-0.017***	-0.021***	-0.041***	-0.037***	-0.010	-0.010*	-0.016**
	(-1.614)	(-1.845)	(-1.311)	(-2.754)	(-3.785)	(-2.828)	(-2.036)	(-1.278)	(-1.855)	(-2.073)
C	-0.134	-0.084	-0.200**	0.097	0.110*	0.260***	0.226**	0.067	0.053	0.123**
	(-1.206)	(-0.848)	(-2.585)	(1.150)	(1.713)	(3.230)	(2.114)	(0.901)	(0.974)	(2.072)

注：***、**、* 分别表示在 1%、5%、10% 水平上显著。

在各类网络中，财务指标（SST）的相似强度对平均年回报率有显著的负向影响，特别是对于一些在盈利能力（PE）、增长潜力（GA）和资本（CD）网络中回报率较高的公司。这表明，一家公司的财务指标与其他公司的财务指标在结构上越相似，就会对其盈利产生负面影响。这在很大程度上是因为它们的发展阶段和商业模式相似，特别是因为它们的主营业务相似，在市场上的竞争力较弱，没有个性化的优势，收入下降。因此，位于中、上游的有色金属和冶炼加工企业应注意在利润、资本结构和现金流等方面进行结构调整，扩大业务范围，开拓新的业务领域。

在运营（OA）网络中，类似的财务指标（SMA）中介对平均年回报率有显著影响，但在其他类型的网络中没有。这一发现表明，在网络经营指标中，公司处于中介地位会对其盈利产生显著影响。这些企业的资产效率与另外两个集群相似。对于年平均收益较低的企业，SMA 对其收益有显著的正向影响，而对于年平均收益较高的企业，SMA 对其收益有显著的负向影响。在投资时，可以根据经营指标的结构相似性，制定不同的投资策略。如果相似性较强，那么更多的注意力将放在回报较低的公司上。矿业中游制造企业应根据自身收入调整经营指标，增加或减少中介特征。

在盈利能力（PE）和资本（CD）网络中，财务指标（SCA）相似的凝聚力对平均年收益较低的矿业公司具有显著的负向影响。这表明，低回报公司的关联公司财务指标越相似，对其收益的负面影响就越大。在这种情况下，投资者应该减少和避免对这些公司的投资。特别是下游一体化企业在加强主营业务能力、提高竞争力的同时，应注重调整盈利能力和资本指标。而在 OA 网络中，财务指标的这种相似的凝聚力，对于年平均收入较低、年平均收入中等的企业具有正向的收入驱动作用。因此，需要更多地关注这些网络中最具凝聚力的公司。

从控制变量来看，平均总资产对平均年收益有显著的负向影响。特别是对于小收益公司，负相关更强，而对于中等收益公司，不存在显著相关。这些发现表明，在投资时不能只考虑公司的总资产，这与之前的一些研究不一致。由于总资产只能反映公司的一个方面，而不能反映公司目前的收入和未来的发展能力，所以还应该考虑其他的财务指标，特别是对于一些回报率不高的公司，在投资时不能只看它们的总资产规模。平均每股收益对平均年回报率有积极但不显著的影响。因此，在投资时可以考虑每股收益，如果收益不错，那么很可能年度收益也会不错。

图 5 - 1 - 4 显示了四种网络类型中所有解释变量、控制变量和从 0.10 到 0.90 分位数的常量的回归估计。在每个图中，横轴表示分位数尺度，纵轴表示变量与平均年收益（系数值）之间的关系。对于每个解释变量，分位数估计结果用 95% 置信区间的连续线表示。它可以很好地反映每个自变量对因变量的影响程度随分位数的变化，可以直观地看到影响的趋势变化。

5.1.3 讨论与结论

本节首先计算了矿业上市公司财务指标的结构相似性，基于四类财务指标构建了四类网络。其次，分析了网络的整体结构特征。此外，使用三个网络指标来表示公司之间财务指标的结构相似性。最后，采用分位数回归模型来验证不同网络中网络参数对股票收益的影响。得出了以下结论。

第一，近年来，矿业上市公司财务指标表现出较强的结构相似性。其中，矿业上市公司的运营能力比其他三种公司的运营能力更为相似。各类财务指标的结构相似性网络具有明显的社团划分，且多以公司主业为基础，说明相似主业之间财务指标的结构相似性较强。在不同的财务指标网络中，排名靠前的公司是不同的。总体来看，从事钴、铜、钨等有色金属冶炼和加工行业的中游企业在 PE 和 GA 网络中排名靠前。煤炭、铜、铅、锌的开采和加工，有色金属和行业中上游黑色金属开采的贵金属企业在 OA 和 CD 网络中排名靠前。属于下游行业的综合服务型企业也位居前列。

第二，选取强度相似、中介性相似、凝聚力相似的三个指标来表征企业间财务指标的结构相似性。它们从不同方面代表了财务指标结构的相似关系。相似强度是指某公司的商业模式或发展阶段与几家公司相似，相似度非常高。这类公司缺乏个性化运营，在金融市场上竞争力较弱。中介性相似是指一个公司的财务指标与两个关联公司或两个不相关公司的财务指标相似。这些公司大多是采矿和加工企业，主营业务范围广泛。凝聚力的相似性表明公司关联公司的财务结构非常相似，这有助于公司识别其关联伙伴的经营状况和财务结构，为公司之间的合作提供帮助。通过 Pearson 相关检验发现，在不同类型的网络中，三者均与平均年收益率显著相关，且均通过多重共线性检验。这证明不同财务指标的相似性对股票收益具有一定的启示作用。

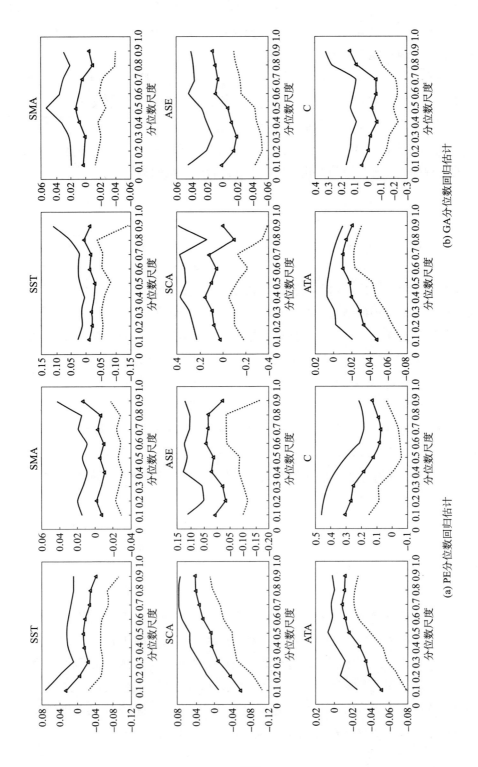

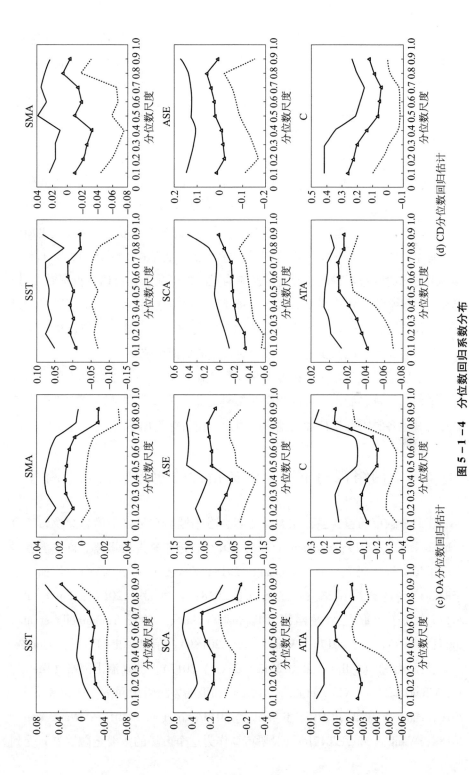

图 5-1-4　分位数回归系数分布

第三，本节研究发现一家公司的财务指标与其他公司的结构相似性越强，就越会导致该公司的收益下降。这类企业多为有色金属冶炼和轧制加工企业、煤矿企业，特别是年平均收益较高的企业，要注意财务结构的调整；此外，投资者在投资时应更加关注这些公司的财务健康状况。在运营网络中，企业财务指标的类似中介对低和高平均年回报率具有相反的影响。其中，低收益公司应尽量发挥中介作用，增强与不同类型公司的财务结构相似性，提高自身收益。对于高收益的公司，应减少中介作用，强调金融的个性化发展，减少中介作用带来的不利影响。在低回报公司的盈利能力和资本结构方面，企业凝聚力对收益有负向影响，而在运营方面对低回报公司的收益有正向影响。企业应更加注重利润和资金指标结构的调整，借鉴相关企业的发展模式，减少负面影响。

平均每股收益对平均年收益的影响为正，但不显著，可以在投资时参考。但是，如果平均总资产增加，收入可能不会增加，甚至会产生负面影响。投资者不仅要考虑总资产，还要考虑负债和净利润。公司管理者应调整公司的资产负债表比率，以减少总资产波动对收益的负面影响。

综上所述，这是对研究矿业金融问题文献的新贡献。本书对管理者调整财务结构和投资者做出合理的投资决策具有指导意义。未来的研究将更全面地考虑其他各类财务指标和其他影响因素，使研究更加系统。

5.2 网络视角下基于财务指标的能源股收益推断

能源金融市场包含多种能源类型和金融领域。它是多个信息交换的集合（Huang et al.，2017；Shakouri et al.，2017），近年来发展迅速。许多学者对金融市场进行了研究（Ji and Zhang，2018；Zhang et al.，2018），例如，基于时间序列的金融网络（Gao et al.，2018；Ji et al.，2018d；Liu et al.，2017），基于关联的金融网络（Boginski et al.，2005；Tumminello et al.，2005；Wang et al.，2017a；Wang et al.，2018b）、信息溢出网络（如 Granger 因果关系网络）（Billio et al.，2012；Zhang，2017），波动溢出网络（Diebold and Yilmaz，2014；Wang et al.，2018c）和极端风险溢出网络（Hardie et al.，2016；Hautsch et al.，2015；Ji et al.，2018b；Ji et al.，2018c；Wang et al.，2018a；Wang et al.，2017b）。股票市场作为这个市场的重要金融因素，受到

了投资者的广泛关注（Barunik and Malinska，2016；Ji et al.，2018），这些大多是从价格的角度考虑的。但是，股票的投资价值不仅要考虑价格，还要考虑其内在价值。上市公司发布的年报包含多种财务指标，这些指标从根本上反映了股票的内在价值（Buffett and Clark，2011；Konchitchki and Patatoukas，2014）。因此，上市公司的财务状况应受到更多的关注。然而，上市公司之间往往存在复杂的关系，如股东关系（Li et al.，2016；Ma et al.，2011）、并购（Chen and Young，2010）和共同执行关系（An et al.，2016）。上市公司财务指标之间也存在一定的关系。近年来，财务分析受到关注（Chu et al.，2017；Grira et al.，2018）。以往的研究表明，股价收益与财务指标之间存在密切的关系（Wang，2014）。因此，本节根据上市公司的财务指标来推断股票收益。

　　财务指标对股票收益有显著影响。财务指标包括盈利能力和盈余质量、资本结构、现金流量等（Soboh et al.，2011）。一般来说，财务指标以年度报告或季度报告的形式呈现，这些报告描述了当前的财务信息。一些学者已经证实，某些财务指标对股票价格和股票收益有影响，如盈利能力和盈余质量（Subramanyam and Venkatachalam，2007）、现金流量（Chu，1997；Jabbari et al.，2013）、资本结构（Tahmoorespour et al.，2015）等。此外，这些指标可以为投资者提供支持，并对后期投资产生影响（Lin and Guo，2013），这很可能会影响股票未来的季度收益。财务指标对股票收益具有可预测的影响（Phan et al.，2015），其影响可能是积极的，也可能是消极的（Chung and Kim，2001；Edirisinghe and Zhang，2008）。以往的研究主要集中在财务指标与股票收益之间的相关性上，使用的方法不同，如多元线性回归（Li and Li，2013；Ou and Penman，1989）和面板回归（Tahmoorespour et al.，2015）。然而，这些研究都是基于单一或多个指标（Wang，2014），这使得很难全面准确地评估股票的内在价值。财务指标种类繁多，不同上市公司的财务结构是相互关联的。因此，应该从整体的角度综合分析不同上市公司的财务结构，进而推断其收益。

　　一项最新研究确定，个人的经济福利可以通过衡量他们在社会网络中的位置和影响力来推断（Luo et al.，2017）。学者们在网络层面分析个体关系，个体是相互关联的，在网络中处于不同位置时，信息和资源是不同的。然后，这些资源可以推断出公司的经济状况。借鉴这一思想，可以利用复杂网络的工具，利用网络参数来表征上市公司的角色。复杂网络已被广泛而有效地用于从整体角度寻找节点的位置及其之间的关系（Li et al.，2016）。目前，复杂网络被广泛用于分析能源交易市场（Ji et al.，2014；Zhang et al.，2014），能源金融市场（An et al.，2014；Gao et al.，2017；Wang et al.，2016）和能源股票市场（Li et al.，2017；Yan et al.，2015）。这些研究大多基于股票价格（Huang et al.，2014）构建网络，并使用网络分析来显示公司股票收益的特征（Chan and Chan，2014；Jiang and Yao，2013）。财务指标对于反映上市公司之间的关系也很重要（Buffett and Clark，2011）。它们也具有预测作用，但缺乏对财务指标的全面研究。因此，可以运用复杂网络分析上市公司财务指标的结构特征，从而通过网络参数了解上市公司的作用和定位，更好地推断其股票收益。

因此，在前人研究的基础上，构建了基于六类财务指标的上市公司关联网络。选取沪深两市上市能源公司的财务指标数据和股价数据作为实证样本。财务指标分为六个部分，分别是股票指数（SI）、盈利能力和盈余质量（PE）、资本结构和偿债能力（CD）、运营能力（OA）、增长能力（GA）和现金流量（CF）。首先，计算了2015年、2016年和2016年四个季度的股票收益。其次，根据欧氏距离计算上市公司财务指标的结构相似性，得到6个欧氏距离矩阵。再次，构建六家上市公司关联网络。它们可以缩写为LCAN - SI、LCAN - PE、LCAN - CD、LCAN - OA、LCAN - GA 和 LCAN - CF。然后分析网络的结构特征，并利用网络参数来表征公司的角色。最后，采用多元回归来验证网络参数与股票收益之间的关系。结果表明，网络参数对当前和未来股票收益的显著影响程度不同。这是一种基于财务指标从整体角度认识能源上市公司角色的新途径。在此基础上，可以更好地推断股票的收益。这对多元化投资和理财具有指导作用。

5.2.1　理论背景与假设

5.2.1.1　理论背景

财务指标是一个很好的指标，可以很好地把握上市公司的财务状况，它决定了股票的内在价值（Kara et al.，2011）。如果两家上市公司的财务指标数据相似，那么它们的股票收益可能相似。如图5 - 2 - 1所示，公司1有多个财务指标，上市公司1和公司2有许多相同的财务指标。然后可以根据它们相似的财务表现来推断它们的股票收益。

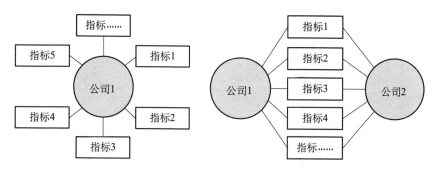

图 5 - 2 - 1　类似财务指标的上市公司示意图

由图 5 - 2 - 1 可以看出，任何一家公司之间都可能存在类似的财务指标，但是财务指标的相似数量不同，那么任何两家公司之间财务指标的相似大小就不一样。因此，需要处理多个财务指标，以获得财务指标的相似系数。使用欧氏距离来计算上市公司之间财务指标的结构相似性，它很好地代表了个体之间的相似性（Xia et al.，2015）。得到两个节点一条边，如图 5 - 2 - 2 所示，节点代表上市公司，边代表财务指标相似系数。

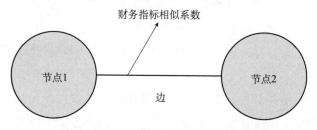

图 5 - 2 - 2　网络中节点和边的示意图

然而，现实中上市公司有成千上万家，并且它们的财务经营状况有相似之处。就像一个相互连接的网络，需要计算每两个公司之间的财务结构相似性。此外，还有许多类型的财务指标。不同类型的财务指标具有不同的含义（Szóka，2015），它们对收益的影响也不同。复杂理论可以很好地代表网络中每个公司的角色（Li et al.，2017）。因此，需要根据不同类型的财务指标构建上市公司关联网络，确定上市公司的作用与其股票收益之间的相关性。

5.2.1.2　假设

使用网络结构参数来表示上市公司的角色。选取度、中间中心性和聚类系数作为自变量。因此，详细描述了这些参数，如图 5-2-3 所示。基于此，提出三个假设。

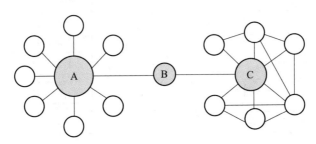

图 5-2-3　上市公司角色示意图

注：A、B、C 节点代表不同的位置和角色。

5.2.1.2.1　度：类似范围

节点 A 与 8 个节点相连，说明其财务指标与其他 8 只股票的财务指标有相似之处。在网络中，可以用度来表征。就像人类的健康指标一样，可以从他们共同的健康指标中推断出他们是否患有同样的疾病。如果知道一个人的疾病，那么可以推断，与他有相同健康指标的人应该患有同样的疾病。因此，可以从类似的上市公司财务指标中推断出它们的收益状况。度值表示它们相似范围的大小。因此，应该注意高值的程度，因为它们具有广泛的相似之处。

例如，600387. SH、600997. SH、600397. SH、600348. SH 和 000983. SH 等节点的度数排名最高（详见附录 B）。它们与网络中的许多股票有关。可以根据其他节点财务指标的相似性来推断其他节点的收益。实际上，它们的工业部门是批发工业或采矿辅助工业。它们涉及的业务类型更多，影响范围更广，PE 或 CF 结构与大多数其他企业相似。这些都证实了网络的可靠性。

假设 1：上市公司在不同网络中的相似范围对股价收益有正向影响。

5.2.1.2.2　中间性中心性：相似中介

节点 B 不仅连接两个节点，而且连接两个社团，在网络中起着重要的"桥梁"作用。在网络中，可以用中间中心性来表示。如果 B 同时拥有这个社团和另一个社团相似的财务指标，那么它就处于这样的位置。例如，节点 002267. SZ 与 002128. SZ 和 600395. SH 有很强的相似性。节点 002128. SZ 和节点 600395. SH 属于不同的社区。经过财务指标的实际比较，发现其与 002128. SZ 具有较强的 SI 和 PE 相似性，然而在 CD 和 OA 方面与 600395. SH 有相似之处。如果中间股票的财务结构发生变化，通过它连接的社团或股票被打乱，网络结构将发生较大的变化。因此，高度中介化的公司将对网络产生重大影响。

例如，002267. SZ、000780. SZ、600121. SH 和 601857. SH 的中间中心性排名靠前。这些节点在所有网络中出现的频率最高（详见附录 C）。这些节点都是生产和销售企业。它们更有可能接触到市场中的上下游企业，因此具有很强的中介性。因此，应更多地关注节点的中介作用，探讨其是否对股票收益率有显著影响。

假设 2：基于不同类型财务指标的上市公司中介能力对其股票收益有显著影响。

5.2.1.2.3　聚类系数：相似的内聚性

节点 C 连接 7 个节点，其度值小于节点 A，但其周围的节点紧密相连，这意味着两者的财务指标相似。在网络中，可以用聚类系数来度量。这说明 C 节点具有凝聚力，整个社团的沟通效率更高。这一发现说明整个社团节点的财务指标具有相互相似性。如果节点 C 受到该策略的影响，并采取了相应的财务策略，则所有相关节点都可以学习其策略。因此，应该重点关注这类节点。

例如，在 LCAN – CF 中，节点 600714. SH、600871. SH 和 600175. SH 排在最前面。它们都是综合性更强的行业。因此，它们与相邻节点在财务指标上有更多的相似之处。在高门槛情况下，从整体上看，中小企业财务指标结构相似性强，财务指标结构具有普遍性。这很可能导致它们出现类似的正或负股票收益，这需要进行实证探索。

假设 3：在不同类型财务指标的网络中，上市公司相似的凝聚力对收益有显著影响。

5.2.2　数据与方法

5.2.2.1　数据

本节研究使用的数据摘自 Wind 咨询数据库。数据包括 2015 年在上海证券交易所和深圳证券交易所上市的所有能源公司。数据还包括 2015 年和 2016 年的股价信息。最终选取了 69 家上市公司的财务指标和股票价格作为样本数据（见表 5 – 2 – 1）。财务指标分为 6 个部分，共 123 个二级指标。其中，SI 指数中有两个指标与股票收益相关，分别是基本每股收益和可扣除每股收益。前者全面反映公司的盈利能力，后者更能反映公司主营业务的盈利能力。其余的指标反映了六类财务指标的不同能力。

表 5-2-1　　　　　　　　　能源类上市公司基本情况

代码	名字	代码	名字	代码	名字
000059. SZ	HUAJIN	002554. SZ	HBP	600758. SH	SCC
000096. SZ	GJNY	002629. SZ	RZYF	600759. SH	GEO – JADE PETROLEUM
000159. SZ	XIIC	300084. SZ	HAIMO	600792. SH	YNCE
000407. SZ	XIIC	300157. SZ	LANDOCEAN	600856. SH	CCD
000552. SZ	JINGYUAN CE	300164. SZ	TONG OIL TOOLS	600871. SH	SSC
000554. SZ	TSPC	300191. SZ	SINOGEO	600971. SH	HYMD
000571. SZ	SUNDIRO HOLDING	600028. SH	SINOPEC CORP	600997. SH	KEC
000637. SZ	SUNDIRO HOLDING	600121. SH	ZCE	601001. SH	DTCI
000723. SZ	MEJIN ENERGY	600123. SH	SHANXI LANHUA	601011. SH	QBCC
000780. SZ	PINGZHUANG ENERGY	600157. SH	WTECL	601088. SH	CHINA SHENHUA
000852. SZ	SOFE	600188. SH	YANZHOUCOAL	601101. SH	HAOHUA ENERGY
000937. SZ	JZEG	600256. SH	GUANGHUI ENERGY	601666. SH	PINGMEI COAL
000968. SZ	BLUE FLAME HOLDING	600348. SH	YQMY	601699. SH	LU'AN EED
000983. SZ	XSCE	600387. SH	HAIYUE	601798. SH	LANPEC
002128. SZ	OPENCUT COAL	600395. SH	PJRC	601808. SH	COSL
002207. SZ	XZPT	600397. SH	ACIG	601857. SH	PETROCHINA
002221. SZ	DHE	600403. SH	DAYOU ENERGY	601898. SH	CHINA COAL ENERGY
002267. SZ	SHAANXI NATURAL GAS	600508. SH	SHANGHAI ENERGY	601918. SH	XINJI ENERGY
002278. SZ	SHANGHAI SHENKAI	600583. SH	COOEC	900948. SH	IMYCC
002353. SZ	JEREH GROUP	600688. SH	SPC	600721. SH	SPC
002478. SZ	JEREH GROUP	600714. SH	SPC	600207. SH	YANZHOUCOAL
002490. SZ	SHANDONG MOLONG	600725. SH	SPC	600175. SH	WTECL
002492. SZ	SHANDONG MOLONG	600740. SH	SCC	000835. SZ	PINGZHUANG ENERGY

资料来源：Wind 咨询数据库。

根据这六个部分,建立了六个财务指标体系。还使用最小—最大方法 (Buffett and Clark,2011)来统一映射数据。

5.2.2.2 方法

提出了一个多元回归模型以验证上市公司在基于财务结构相似性的上市公司关联网络中的角色是否可以用来推断年度或未来季度股票收益。为了获得公司的角色,需要建立一个网络,然后从网络中提取一些参数来表征位置。然后,将股票收益作为因变量,网络结构参数作为自变量。具体步骤将在以下四个小节中详细描述。

5.2.2.2.1 能源股票收益与欧氏距离

将股票收益设为因变量。股票价格对数收益序列是由股票价格数据集得到的。将收益率定义为第二天收盘价与前一天收盘价的自然对数差,可以克服数据本身的异方差,如式(5-2-1)所示:

$$r_{i,t} = \ln\left(p_{i,t}\right) - \ln\left(p_{i,t-1}\right) \qquad (5-2-1)$$

其中,$r_{i,t}$ 是股票 i 的收益率,$p_{i,t}$ 是股票 i 在交易日 t 的收盘价,$p_{i,t-1}$ 是股票 i 在交易日 $t-1$ 的收盘价。股票年收益或季度收益根据式(5-2-1)计算。

为了表征财务指标的结构相似性,选择欧几里得提出的欧式距离法。欧式距离通常定义为 m 维空间中两点之间的距离,或者向量的自然长度(即点到原点的距离)。二维或三维的欧氏距离是两点之间的实际距离,也是空间中两点之间的最短距离。

欧式距离可以反映财务指标数值特征的绝对差异。在本节研究中,计算了两个 n 维向量 a $(x_{11}, x_{12}, \cdots, x_{1n})$ 和 b $(x_{21}, x_{22}, \cdots, x_{2n})$ 之间的欧氏距离。如式(5-2-2)所示:

$$dist(a,b) = \sqrt{\sum_{i=1}^{n} \left(x_{1i} - x_{2i}\right)^2} \qquad (5-2-2)$$

其中,$dist(a, b)$ 是 a 和 b 之间的距离。x_{1i} 表示第一家公司的第 i 个指标。x_{2i} 代表第二家公司的第 i 个指标。然后求逆 $d = \dfrac{1}{1 + dist(a, b)}$。$d$ 越大表示 a 和 b 之间的距离越小,两者越相似。d 越小表示距离越大,两者之间的差异也越大。

据此，分别计算了 69 家上市公司六类财务指标的结构相似性。然后得到欧式距离矩阵如式（5 - 2 - 3）所示，矩阵中的欧氏距离个数为 4 761，且 $d_{n,i} = d_{i,n}$。删除重复数据和等于 1 的数据，留下 2 346 个总样本点。

$$R = \begin{bmatrix} 1 & d_{1,2} & \cdots & d_{1,j-1} & d_{1,j} & \cdots & d_{1,n} \\ & 1 & \cdots & d_{2,j-1} & d_{2,j} & \cdots & d_{2,n} \\ & & 1 & \vdots & \vdots & \vdots & \vdots \\ & & & 1 & d_{i,j} & \cdots & d_{i,n} \\ & & & & 1 & \vdots & \vdots \\ & & & & & 1 & d_{n-1,n} \\ & & & & & & 1 \end{bmatrix}, \ n = 69 \quad (5 - 2 - 3)$$

其中，$d_{1,2}$ 表示第一家上市公司与第二家上市公司财务指标的结构相似性，$d_{i,j}$ 表示第 i 家与第 j 家上市公司财务指标的结构相似性。

5.2.2.2.2 上市公司关联网络（LCAN）

为了更好地理解基于财务指标的上市公司网络的特征，运用复杂网络理论（Barabasi et al.，1999）建立了加权关联网络，将每一家能源上市公司表示为节点，将两家公司之间财务指标的结构相似性作为边。财务指标有六种类型。因此，基于这六类财务指标，得到了六个上市公司关联网络。

为了更准确地描绘上市公司之间的关系和结构，有必要对一些弱相关性进行过滤。选择阈值，用 r 表示。选择 r = 0.35，0.4，0.45，$\cdots$，0.85 作为阈值来过滤网络，扩大网络的结构。

5.2.2.2.3 LCAN 的特征

为了获得上市公司在网络中的影响力，用度来表征上市公司在网络中的影响力。节点度表示与其他公司相似度大于或等于阈值的上市公司数量。节点度的定义如下：

$$D_i = \sum_{j=1}^{N} a_{ij} \quad (5 - 2 - 4)$$

其中，D_i 为度，N 为上市公司总数，a_{ij} 为公司 i 与公司 j 之间的边数。

为了探讨上市公司在网络中的实力，使用加权程度来表征上市公司的实力。对于该网络，加权度是指与第 i 家上市公司相连的所有边的权重之和，其大于或等于阈值。加权度定义为：

$$WD_i = \sum_{j=1}^{N} w_{ij} \qquad (5-2-5)$$

其中，WD_i 为加权度值，w_{ij} 为公司 i 与公司 j 之间所有边的权值。

为了研究上市公司是否处于中心，使用接近中心性（Sabidussi，1966）作为表示。接近中心性是一个节点到其他节点的最短距离和的倒数。它可以检查节点不依赖其他节点传播信息的程度。定义如下：

$$CC_i = \frac{1}{d_i} = \frac{N-1}{\sum_{j=1}^{N} d_{ij}} \qquad (5-2-6)$$

式（5-2-6）中，N 为网络中上市公司总数。d_{ij} 是公司 i 和公司 j 之间的距离。

为了了解上市公司邻居之间的互联程度，使用聚类系数（Newman and Watts，1999）来表征它。在社交网络中，它是你的朋友也是朋友的概率。节点 i 有 k_i 个邻居节点。在 k_i 个节点中，最多有 k_i（k_i-1）/2 条边，但 k_i 个节点之间的实边数为 E_i。定义 E_i 与 k_i（k_i-1）/2 的比值为节点 i 的聚类系数，即：

$$CL_i = 2E_i / k_i (k_i - 1) \qquad (5-2-7)$$

当 $CL_i = 0$ 时，表示节点的邻居未连通。但是，当 $CL_i = 1$ 时，所有的邻居都是相互连接的。如果节点的聚类系数高，说明它的邻居具有良好的连通性。

为了检验上市公司的中介能力，选择中间中心性（Freeman，1979）来衡量。如果一家上市公司在其联系路径上多次占据其他两家公司的重要位置，则其中间中心性较高。因此，一些节点强度较低的节点可能在中介中发挥重要作用。定义如下：

$$BC_i = \frac{\sum_{j}^{n} \sum_{k}^{n} g_{jk}(i) / g_{jk}}{(n-1)(n-2)}, j \neq k \neq i, j < k \qquad (5-2-8)$$

式（5-2-8）中，g_{jk}（i）为节点 j 与 k 之间最短路径的总数。g_{jk}（i）

为节点 j 与 k 之间经过节点 i 的最短路径的总数。n 为网络中上市公司的数量。中间中心性越高，中介能力越强。

模块化算法包括两个迭代重复的步骤（Blondel et al.，2008）。首先，将网络的每个节点 i 视为一个社团。其次，考虑每个节点 i 的邻居节点 j，计算当 i 从自己的社团移动到社团 j 时，节点 i 在模块化 ΔQ 中的增益。如果增益不为正，则节点 i 保持在原来的社团中，如果增益为正，则将 i 移动到社团 j 中。所有节点重复并依次执行此步骤，直到获得模块化的局部最大值。最后，进入下一阶段，其中模块化增益 ΔQ 可以通过式（5-2-9）计算：

$$\Delta Q = \left[\frac{\sum c_{in} + k_{i,in}}{2m} - \left(\frac{\sum tot + k_i}{2m} \right)^2 \right] - \left[\frac{\sum in}{2m} - \left(\frac{\sum tot}{2m} \right)^2 - \left(\frac{k_i}{2m} \right)^2 \right]$$

$$(5-2-9)$$

其中，$\sum c_{in}$ 是 c 中所有链路的权值之和，$\sum tot$ 是 c 中所有节点的权值之和，k_i 是 i 的权值之和，$k_{i,in}$ 是从 i 到 c 中所有节点的链路权值之和，m 是网络的权值之和。

在第二阶段，建立一个新的网络，其节点是在第一阶段发现的社团。新节点间的链路权值由对应两个社团的节点间链路权值之和给出。同一社团节点之间的边导致新网络中的自环路。一旦第二阶段完成，就可以回到算法的第一阶段，获得一个新的网络，并迭代，直到没有更多的变化，并达到模块化的最大值。

5.2.2.2.4　回归模型

为了检验2015年网络参数对2015年和2016年四个季度股票收益的影响，回归了六种网络的网络参数对股票收益的影响，确定了哪些类型的财务指标对股票收益有显著影响。

首先，计算每家上市公司的股票收益，设其为因变量 y。2015年和2016年的股票收益分别表示为 Y-2015 和 Y-2016，2016年四个季度分别表示为 Y-Q1、Y-Q2、Y-Q3 和 Y-Q4。其次，计算网络结构参数的值，如度、加权度、中间中心性、接近中心性和聚类系数。最后，将它们分别设置为解释变量 D（度）、WD（加权度）、BC（中间中心性）、CC（接近中心性）和 CL（聚类系数）。这些参数客观地表示了网络的结构，解释了网络中节点的作用。多元线性回归模型（Muirhead，1982）建立如下：

$$Y_{it} = \alpha_0 + \beta_i X_i + \varepsilon_i, \ i = 1, \ \cdots, \ N \qquad (5-2-10)$$

式（5-2-10）中，α_0 为常数，N 为解释变量个数，β_i（$i = 1$，2，3）为第 i 个解释变量的回归系数，X_i 为第 k 维解释变量，表示第 i 个解释变量的可观测值。ε 为随机误差项，t 表示时间（2015、2016Q1、2016Q2、2016Q3、2016Q4 和 2016）。

5.2.3　结果

5.2.3.1　LCAN 的敏感性分析

将每家能源类上市公司表示为节点，将两家公司财务指标的结构相似性表示为边。使用欧氏距离来计算边，任意两个公司都有一条边。如果所有的边都反映在加权网络中，则网络是一个完全连通的图，不能更好地探索节点之间的关系。因此，为了更好地刻画上市公司在网络中的角色，需要删除一些薄弱环节。因此，选择阈值来分析网络的灵敏度，如图 5-2-4 所示。

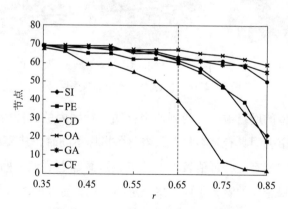

图 5-2-4　不同阈值下的网络节点

选择不同的阈值并计算网络中的节点数量。发现，随着阈值的增加，网络节点数量减少，尤其是当 $r = 0.65$ 时。这一发现表明，当阈值为 0.65 时，网络结构开始发生较大变化。因此，它是网络的一个突变点。为了保证网络的完整性，不考虑弱相关边的影响，选择了 0.65 阈值下的网络分析。

5. 2. 3. 2　LCAN 特征

基于六种财务指标构建了六个网络，如图 5 - 2 - 5 所示。为了更好地揭示网络的复杂关系特征，对网络的模块化进行了计算，发现网络存在明显的社团划分现象。不同的颜色代表不同的社团，度值由大小表示。发现当 $r \geqslant 0.65$ 时，六个网络各有特点，且差异较大。因此，应该根据这六种不同的网络结构来综合判断上市公司的角色。从而更全面、客观地认识上市公司的经济功能。

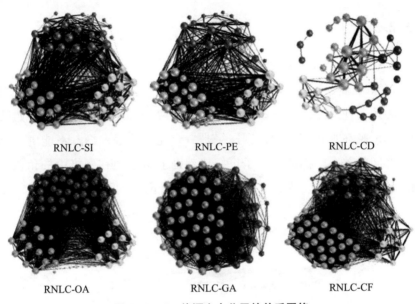

RNLC-SI　　　　　　RNLC-PE　　　　　　RNLC-CD

RNLC-OA　　　　　　RNLC-GA　　　　　　RNLC-CF

图 5 - 2 - 5　能源上市公司的关系网络

这六种类型的网络被分为两到四个社团。社团内的比社团外的联系更紧密。这说明上市公司具有聚类状态，当财务指标不同时，其聚类状态也不同。此外，每个社团都有一些价值较大的节点，这意味着它们在网络中扮演着重要的角色。如果企业的财务指标发生一定的变化，企业的边就会减小或增大，进而导致网络结构发生变化。在这些节点中，LCAN - CD 节点数量较少，其社团划分最为明显。这表明，当 $r \geqslant 0.65$ 时，上市公司的资本结构相似性和偿债能力差异较大。LCAN - OA 的优势最大，说明两家上市公司的经营能力较为相似。

还计算了网络中的基本网络参数，如表 5 - 2 - 2 所示。它们从整体的角度说明了网络的结构特征。它包含一些自变量。

表 5 - 2 - 2　　　　　　　　六种网络类型的网络参数统计

网络参数	LCAN – SI	LCAN – PE	LCAN – CD	LCAN – OA	LCAN – GA	LCAN – CF
节点	61	60	40	67	62	63
边	832	746	94	1 905	1593	1446
平均度	27. 279	24. 867	4. 7	56. 866	51. 387	45. 905
平均加权度	19. 758	18. 107	3. 278	49. 148	42. 451	34. 971
网络直径	5	5	9	4	3	4
模块	0. 137	0. 14	0. 401	0. 017	0. 026	0. 079
密度	0. 455	0. 421	0. 121	0. 862	0. 842	0. 74
平均聚类系数	0. 791	0. 794	0. 53	0. 972	0. 964	0. 9
平均路径长度	1. 708	1. 801	3. 088	1. 156	1. 162	1. 292

从表 5 - 2 - 2 可以看出，前三种网络密度小，模块划分明显。例如，后三者具有更多的节点、更多的边和更高的聚类系数。基于 OA 构建的网络具有较高的度、加权度和聚类系数。此外，分析表明，基于 CD 构建的网络与其他网络有很大的不同。其网络直径、模块数、平均路径长度均最大，说明网络节点较为分散，社团划分较为明确，与上述展示相似。整体而言，当 $r \geq 0.65$ 时，节点间关系密切，节点间财务指标的结构相似性较强。这与整个能源行业的发展背景有关。当前，能源产能过剩，供需失衡。因此，各企业减少投资，采取保守的财务政策。

接下来，制作所有可用变量的统计表，如表 5 - 2 - 3 所示。该表显示了六种网络类型的网络参数（D、WD、CC、BC、CL）的均值、标准差和方差，并给出了网络参数的相关性。

表 5 - 2 - 3　　　　　　　　六种网络的网络参数统计

变量	标准差	t 统计	方差	D_{SI}	WD_{SI}	CC_{SI}	BC_{SI}	CL_{SI}
D_{SI}	27. 279	14. 057	197. 611	1	0. 999 ***	− 0. 936 ***	0. 350 ***	0. 312 **
WD_{SI}	19. 758	10. 463	109. 482		1	− 0. 928 ***	0. 334 ***	0. 305 **
CC_{SI}	1. 708	0. 422	0. 178			1	− 0. 370 ***	− 0. 470 ***
BC_{SI}	21. 230	23. 585	556. 271				1	− 0. 14
CL_{SI}	0. 753	0. 195	0. 038					1

续表

变量	标准差	t 统计	方差	D_{PE}	WD_{PE}	CC_{PE}	BC_{PE}	CL_{PE}
D_{PE}	24.867	13.531	183.101	1	0.999***	−0.873***	0.361***	−0.145
WD_{PE}	18.107	10.193	103.890		1	−0.864***	0.357***	−0.160
CC_{PE}	1.801	0.488	0.239			1	−0.320**	−0.225
BC_{PE}	23.633	27.469	754.545				1	−0.411***
CL_{PE}	0.781	0.158	0.025					1
变量	标准差	t 统计	方差	D_{CD}	WD_{CD}	CC_{CD}	BC_{CD}	CL_{CD}
D_{CD}	4.700	3.406	11.600	1	0.998***	−0.461***	0.597***	0.213
WD_{CD}	3.278	2.445	5.979		1	−0.457***	0.595***	0.209
CC_{CD}	2.964	0.842	0.710			1	−0.241	−0.051
BC_{CD}	34.925	38.860	1510.082				1	−0.208
CL_{CD}	0.450	0.355	0.126					1
变量	标准差	t 统计	方差	D_{OA}	WD_{OA}	CC_{OA}	BC_{OA}	CL_{OA}
D_{OA}	56.866	14.138	199.876	1	0.970***	−0.979***	−0.068	0.496***
WD_{OA}	49.148	13.181	173.748		1	−0.946***	−0.226	0.487***
CC_{OA}	1.156	0.259	0.067			1	0.034	−0.440***
BC_{OA}	5.164	10.510	110.467				1	−0.081
CL_{OA}	0.957	0.122	0.015					1
变量	标准差	t 统计	方差	D_{GA}	WD_{GA}	CC_{GA}	BC_{GA}	CL_{GA}
D_{GA}	51.387	13.423	180.176	1	0.975***	−0.995***	0.199	0.198
WD_{GA}	42.451	11.750	138.067		1	−0.969***	0.032	0.297**
CC_{GA}	1.162	0.235	0.055			1	−0.170	−0.183
BC_{GA}	4.952	6.536	42.722				1	−0.452***
CL_{GA}	0.964	0.036	0.001					1
变量	标准差	t 统计	方差	D_{CF}	WD_{CF}	CC_{CF}	BC_{CF}	CL_{CF}
D_{CF}	45.905	14.050	197.410	1	0.988***	−0.945***	0.133	0.281**
WD_{CF}	34.971	11.351	128.855		1	−0.925***	0.068	0.266*
CC_{CF}	1.292	0.297	0.088			1	−0.143	−0.532***
BC_{CF}	9.063	11.333	128.448				1	−0.176
CL_{CF}	0.886	0.124	0.015					1

注：***、**和*分别表示在1%、5%和10%水平上显著。

通过计算网络结构参数的相关性，找到合适的自变量。D、WD 和 BC 的方差较大，说明它们的数据值差异较大，波动较大。还计算了相关性，发现 D、WD 和 CC 具有很强的相关性。为了避免多重共线性问题，删除了加权度和接近中心性，最终保留了 D、BC 和 CL 作为自变量。

5.2.3.3　回归结果

5.2.3.3.1　各变量的统计结果

为了探讨不同财务指标下网络结构参数对股票收益的影响，制作了变量统计表，如表 5 - 2 - 4 所示。表 5 - 2 - 4 显示了年收益和未来季度收益的均值、标准差和方差。还计算了结构参数与股票收益之间的相关性。

表 5 - 2 - 4　　　　　　　　　网络参数与股票收益相关性统计

变量	标准差	t 统计	方差	D_{SI}	BC_{SI}	CL_{SI}
Y - 2015	0.071	0.402	0.161	0.327 **	- 0.053	0.188
Y - Q1	0.084	0.151	0.023	- 0.094	0.089	- 0.083
Y - Q2	- 0.031	0.129	0.017	0.079	0.200	- 0.030
Y - Q3	0.084	0.134	0.018	- 0.062	- 0.071	0.189
Y - Q4	0.007	0.128	0.016	0.265 **	0.029 *	- 0.120
Y - 2016	- 0.002	0.207	0.043	0.099	0.141	- 0.035
变量	标准差	t 统计	方差	D_{PE}	BC_{PE}	CL_{PE}
Y - 2015	0.034	0.380	0.144	- 0.248 *	- 0.176	0.200
Y - Q1	- 0.068	0.139	0.019	0.089	- 0.086	0.016
Y - Q2	- 0.036	0.117	0.014	0.190	0.007	0.037
Y - Q3	0.092	0.137	0.019	0.083	0.362 ***	- 0.152
Y - Q4	0.009	0.133	0.018	- 0.141	- 0.105	0.113
Y - 2016	0.020	0.209	0.044	0.162	0.107	0.013
变量	均值	t 统计	方差	D_{CD}	BC_{CD}	CL_{CD}
Y - 2015	- 0.032	0.346	0.119	- 0.107	- 0.255	0.259
Y - Q1	- 0.052	0.149	0.022	0.250	0.180	- 0.124
Y - Q2	- 0.055	0.117	0.014	0.149	0.140	0.092
Y - Q3	0.097	0.156	0.024	0.272 *	0.146	0.179
Y - Q4	0.007	0.144	0.021	- 0.032	- 0.094	- 0.115
Y - 2016	0.023	0.241	0.058	0.418 ***	0.236	- 0.003
变量	标准差	t 统计	方差	D_{OA}	BC_{OA}	CL_{OA}
Y - 2015	0.052	0.388	0.150	- 0.206	- 0.086	- 0.034
Y - Q1	- 0.074	0.145	0.021	- 0.015	0.064	- 0.034

变量	标准差	t 统计	方差	D_{OA}	BC_{OA}	CL_{OA}
Y – Q2	– 0.023	0.128	0.016	0.060	0.075	0.114
Y – Q3	0.086	0.137	0.019	0.120	– 0.101	0.130
Y – Q4	0.007	0.130	0.017	– 0.016	0.120	– 0.115
Y – 2016	0.016	0.209	0.044	0.086	0.116	0.058
变量	标准差	t 统计	方差	D_{GA}	BC_{GA}	CL_{GA}
Y – 2015	0.063	0.383	0.147	– 0.279 **	– 0.151	0.020
Y – Q1	– 0.079	0.148	0.022	0.084	0.037	– 0.072
Y – Q2	– 0.026	0.130	0.017	0.055	0.281 **	– 0.283 **
Y – Q3	0.080	0.134	0.018	– 0.092	0.047	– 0.141
Y – Q4	0.005	0.128	0.016	0.267 **	– 0.197	0.345 ***
Y – 2016	0.0001	0.203	0.041	0.201 *	0.087	– 0.089
变量	标准差	t 统计	方差	D_{CF}	BC_{CF}	CL_{CF}
Y – 2015	0.051	0.387	0.150	– 0.203	– 0.183 ***	– 0.049
Y – Q1	– 0.072	0.147	0.022	0.190	0.100	0.031
Y – Q2	– 0.037	0.118	0.014	– 0.035	0.113	– 0.349 ***
Y – Q3	0.089	0.134	0.018	– 0.117	0.218 *	– 0.087
Y – Q4	0.015	0.130	0.017	0.247 *	– 0.298 **	0.058
Y – 2016	0.018	0.215	0.046	0.180	0.109	– 0.196 *

注：***、**和 * 分别表示在1%、5%和10%水平上显著。

首先，发现年度的方差大于季度的方差。这说明年度数据波动较大，不稳定。其次，观察到基于不同财务指标构建的网络参数与股票收益的相关性不同。不同网络中节点的度、中间中心性和聚类系数与股票收益有不同程度的正相关或负相关。最后，其中基于 OA 的网络参数与股票收益没有相关性，这表明基于 OA 构建的网络的结构参数对股票收益没有显著影响。

5.2.3.3.2 回归结果

基于以上分析，为了验证不同类型财务指标下的网络结构参数在不同时间对股票收益的影响，建立了回归模型，如表 5 – 2 – 5、表 5 – 2 – 6 所示。

LCAN-SI 和 LCAN-PE 中的网络参数对 2015 年股票年收益有显著影响，而 LCAN-GA 和 LCAN-CF 中的网络参数对 2016 年股票年收益有显著影响。此外，LCAN-SI、LCAN-PE、LCAN-GA 和 LCAN-CF 中的网络参数对 2016 年第三

表5-2-5

多元线性回归结果

网络	网络参数	Y-2015	Y-Q1	Y-Q2	Y-Q3	Y-Q4	Y-2016
LCAN-SI	D	0.010*** (2.728)	-0.001 (-0.879)	0 (0.088)	-0.001 (-0.924)	0.004*** (2.793)	0.001 (0.484)
	BC	-0.003** (-2.132)	0.001 (0.908)	0.001 (1.344)	0 (0.070)	-0.001 (-1.079)	0.001 (0.753)
	CL	-0.018 (-0.071)	-0.018 (-0.162)	-0.004 (-0.046)	0.160* (1.651)	-0.172* (-1.961)	-0.044 (-0.293)
LCAN-PE	D	-0.006* (-1.603)	0.001 (0.959)	0 (-0.346)	0 (-0.281)	-0.001** (-0.802)	0.002 (1.054)
	BC	0.002 (1.510)	-0.001 (-0.946)	0.035 (0.331)	0.001** (2.639)	0 (-0.182)	0.001 (0.546)
	CL	0.266 (0.922)	-0.020 (-0.160)	-0.165 (-1.571)	-0.004 (-0.036)	0.071 (0.586)	0.090 (0.476)
LCAN-CD	D	-0.019 (-1.145)	0.014 (1.503)	0.001 (0.191)	0.010 (0.970)	0.006 (0.602)	0.035** (2.397)
	BC	0 (0.878)	0 (-0.268)	0 (0.609)	0 (0.222)	-0.001 (-0.952)	-0.001 (-0.019)
	CL	0.287* (1.831)	-0.087 (-1.150)	0.037 (0.601)	0.063 (0.801)	-0.077 (-1.020)	-0.086 (-0.748)
LCAN-OA	D	-0.002 (-0.922)	0 (0.029)	0 (0.058)	0.001 (0.495)	0.001 (0.414)	0.001 (0.561)
	BC	0 (-0.061)	0.001 (0.493)	0.001 (0.678)	-0.001 (-0.718)	0.001 (0.906)	0.002 (0.991)
	CL	-0.234 (-0.818)	-0.037 (-0.212)	0.122 (0.810)	0.098 (0.609)	-0.145 (-0.945)	0.049 (0.198)
LCAN-GA	D	0.269 (1.702)	0.001 (0.897)	0.001 (0.429)	-0.001 (-0.374)	0.002* (1.856)	0.004* (1.796)
	BC	-0.006 (-0.718)	-0.002 (-0.483)	0.003 (0.752)	-0.001 (-0.178)	-0.002 (-0.701)	-0.003 (-0.557)
	CL	-0.475 (-1.444)	-0.636 (-0.826)	-0.769 (-1.187)	-0.572 (-0.822)	0.805 (1.308)	-1.150 (-1.112)
LCAN-CF	D	-0.001 (-0.309)	0.002 (1.356)	0 (0.460)	-0.001 (-1.060)	0.003** (2.483)	0.004* (1.885)
	BC	-0.003 (-0.805)	0.001 (0.628)	0 (0.170)	0.003* (1.767)	-0.004*** (-2.856)	0 (0.191)
	CL	-0.405 (-1.306)	0.003 (0.021)	-0.343*** (-2.742)	0.006 (0.040)	-0.114 (-0.852)	-0.442* (-1.910)

注：***、**和*分别表示在1%、5%和10%水平上显著。

季度或第四季度的股票收益有显著影响。此外，LCAN-CD 中的网络参数对 2015 年和未来 2016 年的股票收益都有影响，而 LCAN-OA 中的网络参数对股票收益没有显著影响。还测算了 2016 年网络参数对 2017 年股票收益的影响，得到了类似的回归结果（见表 5 - 2 - 6）。表 5 - 2 - 6 中显示了 2016 年六类网络（LCAN - SI、LCAN - PE、LCAN - CD、LCAN - OA、LCAN - GA、LCAN - CF）参数（D、BC、CL）对不同时期（Y - 2016、Y - Q1、Y - Q2、Y - Q3、Y - Q4、Y - Q2017）股票收益的回归估计结果。每个网络的观测值分别为 65、57、45、69、68 和 68。同时，计算 2015 年网络参数对 2017 年股票收益的影响（见表 5 - 2 - 7），表 5 - 2 - 7 中显示了 2016 年六类网络（LCAN - SI、LCAN - PE、LCAN - CD、LCAN - OA、LCAN - GA、LCAN - CF）参数（D、BC、CL）对不同时期（Y - Q1、Y - Q2、Y - Q3、Y - Q4、Y - Q2017）股票收益的回归估计结果。每个网络的观测值分别为 61、60、40、67、62 和 63。发现财务数据对股价的影响大多滞后。这些都证实了利用财务指标结构相似性构建的网络结构可以推断股票收益。

这主要是由于财务指标本身的性质造成的。OA 是长期稳定的财务指标，表现为各种周转率，所有周转率都在一定范围内。因此，结构相似度高，网络密集。这对当期股票收益影响不大，但对未来影响较大。CD 也是一个相对稳定的长期指标，因此对年回报率有重大影响。SI，PE，GA 和 CF 是短期的流动性指标，因此它们对未来的季度和年度股票收益有重大影响。因此，投资者可以根据不同类型的财务指标推断股票收益，进行长期和短期投资。

从上市公司的角色来看，发现 LCAN-SI，CD，GA 和 CF 的学位对股票收益有正向影响。这与表 5 - 2 - 6 和表 5 - 2 - 7 的结果相似，即随着程度的增加，它们的收益呈正变化。然而，在 LCAN-PE 中，程度效应对股票收益有负向影响。这与表 5 - 2 - 6 和表 5 - 2 - 7 形成对比。在 LCAN-SI 中，中间中心性对股票收益的影响为负，不存在滞后效应。在 LCAN-PE 中，中间中心性对股票收益的影响为正，并且滞后于第三季度。此外，中间中心性对 LCAN-CF 中股票回报的影响可能滞后于第三和第四季度，但影响是相反的。这些与附件表 5 - 2 - 6 和表 5 - 2 - 7 的结果不一样。这表明中间中心性对股票收益的影响是不稳定的。此外，聚类系数对 LCAN-SI 股票收益的影响滞后于第三季度和第四季度，影响相反。这说明这两个季度股票收益的波动性可能更大。在 LCAN-CD 和 LCAN-CF 中，聚类系数的影响是相反的。结合表 5 - 2 - 6 和表 5 - 2 - 7 可以发现，聚类系数对股票价格收益的影响多为正。

表 5 - 2 - 6　2016 年网络参数对 2017 年股票收益的回归结果

网络	网络指标	Y－2016	Y－Q1	Y－Q2	Y－Q3	Y－Q4	Y－2017
LCAN－SI	D	-0.001（-0.203）	-0.001（-0.783）	0（0.177）	-0.002（-1.281）	0.001（0.514）	-0.002（-0.693）
	BC	0.002（0.909）	0.001*（1.711）	-0.001（-0.995）	-0.001（-1.279）	0.001（0.962）	0（0.070）
	CL	-0.382*（-1.657）	-0.004（-0.054）	0.007（0.069）	0.168*（1.832）	-0.018（-2.219）	1.160（0.775）
LCAN－PE	D	0.003（1.038）	-0.001（-0.561）	0.005**（2.608）	0.004***（3.001）	-0.001（-0.577）	0.008**（2.319）
	BC	0.001（0.591）	0（0.547）	-0.001（-1.365）	-0.001（-1.327）	0（-0.505）	-0.002（-1.302）
	CL	-0.178（-0.689）	0.118（1.143）	-0.268*（-1.943）	-0.172（-1.506）	0.143（1.401）	-0.185（-0.712）
LCAN－CD	D	0.014（1.432）	0.005（0.829）	0.008（1.116）	0.010（1.525）	0.002（0.442）	0.023*（1.433）
	BC	0.001（0.950）	0（0.417）	-0.001（-0.831）	0（-0.832）	0（-0.851）	-0.001（-0.802）
	CL	0.114（0.918）	-0.20（-0.293）	-0.030（-0.350）	-0.080（-1.020）	-0.016（-0.275）	-0.150（-0.777）
LCAN－OA	D	-0.003（-1.482）	-0.001（-0.833）	-0.001（-0.872）	-0.001（-0.783）	0（0.096）	-0.003（-1.118）
	BC	-0.002（-0.941）	0.001（1.220）	0（0.315）	0.002（1.311）	0.002（1.428）	0.005*（1.815）
	CL	-1.044（-0.900）	0.758（1.490）	0.405（0.627）	0.880（1.579）	0.851*（1.727）	2.930**（2.319）
LCAN－GA	D	0.006（1.318）	0.002（1.071）	-0.004（-1.370）	0.001（0.300）	-0.002（-0.892）	-0.003（-0.477）
	BC	-0.004（-0.457）	-0.004（-1.207）	-0.004（-1.136）	-0.002（-0.515）	-0.005*（-1.909）	-0.015**（-2.088）
	CL	-2.000（-0.512）	0.585（0.339）	-1.373（-0.630）	-0.978（-0.513）	-0.800（-0.486）	-2.792（-0.666）
LCAN－CF	D	0.001（0.297）	0.003***（2.590）	0.001（1.005）	0（-0.013）	0（0.367）	0.006*（1.846）
	BC	0.002（0.830）	0.002（1.323）	-0.001（-0.703）	0（0.109）	0.001（0.359）	0.001（0.286）
	CL	-2.187（-0.831）	-0.015（-0.094）	0.432**（2.307）	0.241（1.346）	0.149*（0.970）	0.785**（2.068）

注：***、**和*分别表示在1%、5%和10%水平上显著。

表5-2-7 2015年网络参数对2017年股票收益的回归结果

网络	网络指标	Y-Q1	Y-Q2	Y-Q3	Y-Q4	Y-2017
LCAN-SI	D	-0.003** (-2.171)	-0.003** (-2.051)	-0.002 (-0.993)	0 (0.021)	-0.008*** (-2.694)
	BC	0.001 (1.043)	0.001 (0.547)	0 (0.321)	0 (0.022)	0.002 (1.145)
	CL	-0.070 (-0.779)	0.056 (0.503)	0.087 (0.820)	-0.124 (-1.303)	-0.024 (-0.115)
LCAN-PE	D	0.002 (1.414)	0.002* (1.731)	-0.001 (-0.753)	-0.001 (-0.938)	0.002 (0.724)
	BC	0 (-0.078)	0.001 (0.887)	0.002 (2.097)	0 (-0.455)	0.002 (1.295)
	CL	-0.025 (-0.220)	0.335*** (2.773)	-0.068 (-0.511)	-0.013 (-0.117)	0.245 (0.881)
LCAN-CD	D	0.008 (1.168)	-0.007 (-0.868)	-0.016 (-1.684)	0.006 (0.702)	-0.006 (-0.372)
	BC	0 (-0.233)	0 (0.117)	0.002 (2.711)	0.001 (0.825)	0.003* (1.929)
	CL	-0.076 (-1.388)	-0.060 (-1.020)	0.142 (1.884)	-0.032 (-0.516)	-0.032 (-0.255)
LCAN-OA	D	0.002 (1.501)	0.003* (1.688)	0.002 (1.371)	-0.001 (-0.374)	0.006* (1.829)
	BC	0 (0.049)	0.001 (0.437)	0 (-0.223)	0.001 (0.777)	0.002 (0.641)
	CL	-0.394* (-2.652)	0.014 (0.078)	0.047 (0.275)	0.009 (0.956)	-0.282 (-0.774)
LCAN-GA	D	0.001 (0.982)	0.001 (0.399)	0 (-0.086)	0.001 (0.868)	0.003 (1.022)
	BC	0.003 (0.918)	0.008* (1.876)	0.009** (2.418)	-0.003 (-0.781)	0.018** (2.199)
	CL	1.624*** (2.862)	1.335* (1.753)	2.253 (0.361)	0.114 (0.163)	3.291** (2.262)
LCAN-CF	D	0.002** (2.078)	0.001 (0.657)	0.001 (0.592)	0 (0.207)	0.005* (1.659)
	BC	-0.001 (-0.375)	0.002 (0.959)	-0.001 (-0.793)	0.001 (0.712)	0.001 (0.340)
	CL	0.084 (0.621)	0.346** (2.155)	-0.013 (-0.075)	0.159 (1.069)	0.599* (1.813)

注：***、**和*分别表示在1%、5%和10%水平上显著。

总体上，度对股票收益呈正影响，接受原假设 1。这说明财务状况相似的上市公司合伙人越多，股票收益越大。因为投资者可以根据财务相似结构更好地推断公司的股价涨幅。原始假设 2 表明，中间中心性对股票收益有显著影响，在 LCAN-SI，PE，GA 和 CF 中结果接受原假设。总体而言，聚类系数对股票收益有显著影响，接受原始假设 3。而中间中心性和聚类系数对股票收益的影响系数存在正、负差异。投资者应考虑不同公司在网络中的角色，扮演中介角色和聚合角色的上市公司收益会发生显著变化。

综上所述，知道基于六类财务指标的上市公司关联网络的作用对股票收益有不同的影响。此外，这些影响大多滞后于对未来股票收益的显著推断。这一结果符合实际情况，说明财务指标对股票收益有一定的影响。结果表明，从网络层面考虑上市公司的角色，推断其收益是有意义的。因此，在投资时应更加关注上市公司在网络中的作用，并根据财务指标进行不同时期的投资。

5.2.4　讨论与结论

本节首先对上市公司财务指标结构相似性进行了计算。并基于六类财务指标构建了上市公司关联网络模型。其次，对 LCANs 进行了敏感性分析，并分析了网络的结构特征。此外，使用网络参数来描述上市公司在网络中的角色。最后，采用多元回归方法验证了不同网络中网络参数对股票收益的影响。研究观察到，基于不同财务指标的网络参数对当前和未来股票收益确实有不同的显著推断效应。得出以下结论。

第一，发现阈值为 0.65 是网络的突变点。为了更详细地研究上市公司的高结构相似性，分析了阈值大于 0.65 时的网络特征。分析上市公司的相似范围、中介性和凝聚力在不同方面表征了上市公司的角色。通过分析其与周围节点的财务结构相似性，可以判断其对其他节点的影响，以及对网络结构变化的影响。这一分析对于从网络层面推断两者股票收益的异同具有重要意义。

第二，对每个变量制作统计表，并进行相关检验，得到最终的自变量。然后，构建回归模型，证实不同类型的财务指标对股票收益的影响确实不同。总体而言，GA、CF 等高流动性指标对收益的推断存在滞后效应。SI、PE 等响应短期信息的指标对当前股票收益影响显著，对 2016 年前两个季度和 2017 年前两个季度股票收益影响显著。CD、OA 等长期稳定性指标对当期股票收益的影响较小，对未来年度股票收益的影响较大。这与财务报告发布滞后的事实是一致的。投资者应根据前两年的财务报表来指导当期的投资决策，并根据不同类型的财务指标进行不同时期的投资。

第三，从上市公司在网络中的作用来看，不同网络中的参数度、中间中心性和聚类系数在不同时期具有正影响或负影响。总体上，该程度对股票收益呈正影响，接受原假设 1。原假设 2 表明中间中心性对股票收益有显著影响，在 LCAN-SI，PE，GA 和 CF 中结果接受原假设。聚类系数对股票收益有显著影响，接受原假设 3。投资者应考虑不同公司在网络中的角色，做出合理的投资决策。

综上所述，这是对金融网络构建及其应用文献的一个新的贡献。投资时必须综合考虑各网络的财务指标和上市公司的作用。本书对管理者优化财务结构和投资者进行了合理的投资决策具有指导意义。然而，本节缺乏对财务指标的经济含义的解释。后续的研究将进一步细化财务指标，并定量说明财务指标结构相似性的优缺点。

5.3　国际反倾销事件对中国光伏股同步与联动的影响评价

太阳能是目前最清洁、最可靠的能源之一，全球对太阳能的需求量很大，因此，中国光伏产业具有巨大的发展潜力。首先，中国能源消耗巨大。其次，中国拥有得天独厚的太阳能资源和政府的大力支持。随着过去 10 年中国可再生能源应用的快速发展，中国已成为世界上最大的光伏电池生产国。最后，由于太阳能电池的生产和组件组装成本相对较低，中国企业拥有最大的竞争优势。近年来，越来越多的中国企业加入光伏产业，一些上市公司也抓住了光伏产业带来的机遇。与此同时，中国光伏产业也面临着国际贸易冲突、市场竞争等严峻挑战。

股票价格同步和同向运动是股票市场波动性研究的主要课题。它们是股票市场的常见行为，可以反映股票市场的波动规律。股价同步是指一旦单只股票价格出现波动，平均股价可能会出现同向涨跌的现象。它描述的是单一股票价格变化与股票市场平均股价变化之间的相关性。股价协同是指相关股票或同类股票同时出现上涨或下跌的现象。金融市场对经济不稳定非常敏感。它们会受到重大事件的影响。这种影响会反映在股票价格同步性和协同性的变化上。在以往的研究中，很少有研究考虑重大事件对股价同步性和协同性的影响。因此，研究股票价格的同步和协同波动行为是否随着重大事件的发生而发生了变化，以及如果发生了变化，它们是如何演变的，是很有意义的。回答这些问题有助于更好地理解重大事件对股市波动行为的影响机制。

一个重大事件从开始到结束可能要经历一个漫长的过程。在事件的发展过程中，预计会出现多个子事件。有必要检验所有这些子事件是否对股票市场产生重大影响。事件研究方法为提供了检验事件对股市影响显著性的统计技术。以往的研究表明，不同类型的事件对股票市场有不同的影响。

在的工作中，研究了国际反倾销事件对中国光伏行业股价同步和协同演变的影响。这些国际反倾销事件分别由美国、欧盟国家和印度发起。在事件发展过程中发生了多个子事件。采用事件研究法检验了各子事件对中国光伏企业股票收益的显著影响。在检验了子事件对光伏企业股票收益率的显著影响后，根据每个子事件发生的日期构建了相应的非加权股价网络和加权股价网络。试图回答以下三个问题：第一，这些子事件是否都对中国光伏企业的股票收益产生了显著影响？第二，随着这些国际反倾销事件的发生，股价同步的范围和强度发生了怎样的变化？第三，股价协同是如何演变的？

5.3.1　数据方法

为了分析股票价格的同步性和协同行为，许多学者利用各种计量经济模型对金融市场的波动性进行了研究。菲勒和赛洛弗（Filer and Selover，2014）发现，全球股市同步是由非线性系统中的"锁模"效应引起的。在 1991～1998 年和 1999～2008 年期间，中美股市之间存在同步行为。一些研究人员使用最小生成树和层次树方法量化了英国前 40 家公司之间的同步性。廖金香（2012）发现，全球房地产股票相关性与区域房地产股票相关性和地方房地产股票相关性显著正相关。李晓民和邹利平（2008）研究了政策和信息冲击对中国国债市场和股票市场协同走势的影响。这些关于股票市场同步性和共同运动的研究都是基于股票之间的交叉相关性。利用股票之间的相关性，一些研究者使用最小生成树或随机矩阵法对股票交叉相关性进行了研究。许多经济物理学家构建了股票网络，并利用复杂网络理论研究了其拓扑特性或拓扑稳定性。孙梅等人（2014）通过建立分层网络模型研究了中国光伏企业的股票市场特征。通过对金融网络拓扑特性的研究，能够分析相应金融市场的同步和协同行为，并取得了很好的结果。

要分析重大事件对股票市场的影响，事件研究方法提供了一个有用的工具。该方法最早由多利（Dolley）在 20 世纪 30 年代提出，他分析了股票分割对股价的影响。之后，许多学者进一步发展了这一方法，在鲍尔、布朗和法玛等（Ball，Brown and Fama et al.，1969）发表两篇里程碑式的论文后，这一方法开始流行起来。到 20 世纪 60 年代，事件研究已成为商业经济学的主要期刊。这种传统方法常用于检验分红的公告效应、收益的公告效应以及内幕交易存在的效应。如今，越来越多的研究人员开始使用这种方法来分析其他事件对股票市场的影响。莫泽和罗泽（Moser and Rose，2014）评估了有关区域贸易协定的新闻对股票市场的影响。施密德和多思（Schmid and Dauth，2014）发现，国际化对公司股价既有正面影响，也有负面影响。然而，很少有研究关注重大事件对光伏行业股票市场的影响。

5.3.1.1　数据

在分析中，使用了上海和深圳 A 股市场 65 家光伏上市公司的数据。其中 59 家公司的每日收盘股价可追溯至 2012 年 1 月 4 日至 2013 年 7 月 12 日的交易日。数据可从网站（www.tdx.com.cn）的公共财务软件中下载。分析基于 2012 ~ 2013 年发生的九个子事件，这些事件都涉及国际反倾销事件的发展。事件日是指针对中国出口光伏产品的国际反倾销活动公告首次出现在媒体上的时间。

5.3.1.2　事件研究法

事件研究法用于衡量异常收益，它可以捕捉公司股价在每个事件发生时间范围内的异常或超额行为。正常回报率表示如果相关事件没有发生时的预期回报率，而异常回报率则表示事件发生后观察到的回报率与预期回报率之间的差异。

$$R_{it} = \left[p_{it} - p_{i(t-1)} \right] / p_{i(t-1)} \qquad (5-3-1)$$

$$L = T_{-\delta} - T_{-4} \qquad (5-3-2)$$

其中，p_{it} 和 R_{it} 分别为股票 i 在时间 t 的股价和观察到的收益率。将 $T_0 = 0$ 日定义为每个子事件的媒体公告日，并假定事件日周围 ±3 天的时间窗口为事件窗口，即 T_{-3} ~ T_{+3}。估计窗口 L 为 $T_{-\delta}$ ~ T_{-4}，$T_{-\delta}$ 为前一个事件窗口的次日。

估计预期收益的模型主要有三种：均值调整收益模型、市场调整收益模型和市场与风险调整模型。布朗认为这些方法之间并无太大差异，汉文和向民的研究表明，在中国市场结构下，均值调整模型优于市场模型。因此，选择均值调整收益模型来估计每个事件期的股票收益。因此，每个子事件的预期收益率定义如下：

$$ER_{it} = (1/L) \sum_{t=T_{-4}}^{T_{-\delta}} R_{it} \qquad (5-3-3)$$

首先,将事件窗口期间股票 i 的异常收益率 $AR_i(t)$ 定义为:

$AR_i(-3), AR_i(-2), AR_i(-1), AR_i(0), AR_i(+1), AR_i(+2)$ 和 $AR_i(+3)$:

$$AR_i(t) = R_i(t) - ER_i(t) \qquad (5-3-4)$$

事件发生期间所有股票(n)的平均异常收益率为:

$$AAR(t) \quad (t= -3, -2, -1, 0, +1, +2, +3)$$

$$AAR(t) = (1/n) \sum_{i=1}^{n} AR_i(t) \qquad (5-3-5)$$

其次,股票 i 在事件期的累计异常收益率(CAR)定义如下:

$$CAR_i(t) = \sum_{j=-3}^{t} AR_i(j) \qquad (5-3-6)$$

累计异常收益率定义如下:

$$CAR(t) = \sum_{j=-3}^{t} AAR(j) \qquad (5-3-7)$$

最后,构建了一个假设检验,以确定每个子事件是否对中国光伏企业的股票收益产生了重大影响。假设异常变化呈正态分布,均值为零。因此,零假设 H_0 修改如下:

$$AAR(t) = 0 \quad CAR(t) = 0$$

$$T_{AAR} = AAR(t)/\sigma_{AAR(t)} \qquad (5-3-8)$$

$$T_{CAR} = CAR(t)/\sigma_{CAR(t)} \qquad (5-3-9)$$

每个子事件的 $AAR(t)$ 和 $CAR(t)$ 的方差计算如下:

$$\sigma^2_{AAR(t)} = [1/n \times (n-1)] \sum_{i=1}^{n} [AR_i(t) - AAR(t)]^2 \qquad (5-3-10)$$

$$\sigma^2_{CAR(t)} = [1/n \times (n-1)] \sum_{i=1}^{n} [CAR_i(t) - CAR(t)]^2 \qquad (5-3-11)$$

5.3.1.3 网络构建

在研究子事件是否对股票收益率有显著影响后,构建了股票价格网络,即非加权股票网络和加权股票网络,其时间窗口均基于每个子事件的事件日。网络通常被定义为由"链接"或"边"连接的"节点"集合。在研究中,定义了股票价格网络,其中每只股票都是一个网络节点。非加权股票网络和加权股票网络的边都取决于阈值和相关股票价格之间的交叉相关性。如果相关系数等于或大于临界值,则节点之间存在一条边。如果两个节点之间的相关系数小于阈值,则它们之间没有边。对于非加权股票网络,如果存在连接两个节点的边,则边的值等于1,否则为0。对于加权股票网络,边的权重等于指定时间段内相应股票价格的皮尔逊相关性。成对股票之间的交叉相关性是为每个子事件期计算的。因此,分析每个子事件对股票网络的影响。

设 $P_i(t)$ 和 $P_j(t)$ 分别为每个子事件期间股票 i 和股票 j 的每日收盘价。那么,股票 i 和股票 j 之间的交叉相关系数 ρ_{ij} 定义如下:

$$\rho_{ij} = \sum_t \left[\left(P_i(t) - \overline{P_i} \right) \left(P_j(t) - \overline{P_j} \right) \right] \Big/$$

$$\left\{ \sqrt{\sum_t \left[\left(P_i(t) - \overline{P_i} \right) \right]^2} \times \sqrt{\sum_t \left[\left(P_j(t) - \overline{P_j} \right) \right]^2} \right\} \quad (5-3-12)$$

其中,$\overline{P_i}$ 和 $\overline{P_j}$ 是时间序列的均值,求和取特定子事件的均值。皮尔逊相关系数 ρ_{ij} 的取值范围为 -1 至 1。如果 $\rho_{ij} = \pm 1$,则股票价格之间完全正相关(或负相关)。如果 $\rho_{ij} = 0$,则股票价格互不相关。随着股票价格绝对相关系数的增大,股票价格之间的关系变得更加显著。

对于非加权股票网络,任何一条边的值都等于1或0;而对于加权股票网络,网络中的每一条边都有自己的权重($W_{ij} = W_{ji}$),该权重由每个子事件期间的皮尔逊相关系数(ρ_{ij})计算得出,即 W_{ij} 等于 ρ_{ij}。因此,在构建非加权股票网络和加权股票网络后,根据事件情况分析股票网络拓扑属性的变化,并比较这些子事件引起的变化之间的差异。

在研究中,股票网络的构建步骤如下。使用每个子事件周期的数据,创建了59个节点的网络。每个子事件有两个网络,即未加权的股票网络和加权的股票网络。每个节点对应一个光伏行业的股票。对于每一对股票,评估每个子事件期间的每日收盘价时间序列的相互关系。指定一个特定的阈值 θ,即 $-1 \leq \theta \leq 1$。对于未加权的股票网络,如果相关系数 ρ_{ij} 等于或大于 θ,添加一条连接顶点 i 和 j 的值为1的边。对于加权股票网络,如果相关系数 ρ_{ij} 等于或大于 θ,添加一条连接顶点 i 和 j 的加权边。不同的 θ 值定义了具有相同顶点集但不同边集的网络。不同的值定义的网络具有相同的顶点集,但不同的边集。

设 $G = (V, E)$ 表示一个未加权的股票价格网络,其中 V 和 E 分别是顶点和边的集合。E 定义如下：

$$E = \begin{cases} e_{ij} = 1, i \neq j \text{ and } \rho_{ij} \geq \theta \\ e_{ij} = 0, i \neq j \text{ and } \rho_{ij} < \theta \end{cases} \quad (5-3-13)$$

设 $G' = (V, E')$ 表示一个加权股票价格网络，其中 V 和 E' 分别是顶点和边的集合。E' 定义如下：

$$E' = \begin{cases} e'_{ij} = \rho_{ij}, i \neq j \text{ and } \rho_{ij} \geq \theta \\ e'_{ij} = 0, i \neq j \text{ and } \rho_{ij} < \theta \end{cases} \quad (5-3-14)$$

5.3.2　事件效应测试

在研究中，使用事件研究方法调查了 9 个事件对 59 家光伏行业公司股票收益的显著影响。9 个事件的发生时间和时间范围各不相同。由于估计窗口和事件窗口的选择没有统一的标准，将事件窗口定义为媒体首次公布反倾销消息的前后 3 天。将事件 0 的时间窗定义为事件 1 的估计窗。9 个子事件的具体描述如表 5 - 3 - 1 所示。在表 5 - 3 - 2 中，展示了用于分析每个事件影响的估计窗口和事件窗口，即事件 1 ~ 9。

表 5 - 3 - 1　　　　　　　　　9 个事件的时间范围和描述

事件	事件日期	描述
0	2012 年 1 月 4 日	事件 1 的估计窗口
1	2012 年 3 月 20 日	美国商务部裁定对中国光伏企业征收 2.9% ~ 4.73% 的临时反补贴税
2	2012 年 5 月 18 日	美国商务部裁定对中国光伏企业征收 31.14% ~ 249.96% 的反倾销税
3	2012 年 7 月 24 日	一些欧洲企业要求欧盟委员会调查中国光伏企业的倾销行为
4	2012 年 9 月 3 日	媒体报道称，欧盟已确认对出口欧洲的太阳能电池和组件进行反倾销调查
5	2012 年 10 月 10 日	美国商务部最终裁定，他们将对从中国进口的太阳能电池板和太阳能电池征收 34% ~ 47% 的关税，但等待美国国际贸易委员会的最终决定
6	2012 年 11 月 23 日	欧盟正式对中国光伏企业展开调查。美国决定对从中国光伏企业进口或生产的太阳能产品征收 18.32% ~ 249.96% 的反倾销税和 14.78% ~ 15.97% 的反补贴税
7	2012 年 12 月 23 日	印度反倾销局决定对原产于中国（除港澳地区外）、马来西亚和美国的进口太阳能电池展开反倾销调查
8	2013 年 5 月 9 日	外媒报道称，欧盟将对中国光伏产品征收平均税率为 47% 的惩罚性关税
9	2013 年 6 月 5 日	欧盟决定在 2013 年 6 月 6 日至 2013 年 8 月 6 日期间对中国光伏产品征收 11.8% 的临时反倾销税

　　资料来源：新浪财经. 光伏产业 2012 年历经生死劫难 美双反祸不单行 [EB/OL]. https://finance. sina. com. cn/chanjing/sdbd/20121218/112914038896. shtml。

表 5 - 3 - 2   每个事件的估计窗口和事件窗口

事件	估计窗口		事件窗口	
	T_{-8}	T_{-4}	T_{-3}	T_{+3}
1	2012. 1. 5	2012. 3. 14	2012. 3. 15	2012. 3. 23
2	2012. 3. 26	2012. 5. 14	2012. 5. 15	2012. 5. 23
3	2012. 5. 24	2012. 7. 18	2012. 7. 19	2012. 7. 27
4	2012. 7. 30	2012. 8. 28	2012. 8. 29	2012. 9. 6
5	2012. 9. 7	2012. 9. 27	2012. 9. 28	2012. 10. 15
6	2012. 10. 16	2012. 11. 2	2012. 11. 5	2012. 11. 13
7	2012. 11. 14	2012. 11. 19	2012. 11. 20	2012. 11. 28
8	2012. 11. 29	2013. 5. 3	2013. 5. 6	2013. 5. 14
9	2013. 5. 15	2013. 5. 30	2013. 5. 31	2013. 6. 13

图 5 - 3 - 1 显示了 9 个事件中每个事件日的累计异常收益分布。从图中可以看出,9 个事件的累计异常收益率的分布非常接近正态分布。尤其是在事件 1、事件 2、事件 6 和事件 9 中,超过 70% 的股票的累计异常收益率为负值。进行了 t 检验,以确定这些事件是否对股票回报率有显著影响。

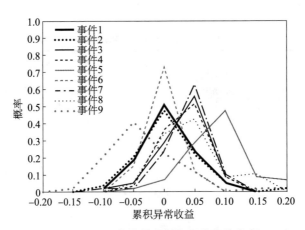

图 5 - 3 - 1   各事件日累积异常收益分布

使用 t 检验法检验了 9 个事件对每个事件日股票收益率的影响。t 检验结果如表 5 - 3 - 3 所示。

零假设(H_0): $AAR(t) = 0, CAR(t) = 0$。

备选假设 $(H_1):AAR(t)\neq0,CAR(t)\neq0$。

表 5 - 3 - 3　　　　　　　　　　每个事件日的 t 检验结果

事件	AAR	T_{AAR}	CAR	T_{CAR}
事件 1	- 0. 027 5	- 12. 003 8 ***	- 0. 021 3	- 4. 239 02 ***
事件 2	- 0. 019 2	- 8. 881 3 ***	- 0. 018 5	- 24. 355 8 ***
事件 3	0. 009 4	5. 670 4 ***	0. 008 3	1. 561 0
事件 4	0. 018 6	9. 154 6 ***	0. 012 4	2. 364 4 ***
事件 5	0. 011 0	5. 727 1 ***	0. 063 2	11. 033 8 ***
事件 6	- 0. 004 7	- 2. 806 3 ***	- 0. 026 5	- 9. 120 4 ***
事件 7	0. 005 1	2. 732 2 ***	0. 013 8	2. 931 3 ***
事件 8	- 0. 002 1	- 0. 620 2	0. 019 5	3. 013 1 ***
事件 9	- 0. 005 9	- 1. 976 4 *	- 0. 055 3	- 7. 215 5 ***

注: * 、** 、*** 分别表示在 10% 、5% 、1% 水平上显著。

9 个事件的 t 检验结果表明,除事件 3 外,所有 9 个检验的 p 值均小于 0.05,即在 5% 显著性水平上,这意味着除事件 3 外,9 个事件的总体均值与检验均值(0)显著不同。此外,各事件当日累计异常收益的分布与正态分布密切相关,如图 5 - 3 - 1 所示。因此,对于事件 1、事件 2、事件 4、事件 5、事件 6、事件 7、事件 8 和事件 9,拒绝原假设,从而得出结论,除事件 3 外,所有 9 个事件对 PV 公司的股票收益都有显著影响。然后,通过构建 9 个事件的股价网络,分析了股票网络结构的变化。

5.3.3　结果

5.3.3.1　基于事件的股票价格网络

基于 Pearson 相关系数,构建了光伏股价格的两两相关系数矩阵。然后,用相关系数的分布来描述股票的连通性。图 5 - 3 - 2 显示了股票价格的相关系数分布。分布表明,大多数股票(约 71%)呈正相关。由于的工作主要关注股票价格的同步和协同运动,选择了正相关的股票来构建股票网络。

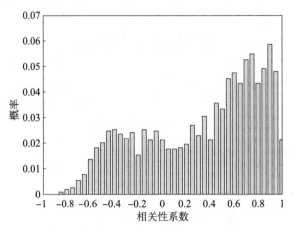

图5-3-2 股票价格的相关系数分布

网络中顶点 i 的度数与连接到顶点 i 的相邻边的个数相对应,顶点的度数越高,表示该顶点越重要。度最高的顶点对该网络中所有顶点的网络影响最大。在股票网络中,这意味着该顶点所代表的股票对股票市场的影响最为显著。在0.50~0.95的不同阈值范围内构建了未加权和加权的股票网络。图5-3-3显示了不同相关阈值的正度顶点数。结果表明,随着阈值 θ 的增大,正度的顶点数量减少。只有少数股票彼此之间有很强的相关性。当 $\theta > 0.70$ 时,正度顶点数量急剧减少。对于加权股票网络,顶点 i 的顶点强度是指连接到 i 的相邻边的权重之和。发现顶点强度大于0的节点数量也会随着阈值的增加而减少,阈值为0.70也是加权股票网络的拐点。

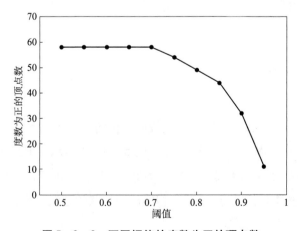

图5-3-3 不同阈值的度数为正的顶点数

因此,选择 0.70 作为阈值来构建 9 个事件的股价网络。股票网络的时间窗口,即未加权股票网络和加权股票网络,以 9 个事件的事件日为基准,如附录 A 所示。如果股票 i 和股票 j 之间的相关系数 ρ_{ij} 等于或大于 0.70,则在未加权股票网络中存在一条连接它们的边,股票 i 和股票 j 之间的边权等于加权股票网络的 ρ_{ij};否则,边数或边权值为 0。股票网络中边缘相连的股票呈强正相关。

5.3.3.2 股票价格同步的变化范围与力度

根据上述关于股价同步性的定义,股价同步性范围的变化对应于单一股票价格变化与股票市场平均股价变化之间相关性范围的变化。股价同步性强度的变化与相关性程度的变化相对应。

对于非加权股票网络,顶点 i 的度数为 $k_i = \sum_{j \neq i} e_{ij}$,表示与 i 相连的相邻边的数量。度数最大的顶点是股票网络中的中心顶点。它与其他股票的价格波动相关。由于选择了 0.7 作为构建股票网络的阈值,因此在股票网络中度为正的股票具有正相关性和强相关性。度数高的股票能最准确地反映市场行为。当度最高的股票的股价因某一事件而波动时,股市的平均股价波动也可能同向、向上或向下移动。9 个事件的度数分布如图 5-3-4 所示。

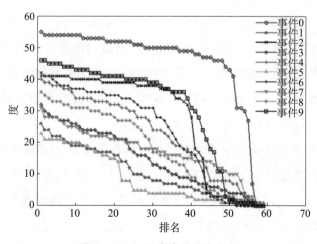

图 5-3-4 9 个事件的度分布

事件 4 的发生使最大程度提高了 25%。事件 5 发生时,最大程度下降了

42.5%,达到了9个事件中最小的最大程度。事件6导致最大程度显著增加,增加了78%。事件7发生时,最大程度下降了24%,事件8和事件9发生后,最大程度分别增长了16%和28%。因此,随着事件2、事件4、事件6、事件8和事件9的发生,股票网络中顶点的最大程度增加。事件2和事件6与特别大的增长相关。此外,相同程度的股票数量也随着每次事件的发生而变化。可以看出,事件2、事件4、事件6、事件8、事件9的高度(大于30的度)股票数量大于事件1、事件3、事件5、事件7的高度股票数量。因此,事件2、事件4、事件6、事件8和事件9的范围引起股票价格同步增加,这意味着有更多的股票的价格波动方向相同,和光伏行业的平均股票市场波动方向相同的事件2、事件4、事件6、事件8、事件9,特别是事件2和事件6,导致同步的范围大大扩展。

从图5-3-5可以看出,在国际反倾销事件发生之前,大多数股票(89%以上)的度都大于30。事件1发生后,所有股票的低度都小于30。在事件2发生后,14%的股票的大于40。当事件3发生时,小于30度的股票数量增加到98%。事件4后,大多数种群的度较低(小于30),其余39%的种群度较高(大于30但小于40)。当事件5发生时,所有股票都跌至低位。事件6后,5%的种群高度大于40,大多数种群为低度。当事件7发生时,小于30度的股票数量增加到98%。事件8后,78%的股票为低度。事件9之后,37%的股票的度数大于40。事件1、事件3、事件5导致几乎所有股票的度均降至30以下,事件7、事件8发生后,大部分股票处于低度状态。这意味着在这些事件之后,股价同步的范围缩小了。事件2、事件6、事件9发生后,有少数股票高度(大于40),这最能准确反映光伏行业股票的平均波动。图5-3-6显示了平均度的变化情况以及不小于40度的顶点数的变化情况。事件2、事件4、事件6、事件8、事件9的平均程度大于事件1、事件3、事件5、事件7的平均程度。事件2、事件6、事件9后,高位股票数量达到峰值水平。虽然这些股票是少数,但大量的股票与它们有关。因此,在事件2、事件6和事件9发生后,股价同步的范围显著增加,达到峰值水平。

■事件0 ■事件1 ■事件2 事件3 ■事件4 ■事件5 ■事件6 ■事件7 ■事件8 事件9

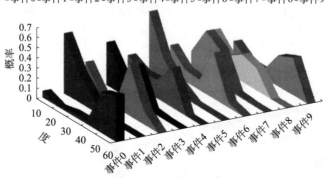

图 5 – 3 – 5　9 个事件的度分布

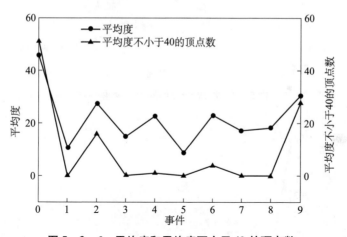

图 5 – 3 – 6　平均度和平均度不小于 40 的顶点数

对于加权股票网络，i 的顶点强度为 $S_i = \sum_{j \neq i} w_{ij} = \sum_{j \neq i} \rho_{ij}$ ，表示与 i 相连的相邻边的权值之和，它描述了股票价格同步的强度。顶点强度最大的节点对所有节点中股票市场的影响最强。9 个事件的顶点强度分布如图 5 – 3 – 7 所示。

从图 5 – 3 – 7 中，发现 9 个事件的最大顶点强度相对于反倾销事件之前的情况有所下降。这意味着国际反倾销事件相对于之前的情况削弱了股价同步的整体力度。然而，股票价格同步的强度仍然随每个事件而变化。由图 5-3-8 可知,事件 2、事件 4、事件 6、事件 9 后的顶点总强度均大于事件 1、事件 3、事件 5、事件 7、事件 8 后的顶点总强度。这意味着事件 2、事件 4、事件 6 和事件 9 导致股票价格同步强度增加,事件 2 和事件 9 达到峰值。

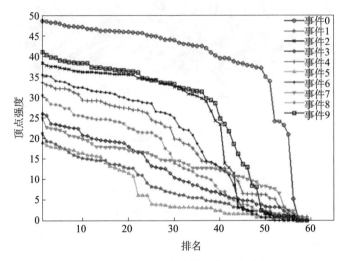

图 5-3-7 9 个事件的顶点强度分布

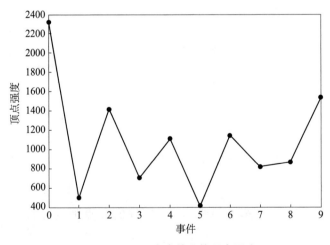

图 5-3-8 9 个事件总体顶点强度

通过以上分析可以看出,相对于反倾销事件发生前的情况,9 个事件发生后,股价同步的整体范围和力度都有所下降。然而,股价同步的范围和强度随着每个事件而变化。事件 2、事件 4、事件 6 和事件 9 导致股价同步的范围和强度相对于前几次事件之后的情况有所增加。这意味着这四个事件刺激了股票价格的同步行为。特别是在事件 2、事件 6、事件 9 的影响下，股价同步的范围达到了一个峰值水平。因此，更多个股反映出个股同步的格局。

5.3.3.3　股票价格联动运动的演变

连通性是对每个节点与其他节点连接程度的度量。高连通性的网络具有权力去中心化、信息分散等特点，网络不受少数顶点控制。低连通性的网络具有权力集中和信息集中的相反特征，并且网络被少数顶点控制。可达性用于根据式（5 - 3 - 15）计算网络的连通性，定义如下：

$$C = 1 - V/\left[N \times (N-1) \times \frac{1}{2}\right] \qquad (5-3-15)$$

其中，C 为网络的连通性，V 为不可达对的数量，N 为网络的规模。

股价联动是指关联股票或同类型股票同时出现涨跌现象。股票网络连通性的变化表明股票价格联动运动范围的变化。当股票网络的连通性增加时，股票价格的联动运动范围将缩小。当网络连通性降低时，股价的联动运动范围将扩大。

图 5 - 3 - 9 显示了未加权股价网络与 9 个事件的连通性变化。国际反倾销事件发生前，股票网络连通性为 0.93。当事件 1 发生时，连通性下降了 7%，在事件 2 期间，连通性进一步下降了 29%。事件 3 发生后，连通性增加，在事件 4 发生后达到峰值 1。在事件 5 和事件 6 之后，连通性分别下降了 13% 和 21%。事件 7 导致连通性显著增加，达到 0.97，而事件 8 后连通性下降了 6.7%，事件 9 导致连通性下降了 17%。这些发现表明，在事件 2、事件 6 和事件 9 的时间窗口内，股票网络的连通性低于其他事件。当事件 1、事件 5 和事件 8 发生时，连通性开始下降，在事件 2、事件 6 和事件 9 的后续时期，连通性达到最低点。在这些低连通性时期，股票市场的联动运动范围变得更大。

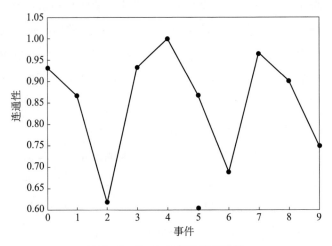

图5-3-9 9个事件的连通性

网络结构熵用来衡量网络的异构性。在异构网络中，大多数顶点是小度的，少数顶点是大度的。这个网络被少数高度的顶点所控制。一旦少数股的股票价格在某些事件的影响下波动，与之相关的其他股票可能会向同一方向同步波动。因此，在股票网络中，网络结构熵可以反映股票价格协同运动对此类事件的敏感性。当网络结构熵越小，股票网络的异质性越强，网络的连通性越好，网络的小世界特性越明显，股票价格共同运动对事件的敏感性越强。较高的敏感性意味着股票市场开始了由事件引起的协同运动行为。网络结构熵定义如下：

$$E = -\sum_{i=1}^{N} I_i \times ln\, I_i \qquad (5-3-16)$$

$$I_i = k_i / \sum_{i=1}^{N} k_i \qquad (5-3-17)$$

其中，k_i是顶点i的度数，$k_i > 0$。为了消除顶点数的影响，可以使用式（5-3-17）对网络结构熵进行归一化，标准网络结构熵的定义如下：

$$\widehat{E} = (E - E_{min})/(E_{max} - E_{min}) = \left[-2\sum_{i=1}^{N} I_i \times ln\, I_i - ln4(N-1) \right]/[2lnN -$$

$$ln4(N-1)] \qquad (5-3-18)$$

其中，$\widehat{E} \in [0, 1]$。

图5-3-10显示了标准网络结构熵随各事件的变化情况。发现，相对于国际反倾销事件发生前的情况，标准网络结构熵的总体水平在事件发生后有所下降。这一发现表明，股价的联动对于9个事件是敏感的。然而，标准网络结构熵并不是恒定的，它会随着单个事件的发生而变化。当事件1发生时，标准网络结构熵急剧下降15%，表明股市联动性的敏感性开始增强。之后，标准网络结构熵在事件2、事件3和事件4之后保持稳定。之后，标准网络结构熵在事件2、事件3和事件4之后保持稳定。边际灵敏度呈下降趋势。事件5使标准网络结构熵降至最低水平0.72，说明此时股市联动的敏感性最大。然后，当事件7发生时，它恢复到0.93的水平。事件8发生期间，标准网络结构熵比事件7发生后下降11%，说明事件8发生时，股市联动对事件的敏感性再次提高。之后，在事件9期间，它保持了0.88的稳定水平。当敏感性增加时，股票市场表现出更强的股价联动行为。当标准网络结构熵的水平保持不变时，股票市场的联动程度保持不变。因此，在事件1、事件5和事件8之后，股票市场表现出增加的联动行为。标准网络结构熵可以用来确定最低点，这可能是一个信号，表明股票价格将在随后的一段时间内继续表现出联动性。

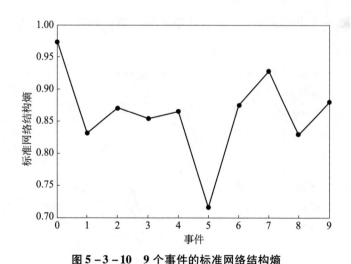

图5-3-10　9个事件的标准网络结构熵

5.3.3.4　事件对相邻股票协同稳定性的影响

顶点i的加权聚类系数反映了顶点i与其相邻顶点之间的联系程度。加权聚类系数越大，两个相邻顶点接触的频率越高。顶点 i 与其相邻顶点之间的联动性将更加稳定。顶点 i 的加权聚类系数的定义如下：

$$C_i^w = \{1/[k_i \times (k_i - 1)]\} \times \sum_{j,k} (w_{ij}^n \times w_{jk}^n \times w_{ki}^n)^{\frac{1}{3}} \qquad (5-3-19)$$

其中，k_i 是顶点 i 的度数，在研究中，$w_{ij}^n = w_{ij}/max\,(w_{ij})$ 和 $max\,(w_{ij})$ =1。在股票网络中，加权聚类系数对应于相邻股票之间股票市场联动的稳定性。加权聚类系数越大，相邻股票之间的股价联动越稳定。

图 5 – 3 – 11 给出了股票网络平均加权聚类系数随 9 个事件的变化情况。国际反倾销事件发生前，平均加权聚类系数为 0.39。事件 1 发生后，平均加权聚类系数下降了 41%。当事件 2 发生时，平均加权聚类系数增加了 58%，达到 0.37。事件 3、事件 4 和事件 5 后的平均加权聚类系数小于事件 2 后的平均加权聚类系数，但事件 4 与事件 3 相比使系数略有上升（上升 8%）。当事件 6 发生时，平均加权聚类系数显著增加，增加了 40%。事件 7 发生后，该值降至 0.28，事件 8 发生后保持不变。在事件 9 的影响下，聚类系数上升了 28%，达到 0.36。由此可见，当事件 2、事件 4、事件 6、事件 9 发生时，平均加权聚类系数相对于其他事件发生后的情况明显增加，这意味着相邻股票之间的联系变得更加频繁。在这些事件发生后，相邻股票之间的股价联动变得更加稳定。

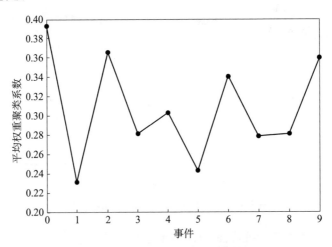

图 5 – 3 – 11 9 个事件的平均权重聚类系数

5.3.4　讨论与结论

5.3.4.1　讨论

本节选取了 2012 年 1 月 4 日至 2013 年 7 月 12 日沪深 A 股市场光伏行业的股票价格作为样本数据。采用事件研究法证明了 2012～2013 年发生的国际反倾销事件对光伏企业的股票收益率有显著影响。然后，根据每个子事件的事件日构建了 10 个非加权股价网络和 10 个加权股价网络，分析股票网络拓扑结构的变化。最后发现股价同步性的变化和股价联动性的演变受到了反倾销事件的影响。

结果显示了最大度值的变化、度数分布的变化、平均度数的变化和高度数顶点数量的变化。研究发现，与反倾销事件发生前的情况相比，反倾销事件发生后股价同步的总体水平都有所下降。但是，不同事件对股价同步的影响范围不同。与事件 1、事件 3、事件 5 和事件 7 相比，事件 2、事件 4、事件 6、事件 8 和事件 9 导致股价同步的范围扩大。此外，事件 2、事件 6 和事件 9 发生后，高度同步的股票占少数，股价同步范围达到顶峰。更多的股票反映了同步价格行为。事件 2、事件 4、事件 6、事件 8 和事件 9 代表以下事件的发生：美国裁定对中国公司征收 31.14%～249.96% 的反倾销税，这是一个非常高的税率；欧盟确认将对进口的中国太阳能电池及其组件进行反倾销调查；欧盟正式对中国光伏公司进行调查，美国决定对从中国进口或由中国生产的太阳能产品征收 18.32%～249.96% 的反倾销税和 14.78%～15.97% 的反补贴税。美国决定对从中国光伏企业进口或由中国光伏企业生产的太阳能产品征收 18.32%～249.96% 的反倾销税和 14.78%～15.97% 的反补贴税；国外媒体报道欧盟将对中国光伏产品征收平均税率为 47% 的惩罚性关税；欧盟裁定对中国光伏产品征收 11.8% 的临时反倾销税。这些事件都与中国光伏产品的主要进口国美国和欧盟国家发起的反倾销举措有关。因此，当美国裁定征收超高税率的反倾销税时，更多的股票开始同向波动；这些股票的波动反映了中国光伏行业股票市场的波动。与其他事件发生后的情况相比，这些事件都扩大了股价同步的范围。

通过分析光伏行业顶点强度分布的变化和总顶点强度的变化，发现，相对于反倾销事件发生前的情况，国际反倾销事件发生后，股价同步的整体强度水平有所下降。然而，个别事件对股价同步强度的影响存在差异。与事件1、事件3、事件5、事件7相比，事件2、事件4、事件6、事件8、事件9导致股价同步强度增强。特别是在事件2、事件6、事件9的影响下，股价同步的强度达到了峰值。具体而言，美国征收高税率反倾销和反补贴税或欧盟对中国进口太阳能产品发起调查或征收临时反倾销税等事件都增加了股价同步的强度。

通过研究股票网络连通性的变化，发现事件2、事件6和事件9扩大了光伏行业股价联动的范围。换句话说，美国和欧盟征收反倾销税和反补贴税的事件扩大了光伏行业股价联动的范围。此外，还分析了股价联动对某些事件的敏感性。发现，光伏板块的股价联动对事件9的发生都有一定的敏感性。然而，敏感性随个别事件而变化。事件1、事件5和事件8比其他事件对股票价格的共同运动具有更高的敏感性。当事件1、事件5和事件8发生时，光伏板块股票表现出股价联动行为。这些事件包括美国裁定通过临时反补贴税对中国光伏企业征税；美国商务部裁定对从中国进口的太阳能电池板和太阳能电池征收34%~47%的关税，以美国国际贸易委员会的最终决定为准；外媒报道欧盟将对中国光伏产品征收平均税率为47%的惩罚性关税。诸如征收临时反补贴税、等待征收高额税的最终决定或外媒报道征收反倾销税等此类事件，更有可能是股价在不久的将来将继续表现出联合走势的信号。

还分析了平均加权聚类系数的变化。研究发现，在事件2、事件4、事件6和事件9之后，相邻股票之间的联系变得更加频繁，相邻股票之间光伏板块的股价联动性变得更加稳定。

在本书的模型中，没有考虑制造业产能过剩的影响。制造业产能过剩是影响制造商利润的因素之一（Prince and Zheng, 2015）。中国制造业产能过剩与光伏行业股票市场之间存在着螺旋式上升机制。投资者倾向于投资前景好的市场。由于中国政府出台了一些支持光伏产业的政策，光伏产业的生产出现了巨大的扩张。随着行业的高速发展，投资者预期光伏板块的股价将会上涨。因此，投资者将扩大对光伏行业的投资，这可能会提高光伏行业的股价。上市的光伏企业将会融资更多的资金来扩大制造业，这可能会吸引更多的投资者向光伏产业投入更多的资金。光伏行业的股价可能会进一步上涨。在中国，光伏产品的国内消费处于瓶颈期，主要依赖于出口市场，尤其是美国和欧盟。2012 年国内消费量仅占 8 000 兆瓦，不超过总产量的 35%。巨大的出口市场需求引发了中国光伏产业的高速扩张。因此，大量资金涌入光伏行业的股票市场，这可能会推高光伏行业的股价。然而，自美国和欧盟对中国光伏企业的"双反"以来，企业面临严重亏损，并因高额关税或惩罚性关税而恶化，这可能对光伏板块股价产生负面影响。由于本节主要关注的是国际反倾销事件对中国光伏行业股价行为的影响。事件研究方法已被应用于这些影响的重要性，并提供了证据。通过构建股票网络来展示反倾销事件前后股票网络结构的变化，为分析重大事件对金融市场的影响提供了一个新的视角。制造业产能过剩的影响并不是目前研究的主要因素，但将在未来的研究中加以考虑。

以往的研究发现，金融市场的风险感知是投资者或其他金融市场参与者的结果。一些研究人员认为社交媒体是影响股市的一个因素。已有研究证明，社交媒体情绪与股票收益之间存在依赖关系。事件对股票市场的影响随事件类型的不同而不同。积极（消极）事件导致较高（较低）的预测收益，而与第三方意见相关的事件在短事件窗口内导致较小的预测收益变化。在研究中，这里研究的 9 个事件代表了光伏行业的反倾销事件。当类似事件发生时，该分析结果可为投资者分析股价同步和股价共动行为提供必要的信息。关于新闻发言人对公众和媒体对光伏太阳能看法的影响，有两个事件与公共媒体有关，即事件 4 和事件 8。事件 4 发生在 2012 年 9 月 3 日，媒体报道欧盟确认对中国企业出口到欧洲的太阳能电池和组件进行反倾销调查。事件 8 发生在 2013 年 5 月 9 日，据国外媒体报道，欧盟将对中国光伏产品征收平均税率为 47% 的惩罚性关税。在这两个事件的影响下，股价同步的范围和力度都有所增加。还发现，光伏行业的股价联动性对事件 8 的发生高度敏感，而相邻股票之间的联系在事件 4 发生后变得更加频繁。未来，可以选择更多与公众和媒体对光伏太阳能的认知相关的事件，探讨其对股票行为的影响。

不可避免地，会有干扰事件研究的噪音，例如，其他可能影响股票市场的事件。然而，根据分析结果，这 9 个事件中的大多数对股票收益有显著影响，如图 5 - 3 - 1 和表 5 - 3 - 3 所示。此外，由于的工作重点是事件对特定行业股票价格同步和股价联动的影响，只调查了反倾销事件对中国光伏行业股票市场的影响。在未来，可以选择更多不同类型的事件来分析和确定受重大事件影响的股票价格同步和股票联动行为变化的一般规律。也可以将样本数据扩展到一个或多个其他股票市场，这将对未来的研究产生更实际的影响。

5.3.4.2 结论

本节提出了一种新的方法来研究国际反倾销事件对中国光伏行业库存同步和联动的影响。事件研究方法提供了一种检验事件是否对股票收益有显著影响的方法。根据检验结果，证明了大多数反倾销事件对股票收益有显著影响。然后构造了非加权股票网络和加权股票网络。在构建股票网络时，选择一个阈值。通过分析股票网络属性的变化，发现不同类型的事件对股票网络结构的影响是不同的。随着不同类型事件的发生，股价同步性和股价联动性也会发生变化。美国征收高额反倾销税率，欧盟对进口中国太阳能产品展开调查并征收临时反倾销税；所有这些事件都增加了股价同步的范围和力度。这些事件也使得相邻股票之间的股价联动变得更加稳定。此外，美国和欧盟征收反倾销和反补贴税扩大了中国光伏股股价联动的范围。光伏行业股票市场对美国裁定通过临时反补贴税对中国光伏企业征税、美国等待对中国进口太阳能电池板和太阳能电池征收高税率关税的最终决定、外媒报道欧盟将对中国光伏产品征收高税率惩罚性关税等事件高度敏感。光伏行业股票市场在这些事件发生后表现出股价的联动行为。据所知，本节为这类研究提供了一条新的途径，即将事件研究方法与股票网络分析相结合，分析重大事件对股票波动行为的影响。认为，这可能会导致事件研究在其他金融网络相关问题调查中的重要应用，并为反倾销对光伏产业的影响提供参考。

5.4 产业链视角下的层内和层间股价波动溢出网络分析及其演化

矿业上市公司股价有着密切的波动关系，通过分析不同矿业上市公司间股价波动溢出关系，有助于揭示矿业市场中股票间的风险如何通过股价波动关系进行传导。多数学者通过运用计量经济学模型检验股票时间序列数据间的波动溢出关系，然而，股票市场中时间序列数据间波动溢出关系错综复杂。

复杂网络分析方法是一种系统性分析方法，为克服这个局限性提供了方法支撑。矿业上市公司位于产业链的不同位置，股票的价格波动不仅受到市场的影响也会受到产业链上公司间的真实信息渠道的影响，上游的原材料企业和中下游制造业企业间的关联关系密切。公司在产业链间有明显的产业带动效应，有必要从产业链视角进行股价波动溢出特征分析。因此，本章将各个股票作为节点，将股票间的股价波动溢出关系作为边，并且结合产业链理论，构建了矿业上市公司股价波动溢出动态多层网络模型。

5.4.1　基于产业链的股价波动溢出动态多层网络模型构建

5.4.1.1　矿业上市公司产业链划分

本节在 Choice 数据库的证监会行业类中选取矿业类上市公司股票收盘价为原始数据，选取 2012～2021 年的股价数据为整体研究区间，即 2012 年 1 月 4 日至 2021 年 12 月 31 日，共计 2 433 个交易日。矿业类公司分别为采矿业类公司，黑色金属和有色金属冶炼和压延加工业类公司，非金属矿物制品业和金属制品业类公司。由于数据缺失及 ST 公司的不稳定性，对数据进行了删减，最终剩余 83 家企业。其中采矿业类有 29 个，金属冶炼及压延加工业类有 27 个，制品业类有 27 个，其中采矿业类又细分为煤炭采矿业，油气采矿业和金属采矿业；金属冶炼及压延加工业类分为有色和黑色金属冶炼及压延加工业类，制品业类分为矿物制品业类和金属制品业类。便于从产业链的角度分析矿业上市公司间股价波动溢出特征和风险传导机制，为了解产业链层内层间的股价波动关系提供了一定的借鉴。

在研究中，根据矿业上市公司收盘价数据计算股票收益率，所使用的方法为对数差分法，收益率数据的稳健性更好，便于得到更加准确的结果。具体如式（5-4-1）所示：

$$r_{i,t} = \ln\ (p_{i,t}) - \ln\ (p_{i,t-1}) \tag{5-4-1}$$

其中，$r_{i,t}$ 表示股票 i 的收益率，$p_{i,t}$ 表示股票 i 在第 t 个交易日的收盘价，$p_{i,t-1}$ 表示股票 i 在第 $t-1$ 个交易日的收盘价。为了保证计算结果的准确性和计量结果的稳健性，同时为了选取平稳的股票时间序列进行溢出关系的计算，本节对股票收益率数据进行了 ADF 平稳性检验（Kulaksizoglu，2015），未通过平稳性检验的股票收益率时间序列数据可能出现"伪回归"的现象，两者本身可能没有相关关系，因而会被删除。在此基础上，再对通过平稳性检验的股票收益率数据进行正态性检验和 ARCH 效应检验，所有检验都通过的前提下进行 BEKK – GARCH 的运算。

5.4.1.2　基于产业链的股价波动溢出动态多层网络构建

（1）收益率数据的滑动窗口划分。每个股票变量的时间序列数据有 m 个观测值（$T_1 \sim T_m$），对其进行滑动窗口的划分，窗口长度为 k，窗口步长为 s，整个样本可以被划分为 W 个窗口，第 w 个窗口下的数据范围是 $T_{1+s(w-1)} \sim T_{k+s(w-1)}$。具体如式（5 – 4 – 2）所示：

$$W = \frac{m - k + 1}{s} \qquad (5 - 4 - 2)$$

（2）不同窗口下的股票收益率数据的平稳性检验。时间序列数据的回归分析需要对其进行单位根检验，这是一种检验时间序列数据是否平稳的方法。如果数据中存在单位根，则该数据为非平稳时间序列，会导致"伪回归"现象。因而对于每个窗口的数据都进行了 ADF 检验，定义如下：

$$\Delta x_t^{[T_{1+s(w-1)}, T_{k+s(w-1)}]} = \alpha + \beta t + \sigma x_{t-1}^{[T_{1+s(w-1)}, T_{k+s(w-1)}]} + \sum_{i=1}^{n} \beta_i \Delta x_{t-i}^{[T_{1+s(w-1)}, T_{k+s(w-1)}]} + \epsilon_t$$

$$(5 - 4 - 3)$$

式（5 – 4 – 3）中，α 是常数，$x_t^{[T_{1+s(w-1)}, T_{k+s(w-1)}]}$ 表示在第 w 个窗口下第 t 时刻的值，$\Delta x_t^{[T_{1+s(w-1)}, T_{k+s(w-1)}]}$ 表示其一阶差分；β、σ 和 β_i 表示系数；ϵ_t 表示误差项。原假设 H0：$\sigma = 0$，原序列存在单位根，为非平稳序列。若是计算结果拒绝原假设，则该窗口下的时间序列平稳。

（3）各窗口下的两两变量间 BEKK-GARCH 计算和检验。恩格尔和克拉纳（Engle and Kroner，1995）提出了 BEKK-GARCH 模型，该模型是描述二阶矩波动模型，它可以刻画两个变量的协方差矩阵，进而捕捉两两变量间的波动信息。在检验波动溢出关系上，该模型对变量间相关结构没有限制，这也是该模型适应性强的一大优势（Boldanov and Degiannakis et al.，2016），它适用于大样本的时间序列数据。本节主要目的是检验两两股票间的波动溢出关系，因此，采用了二元 BEKK – GARCH 模型。均值方程和方差方程两部分组成了二元 BEKK – GARCH 模型，具体如下：

均值方程：

$$R(t) = \begin{bmatrix} R_1(t) \\ R_2(t) \end{bmatrix} = \begin{bmatrix} \mu_1(t) \\ \mu_2(t) \end{bmatrix} + \begin{bmatrix} \varphi_{11} & \varphi_{12} \\ \varphi_{21} & \varphi_{22} \end{bmatrix} \begin{bmatrix} R_1(t-1) \\ R_2(t-1) \end{bmatrix} + \begin{bmatrix} \varepsilon_1(t) \\ \varepsilon_2(t) \end{bmatrix}$$

$$(5-4-4)$$

方差方程：

$$H_t = C'C + A'\varepsilon_{t-1}\varepsilon_{t-1}'A + B'H_{t-1}B \qquad (5-4-5)$$

$$H = \begin{bmatrix} h_{11t} & h_{12t} \\ h_{12t} & h_{22t} \end{bmatrix}; \quad C = \begin{bmatrix} C_{11} & C_{12} \\ C_{12} & C_{22} \end{bmatrix}; \quad A = \begin{bmatrix} a_{11} & a_{12} \\ a_{21} & C_{22} \end{bmatrix}; \quad B = \begin{bmatrix} b_{11} & b_{12} \\ b_{21} & b_{22} \end{bmatrix}$$

$$(5-4-6)$$

式（5-4-4）、式（5-4-5）和式（5-4-6）中，$R(t)$是以 2×1 向量形式表达的股票 1 和股票 2 的收益率；$\mu_1(t)$ 和 $\mu_2(t)$ 表示长期漂移系数；$\varepsilon_1(t)$ 和 $\varepsilon_2(t)$ 代表随机误差项；H_t是以 2×2 向量表示的条件方差矩阵；C 表示常数系数矩阵，A 表示条件残差矩阵系数，B 表示条件协方差矩阵系数。本节设定该计量模型检验的回归系数显著水平是 0.05 时，两只股票间具有波动溢出关系。其中，方差方程矩阵中的对角线参数（a_{12}，a_{21}和b_{12}，b_{21}）表示股票间的波动性溢出效应大小。

溢出效应包括冲击效应和波动效应。从股票 1 到股票 2 的冲击效应（ARCH 效应）用a_{12}表示；从股票 1 到股票 2 的波动效应（GARCH 效应）用b_{12}表示。冲击效应和波动效应的绝对值反映了波动溢出程度。因此，$|a_{12}|$和$|b_{12}|$之和为股票 1 到股票 2 的总波动溢出效应，即两只股票间的波动溢出程度（Liu and An et al. , 2017），如式（5-4-7）所示：

$$BG_{1,2} = |a_{12}| + |b_{12}| \qquad (5-4-7)$$

式（5-4-7）中，$BG_{1,2}$代表股票 1 对股票 2 的波动溢出程度，通过显著性检验则a_{12}和b_{12}不为 0，反之，不通过显著性检验，则为 0。

（4）股票价格波动溢出网络（SP）模型。在第 w 个窗口下，以股票为节点，股票间的溢出关系（股价 GARCH 波动溢出关系）为边。

$BG_{i,j}^{[T_{1+s(w-1)},T_{k+s(w-1)}]}$ 表示边的权重大小，即节点间的波动溢出关系强度。如果股票 i 和股票 j 之间的 $BG_{i,j}^{[T_{1+s(w-1)},T_{k+s(w-1)}]}$ 通过显著性检验，则股票 i 和 j 之间存在一条由 i 到 j 的边；若 $BG_{i,j}^{[T_{1+s(w-1)},T_{n+s(w-1)}]}$ 未通过显著性检验，则股票 i 和 j 之间不存在边。本节共涉及 n 个节点，最终构建的是一个 83×83 的关联网络矩阵，具体的股价波动溢出关系网络矩阵公式定义如下：

$$BG^{[T_{1+s(w-1)},T_{k+s(w-1)}]} = \begin{bmatrix} 0 & \cdots & BG_{1,j}^{[T_{1+s(w-1)},T_{k+s(w-1)}]} & \cdots & BG_{1,n}^{[T_{1+s(w-1)},T_{k+s(w-1)}]} \\ \vdots & \ddots & \vdots & \ddots & \vdots \\ BG_{i,1}^{[T_{1+s(w-1)},T_{k+s(w-1)}]} & \cdots & BG_{i,j}^{[T_{1+s(w-1)},T_{k+s(w-1)}]} & \cdots & BG_{i,n}^{[T_{1+s(w-1)},T_{k+s(w-1)}]} \\ \vdots & \ddots & \vdots & \ddots & \vdots \\ BG_{n,1}^{[T_{1+s(w-1)},T_{k+s(w-1)}]} & \cdots & BG_{n,j}^{[T_{1+s(w-1)},T_{k+s(w-1)}]} & \cdots & 0 \end{bmatrix} \tag{5-4-8}$$

矿业上市公司股价波动溢出动态网络（SP）是个有向加权网络，全部的节点的集合定义为 V，全部的边的集合定义为 E，具体定义为：

$$SP^{[T_{1+s(w-1)},T_{k+s(w-1)}]} = BG^{[T_{1+s(w-1)},T_{k+s(w-1)}]} = (V_t, E_t) \tag{5-4-9}$$

文中的节点分别属于不同的产业链层，因此对其构建了单层（上游层）、双层（上中层、上下层和中下层）和三层（上中下层）网络，如图 5 - 4 - 1 所示。

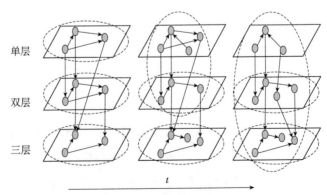

图 5 - 4 - 1　多层网络动态模型构建流程

本节中，滑动窗窗口长度为 240，窗口步长为 5。首先，对原始股价数据进行对数差分计算得到收益率数据；其次，对其进行 ADF 平稳性检验、正态检验和 ARCH 效应检验，之后依据滑动窗计算不同窗口的波动溢出关系矩阵；最后，构建矿业上市公司股价波动溢出关系网络。

5.4.2　股价波动溢出网络整体演化特征分析

基于矿业上市公司股票收益率数据，运用滑动窗的方法，构建了 7 ×
439 个股价波动溢出网络。为了揭示矿业上市公司股价波动溢出网络的动态特征和演化规律，本节从时间和空间两个维度分析了分析波动溢出网络结构的整体演化特征、拓扑特征和产业链视角下网络层内层间的股价波动溢出规律。

5.4.2.1　网络整体演化特征分析

首先分析网络的规模动态变化情况，网络规模包括网络的节点数量和边的数量，具体来说，边数量代表网络中的股价波动溢出关系，节点数量代表网络中有股价波动溢出的节点数量。图 5 - 4 - 2 展示了 2012 ~ 2021 年的网络规模的演化情况。

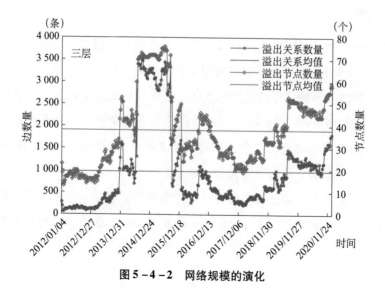

图 5 - 4 - 2　网络规模的演化

图 5 - 4 - 2 中，横坐标是时间，纵坐标分别是边数量和节点数量。虚线表示整体的溢出关系和溢出节点的平均值。可以看出网络中节点和边的数量整体呈现波动增长的趋势，2012 年网络中高的溢出关系数量仅有 300 个左右，溢出节点数量是 20 个左右，2021 年初其溢出关系数量高达 1 600 个左右，而溢出节点数量 60 左右。这说明矿业金融市场中有越来越多的公司参与其中，并且它们之间的股价波动溢出关系增加，关系更加密切。在这十年间，2014～2015 年底股价波动溢出关系和溢出节点的数量达到了峰值，其波动状态剧烈。2015 年中国股市动荡，给金融市场带来巨大的风险。从本节的股价波动溢出状态也验证了这一点，说明股价的波动溢出关系对于金融风险的来临有一定的预示和显现作用。此阶段更容易发生风险的传导。2016 年中和 2018 年末其波动幅度也较大，说明此时网络中的股价波动溢出关系密切，风险传导概率增加。

5.4.2.2　网络拓扑特征研究分析

本节从时间尺度，具体分析了三层网络的拓扑指标随时间（439 个窗口）的演变情况，更有助于解网络拓扑特征情况，探究矿业金融网络近十年的动态演变规律，为政策制定者和市场管理者提供更清晰的股价波动溢出网络动态变化特征和规律。

网络密度衡量了网络中节点股价波动关系的紧密程度。网络的平均路径长度越小，网络密度越大，则网络中节点的关联程度越高。从图 5 - 4 - 3 可以看出，网络的平均路径长度和网络密度呈现相反的波动趋势，尤其在 2012 年、2014～2015 年和 2018 年，两者的波动状态异常明显，有相反的一个变动趋势。2012 年金融危机发生，金融风险席卷全球，2015 年中国股市动荡，2018 年中美贸易战，股市波动较大，两个指标的异常波动说明它们可以反映出风险即将发生，为风险期的来临提供预警作用。这些阶段中，平均路径长度较低而网络密度较大，此时网络中的溢出关系强度较大，有可能导致风险的密切传导。

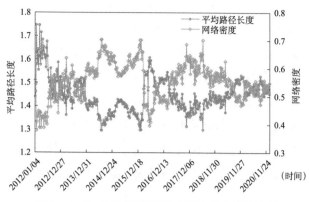

图 5 - 4 - 3　网络平均路径长度和密度演化特征

　　图 5 - 4 - 4 表示网络中的中心性指标的趋势，反映了节点在网络中的位置和作用。接近中心性反映了节点与其他节点间的距离是否越接近，如果节点的接近中心性越高则更容易被其他节点影响，受到股价波动影响的概率更高，风险也会随之更易传导。中间中心性反映了节点的媒介能力，在网络中起到了重要的"桥梁"的作用，如果节点的中介性越高越容易导致两个社团间的股价溢出关系的发生，从而易于风险传染。从图 5 - 4 - 4 中可以看出，网络平均中间中心性和平均接近中心性指标的波动程度有较高的相似性，在 2012 年末和 2015 年后波动特征比较剧烈，说明它们对风险有一定的滞后反应。

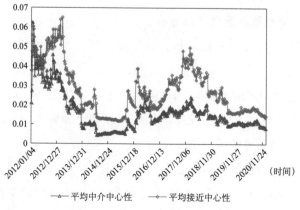

图 5 - 4 - 4　网络平均中间中心性和平均接近中心性趋势

图 5 - 4 - 5 中，特征向量中心性更加强调节点的邻居数量和质量情况，表示节点的邻居伙伴的重要性，是反映节点质量的指标。节点通过连接很多其他重要的节点来提升自身的重要性，分值较高说明可能和大量一般的节点相连，也有可能与少量的高分值的节点相连。在疾病传播和谣言扩散中，一个节点的 EC 值越大，说明该节点距离传染源更加的可能性较大，是需要防范的关键点，在本节是同样的作用。发现在 2015 年和 2018 年末前有明显的向上的波动状态，说明其对风险的发生有明显的反应，能够预示着风险期的到来，此时股价波动溢出关系强，则风险传导的可能性较大。

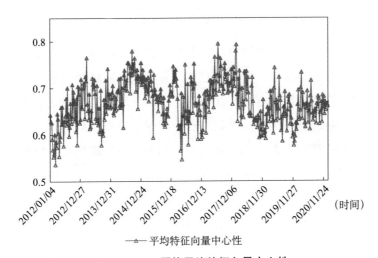

图 5 - 4 - 5　网络平均特征向量中心性

5.4.2.3　节点整体演化特征分析

本小节主要从节点的视角分析，分别是出度（股价波动溢出范围）、出强度（股价波动溢出强度）、中介中心性、接近中心性和特征向量中性等指标进行分析。探索这些指标在不同时间尺度下的变化规律。这些指标反映了节点在网络中的重要性程度和发挥的作用，有助于分析不同节点的股价波动溢出特征和其可能导致的风险传导情况。

图 5 - 4 - 6 是股价波动溢出范围分布，表示 83 个股票节点在不同时间的股价溢出范围大小分布。在 2014 年 1 月至 2016 年 2 月间股票的溢出范围较大，绝大多数股票的溢出范围值在 50 以上，甚至有些股票的溢出范围在 70 以上，说明在此区间内网络中的节点间的关联关系较为亲密，股价波动溢出

关系较多，更容易导致风险的传导。在 2019 年 3 月以后网络中节点的溢出范围又有小幅度的增大，溢出范围值在 30 以上的居多，说明此时网络中的节点股价溢出关系增多，也会导致风险的传导范围增加。2015 年股灾是距离现在最近的一次股灾，是一种系统性风险。2019 年中美贸易摩擦和中国经济的疲软给中国股市带来了不好的影响，加剧了中国金融市场的风险和动荡。这说明溢出范围强度增大能够较准确地预示着风险期的来临，此时网络中更易发生风险传导。

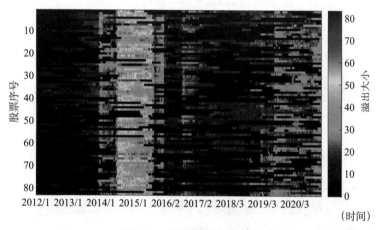

图 5 - 4 - 6　溢出范围分布

图 5 - 4 - 7 是股票的溢出强度分布。在 2014 年 1 月至 2016 年 2 月间，网络中的节点的溢出强度值明显高于其他时间段，并且可以发现绝大多数的股票的溢出强度值在 40 左右，尤其是 2014 年中～2015 年中，网络中多个节点的股价波动溢出强度持续在 40 以上。说明此时网络中的节点的股价波动溢出程度非常高，某一个节点的股价发生波动后会极有力地波及到其他股票节点。此时更容易使得风险传导给其他的节点，并且传导的强度较大，带来的风险灾难较大。在 2019 年 3 月后溢出强度值也有小幅度的提升，溢出强度值在 15 以上，此时也说明网络中的节点会更大程度地影响其他节点的股价波动。溢出强度也较好对风险期来临做出了预示反应。

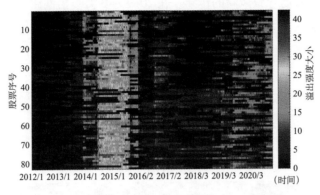

图 5 - 4 - 7 溢出强度分布

节点的中介中心性反映了股票节点的媒介和"桥梁"的作用。可以看出它的分布趋势与上面的传导范围和传导强度是相反的，如图 5 - 4 - 8 所示。在 2014 年 1 月至 2016 年 2 月及 2019 年 3 月后的两个阶段中，节点的中介中心性的数值明显是减小了。而在 2012 年 1 月至 2014 年 1 月，2016 年 2 月至 2019 年 3 月的两个阶段中，中介中心性的值是相对较高的，尤其是在 2012 年后。2012 年欧债危机继续蔓延，美国"财政悬崖"的持续，给全球经济带来了危机，中国受其影响，经济增长率明显下滑，进入减速增长期，中国股市也出现大跌的现象。2016 年 2 月后同理，有小幅度的增加，说明风险危机后，其数值会有增大。这说明节点的中介中心性指标对于风险的预警有一定的滞后作用。

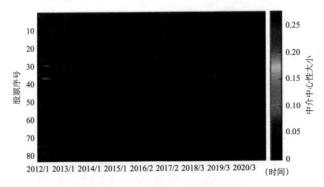

图 5 - 4 - 8 节点中介中心性分布

节点的接近中心性指标反映了节点与其他节点的距离大小，接近中心性更接近几何上的中心位置。节点的接近中心性与节点中介中心性的分布趋势相似，如图 5 - 4 - 9 所示。在 2012 年 1 月至 2014 年 1 月网络中节点的接近中心性值较大，此时节点易发生股价波动信息传递。2015 年左右的风险当期网络中节点的接近中心性反而最小，这说明节点在这个阶段不易直接传递信息，不易受其他节点的信息控制。而在风险期后，它会有较大幅度的增大，如 2016 年 2 月以后，尤其是中下游的一些节点，它们的接近中心性更大，说明其对风险的滞后反应更加明显。说明它们对风险来临有比较滞后的反应现象。

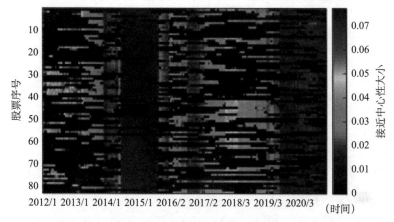

图 5 - 4 - 9　节点接近中心性分布

　　节点的特征向量中心性反映了节点的邻居节点的重要性程度。该指标比较适用于反映节点的长期影响力。在风险传播网络当中，节点的 EC 值越大，说明该节点距离传染源的可能性较大，是需要防范的关键点。它随时间的分布特征与溢出范围和溢出强度相似，如图 5 - 4 - 10 所示。2014 ~ 2016 年初，节点的特征向量中心性较大，此时它们距离传染源的概率较大，某一只股票的股价有波动会大概率的波及其他股票，从而更加容易导致风险的溢出和传导。在 2018 年初，中游的一些节点也表现出特征向量中心性较大的特征，说明在此阶段中游金属冶炼及加工企业导致风险传递的可能性更大。总体看，特征向量中心性对风险期的到来有比较好的警示作用。

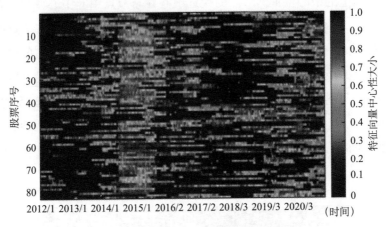

图 5 - 4 - 10　节点特征向量中心性分布

5.4.3　产业链视角下的层内和层间股价波动溢出特征分析

5.4.3.1　层内股价波动溢出特征分析

本小节主要分析各单层网络的规模（边和节点的数量）随时间的演变特征，分析网络中节点的股价波动溢出范围（出度）和股价波动溢出强度（出强度）等情况。

图 5 - 4 - 11 展示了 2012 ~ 2021 年上游采矿业的溢出关系、溢出节点数量和均值情况。溢出关系数量最大能够达到 450 以上，节点数量最大为 28。此时 99% 的节点都有波动溢出关系的产生。其溢出关系均值为 137，溢出节点均值为 14。在 2014 年下旬其波动溢出关系和波动溢出节点数量达到峰值，说明此时网络中的股价波动溢出关系非常密切，多个节点间存在溢出关系，此时金融市场中更易发生风险的传导。而后在 2019 年末其波动溢出规模又有大幅度的上升，说明此时市场中的股价波动溢出关系明显，易引起风险的大规模传导。

对上游层所有的采矿业节点溢出范围和溢出强度进行了均值分析，发现 601857. SH（中国石油）、600583. SH（海油工程）、000762. SZ（西藏矿业）、600508. SH（上海能源）和 601958. SH（金钼股份）等节点的溢出强度和范围的值较大，其中绝大多数是比较大型的能源类公司，说明在

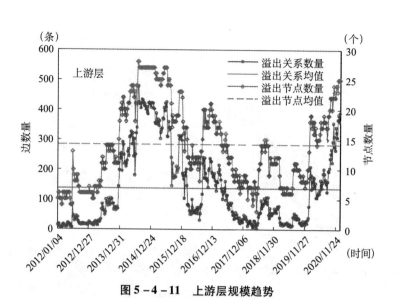

图 5 - 4 - 11　上游层规模趋势

上游层中较大型的能源类采矿业的价格波动溢出范围和强度更大，其次是一些金属类公司。

图 5 - 4 - 12 展示了 2012 ~ 2021 年中游金属冶炼及压延加工业企业的溢出关系、溢出节点数量及均值情况。溢出关系数量最大能够达到 350 个以上，节点数量最大为 26 个。其溢出关系均值为 126 个，溢出节点均值为 14 个。对比上游层来说，其溢出关系数量有较大的减少，说明此时的网络关系比较稀疏，节点间的溢出程度有所减少。在 2015 年中其波动溢出关系和波动溢出节点数量达到峰值，此时网络中股票间的价格波动溢出关系非常密切，易导致股价波动带来的风险发生。此时金融市场中更易发生风险的传导。而后在 2020 年初其波动溢出规模又有大幅度的上升，股价波动关系较为剧烈。

对中游层所有的采矿业节点溢出范围和溢出强度进行均值分析，发现中游层所有股票节点的平均溢出范围和溢出强度小于上游层采矿业类，说明中游层节点间的股价波动溢出关系较上游更弱。其中，600117.SH（西宁特钢）、600362.SH（江西铜业）、601677.SH（明泰铝业）、000761.SZ（本钢板材）、000898（鞍钢股份）等节点溢出力度更大，说明黑色金属冶炼及压延加工业在层内的溢出力度大。

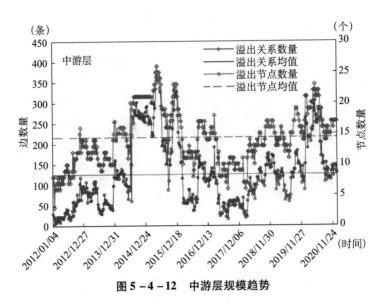

图 5 - 4 - 12　中游层规模趋势

图 5 - 4 - 13 展示了 2012 ~ 2021 年下游的金属制品和非金属矿物制品业的溢出关系、溢出节点数量及均值情况。溢出关系数量最大能够达到 420 左右，节点数量最大为 27。溢出关系均值为 109.9，溢出节点均值为 12。对比上游和中游层来说，其溢出关系数量和节点数量都大幅减少，说明下游层网络中节点间的整体溢出程度较小。但是它们的整体变动趋势相似，在 2015 年波动溢出关系和波动溢出节点数量达到峰值，此时网络中股价波动溢出关系非常密切，易导致股价波动带来的风险发生，这与当时中国的股灾情况相符，说明风险来临时网络中的股价波动溢出关系密度。而后在 2019 年初其波动溢出规模又有大幅度的上升，股价波动关系较为剧烈，也容易导致风险的传导。

对下游层所有的金属冶炼及压延加工类节点的溢出范围和溢出强度进行均值分析，下游层所有股票节点的平均溢出范围和溢出强度整体来说小于上游和中游层的股票，说明下游层内节点间的股价波动溢出关系最弱。其中，002135. SZ（东南网架）、600881. SH（亚泰集团）、600425. SH（青松建化）、002084. SZ（海鸥住工）、600326. SH（西藏天路）等节点的溢出力度更大，尤其是非金属矿物制品在层内的溢出力更大，它们可能会带来更强的风险传导。

上中下游层内的溢出比例如图 5 - 4 - 14 所示，包括溢出范围占比和溢出

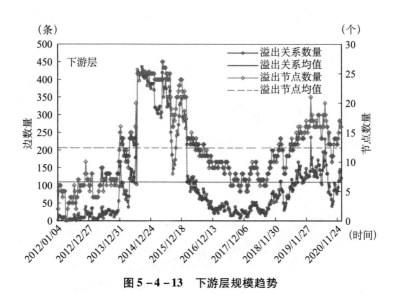

图 5 - 4 - 13　下游层规模趋势

强度占比。溢出范围来看，上游层的溢出范围更大，说明采矿业类的企业之间的股价波动溢出的范围较大，更多的节点受到股价波动影响。其次是中游层，最后是下游层。

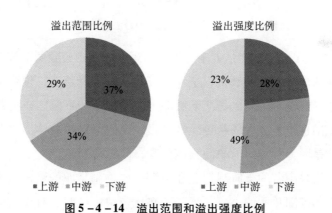

图 5 - 4 - 14　溢出范围和溢出强度比例

图 5 - 4 - 14 中，溢出强度方面，中游层基本占据了半壁江山。说明中游的有色金属和黑色金属冶炼及压延类企业间的股价波动溢出的强度非常大，它们之间相互影响力度较大。其次是上游节点，最后是下游节点。中游层内的节点的溢出范围和强度值都较高，说明这些节点间的股价波动溢出关系更为密切，其中一个股票节点的股价有较大波动会极有力地波及到其他的节点。

因此，应该更加关注中游层节点间的股价波动关系，防范波动带来的风险传导。

5.4.3.2 层间股价波动溢出特征分析

本小节主要统计了双层网络中，不同窗口下股票的总溢出范围、总溢出强度及层间的溢出关系特征。首先对各股票的总溢出范围和总溢出强度进行降序排列，看其分布情况，具体如图 5-4-15 所示。

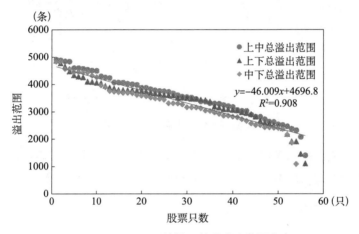

图 5-4-15 双层情境下的总溢出范围分布

图 5-4-15 可以看出，上中层即上游采矿业和中游金属冶炼及压延加工行业的企业的总溢出范围最大，呈现比较均匀的下降状态，说明节点间总溢出范围的差异性较小。其次是上下层即上游采矿业和下游的矿物制品业的企业，溢出范围也较大，下降趋势比较缓慢，说明节点间总体溢出范围的差异性更小。这是因为本身层内的溢出范围大，同时说明节点在层间的溢出范围也较大。最后是中游的金属制造业和下游的矿物制品业的溢出范围，说明两者之间的溢出范围总体偏小，其下降趋势比较快，说明只有少数节点的总体溢出范围大。节点间的股价波动溢出关系范围较弱。产业链视角下可以得知，上中游节点的产业关联性更密切，股价波动溢出范围最大，此时更容易导致上下层内的风险传导大范围发生。

图 5-4-16 展示了双层网络中，节点间的总溢出强度降序排列。溢出强度的总体下降趋势较溢出范围来说，呈现波动态。以上下层为例的拟合线性关系的斜率更小，说明趋势更缓。说明节点间的溢出强度值的整体变

动性较小。其中仍然是上中总溢出更大，说明上游的采矿业和中游的金属制造业间的股价波动溢出强度较大，某只股票的股价波动性大会给其他股票更大力度的波动。其次是上下层的总溢出强度，其强度值明显高于中下层的总溢出强度，小于上中层的总强度值。从上节得知，上游和下游层的层内溢出强度远小于中游层，但上下双层网络中的溢出强度明显增大，说明上游采矿业和下游层矿物制品的层间的股价波动溢出关系力度较大。结果表明，上游的采矿业和下游的矿物制品业的在产业链的作用下其产业带动性更强，导致双层的股价波动力度加大，推断风险更易在上下游间发生传导。

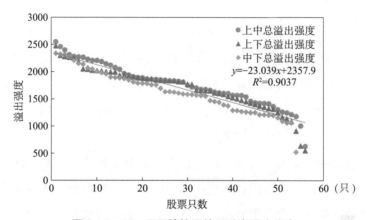

图 5 - 4 - 16　双层情境下的总溢出强度分布

　　为了更好地从整体角度分析，对双层网络中的所有节点的溢出范围和溢出强度加总，进行占比统计，如图 5 - 4 - 17 所示。与上文中节点分析视角结果一致，上中层的溢出范围和溢出强度最大，比例高达 35%。说明采矿业和有色及黑色金属冶炼及加工业间的股价波动溢出关系不仅最为密切且强度最大，这说明在整体的矿业金融市场中，更应该加强上游的金属和能源采矿业节点及中游的有色及黑色金属冶炼及加工业节点间的关注，当股价发生较大波动的时候，这两层的波动溢出特征更为明显，可能会给整个矿业金融市场带来更多的风险传导危害。其中上下层的溢出强度占比明显大于其单层强度加总，这说明上下层间的溢出强度值很大，风险发生时，其上层或者下游层的层内影响反而小于其层间的影响，这也是管理者应该关注到的关键信息。说明股价波动溢出不仅受到金融市场本身的影响也会受到产业链上企业间的产业带动作用。

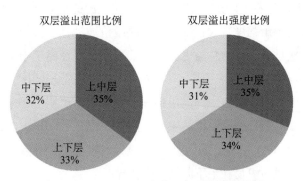

图 5 – 4 – 17　双层溢出范围和溢出强度比例

　　因此，具体对比分析了层内和层间（只关注两层之间的关系溢出）的股价溢出关系范围和溢出关系强度大小。对层内和层间的溢出值及其在三层网络中的溢出值占比进行了统计分析，此处更应关注层间的溢出关系，具体如图 5 – 4 – 18 所示。可以看出上、中、下游的溢出范围是呈现缓慢下降趋势，同时上中层间，上下层间和中下层间的溢出范围也呈现出下降趋势。它们之间的占比程度接近，说明总体上溢出范围的差异化较小。但是，层间的溢出范围都大于层内的溢出范围，这说明网络中节点间的层间溢出范围更大，也就是说产业链的上、中、下游间的关联关系大于本身的某一行业内的关联关系，这说明产业链效应更强，会带动和加剧上、中、下游间的股价波动溢出关系。当某一只股票的股价发生波动的时候，更大概率会带动其上游或者下游节点的股价波动，对于同层的股价波动带动下反而较小。因此发生风险的时候，更应多关注层间的股价溢出关系，它们可能更易导致大范围的风险发生。

　　对于溢出强度来说，中游的溢出强度最大，占比达 26.31%，说明中游的金属冶炼及压延加工业的股价波动溢出强度非常大，这与上节结果相符。说明当中游层某一股票的股价波动时，其会更有力地带动同层节点的股价波动。而对于层间溢出强度来说，则是上下层间的溢出强度更大，占比达到了 18.05%。这说明上游的采矿业和下游的矿物制品业的溢出强度远大于其他层间的溢出强度关系。如图 5 – 4 – 19 所示。在产业链上，上下层间的股价波动溢出强度对整个矿业金融市场的影响较大，上游节点的股价波动时会更有力

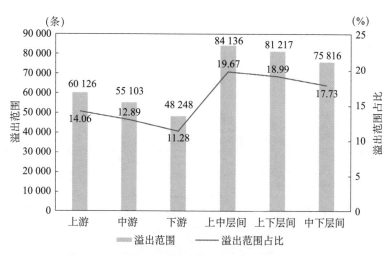

图 5 - 4 - 18 层内和层间股价溢出关系范围大小和占比

地导致下游层的节点股价波动。某一只采矿业类股票发生风险，会大概率更大强度地增加矿物制品业股票的风险可能性。这是因为上游多是能源类和金属类原料企业，它们是下游的水泥制造和钢材建造的原材料提供者，因而它们之间的股价溢出强度更大。这也说明市场中的股价的波动不仅会受到金融市场本身的因素影响，同时也受到产业链效应的影响。

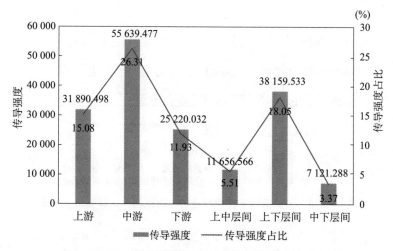

图 5 - 4 - 19 层内溢出强度和层间溢出强度大小和占比

5.4.3.3　不同行业间的股价波动溢出特征分析

层内根据不同矿种进行了行业的具体划分：上游是金属矿产和能源矿产，中游是黑色金属制造业和有色金属制造业，下游是金属制品和非金属制品业，如表 5 - 4 - 1 所示。本小节总结了不同矿种所属行业的溢出范围和溢出强度特征。

表 5 - 4 - 1　　　　　　　　层内不同行业的股价波动溢出特征统计

分层	种类	数量	平均溢出范围	平均溢出强度
上游	金属矿采选业	7	2 099.429	1 116.17
	能源矿采选业	22	2 065	1 094.423
中游	有色金属冶炼	18	1 953.222	1 010.499
	黑色金属冶炼	9	2 216.111	1 070.085
下游	金属制品业	10	1 865.2	977.975
	非金属制品业	17	1 740.941	908.252

上游和中游的节点的平均溢出范围和溢出强度都大于下游节点的范围和强度。说明在矿业金融领域当中上中游的企业担任更强的股价波动溢出角色。具体看各类矿种的溢出范围占比和溢出强度占比，如图 5 - 4 - 20 所示。

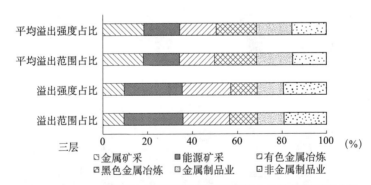

图 5 - 4 - 20　三层情境下不同行业的溢出范围占比和溢出强度占比

在三层情境下，能源矿产的溢出范围和溢出强度占比最大，这也是由于在矿业金融行业当中，能源类采矿业企业的数量较多，导致其波动溢出关系更多。其次是非金属制品业，它们本身的数量次之。不过在金融市场中，能源类采矿业和非金属制品业这两类本身的数量确实较多，这也是现实情况，所以应加大对这两类的关注度。并且通过 3.2 小节的结果可以发现，上下游层间的溢出强度更强，其中绝大多数关系也是来自于这两个行业。所以对于它们之间的价格波动变化趋势应该加强重视和管理。其次是有色金属冶炼行业，它们的溢出范围和强度也较高，应该对中游层的有色金属行业加强重视。各行业的平均溢出范围和强度较为平均，差异化较小。

第 6 章

稀土上市公司间股价波动量化因果关系产业链传导分析

通过文献研究及前期方法研究分析发现，通过量化因果分析稀土产业上市公司股票间波动因果关系是一种具有更全面、更能反映本质和因果相关程度的方法。因此，为了研究稀土产业上市公司股票之间的价格波动量化因果关系规律，本章首先在模式因果方法的基础上，结合实际问题设计了量化因果关系网络模型，其次对计算所得的三种量化因果关系值（正向因果关系、负向因果关系和不明因果关系）进行分析，最后从网络拓扑结构出发，着重分析产业链各类情况下的各股票的波动传导角色，以此反映稀土产业整体发展规律对上市公司股价的影响以及各种波动规律，为市场各类参与主体提供决策参考。

6.1 稀土产业链界定

产业链由上游企业、中游企业和下游企业所组成。本书所指稀土产业链包括稀土产业中的矿产开采、稀土冶炼、矿石精炼等企业组成的产业链上游，其中轻稀土和重稀土的开采、冶炼、提纯均包含在内。

由包括稀土永磁材料、稀土催化材料、稀土储氢材料、稀土发光材料、稀土抛光材料等相关产品生成制造销售类企业所组成的产业链中游。

以及稀土永磁类产品应用类企业，主要包括以钕铁硼磁体为生成原料的电机消费类电子设备生成企业、以分子稀土催化等为主要原料的机动车尾气净化、石油催化裂化产品生成企业、以镍氢电池为主要原料的便携式电子设备、混合电动车等生产企业所组成的产业链下游。

本章以全球稀土产业中的上市公司为研究对象，因此界定的稀土产业链只限于所有企业中的上市公司。

本章选取 Wind 数据库产业链平台全球稀土产业链产业地图中上市公司

的数据为研究对象，共有 42 个国内外上市公司，具体如图 6-1-1 所示。研究采用这 42 个稀土产业上市公司股票 2013 年 3 月 1 日至 2020 年 12 月 31 日的日收盘价数据，共计 1 912 个观测值。上游公司股票 7 只，中游公司股票 16 只，下游公司股票 19 只，一共是 42 只股票。

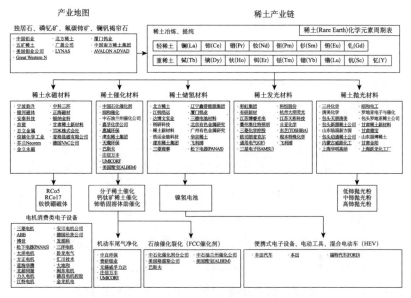

图 6-1-1　稀土产业链产业地图

6.2　稀土产业链股票间价格波动量化
因果关系网络模型构建

由于股票时间序列的高维复杂性特征，因此模型构建时，需要首先运用相空间重构理论方法对高维复杂系统解析，然后为了便于研究且减少噪声干扰，采用符号动力学理论对波动关系进行模态化处理，以计算股票时间序列基于数据的联动关系强度，最后结合全球稀土产业链上市公司股价波动以及股价波动关联性的几个主要影响因素，设计出综合模型组如式（6-2-1）、式（6-2-2）和式（6-2-3）所示，用以计算量化因果关系。得到股票间价格波动因果关系有三种，即正向因果关系、负向因果关系和不明因果关系。

正向因果关系表示两只股票当中作为波动因的股票的价格波动在多大程

度上同向影响作为果的股票的价格波动，是一种肯定关系。

$$CV(p) = f_p(X_1, X_2, \cdots, X_i, \cdots, X_j, \cdots, X_{42}) \quad (6-2-1)$$

负向因果关系表示两只股票当中作为波动因的股票的价格波动在多大程度上反向影响作为果的股票的价格波动，是一种否定关系。

$$CV(n) = f_n(X_1, X_2, \cdots, X_i, \cdots, X_j, \cdots, X_{42}) \quad (6-2-2)$$

不明因果关系表示两只股票当中作为波动因的股票的价格波动在多大程度上不影响作为果的股票的价格波动，是一种不明确的波动关系。

$$CV(d) = f_d(X_1, X_2, \cdots, X_i, \cdots, X_j, \cdots, X_{42}) \quad (6-2-3)$$

式（6-2-3）中，$(X_1, X_2, \cdots, X_i, \cdots, X_j, \cdots, X_{42})$ 为模型输入的 42 只股票收盘价时间序列，X_i 表示第 i 只股票的价格时间序列，共有 42 只股票的价格时间序列。模型输出为 $CV(p)$，$CV(n)$，$CV(d)$，分别代表正向因果关系矩阵、负向因果关系矩阵和不明因果关系矩阵三个 42×42 矩阵。

该模型实现多只股票相互间价格波动因果关系计算，并形成三个因果关系矩阵 $CV(p)$，$CV(n)$，$CV(d)$。表 6-2-1 把本章用到的相关变量做了描述，表中 $\mathbb{R}$ 表示实数集，$\mathbb{N}$ 表示非负整数集，$\mathbb{R}^E$ 表示实数集矩阵，$\mho^E$ 表示符号集矩阵。

表 6-2-1　　　　　　　　　本章相关变量描述

变量	描述
X_i，$X_j \in \mathbb{R}$	第 i、j 只股票时间序列（实数集）
$X_i(t) \in \mathbb{R}$	第 i 只股票时间序列上 t 时刻所对应的值
$k \in \mathbb{N}$	股票时间序列长度（1912）
$t \in \mathbb{N}$	时间
$f \in \mathbb{N}$	嵌入维数
$\tau \in \mathbb{N}$	延迟时间
$L_{x_i} \in \mathbb{R}^E$	由第 i 只股票重构的与原系统拓扑同构的吸引子
$H_{x_i} \in \mathbb{R}^E$	X_i 股票时间序列重构的吸引子 L_{x_i} 的邻域
$M_{X_i(t)} \in \mho^E$	$X_i(t)$ 当前的模态
$CV_{ji}(positive) \in \mathbb{R}$	第 j、i 只股票正向因果关系强度
CV	股票间价格波动因果关系矩阵

　　两只股票间量化因果关系计算可以先分别构建股票X_i和股票X_j两个时间序列$X_i(t)$和$X_j(t)$的吸引子L_{x_i}和L_{x_j}，然后利用符号动力学理论得到了吸引子上个点的平均模态然后通过符号动力学理论将吸引子上的点模态化，最后通过探究吸引子L_{x_i}和L_{x_j}上点的模态之间的特性来推断$X_i(t)$和$X_j(t)$之间的联动关系。然后在两两之间重复该过程，就可以得出联动关系矩阵，整个计算过程的关键过程如图 6 - 2 - 1 所示。

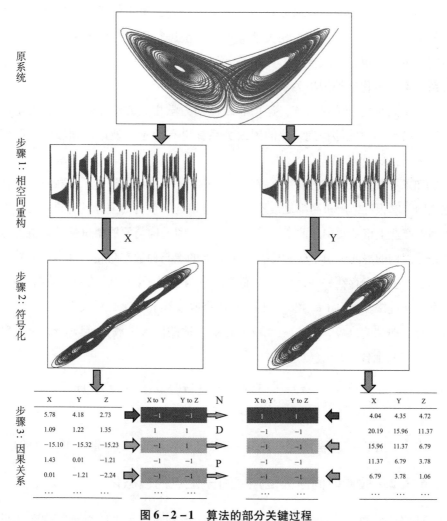

图 6 - 2 - 1　算法的部分关键过程

注：P = 正，N = 负，D = 不明。

由洛伦茨模型显示，为了从洛伦茨模型中讨论股票X_i和股票X_j之间的因果关系，首先，股票X_i和股票X_j分别进行相空间重建。其次，分别对吸引子股票X_i和股票X_j的矢量进行模态化。最后，区分同时在吸引子股票X_i和股票X_j模式间的联动关系。

6.2.1 高维复杂系统解析

股票市场构成了一个高维复杂系统，根据第 2 章关于因果关系研究的文献综述，目前对股票间价格波动因果关系的研究，更多的是运用线性方法进行分析，结合信息论、数据相关性等理论方法进行研究，即便有非线性方法研究，更多的也是非线性静态因果关系研究，结果更多用于判断是否有因果关系，不能量化这种因果关系。

对于高维复杂信息系统，运用非线性动力学相关方法能够更好、更全面进行解析，同时能够得到量化的因果关系，更有助于清晰地认知股票与股票间因果关系的状态和程度。

如果要观察该系统的高维系统信息，就需要适当的方法体系，相空间重构理论则能够很好地解析高维复杂系统。采用相空间重构的坐标延迟重构法，对于稀土产业上市公司中的两个股票X_i和X_j，分别重构与原股票价格波动混沌系统拓扑同构的混沌吸引子L_{x_i}和L_{x_j}，L_{x_i}和L_{x_j}上的点与原股票价格波动混沌系统的吸引子L上的点存在一一映射，进而存在重构吸引子L_{x_i}和L_{x_j}的一一映射关系，故可以通过探究吸引子L_{x_i}和L_{x_j}上特性来研究股票X_i和股票X_j的关系。

对于股票$X_i(t)$，$t = 1, \cdots, k$，选取合适的嵌入维数f，延迟τ，重构吸引子L_{x_i}。其上任一点$x_i(t)$为：

$$x_i(t) = \{X(t), X(t-\tau), \cdots, X[t-(f-1)\tau]\}, t = 1 + (f-1)\tau, \cdots, k$$

$$(6-2-4)$$

本章采用 C – C 算法同时确定 f = 3 和 τ = 1（Kim and Eykholt et al. , 1999）。

6.2.2 股票时间序列混沌吸引子上点的模态化

利用符号动力学对重构的股票价格时间序列吸引子上的点进行模态化处理，可以有效降低噪声的影响。令$f: R^n \rightarrow R^{n-1}$，为符号转换函数，将 n 维向

量映射为 $n-1$ 维向量。

当嵌入维数 $f=3$ 时，L_{x_i} 上任一点为：

$$x_i(t) = [X(t), X(t-\tau), X(t-2\tau)] \qquad (6-2-5)$$

若 $X(t) > X(t-\tau) > X(t-2\tau)$，记其模态为 $M x_i(t) = f(x_i(t)) = (-1,-1)$；

若 $X(t) = X(t-\tau) = X(t-2\tau)$，记其模态为 $M x_i(t) = f[x_i(t)] = (0,0)$；

若 $X(t) < X(t-\tau) < X(t-2\tau)$，记其模态为 $M x_i(t) = f[x_i(t)] = (1,1)$。

接着计算吸引子上点的平均模态，如有两种模态：

$$M_{x_{i(1)}} = (1,-1), \; x_i(1) = (2,6,3), \; k_1 = \left(\frac{6-2}{2}, \frac{3-6}{6}\right), \text{with weight } w_1 = 0.3;$$

$$M_{x_{i(2)}} = (-1,1), \; x_i(2) = (4,2,8), \; k_2 = \left(\frac{2-4}{4}, \frac{8-2}{2}\right), \text{with weight } w_2 = 0.7;$$

$$k_t = \sum k_i w_i = (2,-0.5) \times 0.3 + (-0.5,3) \times 0.7 = (0.25,1.95);$$

则 $x_i(1)$，$x_i(2)$ 的平均模态：$\quad M_{(X_{i(1)}, X_{i(2)})} = (1,1)$。

6.2.3　联动关系强度计算

计算股票 X_j 上的点 $X_j(t)$ 到股票 X_i 上的点 $X_i(t)$ 的联动关系强度（CV），首先找出吸引子 L_{x_i} 上与 f 维变量 $x_i(t)$ 距离最近的 $f+1$ 个点，然后计算其平均模态 $M x_i(t)$，再估计与 $x_i(t)$ 同时段的 $x_j(t)$ 在其邻域 H_{x_i} 上的平均模态 $Mx_j(t)$，最后计算估计的 $X_j(t)$ 的平均模态与其真实平均模态一致性的比例，即为 CV，取值范围为 $0 \sim 1$，其值越小表明联动关系越弱，越大表明联动关系越强。同样的方法也可以用于计算 $X_i(t)$ 到 $X_j(t)$ 的联动关系强度（CV）。

计算股票 X_j 上点 $X_j(t)$ 到股票 X_i 上点 $X_i(t)$ 因果关系的具体步骤包括以下四步。

（1）计算 $x_i(t)$ 的平均模态。选取与 $x_i(t)$ 距离最近的 $f+1$ 个点，即 $x_i(t_m)$，分别计算 $x_i(t_m)$ 与 $x_i(t)$ 的权重 w_m^x，$m=1, \cdots, f+1$。距离越近的点赋予权重越大。对每个 $x_i(t_m)$ 中相邻分量依次差分，以便求模态，得到 h_m^x，$m=1, \cdots, f+1$。再计算近邻点加权和，即 $H_{x_i(t)}$。最后将 $H_{x_i(t)}$ 按照转换函数模态化，得到 $M x_i(t)$，即为 $x_i(t)$ 的平均模态。

$$x_i(t_m) = (X(t_m), X(t_m-\tau), \cdots, X(t_m-(f-1)\tau)), x(t_m) \in N_{x_i(t)}$$

$$(6-2-6)$$

$$h_m^x = \left(\frac{X_i(t_m - \tau) - x_i(t_m)}{X_i(t_m)}, \cdots, \frac{X_i(t_m - (E-1)\tau) - X_i(t_m - (E-2)\tau)}{X_i(t_m - (E-2)\tau)} \right)$$

$$(6-2-7)$$

$$w_m^x = \frac{e^{-d(x(t), x(t_i))}}{\sum_i e^{-d(x(t), x(t_i))}}, d \text{ 为欧式距离} \qquad (6-2-8)$$

$$H_{x_i(t)} = \sum_{m=1}^{f+1} w_m^x h_m^x \qquad (6-2-9)$$

$$M_{x_i(t)} = f(H_{x_i(t)}) \qquad (6-2-10)$$

(2) 估计同时段的 X_j（t）的平均模态。x_j（t）是与 x_i（t）对应时间的点。此时 x_j（t）近邻点的选取是与 x_i（t）近邻点时间上对应的值，即 $\widehat{x_j}$（t_m），$t_m = t_{x_i(t_1)}$，$\cdots$，$t_{x_i(t_{f+1})}$。

$$\widehat{x_j}(t_m) = (\widehat{X_j}(t_{x_{im}})), \widehat{X_j}(t_{x_{im}} - \tau) \cdots, \widehat{X_j}(t_{x_{im}} - (f-1)\tau),$$

$$\widehat{N_{x_j(t)}} = \widehat{X_j}(t_{x_1}), \cdots, \widehat{X_j}(t_{x_{f+1}}) \qquad (6-2-11)$$

$$h_m^{\widehat{x_j}} = \left(\frac{\widehat{X_j}(t_{x_2}) - \widehat{X_j}(t_{x_1})}{\widehat{X_j}(t_{x_1})}, \cdots, \frac{\widehat{X_j}(x_{t_E}) - \widehat{X_j}(x_{t_{E-1}})}{X_j(x_{t_{E-1}})} \right) \qquad (6-2-12)$$

$$\widehat{H}_{X_j(t)} = \sum_{m=1}^{f+1} w_m^{x_i} h_m^{X_j} \qquad (6-2-13)$$

$$\widehat{M}_{X_j(t)} = f(\widehat{H}_{X_j(t)}) \qquad (6-2-14)$$

(3) 最后计算 x_j（t）的真实的平均模态。

$$x_j(t_m) = (X_j(t_m), X_j(t_m - \tau), \cdots, X_j(t_m - (f-1)\tau)), x_j(t_m) \in N_{x_j(t)}$$

$$(6-2-15)$$

$$h_m^{x_j} = \left(\frac{X_j(t_m - \tau) - X_j(t_m)}{X_j(t_m)}, \cdots, \frac{X_j(t_m - (f-1)\tau) - X_j(t_m - (f-2)\tau)}{X_j(t_m - (f-2)\tau)} \right)$$

$$(6-2-16)$$

$$w_m^{x_j} = \frac{e^{-d(x_j(t), x_j(t_m))}}{\sum_i e^{-d(x_j(t), x_j(t_m))}}, d \text{ 为欧式距离} \qquad (6-2-17)$$

$$H_{x_j(t)} = \sum_{m=1}^{f+1} w_m^{yx_j} h_m^{x_j} \qquad (6-2-18)$$

$$M_{x_j(t)} = f(H_{x_j(t)}) \qquad (6-2-19)$$

（4）对L_{x_i}上任一$x_i(t)$重复上述过程，将估计的平均模态与真实的平均模态一致的比例填入 CV 矩阵。

图 6-2-2 是嵌入维数 $f=3$ 时从 $X_j(t)$ 到 $X_i(t)$ 联动关系的 CV 矩阵，其他嵌入维数以此类推。矩阵第一列为 $x_i(t)$ 在其最近邻域 $H_{x(t)}$ 上的平均模态，第一行为与 $x_i(t)$ 同时段的 $x_j(t)$ 在其最近邻域 $H_{x_j(t)}$ 上的平均模态。矩阵内元素为估计的同时段 $x_j(t)$ 的平均模态与同时段真实的 $x_j(t)$ 的平均模态一致的比例，取值范围为 0~1 之间。矩阵主对角元素灰色部分表明 $x_j(t)$ 平均模态与 $x_i(t)$ 平均模态一致即正向的联动关系，副对角元素黑色部分表明 $x_j(t)$ 平均模态与 $x_i(t)$ 平均模态相反即负向的联动关系，而白色部分则表示不明联动关系。对主对角元素取平均得到 $X_j(t)$ 到 $X_i(t)$ 的正向联动关系强度，对反对角元素取平均得到 $X_j(t)$ 到 $X_i(t)$ 的负向联动关系强度，除正反对角元素外的元素的平均数作为 $X_j(t)$ 到 $X_i(t)$ 的不明联动关系强度。

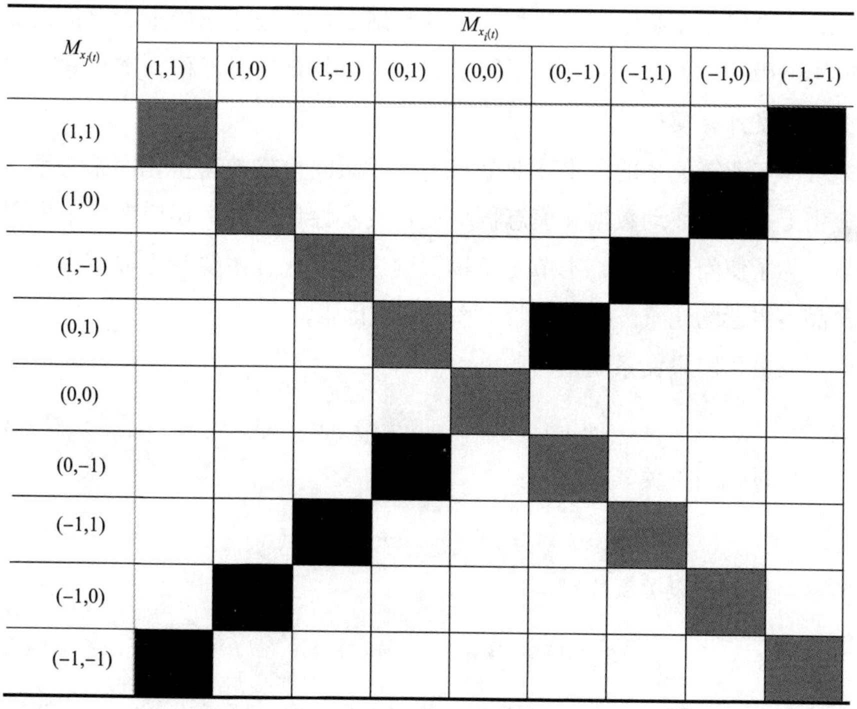

$M_{x_{j(t)}}$	$M_{x_{j(t)}}$								
	(1,1)	(1,0)	(1,−1)	(0,1)	(0,0)	(0,−1)	(−1,1)	(−1,0)	(−1,−1)
(1,1)									
(1,0)									
(1,−1)									
(0,1)									
(0,0)									
(0,−1)									
(−1,1)									
(−1,0)									
(−1,−1)									

图 6-2-2　CV 矩阵（维数 $f=3$）

股票 X_j 到股票 X_i 的正向联动关系强度为：

$$CV_{ji}(positive) = \frac{1}{9} \sum_{main} (matric(CV)) \qquad (6-2-20)$$

股票X_j到股票X_i的负向联动关系强度为：

$$CV_{ji}(negative) = \frac{1}{8} \sum_{counter} (matric(CV)) \qquad (6-2-21)$$

股票X_j到股票X_i的不明联动关系强度为：

$$CV_{ji}(disordered) = \frac{1}{64} \sum_{others} (matric(CV)) \qquad (6-2-22)$$

6.2.4　引入产业链特征的量化因果关系模型

模式因果关系模型计算的因果关系强度，可以被认为是数据上的先后联动关系，或者物理意义上的因果关系，与现实意义上的因果尚存在较大差距。因此，本节结合在利用上述计算方法的基础上，充分考虑稀土股票价格波动实际影响因素，引入"实际因子"σ_{ij}，设计出符合"全球稀土产业链"的因果关系强度计算模型。

考虑产业链关系的稀土产业上市公司股票间价格波动量化因果关系，除完全由上述基于波动数据和模态概率进行技术性计算外，还应考虑很多市场因素，为了使问题可解，本节对市场因素进行简化，主要考虑以下因素：稀土产品占主营的比重、净资产收益率和区域因素。

正向量化因果关系模型为：

$$cv_{ij}(p) = CV_{ij}(positive) \times \sigma_{ij}(p) \qquad (6-2-23)$$

负向量化因果关系模型为：

$$cv_{ij}(n) = CV_{ij}(negative) \times \sigma_{ij}(n) \qquad (6-2-24)$$

不明量化因果关系模型为：

$$cv_{ij}(d) = CV_{ij}(disordered) \times \sigma_{ij}(d) \qquad (6-2-25)$$

式（6-2-25）中的实际因子σ_{ij}如式（6-2-26）～式（6-2-28）所示模型进行表述。

正向实际因子模型如式（6-2-26）所示：

$$
\sigma_{ij}(p) = \begin{cases} 1/\alpha_{ij} & \text{产业链相同环节股票间} \\[2mm] \dfrac{\beta_i R_j}{\beta_j R_i \alpha_{ij}} & \text{产业链顺序相邻环节股票间} \\[2mm] \dfrac{\beta_j R_j}{\beta_i R_i \alpha_{ij}} & \text{产业链逆序相邻环节股票间} \\[2mm] \dfrac{\beta_i R_j}{2\beta_j R_i \alpha_{ij}} & \text{产业链顺序不相邻环节股票间} \\[2mm] \dfrac{\beta_j R_j}{2\beta_i R_i \alpha_{ij}} & \text{产业链逆序不相邻环节股票间} \end{cases} \qquad (6-2-26)
$$

负向实际因子模型如式（6-2-27）所示：

$$
\sigma_{ij}(n) = \begin{cases} 1/\alpha_{ij} & \text{产业链相同环节股票间} \\[2mm] \dfrac{\beta_j R_i}{\beta_i R_j \alpha_{ij}} & \text{产业链顺序相邻环节股票间} \\[2mm] \dfrac{\beta_i R_i}{\beta_j R_j \alpha_{ij}} & \text{产业链逆序相邻环节股票间} \\[2mm] \dfrac{\beta_j R_i}{2\beta_i R_j \alpha_{ij}} & \text{产业链顺序不相邻环节股票间} \\[2mm] \dfrac{\beta_i R_i}{2\beta_j R_j \alpha_{ij}} & \text{产业链逆序不相邻环节股票间} \end{cases} \qquad (6-2-27)
$$

不明因果实际因子模型如式（6-2-28）所示：

$$
\sigma_{ij}(d) = \begin{cases} 1 & \text{产业链相同环节股票间} \\[2mm] (1-\beta_j) \times (1-\beta_i) \times \alpha_{ij} & \text{产业链相邻环节股票间} \\[2mm] \dfrac{(1-\beta_i) \times (1-\beta_j)}{2} \times \alpha_{ij} & \text{产业链不相邻环节股票间} \end{cases}
$$

$$
(6-2-28)
$$

在式（6-2-26）、式（6-2-27）、式（6-2-28）中，α_{ij} 为地区因子，用地区因子表述地区因素。β 为稀土产品占主营产品比重，取值范围为 $0 < \beta \leq 1$，上游股票 i，中游股票 j，下游股票 k，对应主营产品占比分别为：β_i，β_j，β_k。R 为净资产收益率，上游股票 i，中游股票 j，下游股票 k，对应

净资产收益率分别为：R_i, R_j, R_k。

在同一地区内，供给和需求受各种因素干扰较小，确定性较强，关联关系较为明确，正向因果关系强；产品连通性和资本连通性均较强，投资者群体构成较为稳定，且结构相似性强，正向因果关系强；在地区间，供给和需求均受多种因素影响，资本连通性相对较差，投资者群体结构差异性较大，投资偏好等方面差异性也比较大，可以理解为异构市场，对正向因果和负向因果有减弱作用，对不明因果关系有增强作用。地区关联度指标记做 α，取值范围如式（6-2-29）所示：

$$\alpha_{ij} = \begin{cases} 1 & \text{当股票 } i \text{ 和股票 } j \text{ 在同一地区时} \\ 2 & \text{当股票 } i \text{ 和股票 } j \text{ 在不同地区时} \end{cases} \quad (6-2-29)$$

"产业"因素用稀土相关产品占主营产品的比重来表示，即主营产品占比 β，β 对因果关系的影响特征如表6-2-2所示。非稀土类产品占主营产品比重则反映不明因果关系。

表6-2-2　　　　　　　　主营产品占比对因果关系影响特征

视角	影响过程	规律
上游视角	β_i 在计算上游对中游因果关系时属正向指标 在计算中游对上游因果关系时属负向指标 在计算与下游相互因果时影响减半	向上控制向下传导 向上为负向下为正 上下游间影响减半
中游视角	β_j 在计算上游对中游因果关系时属正向指标 在计算中游对上游因果关系时属负向指标 在计算中游对下游因果关系时属正向指标 在计算下游对中游因果关系时属负向指标	
下游视角	β_k 在计算下游对中游因果关系时属正向指标 在计算中游对下游因果关系时属负向指标 在计算与上游相互因果时影响减半	

"产业链"因素选择"加权净资产收益率"来表示，因为该项指标既能够反映上市公司的经营情况，企业的成长性和盈利能力，同时在一定程度上也能反映行业景气度。该指标越高，企业自有资本获取收益的能力越强，运营效益越好，在产业链上的竞争力和影响力就越大。对股票因果关系的影响特征如表6-2-3所示。

表6-2-3 净资产收益率对股票因果关系的影响特征

视角	影响过程	规律
上游视角	R_i 在计算上游对中游因果关系时属负向指标 在计算中游对上游因果关系时属正向指标 在计算与下游相互因果时影响减半	向上带动向下控制 向下为负向上为正 上下游间影响减半
中游视角	R_j 在计算上游对中游因果关系时属负向指标 在计算中游对上游因果关系时属正向指标 在计算中游对下游因果关系时属负向指标 在计算下游对中游因果关系时属正向指标	
下游视角	R_k 在计算下游对中游因果关系时属正向指标 在计算中游对下游因果关系时属负向指标 在计算与上游相互因果时影响减半	

　　上游的加权净资产收益率高，反映的是原材料涨价，对中下游企业的控制能力增强，对因果关系的影响多为负向特征；对下游的控制能力通过中游实现，但其控制力大幅度衰减。而中游对于上游，则因为自身影响力强，带动力较高，因此对因果关系的影响多为正向特征；中游对于下游，则是控制为主，对因果关系的影响多为负向特征。下游对中游的带动作用较为明显，对因果关系的影响多为正向特征，对上游的影响则通过对中游的带动进而带动其发展，但是影响程度衰减较多，但总体仍然呈现正向影响特征。

　　通过上述三个方面因素的加入，使模型计算结果能够切实反映"全球稀土产业链"间的因果关系大小程度。

6.2.5　稀土产业链量化因果关系网络构建

　　网络关系图能够提供很好的可视化功能。本节以股票为节点，因果关系为边，以量化的因果关系强度（CV）为边权构建因果关系网络，其示意图如图6-2-3所示。上游7只股票、中游16只股票、下游19只股票以及全部42只股票分别构建三种（正向因果关系、负向因果关系、不明因果关系）有向加权因果关系网络图，共构建12个因果关系网络图。

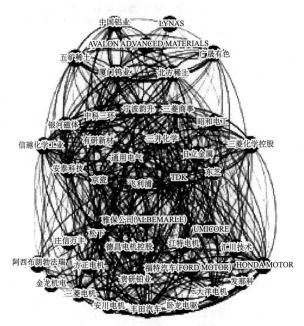

图 6 - 2 - 3　稀土产业链量化因果关系网络示意图

上游和下游股票的因果关系网络图均为全网络图，中游和全部股票的因果关系网络图中有一只股票是孤立的点，其他为全网络图，但是网络边权重不相同，表明股票两两之间都存在不同强度的各种因果关系，进一步利用三种 12 个因果关系网络的加权度分析因果关系的强度。

分析主要采用所构建网络的一些拓扑指标进行分析，包括入度、出度、加权入度、加权出度、中介中心性和聚类系数。这些指标可以分别代表股票波动对整个产业其他股票波动的影响力，股票在产业中的中心地位以及在产业链中的作用。

6.3　因果关系强度分析

根据因果关系强度模型，计算出股票两两间的正向因果关系强度值、负向因果关系强度值和不明因果关系强度值。接下来将对三种因果关系强度值按照所处产业链位置进行对比分析，反映三种因果关系在产业链不同环节的分布特征。

6.3.1　正向因果关系强度分析

从因果关系强度的分布情况及其平均强度,分析产业链各环节股票间价格波动的正向因果关系的基本情况。正向因果关系强度网络如图 6 - 2 - 4 所示。

根据计算结果,上游股票两两间的正向因果关系强度超过 40% 的值分布在 0.3 ~ 0.8,其平均强度为 0.41,如图 6 - 3 - 1(a)所示。

中游股票两两间的正向因果关系强度值分布在 0 ~ 0.8,其中超过 62% 分布在 0.3 以上,其平均强度值为 0.35,如图 6 - 3 - 1(b)所示。

下游股票两两间的正向因果关系强度值主要分布在 0 ~ 0.7,其中超过 65% 分布在 0.3 以上,其平均强度值为 0.338,如图 6 - 3 - 1(c)所示。

产业链全部股票两两间的正向因果关系强度值主要分布在 0 ~ 0.8,其中超过 63% 分布在 0.3 以上,最高值为 0.8,平均强度值为 0.356,如图 6 - 3 - 1(d)所示。具体如表 6 - 3 - 1 所示。

表 6 - 3 - 1　　　　　　　　　　正向因果关系数据对比

产业链环节	平均强度	最大值
上游	0.41	0.785
中游	0.35	0.766
下游	0.338	0.661
总体	0.356	0.802

由以上数据对比可知,稀土产业链上游股票间的正向因果关系强度最大值和平均值均相对较大,中游和下游的正向因果关系强度依次减弱,这与主营产品占比有较大关系,上游企业通常是稀土产品占主营产品比重最大,而中游主营产品相对分散,下游企业的主营产品更趋多样化,且技术含量相对更高,稀土产品在其主营产品的影响力会明显下降。主营产品下降导致企业间股票价格正向波动因果关系下降,符合现实情况和数据特征。

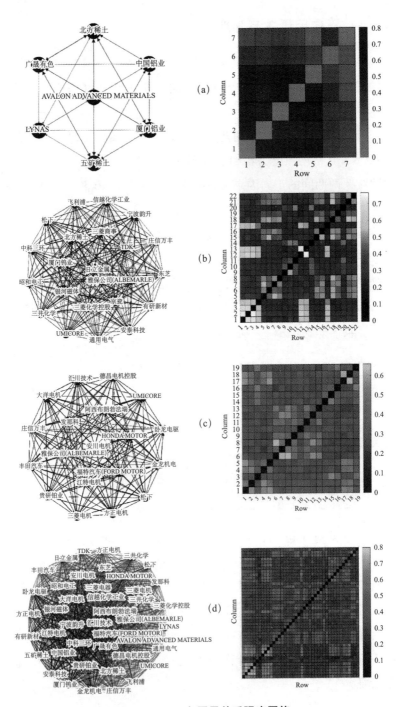

图 6 – 3 – 1　正向因果关系强度网络

但是全部股票间正向因果关系强度数据对比显示，其最大值明显高于产业链单一环节内部企业间股票价格波动因果关系强度，主要是由于产业链上下游之间企业间存在的业绩带动关系导致，中下游企业的加权净资产收益率高低情况会增加对上中游企业业绩的正向因果关系强度。

6.3.2　负向因果关系强度分析

从因果关系强度的分布情况及其平均强度，分析产业链各环节股票间价格波动的负向因果关系的基本情况。负向因果关系强度网络如图 6-3-2 所示。

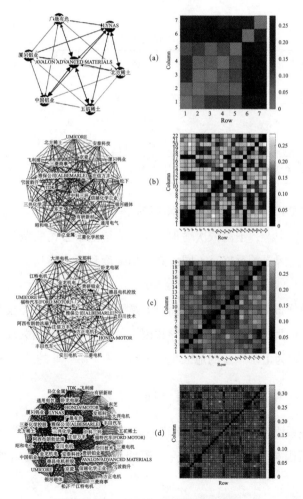

图 6-3-2　负向因果关系强度网络

上游上市公司股票间负向因果关系强度值主要分布在 0 ~ 0.1，且所有的值都小于 0.3，其平均强度为 0.123，如图 6 - 3 - 2（a）所示。

中游上市公司股票间负向因果关系强度值主要分布在 0 ~ 0.3，且 92% 的值都小于 0.25，其平均强度为 0.18，如图 6 - 3 - 2（b）所示。

下游上市公司股票间负向因果关系强度值主要分布在 0 ~ 0.3，且 91% 的值都小于 0.25，其平均强度为 0.181，如图 6 - 3 - 2（c）所示。

产业链全部股票两两间的负向因果关系强度值主要分布在 0 ~ 0.35，且 99% 的值都小于 0.3，其平均强度为 0.182，如图 6 - 3 - 2（d）所示。具体如表 6 - 3 - 2 所示。

表 6 - 3 - 2　　　　　　　　　负向因果关系数据对比

产业链环节	平均强度	最大值
上游	0.123	0.258
中游	0.18	0.287
下游	0.181	0.291
总体	0.182	0.331

从以上情况可知，负向因果关系强度分布的基本情况与正向因果关系相反，上游最小，中游、下游依次增加。而产业链上市公司股票间负向因果关系总体情况与正向因果关系略有不同，其平均强度和最大值均大于各环节内部股票间。

出现这种分布情况的原因一方面可能是因为上中游企业加权净资产收益率高，对中下游企业的要价能力强，导致因果关系呈现负向相关加剧的情况；另一方面可能是因为上游企业的地区集中度高，中下游企业的地区分布更为分散。

6.3.3　不明因果关系强度分析

从因果关系强度的分布情况及其平均强度，分析产业链各环节股票间价格波动的不明因果关系的基本情况。不明因果关系强度网络如图 6 - 3 - 3 所示。

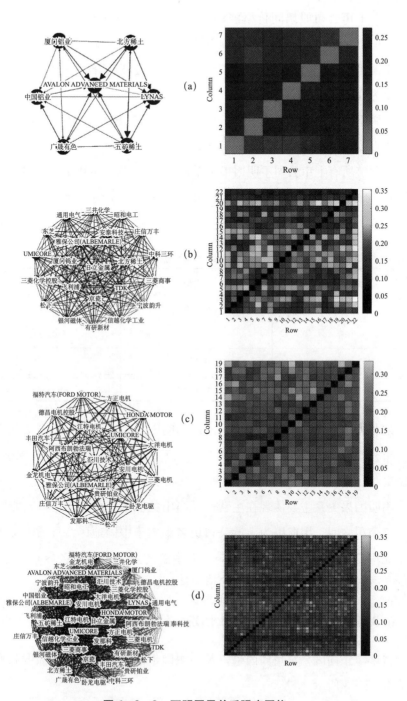

图 6 - 3 - 3　不明因果关系强度网络

上游上市公司股票间价格波动不明因果关系强度值分布在 0～0.3，且 96%的值都小于0.25，其平均强度为0.136，如图6-3-3（a）所示。

中游不明因果关系强度值分布在0～0.35，且98%的值都小于0.3，其平均强度为0.19，如图6-3-3（b）所示。

下游不明因果关系强度值分布在0～0.35，且98%以上的值都小于0.3，其平均强度为0.182.如图6-3-3（c）所示。

产业链所有上市公司不明因果关系强度值分布在0～0.4，且98%的值都小于0.3，其平均强度为0.184.如图6-3-3（d）所示。具体如表6-3-3所示。

表6-3-3 不明因果关系数据对比

产业链环节	平均强度	最大值
上游	0.136	0.269
中游	0.19	0.355
下游	0.182	0.335
总体	0.184	0.355

从各环节上市公司股票间价格波动不明因果关系的指标分布情况看，中游上市公司股票间价格波动不明因果关系平均强度和强度最大值都是最大，上游最小。

不明因果关系主要体现在主营产品当中的非稀土类产品，以及非同一地区上市公司之间。因此因为上游公司更多集中于中国地区，且稀土类主营产品占比均较高，不明因果关系较弱；而中游的上市公司地区分布较为分散，加之主营产品也较为分散，不明因果关系就较强。

6.3.4 因果关系强度总体情况

各环节正向因果、负向因果以及不明因果的因果关系平均强度和最大值如表6-3-4所示。

表 6 – 3 – 4　　　　　　　　　各类型因果关系数据对比

因果类型	产业链环节	平均强度	最大值
正向	上游	0.41	0.785
	中游	0.35	0.766
	下游	0.338	0.661
	总体	0.356	0.802
负向	上游	0.123	0.258
	中游	0.18	0.287
	下游	0.181	0.291
	总体	0.182	0.331
不明	上游	0.136	0.269
	中游	0.19	0.355
	下游	0.182	0.335
	总体	0.184	0.355

稀土产业链上市公司股票间的正向因果关系强度明显较大，负向因果关系强度和不明因果关系强度相对较弱，但相对于上中下游内部而言，全部股票间各种因果关系最大值明显较大。主要是因为全部股票分析时，考虑了产业链因子，产业链上下游之间的相互影响，使全部股票间的各种因果关系的平均强度和最大强度都普遍偏高。

6.4　稀土产业链股票市场强因果关系分析

稀土产业上市公司股票间价格波动都存在正向、负向和不明三类因果关系，但强度不同，在这种情况下，除了对强度大小的分布情况进行分析有一定价值，更要对在三种因果关系中，强度值相对最大、占据主导地位的因果关系进行针对性分析，以及对强度绝对值较大的因果关系进行分析，才能对现实更具指导意义。

6.4.1　主导因果关系

稀土产业链股票市场上不同股票两两之间存在三种因果关系，但强度大小不一，强度最大的一种因果关系占据着主导地位，称为它们之间的主导因果关系。

（1）上游股票市场主导因果关系。

图6-4-1具体展示了7只上游股票两两之间的主导因果关系。每一个立柱都代表一个主导因果关系，图6-4-1（a）代表正向因果关系，图6-4-1（b）代表负向因果关系，图6-4-1（c）代表不明因果关系。能够清晰地看出，不同股票间是正向因果关系占主导地位，也存在少数负向因果关系以及更少的不明因果关系占主导，如 A. A. M 对五矿稀土，五矿稀土、LYNAS 对 A. A. M 都是负向因果关系占主导，并未出现不明因果关系占主导的情况。

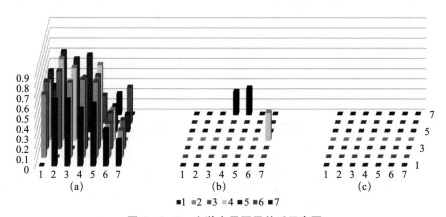

图6-4-1　上游主导因果关系示意图

图6-4-1表明各只股票间价格波动关系以同向影响为主，个别几对股票间存在反向影响关系较大，但以不明关系为主关系的股票不存在。以负向因果关系为主导关系的上市公司股票，往往属于不同地区之间的关系，进一步说明不同地区之间处于同一产业环节的企业间，存在较为明显的竞争关系。

（2）中游股票市场主导因果关系。

图6-4-2具体展示了24只（包含8只同属于上中游，或中下游）中游股票两两之间的主导因果关系。从图中能够清晰地看出，不同股票间同样是正向因果关系占主导地位，也有少数负向因果关系以及更少的不明因果关系占主导，同时，不明因果关系占主导情况明显多于负向因果关系。如安泰科技对飞利浦、松下对有研新材，以及通用电气对三菱化学之间是负向因果关系占主导地位。京瓷和雅保公司、日立金属和飞利浦，信越化学和雅保公司，

松下和银河磁体、通用电气,有研新材和飞利浦,东芝和银河磁体、通用电气,三井化学和银河磁体、庄信万丰,昭和电工和中科三环、银河磁体、北方稀土、通用电气之间是不明因果关系占主导。

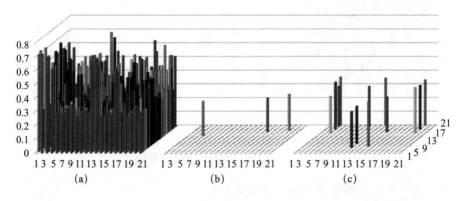

■1 ■2 ■3 ■4 ■5 ■6 ■7 ■8 ■9 ■10 ■11 ■12 ■13 ■14 ■15 ■16 ■17 ■18 ■19 ■20 ■21 ■22

图 6 - 4 - 2　中游主导因果关系示意图

在中游出现不明因果关系占主导地位相对较多的情况,主要原因在于主营产品多样化,非稀土类产品在主营产品中占比较高,导致此类公司与其他公司间股票价格波动存在无关关系。

(3) 下游股票市场主导因果关系。

图 6 - 4 - 3 具体展示了 20 只(包含 1 只同属于中下游)下游股票两两之间的主导因果关系。从图中能够清晰地看出,不同股票间同样是正向因果关系占主导地位,也有少数负向因果关系以及更少的不明因果关系占主导,同时,不明因果关系占主导情况略少于负向因果关系。

如发那科和卧龙电驱,松下和大洋电机,江特电机和发那科、庄信万丰,雅保公司和金龙机电,丰田汽车和卧龙电驱、金龙机电、贵研铂业,以及 HONDA MOTOR 和卧龙电驱、金龙机电、贵研铂业之间是负向关系占主导地位。这些企业更多属于非同一地区的企业,且业务之间存在一定竞争关系或其他制约关系。

三菱电机和福特汽车,德昌电机和 UMICORE、福特汽车,江特电机和庄信万丰,贵研铂业和 UMICORE,HONDA MOTOR 和贵研铂业、雅保公司以及丰田汽车和福特汽车之间是不明因果关系占主导。

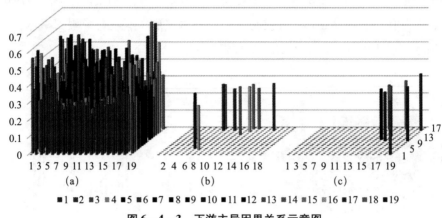

图 6 - 4 - 3 下游主导因果关系示意图

（4）产业全部股票市场主导因果关系。

图 6 - 4 - 4 具体展示了 42 只股票两两之间的主导因果关系。从图中能够清晰地看出，不同股票间同样是正向因果关系占主导地位，也有少数负向因果关系以及更少的不明因果关系占主导。

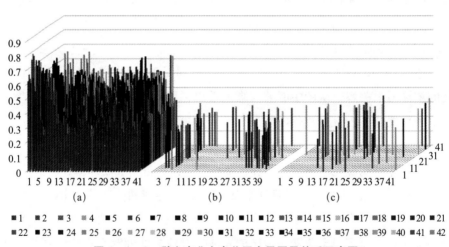

图 6 - 4 - 4 稀土产业上市公司主导因果关系示意图

由上述分析以及表 6 - 4 - 1 所示比例数据可知，稀土产业上市公司，无论哪个环节，均是主要以正向因果关系为主导关系，极少量负向因果关系和不明因果关系占主导地位。但是上中下游和整体又略有不同，主要是上下游关系、主营产品占比以及地区之间公司数量等方面的差异所致。

表 6 - 4 - 1　　　　　　　　　**产业链各环节各类因果关系占主导比例**

环节	正因果	负因果	不明因果
上游	0.928571	0.071429	0
中游	0.963203	0.006494	0.030303
下游	0.947368	0.029239	0.023392
整体	0.939605	0.034843	0.025552

6.4.2　强因果关系网络构建

为了进一步分析稀土产业链上股票的活跃性，将上中下游以及全部股票的三种因果关系网络图中的因果关系进行阈值敏感度测试，经过筛选过滤，图 6 - 4 - 5 中 (a)、(b)、(c)、(d) 分别为各阈值下各类网络密度变化情况。

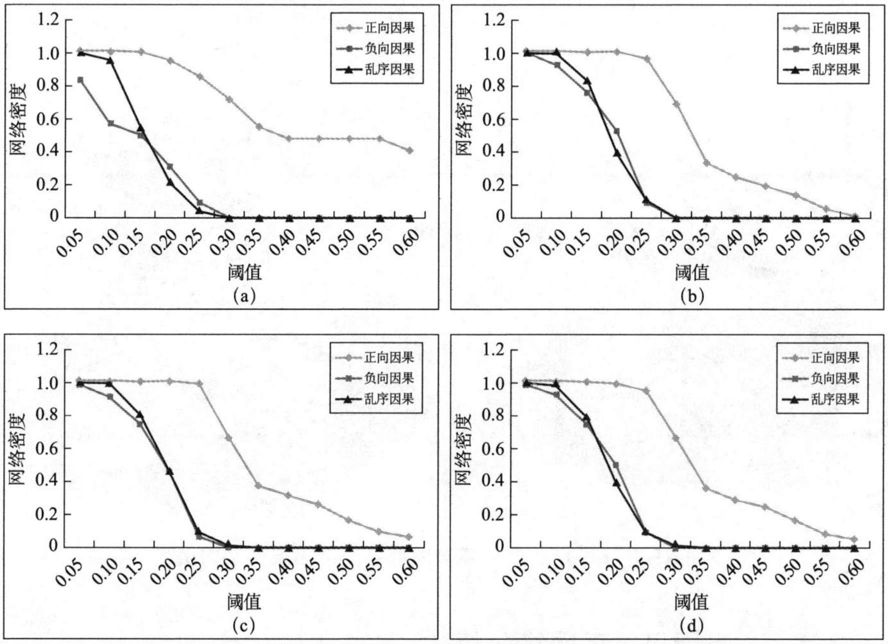

图 6 - 4 - 5　产业链各环节股票各类因果关系阈值敏感度测试

由图 6 - 4 - 5 可知，上中下游及全部股票间的三种因果关系网络，随着阈值的增加，网络密度都在降低，其变化的趋势基本相同，上游的阈值增加到 0.3 后，则只有正向因果关系网络存在相互作用关系；同样，中游的阈值增加到 0.4，下游增加到 0.35，全部股票增加到 0.4 后，也都只剩下正向因果关系存在。

图 6 – 4 – 6 为在特定阈值下的上中下游及全部股票的量化因果关系网络，进一步提取每个网络的拓扑指标。

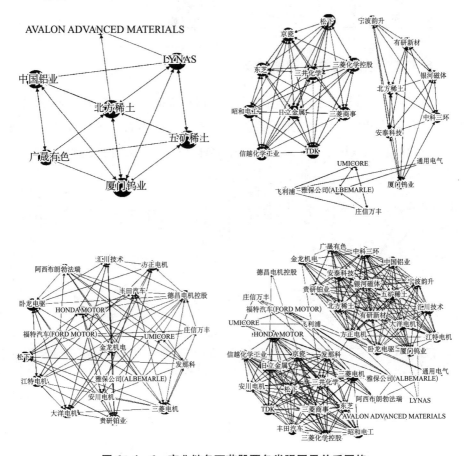

图 6 – 4 – 6　产业链各环节股票各类强因果关系网络

6.4.3　强因果关系网络分析

由表 6 – 4 – 2 可知，上游股票中无论从对市场其他股票的影响（出度）还是受市场其他股票影响（入度）排名在前五的均是中国国内上市公司，其各项网络拓扑指标均排名靠前，说明中国国内上市公司在稀土产业链上游具有极强的影响力，厦门钨业这只股票影响力最强。

表 6 - 4 - 2　　　　　　　　上游股票网络拓扑指标

股票代码	出度	入度	加权度	中介中心性	PageRank	聚类系数
中国铝业	5	5	10	0.75	0.16	0.9
北方稀土	5	5	10	0.75	0.16	0.9
厦门钨业	6	5	11	5.75	0.17	0.633
五矿稀土	5	5	10	0.75	0.16	0.9
广晟有色	4	4	8	0	0.13	1
LYNAS	4	5	9	5	0.17	0.65
A. A. M	1	1	2	0	0.5	1

由表 6 - 4 - 3 可知，中游股票中，对市场其他股票的影响排名前十的均是国外公司，日本的股票在前十中占据 9 个，说明日本企业在稀土产业链中游的影响力很大。

表 6 - 4 - 3　　　　中游股票网络出度排名前十的股票各类拓扑指标

股票代码	出度	入度	加权度	中介中心性	聚类系数
京瓷（日本）	9	9	18	0	1
日立金属（日本）	9	9	18	0	1
TDK（美国）	9	9	18	0	1
信越化学（日本）	9	9	18	0	1
三菱商事（日本）	9	9	18	0	1
松下（日本）	9	9	18	0	1
三菱化学（日本）	9	9	18	0	1
东芝（日本）	9	9	18	0	1
三井化学（日本）	9	9	18	0	1
昭和电工（日本）	9	9	18	0	1

由表 6 - 4 - 4 可知，下游股票中，对市场其他股票的影响排名前五的有 4 家日本公司，分别是三菱电机、丰田汽车、发那科和松下，仅有一家中国公司，是卧龙电驱。排名前十的公司仅有 4 家来自国内市场，除卧龙电驱外，还有汇川技术和江特电机以及大洋电机，其余 6 家海外公司中，全部来自于日本。从中可以看出，日本公司在下游市场的影响力也非常大，但是中国公司也有一定影响力。

表6-4-4　　下游股票网络出度排名前十的股票各类拓扑指标

股票代码	出度	入度	加权度	中介中心性	聚类系数
三菱电机（日本）	10	5	15	13.95	0.38
安川电机（日本）	8	5	13	6.71	0.52
发那科（日本）	7	5	12	3.40	0.57
松下（日本）	7	6	13	72.74	0.57
卧龙电驱（中国）	7	8	15	48.1	0.5
汇川技术（中国）	7	6	13	16	0.81
江特电机（中国）	7	7	14	18.79	0.64
丰田汽车（日本）	7	5	12	1.49329	0.64
HONDA MOTOR（日本）	7	5	12	3.00	0.62
大洋电机（中国）	6	8	14	7.16	0.64

　　受市场其他股票影响程度（入度）排名情况，中国的大洋电机和卧龙电驱并列排名第一，其次就是中国的江特电机。

　　由表6-4-5可知，全部股票中，对市场其他股票的影响排名前十的全是中国公司，影响力最大的是来自中游的宁波韵升（600366.SH），其次是来自下游的大洋电机。同时，排名前十五的公司有4家上游公司，6家中游公司，以及5家下游公司。由此可见，稀土产业链股票市场中，来自产业链不同位置的公司股票波动都会影响市场波动，而中游的公司股票波动对市场波动的影响相对大于来自下游和上游的公司股票波动。

表6-4-5　　产业链全部股票网络出度排名前十五的股票各类拓扑指标

股票代码	出度	入度	加权度	中介中心性	聚类系数
宁波韵升（中国）	17	14	31	7.31	0.81
大洋电机（中国）	17	14	31	6.83	0.81
方正电机（中国）	17	14	31	151.64	0.73
北方稀土（中国）	16	16	32	3.80	0.9
中科三环（中国）	16	16	32	3.80	0.9
银河磁体（中国）	16	16	32	3.80	0.9

股票代码	出度	入度	加权度	中介中心性	聚类系数
有研新材（中国）	16	15	31	2.75	0.90
汇川技术（中国）	16	15	31	3.73	0.90
中国铝业（中国）	15	14	29	1.40	0.95
厦门钨业（中国）	15	14	29	1.49	0.95
五矿稀土（中国）	15	16	31	3.73	0.90
TDK（美国）	15	14	29	15	0.87
三菱化学（日本）	15	14	29	15	0.87
安泰科技（中国）	14	16	30	1.76	0.91
京瓷（日本）	14	14	28	0	1

从网络结构看，上中下游之间的相互影响也较为明显，中游公司宁波韵升以及上游的大洋电机和方正电机对其他各只股票的波动影响最广，但是影响强度均偏弱，而五矿稀土、安泰科技、北方稀土、中科三环以及银河磁体受其他公司股票波动影响则较强。

受上游公司股票波动影响最多的中游企业为银河磁体，同时其受同为上游公司的其他公司的影响也较多，且强度更大，其主要原因可能是其股票市值较小，主营业务较多，涉及领域广泛。

下游的大洋电机、方正电机对上游和中游的公司均有影响，且均同为国内公司。上游的北方稀土，下游的中科三环以及中游的银河磁体和京瓷之间相互影响关系较为对称。

从社团划分情况可知，不同市场间的相互影响较小，相同市场间的波动影响关系较为紧密，日本股票市场股票间、国内股票市场股票间、欧美股票市场股票间均有密切的波动相关性，但是不同市场之间的波动相关性就非常弱，只有极少数具有一定的关联性。

6.5　稀土产业上市公司股价波动因果关系传导路径

通过稀土产业上市公司股票间价格波动量化因果关系，可以找出从产业链上游到中游再到下游的最强波动传导路径，也能找出波动传导到全部股票的最快速路径。

6.5.1 沿产业链的波动传导路径

产业链之间具有较强的产品供需关系，因此产业链上中下游公司间股票价格波动也具有较强的关联关系，相互间波动影响较为明显，表6-5-1给出了三类因果关系从上游到中游到下游的因果关系强度最大的波动传导路径。

表6-5-1　　　　　　　　产业链方向的波动传导路径

因果类别	传导路径	因果关系强度	
		上游→中游	中游→下游
正向因果关系	五矿稀土→银河磁体→贵研铂业	0.6781	0.6131
	广晟有色→安泰科技→贵研铂业	0.6659	0.6633
	广晟有色→银河磁体→贵研铂业	0.6629	0.6131
	五矿稀土→中科三环→贵研铂业	0.6629	0.6424
	中国铝业→安泰科技→贵研铂业	0.6559	0.6633
	五矿稀土→宁波韵升→贵研铂业	0.6519	0.6156
	广晟有色→中科三环→贵研铂业	0.6471	0.6424
	五矿稀土→有研新材→江特电机	0.5821	0.5359
	中国铝业→宁波韵升→贵研铂业	0.5671	0.6156
	五矿稀土→安泰科技→贵研铂业	0.5636	0.6633
负向因果关系	A. A. M→信越化学→方正电机	0.2920	0.2523
	A. A. M→中科三环→HONDA MOTOR	0.2765	0.2659
	A. A. M→TDK→金龙机电	0.2676	0.2409
	中国铝业→通用电气→方正电机	0.2676	0.2712
	A. A. M→宁波韵升→发那科	0.2656	0.2804
	广晟有色→TDK→金龙机电	0.2566	0.2409
	广晟有色→日立金属→大洋电机	0.2560	0.2369
	五矿稀土→通用电气→方正电机	0.2536	0.2712
	广晟有色→三井化学→卧龙电驱	0.2529	0.2796
	LYNAS→通用电气→方正电机	0.2511	0.2712

续表

因果类别	传导路径	因果关系强度	
		上游→中游	中游→下游
不明因果关系	中国铝业→三菱化学→安川电机	0.2899	0.2515
	中国铝业→通用电气→HONDA MOTOR	0.2801	0.3497
	广晟有色→日立金属→金龙机电	0.2376	0.2206
	五矿稀土→TDK→卧龙电驱	0.2327	0.2286
	五矿稀土→安泰科技→三菱电机	0.1856	0.1945

从表 6-5-1 中能看出，正向因果关系传导路径中全部为中国公司，并且由上游公司五矿稀土发出波动因果的情况最多，中游分布较为分散，安泰科技出现次数相对较多，下游则基本集中在贵研铂业一家公司。

以下传导路径所涉及到的公司当中，五矿稀土、中国铝业等上游公司主要是提供稀土精矿，而银河磁体、宁波韵升等中游企业以生产钕铁硼永磁材料为主，下游的贵研铂业主要是技术含量非常高的贵金属信息功能材料和贵金属回收综合利用等，是产业链上产业衔接最为紧密的几家企业。

反映的情况是国内稀土类上市公司间正向关联关系相较于其他地区公司间更为紧密。

负向因果关系传导路径所涉及到的公司当中，上游以加拿大上市公司 A.A.M 作为波动发出方最多，受影响的中游企业也是以欧美和日韩公司为主，下游则是以中国公司较多，方正电机受负向影响最多。一般情况是上游、中游、下游的企业分别不属于同一地区。表明地区间公司之间存在较为明显的竞争关系。

不明因果关系所涉及到的公司当中，上游以中国公司为主，中游以日本公司为主，下游则是中日企业为主。说明中日企业间股票价格波动不相关性最为明显。

6.5.2 稀土产业股票市场股价波动最强传导全连通图

根据三类因果关系网络，结合最小生成树思想，分别构建了有向网络图的最大树形图，以此代表稀土产业股票市场波动最强且全部 42 只股票都传导到的最强传导全连通图。如图 6 - 5 - 1 所示。

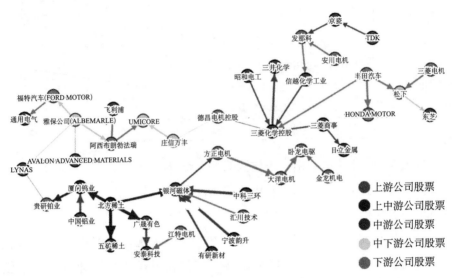

图 6 - 5 - 1   正向因果关系最大树形图

　　最大树形图是波动传遍全部股票的最简洁且传导力度最大的路径，从图
6 - 5 - 1 正向因果关系最大树形图可知，银河磁体、北方稀土、厦门钨业、
阿西布朗、三菱化学、发那科和丰田汽车在整个体系中起着较为关键的作用。
同时，也能直观反映整个产业链当中，中国、日韩、欧美三大相对独立且内
部联系密切的区域。分别以我国的银河磁体、北方稀土和厦门钨业，日本的
三菱化学、发那科和丰田汽车，以及欧美的阿西布朗为三个区域企业的因果
关系中转中心。

　　根节点有上中游的北方稀土、中下游的雅保公司和下游的丰田汽车，这
几只股票具有最关键的向外传导能力，也即作为波动因，正向影响其他股票
的波动。同时反映的是中国、日韩、欧美的地区根节点。

　　正向因果关系最强传导路径在地区内部，地区间的传导关系不密切且强
度较小。

　　由图 6 - 5 - 2 所示负向因果关系最大树形图中显示，松下电器、阿
西布朗、通用电气、宁波韵升、方正电机等股票处于负向因果传递的关
键节点。也可以看出，负向因果关系往往都是向非本地区股票传递更为
明显。

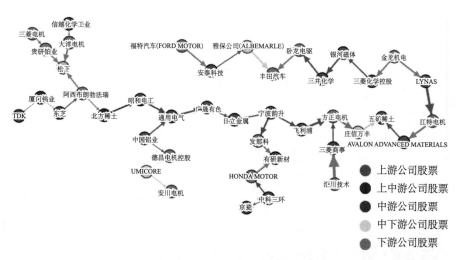

图 6 - 5 - 2　负向因果关系最大树形图

由图 6 - 5 - 3 所示不明因果关系最大树形图中显示，银河磁体、飞利浦、HONDA MOTOR、信越化学工业等股票处于不明因果关系传递的关键节点。同时，也显示不明因果关系与负向因果关系类似，往往都是向非本地区股票传递更为明显。

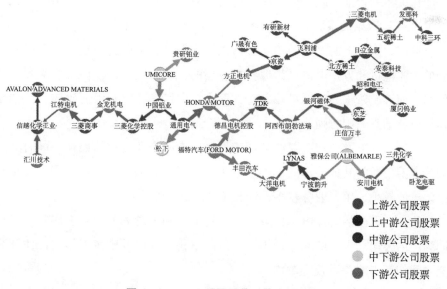

图 6 - 5 - 3　不明因果关系最大树形图

6.6   本章小结

通过前面分析可知，稀土产业上市公司股票价格波动存在如下几个方面特征。

第一，稀土产业上市公司股票间价格波动因果关系以正向因果关系为主导因果关系，量化的正向因果关系明显大于负向因果关系和不明因果关系，说明稀土产业上市公司间更多的是正向波动传导。

第二，稀土产业上市公司股票间价格波动因果关系存在产业链环节特征和区域特征，从正向因果关系来看，相同环节公司间关系强于不同环节公司间关系，同一地区内部公司间关系明显强于不同地区公司间关系，从负向因果关系和不明因果关系看，则是有相反的结论。不同市场间的相互影响较小，相同市场间的波动影响关系较为紧密，日本股票市场股票间、国内股票市场股票间、欧美股票市场股票间均有密切的波动相关性，但是不同市场之间的波动相关性就非常弱，只有极少数具有一定的关联性。

第三，稀土产业上市公司量化的波动因果关系能较为全面反映股票间波动变化关系的特征，既避免了简单地用"有""无"来界定因果关系，也丰富了"有"因果关系的方向性。

第四，上中下游之间的相互影响也较为明显，中游公司宁波韵升以及下游的大洋电机和方正电机对其他各只股票的波动影响最广，但是影响强度均偏弱，而五矿稀土、安泰科技、北方稀土、中科三环以及银河磁体受其他公司股票波动影响则较强。

第五，受上游公司股票波动影响最多的中游企业为银河磁体，同时其受同为上游公司的其他公司的影响也较多，且强度更大，其主要原因可能是其股票市值较小，主营业务较多，涉及领域广泛。

第六，下游的大洋电机、方正电机对上游和中游的公司均有影响，且均同为国内公司。上游的北方稀土，下游的中科三环以及中游的银河磁体和京瓷之间相互影响关系较为对称。

第 7 章

稀土上市公司股价波动量化因果关系产业链演化分析

通过上一章分析发现，通过量化因果分析稀土产业上市公司股票间波动因果关系是一种具有更全面、更能反映本质和因果相关程度的方法。但无法反映这种波动量化因果关系随着时间推移的变化情况。因此，为了研究稀土产业上市公司股票波动量化因果关系的演化规律，首先构建基于窗口的稀土产业股票价格波动量化因果关系模型，然后从系统拓扑结构出发，着重从上中下游以及区域之间分析各类股票在整个产业中扮演角色的演化情况，以此反映稀土产业整体发展规律对股票市场的影响，为各类市场参与主体从整体角度认识并掌握稀土产业股票价格波动因果传导路径提供重要参考。

7.1 量化因果关系演化网络模型构建

建立基于窗口的稀土产业上市公司股价间波动量化因果关系模型，能够反映随时间变化各窗口期各股票间价格波动量化因果关系的变化规律，有助于增加对上中下游公司在产业链中的作用变化以及区域在全球范围的地位变化的理解。模型构建中涉及量化因果关系的部分在第 3 章所用方法模型的基础上增加了步长和窗口长度的变量，构建新的方法模型。

7.1.1 划分滑动窗口

假定每个股票价格时间序列长度为 m 个观测值（$T_1 \sim T_m$），对样本数据划分滑动窗口，若窗口长度为 l，滑动步长为 s，则整体样本被划分为 P 个窗口，其定义为：

$$P = \left[\frac{m-l}{s} \right] + 1 \qquad (7-1-1)$$

根据式（7-1-1）计算所得第 p 个窗口对应的时间序列范围为 $T_{1+(p-1)s}$ 到 $T_{(p-1)s+l}$。

本节采用窗口长度等于240日、滑动步长为20日，因此整体数据经过滑动窗处理，可以产生84个时间窗口。

选择窗口长度选择为240日，原因是全年的交易日基本等于240个，所以其代表的是一年间的波动因果关系，步长选择为20日的主要原因是其基本反映了一个月的变化量。表7-1-1是本章所用相关变量的描述。

表7-1-1　　　　　　　　　　相关变量描述

变量	描述
$X_{sl_i} \in \mathbb{R}$	第 l 个动态窗口的第 i 只股票价格时间序列
$X_{sl_i}(t) \in \mathbb{R}$	股票价格时间序列 X_{sl_i} 上 t 时刻所对应的值
$s \in \mathbb{N}$	滑动步长（表示离散步 $s1$, $s2$, $\cdots$, sl, $\cdots$, $s84$ 的窗口演化）
$l \in \mathbb{N}$	窗口长度
$t \in \mathbb{N}$	时间
$f \in \mathbb{N}$	嵌入维数
$\tau \in \mathbb{N}$	延迟时间
$L_{X_{sl_i}} \in \mathbb{R}^E$	第 sl_i 动态窗口重构的与原系统拓扑同构的吸引子
$M_{X_{sl_i}(t)} \in \mho^E$	$X_{sl_i}(t)$ 当前的模式
$CV_{sl_{ji}}(positive) \in \mathbb{R}$	对应步长 sl_i 的动态窗口中第 j、i 只股票间正向因果关系强度
$CV_{s_{ji}}(positive) \in \mho^E$	动态窗口时间序列 s_1, s_2, $\cdots$, s_i 对应第 j、i 只股票间 $X_{s_j}(l_1, l_2, \cdots, l_i)$ 到 $X_{s_i}(l_1, l_2, \cdots, l_i)$ 的正向因果关系强度向量

7.1.2　股价波动量化因果关系演化模型构建

本节采用与第3章相同的方法计算每个窗口的三组因果关系矩阵，仍然采用相空间重构的坐标延迟重构法，对于第 l 个滑动窗口内稀土产业链上市公司中的两只股票 X_{sl_i} 和 X_{sl_j}，分别重构与原股票价格波动混沌系统拓扑同构的混沌吸引子 $L_{X_{sl_i}}$ 和 $L_{X_{sl_j}}$，$L_{X_{sl_i}}$ 和 $L_{X_{sl_j}}$ 上的点与原股票价格波动混沌系统的吸引子

L 上的点存在一一映射, 进而存在重构吸引子 $L_{X_{sl_i}}$ 和 $L_{X_{sl_j}}$ 的一一映射关系, 故可以通过探究吸引子 $L_{X_{sl_i}}$ 和 $L_{X_{sl_j}}$ 上特性来研究股票 X_i 和股票 X_j 在第 l 个动态窗口中的关系。再结合"全球稀土产业链上市公司股票价格波动"的实际, 把每个窗口对应的主营产品占比、净资产收益率和地区因子融入到每个窗口的模型中。

同时, 根据式 (6 – 2 – 11) 的推导原理, 各项联动关系量化值为计算时间段内相同模态的概率相加求平均所得, 因此滑动窗模型的构建可以基于此基本原理, 把当前窗口 t_m 的联动关系量化总值 $CV_{ij}^{t_m}(positive) \times l$, 减去当前窗口前半段步长 s_m 的联动关系量化总值 $CV_{ij}^{s_m}(positive) \times s$, 再加上下一窗口 $t_{m+\tau}$ 的对应步长 $s_{m+\tau}$ 的联动关系量化总值 $CV_{ij}^{s_{m+\tau}}(positive) \times s$, 然后取平均, 并乘以"实际因子" σ_{ij}。设计演化模型如式 (7 – 1 – 2)、式 (7 – 1 – 3)、式 (7 – 1 – 4) 所示。

正向量化因果关系演化模型为:

$$cv_{ij}^{t_{m+\tau}}(p) = \left(CV_{ij}^{t_m}(positive) + \left(CV_{ij}^{s_{m+\tau}}(positive) - CV_{ij}^{s_m}(positive)\right) \times s/l\right) \times \sigma_{ij}(p)$$

$$(7 - 1 - 2)$$

负向量化因果关系演化模型为:

$$cv_{ij}^{t_{m+\tau}}(n) = \left(CV_{ij}^{t_m}(negative) + \left(CV_{ij}^{s_{m+\tau}}(negative) - CV_{ij}^{s_m}(negative)\right) \times s/l\right) \times \sigma_{ij}(n)$$

$$(7 - 1 - 3)$$

不明量化因果关系演化模型为:

$$cv_{ij}^{t_{m+\tau}}(d) = \left(CV_{ij}^{t_m}(disordered) + \left(CV_{ij}^{s_{m+\tau}}(disordered) - CV_{ij}^{s_m}(disordered)\right) \times s/l\right) \times \sigma_{ij}(d)$$

$$(7 - 1 - 4)$$

7.1.3　因果关系网络构建

通过以上模型对滑动窗进行波动量化因果关系强度进行计算, 每个滑动窗可得一组 3 个 (包括正向、负向、不明) 因果关系矩阵, 即 3 个 42 × 42 矩阵, 如图 7 – 1 – 1 所示。

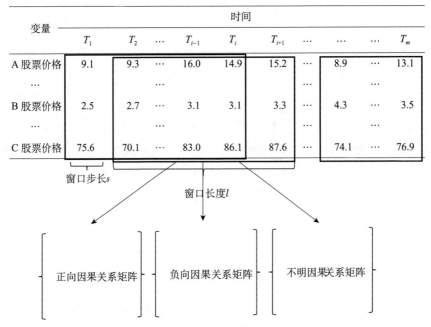

图 7 - 1 - 1　基于滑动窗的股价间波动量化因果关系强度计算

　　基于第 p 个窗口的量化因果关系矩阵 $MC^{[T_{1+(p-1)s},T_{(p-1)s+l}]}$，以各股票为节点，股票间量化因果关系强度（正向、负向、不明）为边，分别构建第 p 个窗口的正向因果关系网络、负向因果关系网络、不明因果关系网络。若 $MC_{i,j}^{[T_{1+(p-1)s},T_{(p-1)s+l}]} \neq 0$，则在股票 i 和股票 j 之间存在一条连边，如果 $MC_{i,j}^{[T_{1+(p-1)s},T_{(p-1)s+l}]} = 0$，则两者之间不存在连边。由此，可以构建基于窗口的股票间波动量化因果关系传导网络，该网络为有向有权网络。

　　根据量化因果关系矩阵中的数据特征发现，两两股票间的正向因果关系强度、负向因果关系强度和不明因果关系强度几乎都不为零，这种情况下，所构建的有向有权网络就成为全连通网络，不符合幂律分布特征，所以无法利用复杂网络方法进行分析。为了便于分析，并结合因果关系分析的很重要的目的是找到强因果关系，因此采用了阈值过滤的方法，把因果关系强度数值小于阈值 α 的值置零，大于阈值 α 的因果关系强度数值保留，以此把全连通因果关系网络变为非全连通，如式(7 - 1 - 5)所示。

$$MC_{i,j}^{[T_{1+(p-1)s},T_{(p-1)s+l}]} = \begin{cases} MC_{i,j}^{[T_{1+(p-1)s},T_{(p-1)s+l}]}, & MC_{i,j}^{[T_{1+(p-1)s},T_{(p-1)s+l}]} \geqslant \alpha \\ 0, & MC_{i,j}^{[T_{1+(p-1)s},T_{(p-1)s+l}]} < \alpha \end{cases}$$

$$(7-1-5)$$

阈值选取采用敏感度分析方法，α 取值从 0.1 开始，按 0.01 递增，直至 α 值增加到 0.8 为止，计算因果关系强度值保留原值的数量除以总数值数量作为通过率。以随机选取的第 2、第 18、第 50 和第 72 期窗口正向因果关系矩阵数据为样本进行测试，测试结果如图 7-1-2 所示。

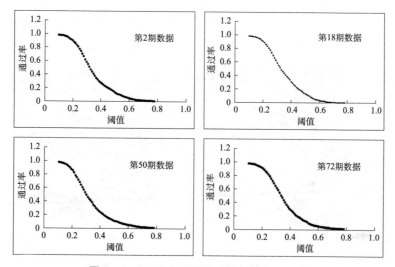

图 7-1-2　正向因果关系阈值敏感度测试

根据图 7-1-2 所示，当阈值选择在 0.37~0.4 时，基本各期数据的通过率都能保持在 33% 左右，即 1/3 的因果关系数值能够得以保留，按照强相关、一般相关和弱相关三类进行三等分，所保留的因果关系数值基本能够代表强因果关系，因此最终选择阈值 $\alpha = 0.4$ 作为测试结果，当 $\alpha = 0.4$ 时，测试的通过率结果都在 0.3 左右，阈值选择 0.4 所保留的 30% 左右也较为科学，能够代表强因果关系。

因此，采用股票作为网络节点，大于等于阈值 0.4 的因果关系值作为加权网络连边，构建正向因果关系网络，以此反映稀土产业上市公司股票间的强因果关系总体特征。同样采用该阈值构建负向因果关系网络和不明因果关系网络。

由于在样本期内稀土市场发生着各种各样的变化，时间推移过程中带来的市场变化不容忽视，因此，对样本期进行划分，分析不同时段股价波动传导关系的演变特征（见图7-1-3）。将样本期划分为前期、中期和后期三个时段，各时段分别包含28期滑动窗。即2013年3月1日至2015年6月18日为前期，2015年6月19日至2017年9月29日为中期，2017年9月30日至2020年12月31日为后期。为了体现各股票之间相互影响的细节特征，从股票价格波动影响力、价格受波动影响程度、媒介作用以及股价波动传导能力的稳定性四个方面结合上市公司所处产业链环节及地区分析其在系统中的影响力和地位。

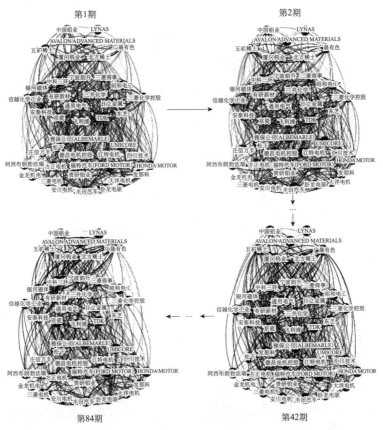

图7-1-3　量化因果关系网络演化示意图

注：根据84期数据共构建84个量化因果关系网络，其中只展示了第1、第2、第42和第84期量化因果关系网络。

7.2　正向因果关系网络演化特征

本节主要从股票的波动影响力、受波动影响程度、在正向传导中的媒介作用以及正向传导的稳定程度几个方面，对股票因果关系网络进行统计对比，找出这些指标随时间的演变所产生的变化情况，以找到其演化特征。

7.2.1　股票价格波动影响力

以各环节所包含股票的平均加权出度代表该环节整体股价波动正向传导能力。图 7 - 2 - 1 展示了产业链各环节股价波动传导能力的演变趋势。各环节整体传导能力演化趋势相近。前期趋势较为平稳，后半段呈上升趋势；中期主要呈现下降趋势，后呈现上升趋势；后期呈现先上升后下降再上升的趋势。整体演化呈现波动状态，上游于 2014 年 6 月降到最低点，于 2016 年 8 月达到中期时段的最低点；中游和下游于 2017 年 2 月降到最低点；上游于 2018 年 3 月达到最大值，中游于 2018 年 1 月达到最大值，下游于 2018 年 8 月达到最大值。

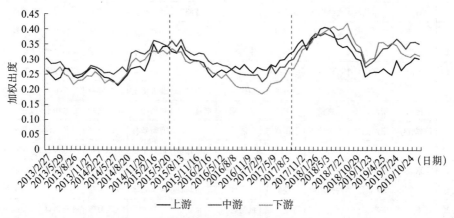

图 7 - 2 - 1　产业链各环节股票价格波动正向影响力演化

整体上游环节的波动转变发生在中游和下游之前。前期中游整体正向传导能力高于上游和下游；中期在 2016 年 8 月前中游整体正向传导能力最强，2016 年 8 月之后呈现上游大于中游、大于下游的状态；后期在下游达最大值后基本呈现下游传导能力大于中游、大于上游的状态，2019 年 7 月后呈现中游大于下游的状态。中游股票的正向传导能力在股价波动传导过程中占据重要的地位。

为进一步了解演变过程中传导能力变化情况，表 7-2-1、表 7-2-2、表 7-2-3 列出了各个时期排名前十的股票。在整个样本时间内，占据前十次数最多的上市公司分别为中科三环（50）、宁波韵升（47）、银河磁体（40）、北方稀土（39）、厦门钨业（38）。

表 7-2-1　　　　　　　　前期正向传导能力排名（Top10）

窗口	1	2	3	4	5	6	7	8	9	10
1	京瓷	三菱商事	三菱电机	HM	TDK	安泰科技	三菱化学	宁波韵升	安川电机	丰田汽车
2	三菱商事	京瓷	北方稀土	银河磁体	三菱化学	三菱电机	贵研铂业	HM	宁波韵升	TDK
3	三菱电机	HM	京瓷	三菱商事	安川电机	江特电机	丰田汽车	宁波韵升	中科三环	安泰科技
4	HM	中科三环	TDK	三菱电机	安泰科技	三菱商事	丰田汽车	东芝	安川电机	江特电机
5	中科三环	江特电机	宁波韵升	安泰科技	三菱商事	三菱电机	贵研铂业	丰田汽车	HM	安川电机
6	宁波韵升	中科三环	江特电机	贵研铂业	丰田汽车	北方稀土	三菱商事	三菱电机	安川电机	发那科
7	宁波韵升	中科三环	贵研铂业	厦门钨业	三菱商事	三菱电机	TDK	丰田汽车	北方稀土	发那科
8	宁波韵升	中科三环	三菱商事	贵研铂业	丰田汽车	江特电机	HM	北方稀土	厦门钨业	广晟有色
9	中科三环	宁波韵升	广晟有色	信越化学	大洋电机	北方稀土	东芝	江特电机	HM	厦门钨业
10	中科三环	东芝	大洋电机	江特电机	广晟有色	宁波韵升	北方稀土	厦门钨业	京瓷	三菱商事
11	宁波韵升	中科三环	贵研铂业	厦门钨业	TDK	松下	昭和电工	大洋电机	江特电机	北方稀土
12	京瓷	宁波韵升	信越化学	东芝	中科三环	松下	三菱化学	三井化学	安川电机	贵研铂业
13	宁波韵升	京瓷	松下	中科三环	银河磁体	贵研铂业	厦门钨业	丰田汽车	信越化学	东芝
14	京瓷	宁波韵升	中科三环	银河磁体	信越化学	HM	北方稀土	厦门钨业	松下	三菱化学
15	中科三环	银河磁体	京瓷	HM	宁波韵升	信越化学	贵研铂业	丰田汽车	北方稀土	松下
16	信越化学	银河磁体	贵研铂业	丰田汽车	宁波韵升	京瓷	有研新材	发那科	中科三环	TDK
17	京瓷	信越化学	银河磁体	发那科	TDK	三菱化学	贵研铂业	丰田汽车	北方稀土	宁波韵升
18	京瓷	发那科	贵研铂业	银河磁体	安泰科技	松下	三菱化学	中科三环	三菱商事	有研新材
19	中科三环	发那科	贵研铂业	宁波韵升	京瓷	有研新材	银河磁体	安泰科技	三菱化学	安川电机
20	三菱化学	安泰科技	丰田汽车	卧龙电驱	银河磁体	京瓷	TDK	三菱商事	有研新材	三菱电机
21	京瓷	丰田汽车	有研新材	安川电机	安泰科技	三菱商事	三菱化学	发那科	贵研铂业	北方稀土
22	安泰科技	中科三环	银河磁体	三菱电机	贵研铂业	日立金属	中国铝业	京瓷	TDK	有研新材
23	京瓷	丰田汽车	北方稀土	银河磁体	日立金属	有研新材	三菱电机	汇川技术	贵研铂业	HM
24	安川电机	日立金属	京瓷	有研新材	三菱电机	丰田汽车	中国铝业	厦门钨业	五矿稀土	银河磁体
25	日立金属	北方稀土	广晟有色	三菱化学	TDK	有研新材	贵研铂业	中国铝业	五矿稀土	银河磁体

续表

窗口	1	2	3	4	5	6	7	8	9	10
26	京瓷	日立金属	TDK	北方稀土	安泰科技	三菱化学	HM	厦门钨业	五矿稀土	中科三环
27	五矿稀土	贵研铂业	宁波韵升	安泰科技	日立金属	有研新材	广晟有色	银河磁体	松下	三菱化学
28	五矿稀土	广晟有色	银河磁体	厦门钨业	有研新材	三菱化学	贵研铂业	中国铝业	北方稀土	宁波韵升

表 7-2-2　　　　　　　　　中期正向传导能力排名（Top10）

窗口	1	2	3	4	5	6	7	8	9	10
29	三菱化学	五矿稀土	厦门钨业	银河磁体	有研新材	广晟有色	中科三环	安泰科技	松下	昭和电工
30	五矿稀土	日立金属	三菱化学	广晟有色	银河磁体	有研新材	三井化学	三菱电机	安川电机	卧龙电驱
31	厦门钨业	三井化学	五矿稀土	广晟有色	银河磁体	有研新材	中国铝业	方正电机	贵研铂业	丰田汽车
32	中国铝业	五矿稀土	广晟有色	有研新材	方正电机	厦门钨业	中科三环	安泰科技	TDK	三井化学
33	中国铝业	广晟有色	宁波韵升	安泰科技	中科三环	有研新材	三菱化学	五矿稀土	银河磁体	信越化学
34	中国铝业	五矿稀土	广晟有色	银河磁体	有研新材	三菱化学	三菱电机	北方稀土	宁波韵升	中科三环
35	五矿稀土	宁波韵升	大洋电机	中科三环	银河磁体	安泰科技	TDK	信越化学	有研新材	三井化学
36	信越化学	三井化学	宁波韵升	北方稀土	五矿稀土	银河磁体	东芝	大洋电机	卧龙电驱	京瓷
37	京瓷	日立金属	卧龙电驱	方正电机	宁波韵升	中科三环	信越化学	有研新材	三菱电机	五矿稀土
38	庄信万丰	中科三环	中国铝业	昭和电工	有研新材	银河磁体	雅保公司	信越化学	五矿稀土	卧龙电驱
39	三菱电机	三菱商事	有研新材	三井化学	北方稀土	宁波韵升	日立金属	方正电机	厦门钨业	京瓷
40	三菱电机	HM	宁波韵升	三菱商事	松下	有研新材	三井化学	北方稀土	厦门钨业	广晟有色
41	三井化学	三菱电机	宁波韵升	安泰科技	三菱化学	HM	五矿稀土	广晟有色	银河磁体	有研新材
42	三菱电机	宁波韵升	有研新材	安泰科技	大洋电机	五矿稀土	广晟有色	中科三环	银河磁体	日立金属
43	三菱电机	厦门钨业	广晟有色	宁波韵升	有研新材	五矿稀土	银河磁体	安泰科技	三菱化学	安川电机
44	有研新材	北方稀土	厦门钨业	五矿稀土	安泰科技	广晟有色	松下	三菱电机	宁波韵升	中科三环
45	五矿稀土	广晟有色	安泰科技	松下	北方稀土	厦门钨业	银河磁体	有研新材	方正电机	宁波韵升
46	北方稀土	有研新材	宁波韵升	厦门钨业	五矿稀土	中科三环	银河磁体	三菱商事	松下	贵研铂业
47	广晟有色	宁波韵升	三菱电机	中科三环	安泰科技	HM	北方稀土	厦门钨业	五矿稀土	银河磁体
48	广晟有色	三菱商事	厦门钨业	宁波韵升	三菱化学	五矿稀土	安泰科技	三菱电机	方正电机	北方稀土
49	北方稀土	厦门钨业	广晟有色	五矿稀土	宁波韵升	银河磁体	安泰科技	三菱商事	三菱电机	方正电机
50	五矿稀土	安泰科技	方正电机	北方稀土	厦门钨业	广晟有色	中科三环	贵研铂业	宁波韵升	银河磁体
51	厦门钨业	安泰科技	三菱商事	五矿稀土	广晟有色	信越化学	三菱电机	贵研铂业	北方稀土	宁波韵升
52	方正电机	江特电机	北方稀土	贵研铂业	厦门钨业	五矿稀土	广晟有色	宁波韵升	银河磁体	安泰科技
53	中科三环	江特电机	宁波韵升	三菱商事	方正电机	贵研铂业	厦门钨业	三菱化学	北方稀土	五矿稀土
54	宁波韵升	三菱化学	江特电机	五矿稀土	广晟有色	信越化学	北方稀土	厦门钨业	中科三环	银河磁体
55	宁波韵升	三菱化学	北方稀土	广晟有色	汇川技术	中科三环	银河磁体	有研新材	大洋电机	方正电机
56	宁波韵升	TDK	厦门钨业	广晟有色	三菱化学	汇川技术	中国铝业	北方稀土	五矿稀土	中科三环

表 7 - 2 - 3　　　　　　　　　后期正向传导能力排名（Top10）

窗口	1	2	3	4	5	6	7	8	9	10
57	三菱化学	中国铝业	北方稀土	五矿稀土	江特电机	厦门钨业	宁波韵升	有研新材	三井化学	大洋电机
58	中国铝业	厦门钨业	广晟有色	中科三环	三菱化学	昭和电工	五矿稀土	方正电机	北方稀土	宁波韵升
59	三菱化学	昭和电工	有研新材	三井化学	大洋电机	卧龙电驱	中国铝业	厦门钨业	中科三环	安泰科技
60	五矿稀土	宁波韵升	银河磁体	三井化学	厦门钨业	卧龙电驱	北方稀土	安泰科技	日立金属	有研新材
61	UMICORE	银河磁体	三菱化学	中科三环	三井化学	昭和电工	方正电机	北方稀土	宁波韵升	江特电机
62	北方稀土	银河磁体	有研新材	五矿稀土	大洋电机	方正电机	江特电机	宁波韵升	中科三环	日立金属
63	厦门钨业	中国铝业	北方稀土	中科三环	日立金属	昭和电工	大洋电机	方正电机	HM	五矿稀土
64	昭和电工	北方稀土	广晟有色	中国铝业	厦门钨业	中科三环	方正电机	HM	五矿稀土	安川电机
65	UMICORE	中国铝业	中科三环	昭和电工	五矿稀土	银河磁体	安川电机	方正电机	汇川技术	江特电机
66	昭和电工	中国铝业	中科三环	三菱电机	发那科	安川电机	银河磁体	有研新材	汇川技术	HM
67	昭和电工	方正电机	中国铝业	发那科	汇川技术	江特电机	HM	中科三环	银河磁体	三井化学
68	中国铝业	昭和电工	江特电机	安川电机	发那科	汇川技术	信越化学	中科三环	三井化学	三菱电机
69	昭和电工	信越化学	江特电机	中国铝业	厦门钨业	三井化学	三菱电机	安川电机	中科三环	松下
70	中国铝业	昭和电工	江特电机	日立金属	三井化学	安川电机	大洋电机	贵研铂业	广晟有色	中科三环
71	中国铝业	发那科	丰田汽车	昭和电工	厦门钨业	中科三环	日立金属	三菱化学	三菱电机	安川电机
72	中国铝业	江特电机	贵研铂业	中科三环	昭和电工	安川电机	安泰科技	TDK	三菱电机	大洋电机
73	江特电机	中国铝业	安泰科技	TDK	三菱电机	贵研铂业	安川电机	厦门钨业	京瓷	三井化学
74	三菱电机	江特电机	三井化学	贵研铂业	厦门钨业	中科三环	安泰科技	TDK	有研新材	昭和电工
75	安川电机	贵研铂业	TDK	昭和电工	大洋电机	丰田汽车	三井化学	三菱电机	江特电机	中国铝业
76	中国铝业	阿西布朗	丰田汽车	HM	TDK	三菱商事	松下	三井化学	昭和电工	贵研铂业
77	丰田汽车	三菱商事	HM	中国铝业	TDK	松下	大洋电机	日立金属	三菱电机	安川电机
78	丰田汽车	松下	HM	中国铝业	三菱商事	TDK	昭和电工	安川电机	日立金属	安泰科技
79	三菱商事	HM	日立金属	松下	三菱电机	TDK	丰田汽车	中国铝业	京瓷	安川电机
80	三菱商事	松下	丰田汽车	HM	日立金属	东芝	京瓷	三菱化学	昭和电工	三菱电机
81	HM	三菱商事	松下	TDK	丰田汽车	中国铝业	京瓷	阿西布朗	三井化学	三菱电机
82	TDK	三菱商事	三井化学	丰田汽车	松下	东芝	HM	京瓷	昭和电工	安川电机
83	TDK	信越化学	三菱商事	丰田汽车	京瓷	安川电机	松下	三菱电机	发那科	HM
84	丰田汽车	TDK	三菱商事	松下	HM	信越化学	三井化学	安川电机	中科三环	京瓷

这五家上市公司在产业链中均属于中游或中上游企业，中科三环、宁波韵升以生产钕铁硼磁体产品为主，而银河磁体则是以生产粘结钕铁硼稀土磁

体为主，北方稀土和厦门钨业以稀土精矿为主，几家企业在产业链上紧密关
联。钕铁硼材料是电子信息产品中重要的基础材料之一，与许多电子产品紧
密相关。随着现代通信设备的普及和节能汽车的高速发展，世界对高性能稀
土永磁材料的需求迅速增长。因此，与钕铁硼材料生产相关的企业间关联密
切，进而表现在股票层面的波动因果关系。这几家企业的业务与其他企业业
务关联性强，使得其波动传导作用较大。

位列前三次数最多的股票分别为宁波韵升（23）、中科三环（16）、中国
铝业（16）和京瓷（14）。中国铝业和京瓷分别在 9 个时期位列第一，宁波
韵升在 8 个时期位列第一。这些股票对产业链上其他股票的股价波动具有关
键的正向传导作用。

表 7-2-1 中的公司除日本的京瓷以外，其他均在前十排名中靠前，而
京瓷的主营产品为精密陶瓷、信息通信、电子设备、半导体以及汽车等工业
零部件。这些均是在稀土产业链下游的重要产品。因此，京瓷与整个产业链
中其他企业之间的关系也较为密切，正向传导作用突出。

前期占据前十位置次数最多的股票分别为宁波韵升（19）、贵研铂业
（19）和中科三环（18）；中期为五矿稀土（25）、宁波韵升（23）和广晟有
色（21）；后期为中国铝业（20）、昭和电工（19）和中科三环（16）。

贵研铂业是全球贵金属行业排名前五的领先企业，企业脱胎于世界三大
贵金属研究所之一的昆明贵金属研究所，技术含量高，稀土化合物以及稀土
回收规模较大。因此，其在下游的影响力非常大，其技术上的领先导致了很
多上中游企业与其合作紧密，对上中游企业的业务带动能力强，反映在股票
价格波动方面就是正向带动能力强。

昭和电工以稀土磁铁用合金事业等信息相关零部件等作为主营产品，公
司的硬盘产量占全世界份额的 1/5，在信息产业中占据了极大的市场份额。
作为中游企业，其产品对上游原材料依赖度高，对下游信息产品相关企业影
响力大，因此，昭和电工的正向传导作用较为突出。

除昭和电工来自日本外，其余股票均来自中国，表明中国上市公司股票
在股价波动传导过程中占据重要的地位，随着时间的推移，日本企业逐渐展
现出其在产业链中的重要性。

图 7-2-2 展示了各时段排名前十的股票所属产业链环节。属于上游、

中游、下游的股票，在前期分别有 40 只、180 只、92 只次出现在排名前十；中期有 87 只、179 只、56 只次出现在排名前十；后期有 47 只、151 只、111 只次股票出现在排名前十。

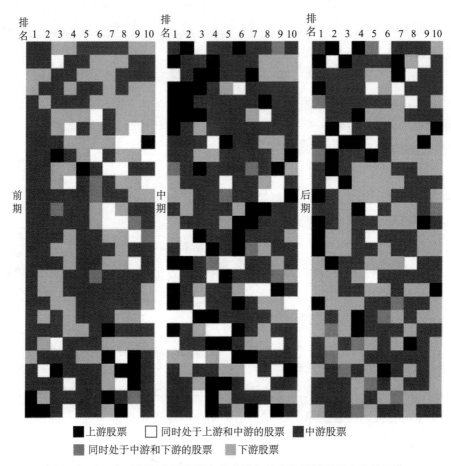

图 7-2-2　各时段正向影响能力出度排名前十的股票所属产业链环节

　　前期和后期的股价波动传导能力均为中游股票大于下游股票大于上游股票；中期为中游大于上游大于下游。同样表明中游股票在的股价波动正向传导过程中具有重要作用。

　　图 7-2-3 展示了各时段排名前十的股票所属地区。各时期排名前十的股票大部分均来自中国和日本地区，欧洲和美洲股票出现次数很少。前期有 146 只次股票来自中国，134 只次股票来自日本；中期分别有 208 只、70 只、

1 只、1 只次股票来自中国、日本、欧洲和美洲，后期分别有 125 只、151 只、4 只次股票来自中国、日本和欧洲。

图 7 - 2 - 3　各时段正向影响能力排名前十的股票所属地区

前期中国股票数量大于日本股票，但数量相差不大；中期中国股票数量远大于日本股票数量；后期日本股票数量多于中国。此项数据也能反映，稀土产业链早期对原材料的依赖度较强，随着技术的进步，影响力逐渐向中下游的技术型企业转移，因此近年来日本企业在稀土股票市场的影响力逐渐显现。

7.2.2　受波动影响程度

以各环节所包含股票的平均加权入度代表该环节股价整体受正向波动的影响程度。图 7 - 2 - 4 展示了产业链各环节股价整体受正向波动影响程度的演变趋势。各环节整体传导能力演化趋势相近，相较于正向传导能力演化趋势来看，其波动幅度较大。表明股价波动传导过程中，股价波动正向传导能力较为稳定。与正向传导能力演化趋势相同，前期趋势较为平稳，后半段呈上升趋势；中期主要呈现下降趋势，后呈现上升趋势；后期呈现先上升后下降再上升的趋势。

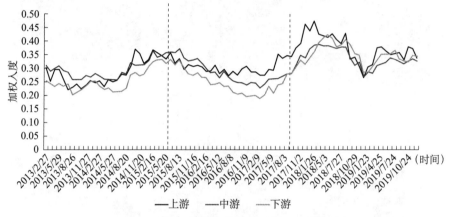

图 7 – 2 – 4　产业链各环节受波动的影响程度演化

整体演化呈现波动状态，上游于 2013 年 7 月降到最低点，于 2017 年 2 月达到中期时段的最低点；中游和下游于 2017 年 2 月降到最低点；上游于 2018 年 1 月达到最大值，中游于 2018 年 3 月达到最大值，下游于 2018 年 5 月达到最大值。整体上上游环节的波动转变发生在中游和下游之前。以 2016 年 3 月为节点，前半段中游整体受波动程度大于上游和下游；后半段上游整体受波动程度大于中游和下游，下游始终保持较低的受不动影响程度，于 2019 年 2 月其值呈现出大于中游受波动影响程度的趋势。对比来看各环节股价波动传导能力与其所承担的受波动影响程度相当。

表 7 – 2 – 4、表 7 – 2 – 5、表 7 – 2 – 6 列出了各个时期排名前十的股票。在整个样本时间内，占据前十次数最多的上市公司分别为贵研铂业（59）、厦门钨业（58）、宁波韵升（57）和中科三环（56）。位列前三次数最多的股票分别为宁波韵升（31）、厦门钨业（29）、大洋电机（19）和安泰科技（19）。厦门钨业在 19 个时期位列第一，宁波韵升在 16 个时期位列第一，大洋电机在 11 个时期位列第一。这些股票受产业链上其他股票的股价波动带来的正向影响程度较大。

表 7 - 2 - 4　　　　　　　　前期受正向波动的影响程度排名（Top10）

窗口	1	2	3	4	5	6	7	8	9	10
1	宁波韵升	厦门钨业	TDK	昭和电工	三菱电机	大洋电机	HM	中科三环	三菱商事	三菱化学
2	安泰科技	TDK	中科三环	宁波韵升	三菱商事	发那科	厦门钨业	HM	三菱化学	松下
3	宁波韵升	安泰科技	昭和电工	京瓷	三菱电机	中科三环	三菱商事	松下	东芝	厦门钨业
4	安泰科技	宁波韵升	三菱电机	中科三环	京瓷	昭和电工	三菱商事	三井化学	银河磁体	北方稀土
5	安泰科技	三菱电机	宁波韵升	TDK	中科三环	贵研铂业	京瓷	昭和电工	三菱商事	三菱化学
6	宁波韵升	银河磁体	昭和电工	中科三环	松下	贵研铂业	TDK	三菱商事	三菱化学	丰田汽车
7	宁波韵升	昭和电工	三菱化学	三井化学	银河磁体	三菱商事	贵研铂业	松下	HM	北方稀土
8	宁波韵升	昭和电工	银河磁体	三菱商事	贵研铂业	三菱化学	松下	北方稀土	方正电机	三菱电机
9	贵研铂业	银河磁体	TDK	松下	昭和电工	三菱电机	HM	三菱商事	三菱化学	中科三环
10	TDK	贵研铂业	宁波韵升	昭和电工	银河磁体	松下	安泰科技	北方稀土	三菱电机	HM
11	安泰科技	宁波韵升	HM	贵研铂业	银河磁体	TDK	大洋电机	中科三环	三菱商事	丰田汽车
12	松下	宁波韵升	昭和电工	三菱商事	银河磁体	京瓷	HM	贵研铂业	中科三环	丰田汽车
13	昭和电工	贵研铂业	松下	宁波韵升	银河磁体	京瓷	三菱商事	江特电机	厦门钨业	三菱电机
14	贵研铂业	宁波韵升	银河磁体	TDK	昭和电工	松下	三菱电机	京瓷	北方稀土	东芝
15	宁波韵升	贵研铂业	银河磁体	松下	厦门钨业	TDK	中国铝业	昭和电工	三菱电机	安川电机
16	厦门钨业	TDK	银河磁体	阿西布朗	宁波韵升	中科三环	京瓷	北方稀土	中国铝业	三菱电机
17	TDK	银河磁体	安川电机	贵研铂业	宁波韵升	厦门钨业	京瓷	三菱电机	北方稀土	中科三环
18	厦门钨业	银河磁体	安川电机	TDK	三井化学	贵研铂业	京瓷	宁波韵升	北方稀土	昭和电工
19	厦门钨业	中科三环	贵研铂业	银河磁体	三井化学	安泰科技	信越化学	东芝	汇川技术	北方稀土
20	安泰科技	厦门钨业	贵研铂业	中科三环	HM	三井化学	五矿稀土	有研新材	信越化学	北方稀土
21	厦门钨业	五矿稀土	有研新材	LYNAS	卧龙电驱	HM	三井化学	安泰科技	贵研铂业	银河磁体
22	厦门钨业	五矿稀土	有研新材	银河磁体	汇川技术	北方稀土	卧龙电驱	贵研铂业	中国铝业	中科三环
23	有研新材	安泰科技	厦门钨业	丰田汽车	五矿稀土	汇川技术	贵研铂业	银河磁体	信越化学	北方稀土
24	厦门钨业	安泰科技	贵研铂业	有研新材	大洋电机	中科三环	五矿稀土	卧龙电驱	银河磁体	方正电机
25	大洋电机	卧龙电驱	有研新材	厦门钨业	北方稀土	中科三环	安泰科技	宁波韵升	昭和电工	贵研铂业
26	大洋电机	卧龙电驱	金龙机电	贵研铂业	有研新材	中科三环	五矿稀土	江特电机	北方稀土	昭和电工
27	大洋电机	贵研铂业	卧龙电驱	中科三环	安泰科技	宁波韵升	三菱化学	五矿稀土	江特电机	金龙机电
28	大洋电机	贵研铂业	宁波韵升	中科三环	厦门钨业	安泰科技	银河磁体	有研新材	卧龙电驱	昭和电工

表 7 - 2 - 5　　　　　　　　中期受正向波动的影响程度排名（Top10）

窗口	1	2	3	4	5	6	7	8	9	10
29	北方稀土	大洋电机	中科三环	贵研铂业	宁波韵升	厦门钨业	银河磁体	中国铝业	有研新材	卧龙电驱
30	大洋电机	中科三环	北方稀土	有研新材	昭和电工	银河磁体	丰田汽车	中国铝业	卧龙电驱	宁波韵升
31	有研新材	昭和电工	五矿稀土	三菱化学	大洋电机	东芝	北方稀土	中国铝业	飞利浦	卧龙电驱

续表

窗口	1	2	3	4	5	6	7	8	9	10
32	昭和电工	中科三环	三菱化学	有研新材	贵研铂业	五矿稀土	信越化学	北方稀土	宁波韵升	银河磁体
33	宁波韵升	昭和电工	有研新材	三菱化学	贵研铂业	五矿稀土	中国铝业	厦门钨业	中科三环	银河磁体
34	昭和电工	宁波韵升	三菱化学	中国铝业	中科三环	贵研铂业	信越化学	卧龙电驱	厦门钨业	三菱电机
35	宁波韵升	昭和电工	有研新材	贵研铂业	中国铝业	中科三环	三菱化学	三井化学	安泰科技	五矿稀土
36	宁波韵升	贵研铂业	有研新材	三菱化学	三井化学	中国铝业	中科三环	北方稀土	卧龙电驱	昭和电工
37	宁波韵升	贵研铂业	有研新材	卧龙电驱	昭和电工	三菱化学	丰田汽车	五矿稀土	银河磁体	松下
38	宁波韵升	三菱化学	安泰科技	贵研铂业	中国铝业	有研新材	HM	丰田汽车	五矿稀土	银河磁体
39	宁波韵升	北方稀土	有研新材	发那科	厦门钨业	五矿稀土	京瓷	中国铝业	大洋电机	安泰科技
40	宁波韵升	五矿稀土	大洋电机	贵研铂业	中国铝业	银河磁体	江特电机	北方稀土	有研新材	卧龙电驱
41	宁波韵升	中国铝业	有研新材	贵研铂业	北方稀土	五矿稀土	银河磁体	昭和电工	三菱化学	三井化学
42	宁波韵升	大洋电机	安泰科技	贵研铂业	五矿稀土	北方稀土	中国铝业	卧龙电驱	银河磁体	日立金属
43	宁波韵升	五矿稀土	安泰科技	银河磁体	北方稀土	中国铝业	有研新材	广晟有色	卧龙电驱	TDK
44	北方稀土	安泰科技	五矿稀土	银河磁体	有研新材	卧龙电驱	宁波韵升	三菱商事	三菱化学	贵研铂业
45	安泰科技	江特电机	北方稀土	厦门钨业	五矿稀土	有研新材	宁波韵升	贵研铂业	银河磁体	三菱化学
46	北方稀土	宁波韵升	安泰科技	厦门钨业	贵研铂业	五矿稀土	银河磁体	有研新材	卧龙电驱	中科三环
47	安泰科技	北方稀土	中国铝业	卧龙电驱	宁波韵升	贵研铂业	五矿稀土	银河磁体	有研新材	厦门钨业
48	北方稀土	广晟有色	安泰科技	厦门钨业	中科三环	贵研铂业	银河磁体	江特电机	有研新材	卧龙电驱
49	北方稀土	厦门钨业	安泰科技	五矿稀土	中科三环	银河磁体	江特电机	有研新材	卧龙电驱	贵研铂业
50	北方稀土	厦门钨业	宁波韵升	TDK	大洋电机	中科三环	安泰科技	江特电机	卧龙电驱	贵研铂业
51	庄信万丰	中科三环	中国铝业	昭和电工	有研新材	银河磁体	雅保公司	信越化学	五矿稀土	卧龙电驱
52	厦门钨业	安泰科技	北方稀土	有研新材	贵研铂业	方正电机	昭和电工	宁波韵升	五矿稀土	银河磁体
53	厦门钨业	宁波韵升	北方稀土	广晟有色	安泰科技	方正电机	贵研铂业	三菱电机	有研新材	卧龙电驱
54	厦门钨业	宁波韵升	北方稀土	广晟有色	三菱电机	安泰科技	贵研铂业	有研新材	大洋电机	五矿稀土
55	广晟有色	宁波韵升	方正电机	安泰科技	贵研铂业	江特电机	金龙机电	银河磁体	发那科	有研新材
56	贵研铂业	江特电机	宁波韵升	厦门钨业	大洋电机	中科三环	三菱化学	北方稀土	有研新材	广晟有色

表 7－2－6　　　　　　后期受正向波动的影响程度排名（Top10）

窗口	1	2	3	4	5	6	7	8	9	10
57	贵研铂业	中科三环	江特电机	有研新材	广晟有色	厦门钨业	安泰科技	宁波韵升	三菱电机	五矿稀土
58	中科三环	厦门钨业	三菱电机	安泰科技	江特电机	有研新材	北方稀土	宁波韵升	贵研铂业	五矿稀土
59	厦门钨业	宁波韵升	北方稀土	方正电机	广晟有色	三菱电机	大洋电机	中科三环	贵研铂业	五矿稀土

续表

窗口	1	2	3	4	5	6	7	8	9	10
60	厦门钨业	江特电机	北方稀土	五矿稀土	松下	宁波韵升	贵研铂业	汇川技术	方正电机	广晟有色
61	厦门钨业	江特电机	北方稀土	方正电机	宁波韵升	大洋电机	五矿稀土	昭和电工	三菱电机	中科三环
62	厦门钨业	江特电机	北方稀土	方正电机	中科三环	三菱电机	松下	汇川技术	宁波韵升	大洋电机
63	厦门钨业	江特电机	方正电机	北方稀土	汇川技术	松下	三菱电机	三菱化学	银河磁体	中国铝业
64	厦门钨业	三井化学	松下	江特电机	方正电机	汇川技术	北方稀土	中国铝业	中科三环	银河磁体
65	厦门钨业	江特电机	三井化学	汇川技术	银河磁体	中国铝业	中科三环	方正电机	德昌电机	宁波韵升
66	汇川技术	三井化学	中国铝业	厦门钨业	大洋电机	江特电机	方正电机	中科三环	银河磁体	三菱化学
67	厦门钨业	江特电机	汇川技术	中国铝业	中科三环	方正电机	三井化学	大洋电机	宁波韵升	三菱化学
68	江特电机	中国铝业	厦门钨业	汇川技术	方正电机	中科三环	北方稀土	大洋电机	HM	三井化学
69	江特电机	汇川技术	中国铝业	中科三环	方正电机	厦门钨业	三菱化学	发那科	阿西布朗	银河磁体
70	江特电机	方正电机	厦门钨业	三菱化学	中国铝业	中科三环	贵研铂业	阿西布朗	发那科	宁波韵升
71	江特电机	方正电机	中科三环	银河磁体	UMICORE	阿西布朗	宁波韵升	厦门钨业	三菱化学	日立金属
72	方正电机	江特电机	阿西布朗	中科三环	安泰科技	发那科	中国铝业	厦门钨业	大洋电机	三菱商事
73	大洋电机	安泰科技	中国铝业	厦门钨业	贵研铂业	三菱化学	松下	宁波韵升	昭和电工	中科三环
74	大洋电机	贵研铂业	安川电机	中国铝业	厦门钨业	安泰科技	有研新材	方正电机	金龙机电	宁波韵升
75	中国铝业	大洋电机	贵研铂业	中科三环	厦门钨业	安泰科技	德昌电机	安川电机	方正电机	广晟有色
76	大洋电机	中国铝业	贵研铂业	厦门钨业	中科三环	安川电机	方正电机	安泰科技	广晟有色	HM
77	厦门钨业	大洋电机	贵研铂业	方正电机	中国铝业	中科三环	德昌电机	三菱化学	安泰科技	安川电机
78	方正电机	厦门钨业	大洋电机	贵研铂业	中国铝业	德昌电机	HM	三井化学	三菱化学	松下
79	大洋电机	中国铝业	中科三环	方正电机	丰田汽车	松下	厦门钨业	HM	三菱化学	贵研铂业
80	中国铝业	大洋电机	丰田汽车	厦门钨业	HM	三菱化学	方正电机	中科三环	发那科	北方稀土
81	大洋电机	中国铝业	丰田汽车	中科三环	安泰科技	安川电机	方正电机	卧龙电驱	厦门钨业	HM
82	大洋电机	中国铝业	厦门钨业	方正电机	中科三环	三菱化学	丰田汽车	银河磁体	北方稀土	五矿稀土
83	厦门钨业	大洋电机	中国铝业	方正电机	三菱电机	中科三环	北方稀土	宁波韵升	HM	安泰科技
84	方正电机	中科三环	丰田汽车	中国铝业	大洋电机	贵研铂业	厦门钨业	安泰科技	江特电机	发那科

　　上述受波动影响程度高的这些上市公司中，除大洋电机和安泰科技外，与传导能力最强的公司基本重合，一方面说明整个因果关系的对称程度较高，作为正向因和作为正向果的数据相似程度高；另一方面说明产业链上企业间的依赖关系具有较强的交互性。

　　大洋电机主营产品之一的磁性材料主要是以烧结钐钴和烧结汝铁硼永磁材料及其相关产品制造和研发。烧结永磁材料的磁性能优异，广泛应用于高科技产品。安泰科技的稀土永磁相关新材料及制品主营占比高达90%以上，因此在产业链上容易受其他上市公司制约，反映在股票市场，即其股票价格波动易受其他公司股价波动影响。

前期占据前十位置次数最多的股票分别为：贵研铂业（23）、银河磁体（20）和宁波韵升（20）；中期为有研新材（25）、宁波韵升（24）、贵研铂业（23）和北方稀土（21）；后期为厦门钨业（28）、方正电机（25）、中科三环（24）和中国铝业（21）。这些股票均来自中国，表明中国上市公司股票在股价波动传导过程中占据重要的地位。

宁波韵升、厦门钨业、中科三环、贵研铂业等股票在股价波动正向传导方面占据重要的地位的同时受其他股票正向影响的程度也较大。表明股价波动的正向传导过程中影响力大的股票同样会承担较大的被影响风险。

图7-2-5展示了各时段排名前十的股票所属产业链环节。在前期分别有41只、192只、88只次股票属于上、中、下游；中期有75只、167只、78只次股票分别属于上、中、下游；后期有71只、127只、129只次股票分别属于上、中、下游。中游股票始终承担着较大的正向波动的影响。下游股票的受波动程度随着时间的演变逐渐增强。

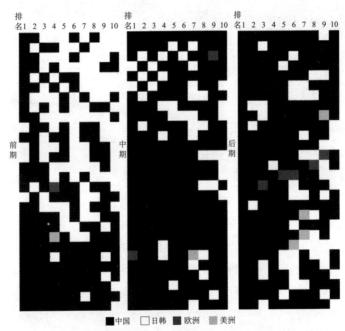

图7-2-5　各时段受波动影响程度排名前十的股票所属地区

图7-2-6展示了各时段排名前十的股票所属地区。各时期排名前十的股票大部分均来自中国和日本，欧洲和美洲股票出现次数很少。前期有

168 只股票属于中国，110 只股票属于日本；中期分别有 232 只、45 只、12 只、1 只次股票属于中国、日本、欧洲和美洲，后期分别有 213 只、58 只、5 只、4 只股票属于中国、日本、欧洲和美洲。前期中国股票数量大于日本股票，但数量相差不大；中期和后期中国股票数量远大于日本股票数量。中国股票在具有重要的股价波动正向传导作用的同时承担着较大的被影响风险。

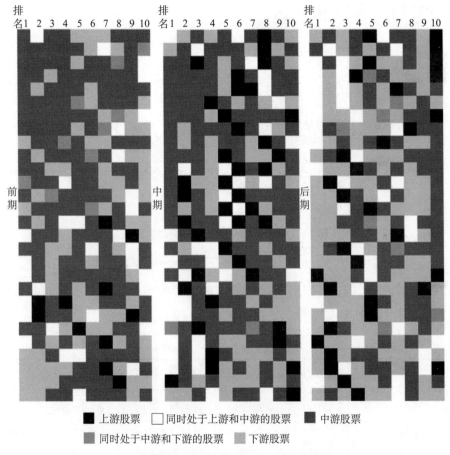

■ 上游股票　□ 同时处于上游和中游的股票　■ 中游股票
■ 同时处于中游和下游的股票　■ 下游股票

图 7 - 2 - 6　各时段受波动影响程度前十的股票所属产业链环节

7.2.3　正向传导中的媒介作用

以各环节所包含股票的中介中心度代表该环节股票的媒介作用，表示该环节对于其他环节间股价正向波动传导的把控能力。图 7 - 2 - 7 展示了产业链各环节股票媒介能力的演变趋势。与股价波动能力和受正向波动影响程度不同的是，各环节整体媒介能力演化趋势并不相近。与下游演变趋势相比较，上游和中游在短期内波动幅度均较为强烈。表明股价波动传导过程中，股价波动正向传导媒介能力较为稳定。各环节无显著变化特征，整体上各环节均围绕其均值 0.0221、0.0236、0.0212 上下波动。相对于上游和中游股票，整体上下游媒介能力较弱。这与企业主营产品特征有较大关系，相对而言，越到下游主营产品越分散。

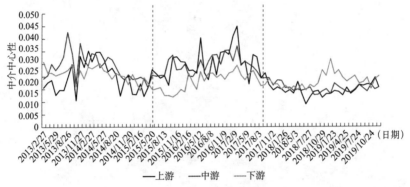

图 7 – 2 – 7　产业链各环节媒介能力演化

表 7-2-7、表 7-2-8、表 7-2-9 列出了各个时期排名前十的股票。在整个样本时间内，占据前十次数最多的上市公司分别为阿西布朗勃法瑞（53）、中国铝业（41）、厦门钨业（40）。

表 7 – 2 – 7　　　　　　　　　前期媒介能力排名（Top10）

窗口	1	2	3	4	5	6	7	8	9	10
1	汇川技术	大洋电机	三菱商事	TDK	宁波韵升	三菱电机	昭和电工	松下	发那科	HM
2	三菱商事	阿西布朗	安泰科技	安川电机	TDK	江特电机	汇川技术	京瓷	宁波韵升	中科三环
3	安泰科技	三菱电机	中科三环	京瓷	宁波韵升	江特电机	汇川技术	中国铝业	阿西布朗	三菱商事
4	安泰科技	三菱电机	中科三环	松下	宁波韵升	东芝	三菱商事	HM	有研新材	大洋电机
5	安泰科技	三菱电机	阿西布朗	中科三环	宁波韵升	飞利浦	松下	三菱商事	江特电机	TDK
6	宁波韵升	中科三环	安泰科技	通用电气	阿西布朗	银河磁体	东芝	TDK	丰田汽车	松下
7	安泰科技	宁波韵升	TDK	有研新材	三井化学	HM	东芝	雅保公司	飞利浦	通用电气
8	通用电气	方正电机	宁波韵升	UMICORE	广晟有色	三菱商事	昭和电工	丰田汽车	三井化学	HM
9	TDK	丰田汽车	阿西布朗	方正电机	昭和电工	通用电气	三井化学	A. A. M	德昌电机	大洋电机
10	东芝	宁波韵升	昭和电工	TDK	贵研铂业	通用电气	北方稀土	三井化学	HM	UMICORE

续表

窗口	1	2	3	4	5	6	7	8	9	10
11	庄信万丰	中科三环	中国铝业	昭和电工	有研新材	银河磁体	雅保公司	信越化学	五矿稀土	卧龙电驱
12	厦门钨业	安川电机	三井化学	松下	京瓷	中国铝业	阿布朗	LYNAS	丰田汽车	德昌电机
13	厦门钨业	松下	江特电机	贵研铂业	京瓷	三井化学	银河磁体	昭和电工	丰田汽车	安川电机
14	阿西布朗	厦门钨业	中国铝业	京瓷	银河磁体	贵研铂业	安川电机	松下	信越化学	UMICORE
15	阿西布朗	厦门钨业	中国铝业	松下	有研新材	方正电机	江特电机	贵研铂业	TDK	三井化学
16	厦门钨业	阿西布朗	发那科	有研新材	TDK	三井化学	银河磁体	福特汽车	京瓷	中国铝业
17	TDK	三井化学	厦门钨业	阿西布朗	广晟有色	安泰科技	UMICORE	发那科	银河磁体	京瓷
18	三井化学	京瓷	广晟有色	厦门钨业	安川电机	安泰科技	庄信万丰	UMICORE	贵研铂业	丰田汽车
19	安泰科技	厦门钨业	阿西布朗	中科三环	信越化学	HM	安川电机	发那科	通用电气	江特电机
20	安泰科技	卧龙电驱	日立金属	厦门钨业	阿西布朗	丰田汽车	庄信万丰	HM	三菱商事	贵研铂业
21	安川电机	厦门钨业	HM	阿西布朗	贵研铂业	安泰科技	三井化学	有研新材	UMICORE	信越化学
22	厦门钨业	中科三环	安泰科技	日立金属	LYNAS	贵研铂业	银河磁体	UMICORE	卧龙电驱	安川电机
23	丰田汽车	阿西布朗	庄信万丰	有研新材	信越化学	大洋电机	安泰科技	昭和电工	汇川技术	卧龙电驱
24	日立金属	大洋电机	有研新材	金龙机电	信越化学	丰田汽车	UMICORE	贵研铂业	五矿稀土	昭和电工
25	日立金属	北方稀土	广晟有色	三菱化学	卧龙电驱	TDK	大洋电机	福特汽车	安泰科技	昭和电工
26	卧龙电驱	三菱化学	庄信万丰	大洋电机	东芝	福特汽车	昭和电工	日立金属	广晟有色	三井化学
27	五矿稀土	贵研铂业	三菱化学	卧龙电驱	大洋电机	日立金属	安泰科技	HM	宁波韵升	三菱电机
28	广晟有色	贵研铂业	庄信万丰	安川电机	东芝	雅保公司	厦门钨业	宁波韵升	昭和电工	银河磁体

表 7 - 2 - 8　　　　　　　中期媒介能力排名（Top10）

窗口	1	2	3	4	5	6	7	8	9	10
29	五矿稀土	福特汽车	三菱化学	北方稀土	昭和电工	阿西布朗	银河磁体	雅保公司	厦门钨业	安川电机
30	北方稀土	昭和电工	安川电机	有研新材	阿西布朗	京瓷	雅保公司	丰田汽车	大洋电机	银河磁体
31	有研新材	五矿稀土	昭和电工	厦门钨业	飞利浦	雅保公司	三菱化学	福特汽车	阿西布朗	北方稀土
32	有研新材	信越化学	昭和电工	中科三环	飞利浦	福特汽车	京瓷	五矿稀土	三菱化学	广晟有色
33	宁波韵升	有研新材	昭和电工	信越化学	三菱化学	飞利浦	中国铝业	广晟有色	安泰科技	大洋电机
34	昭和电工	中国铝业	宁波韵升	三菱电机	阿西布朗	三菱化学	安泰科技	飞利浦	信越化学	广晟有色
35	昭和电工	宁波韵升	有研新材	阿西布朗	中国铝业	五矿稀土	中科三环	贵研铂业	大洋电机	三井化学
36	三井化学	宁波韵升	东芝	中国铝业	三菱化学	大洋电机	广晟有色	贵研铂业	北方稀土	信越化学
37	贵研铂业	阿西布朗	日立金属	东芝	方正电机	福特汽车	昭和电工	五矿稀土	飞利浦	丰田汽车
38	三菱化学	贵研铂业	大洋电机	中国铝业	五矿稀土	松下	宁波韵升	日立金属	方正电机	京瓷
39	京瓷	福特汽车	厦门钨业	发那科	北方稀土	有研新材	日立金属	贵研铂业	大洋电机	中国铝业
40	中国铝业	东芝	HM	方正电机	京瓷	厦门钨业	昭和电工	贵研铂业	信越化学	飞利浦
41	贵研铂业	中国铝业	宁波韵升	阿西布朗	飞利浦	三菱化学	昭和电工	大洋电机	三井化学	三菱电机

续表

窗口	1	2	3	4	5	6	7	8	9	10
42	日立金属	飞利浦	贵研铂业	大洋电机	三菱商事	阿西布朗	三菱电机	中国铝业	东芝	昭和电工
43	日立金属	昭和电工	通用电气	三菱商事	贵研铂业	宁波韵升	五矿稀土	阿西布朗	大洋电机	三菱电机
44	三菱商事	通用电气	阿西布朗	有研新材	日立金属	北方稀土	TDK	贵研铂业	金龙机电	东芝
45	五矿稀土	三菱商事	通用电气	阿西布朗	三菱电机	方正电机	厦门钨业	安川电机	TDK	银河磁体
46	北方稀土	安川电机	三菱商事	三菱化学	阿西布朗	中科三环	宁波韵升	通用电气	有研新材	厦门钨业
47	三菱商事	HM	安川电机	TDK	广晟有色	东芝	中科三环	方正电机	厦门钨业	卧龙电驱
48	广晟有色	三菱商事	厦门钨业	卧龙电驱	中科三环	中国铝业	HM	安川电机	方正电机	松下
49	三菱电机	北方稀土	厦门钨业	信越化学	五矿稀土	UMICORE	三菱商事	飞利浦	福特汽车	阿西布朗
50	阿西布朗	TDK	三菱电机	方正电机	昭和电工	北方稀土	安泰科技	厦门钨业	安川电机	中科三环
51	厦门钨业	三菱商事	TDK	阿西布朗	飞利浦	安川电机	方正电机	三菱化学	三菱电机	中国铝业
52	方正电机	三井化学	昭和电工	发那科	阿西布朗	飞利浦	TDK	宁波韵升	安川电机	三菱化学
53	宁波韵升	松下	三菱电机	方正电机	日立金属	三菱化学	厦门钨业	A. A. M	中国铝业	雅保公司
54	宁波韵升	三菱化学	三菱电机	日立金属	厦门钨业	北方稀土	UMICORE	广晟有色	中国铝业	松下
55	宁波韵升	三菱化学	广晟有色	京瓷	发那科	飞利浦	三菱电机	TDK	方正电机	金龙机电
56	三菱化学	厦门钨业	卧龙电驱	中国铝业	UMICORE	TDK	京瓷	昭和电工	方正电机	福特汽车

表 7 – 2 – 9　　　　　　　　　后期媒介能力排名（Top10）

窗口	1	2	3	4	5	6	7	8	9	10
57	UMICORE	松下	三菱电机	阿西布朗	三菱化学	厦门钨业	昭和电工	日立金属	有研新材	贵研铂业
58	三菱电机	阿西布朗	三菱化学	日立金属	丰田汽车	昭和电工	UMICORE	金龙机电	五矿稀土	中科三环
59	日立金属	阿西布朗	三菱化学	京瓷	三菱电机	宁波韵升	UMICORE	厦门钨业	松下	大洋电机
60	UMICORE	宁波韵升	东芝	厦门钨业	松下	阿西布朗	三菱化学	昭和电工	日立金属	三菱电机
61	阿西布朗	UMICORE	昭和电工	三菱化学	宁波韵升	银河磁体	方正电机	江特电机	三菱电机	HM
62	银河磁体	UMICORE	昭和电工	厦门钨业	北方稀土	江特电机	三井化学	三菱电机	大洋电机	中科三环
63	UMICORE	三菱电机	中国铝业	厦门钨业	阿西布朗	方正电机	HM	江特电机	松下	三菱化学
64	厦门钨业	北方稀土	三井化学	阿西布朗	中科三环	方正电机	昭和电工	UMICORE	中国铝业	HM
65	UMICORE	三井化学	厦门钨业	阿西布朗	银河磁体	松下	三菱电机	中国铝业	安川电机	HM
66	三井化学	三菱化学	中科三环	三菱电机	中国铝业	发那科	昭和电工	汇川技术	银河磁体	安川电机
67	中科三环	中国铝业	UMICORE	三井化学	江特电机	HM	方正电机	汇川技术	松下	阿西布朗
68	江特电机	中国铝业	厦门钨业	汇川技术	阿西布朗	三菱化学	三井化学	安川电机	发那科	HM
69	江特电机	阿西布朗	三菱化学	中国铝业	汇川技术	发那科	A. A. M	厦门钨业	安川电机	昭和电工
70	UMICORE	江特电机	阿西布朗	三菱化学	中国铝业	发那科	安川电机	贵研铂业	昭和电工	厦门钨业
71	江特电机	阿西布朗	中国铝业	UMICORE	中科三环	安川电机	日立金属	发那科	汇川技术	大洋电机
72	方正电机	中国铝业	安川电机	大洋电机	江特电机	阿西布朗	UMICORE	发那科	中科三环	贵研铂业

续表

窗口	1	2	3	4	5	6	7	8	9	10
73	大洋电机	中国铝业	阿西布朗	安泰科技	安川电机	三井化学	贵研铂业	三菱化学	江特电机	松下
74	大洋电机	安川电机	贵研铂业	厦门钨业	日立金属	三井化学	UMICORE	TDK	三菱电机	金龙机电
75	大洋电机	贵研铂业	安川电机	安泰科技	三菱化学	中国铝业	松下	三井化学	德昌电机	通用电气
76	中国铝业	三井化学	贵研铂业	大洋电机	安泰科技	日立金属	中科三环	阿西布朗	德昌电机	丰田汽车
77	大洋电机	中国铝业	阿西布朗	厦门钨业	丰田汽车	德昌电机	通用电气	贵研铂业	HM	方正电机
78	中国铝业	方正电机	三菱电机	通用电气	松下	HM	大洋电机	三井化学	阿西布朗	丰田汽车
79	中国铝业	松下	HM	中科三环	方正电机	昭和电工	大洋电机	厦门钨业	三菱商事	三菱化学
80	中国铝业	三菱商事	HM	大洋电机	阿西布朗	三菱化学	金龙机电	安泰科技	东芝	有研新材
81	中国铝业	大洋电机	HM	三菱电机	阿西布朗	丰田汽车	有研新材	卧龙电驱	通用电气	三菱化学
82	大洋电机	三菱商事	中国铝业	宁波韵升	三菱化学	通用电气	阿西布朗	丰田汽车	昭和电工	卧龙电驱
83	三菱电机	中国铝业	宁波韵升	丰田汽车	贵研铂业	福特汽车	三菱商事	昭和电工	阿西布朗	厦门钨业
84	阿西布朗	中科三环	通用电气	丰田汽车	福特汽车	大洋电机	中国铝业	江特电机	贵研铂业	TDK

位列前三次数最多的股票分别为中国铝业（20）、阿西布朗勃法瑞（20）、厦门钨业（17）。中国铝业、厦门钨业和安泰科技分别在 6 个时期位列第一。阿西布朗勃法瑞承担了相对较强的媒介能力，中国铝业和厦门钨业同时具有较强的正向传导能力，表明其重要媒介作用主要体现在接受正向传导方面，进而承担媒介作用向其他股票继续传导股价波动。

前期占据前十位置次数最多的股票分别为：安泰科技（15）、阿西布朗勃法瑞（14）、厦门钨业（12）和三井化学（12）；中期为阿西布朗勃法瑞（16）、昭和电工（15）和三菱化学（15）；后期为阿西布朗勃法瑞（23）、中国铝业（21）和三菱化学（16）。阿西布朗勃法瑞始终占据着重要的地位，三菱化学在中期及后期开始展现出较强的媒介作用，需重点关注。阿西布朗勃法瑞属于欧洲企业，三菱化学、三井化学和昭和电工均为日本企业。表明日本上市公司表现出更强的媒介作用。

阿西布朗勃法瑞是瑞士十大跨国公司之一，也是世界上最大的生产工业、能源、自动化产品的公司之一，其产品以电器产品、机器人、工业自动化、动态控制等为主。其跨国特性以及产品特征导致其媒介作用突出。三菱化学则是日本最大的化学企业，三井化学公司在化学行业排名第二，这两家企业的跨国经营特性突出，全球影响力巨大，因此在股价波动传导上的媒介作用也就比较突出。

图 7-2-8 展示了各时段排名前十的股票所属产业链环节。在前期分别有 32 只、167 只、120 只股票属于上、中、下游；中期有 56 只、161 只、98 只股票分别属于上、中、下游；后期有 39 只、127 只、154 只股票分别属于上、中、下游。前期和中期主要为中游股票承担媒介作用，在演化后期下游股票的媒介作用逐渐凸显。但整体上有 127 只股票属于上游，455 只股票属于中游，372 只股票属于下游，中游表现出较强的媒介作用。

图 7-2-8　各时段媒介作用排名前十的股票所属地区

图 7-2-9 展示了各时段排名前十的股票所属地区。各时期排名前十的股票大部分均来自中国和日本地区，欧洲和美洲股票出现次数很少，但相较于正向传导能力及被影响程度来看，欧美地区的地位有所提升。前期中国、日本、欧洲和美洲股票分别出现了 119 次、114 次、30 次和 17 次；中期分别出现了 123 次、110 次、31 次和 16 次，后期分别出现了 118 次、113 次、37

次、12 次。中国股票数量与日本股票数量相差不大，欧洲和美洲股票表现出相对传导能力较强的媒介作用。

图 7 - 2 - 9　各时段受媒介作用前十的股票所属产业链环节

7.2.4　正向传导稳定程度

以各环节所包含股票的聚类系数代表该环节股价整体正向传导作用稳定性。图 7 - 2 - 10 展示了产业链各环节股价整体正向传导作用稳定性的演变趋势。各环节整体演化趋势相近，整体趋势较为平缓，且各环节数值相差不大。表明股价波动传导过程中，股价波动正向传导能力较为稳定。各环节最大值均出现在演化中期的前半个时段，上游和下游最大值出现在 2015 年 9 月，中游出现在 2015 年 10 月。最小值出现在演化中期的后半个时段，上、中、下游最小值分别出现在 2016 年 6 月、2017 年 2 月和 2017 年 6 月。

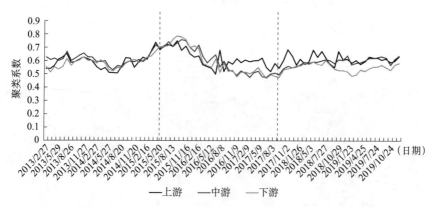

图 7 - 2 - 10　产业链各环节正向传导稳定程度的演化图

表 7 - 2 - 10、表 7 - 2 - 11、表 7 - 2 - 12 列出了各个时期排名前十的股票。在整个样本时间内，占据前十次数最多的上市公司股票分别为广晟有色（52）、五矿稀土（49）和银河磁体（47）。位列前三次数最多的股票分别为金龙电机（22）、广晟有色（18）和汇川技术（16）。五矿稀土和金龙机电在8个时期位列第一，日立金属在7个时期位列第一。

表 7 - 2 - 10　　　　　　　前期正向传导稳定程度排名（Top10）

窗口	1	2	3	4	5	6	7	8	9	10
1	汇川技术	大洋电机	三菱商事	TDK	宁波韵升	三菱电机	昭和电工	松下	发那科	HM
2	三菱商事	阿西布朗	安泰科技	安川电机	TDK	江特电机	汇川技术	京瓷	宁波韵升	中科三环
3	安泰科技	三菱电机	中科三环	京瓷	宁波韵升	江特电机	汇川技术	中国铝业	阿西布朗	三菱商事
4	安泰科技	三菱电机	中科三环	松下	宁波韵升	东芝	三菱商事	HM	有研新材	大洋电机
5	安泰科技	三菱电机	阿西布朗	中科三环	宁波韵升	飞利浦	松下	三菱商事	江特电机	TDK
6	宁波韵升	中科三环	安泰科技	通用电气	阿西布朗	银河磁体	东芝	TDK	丰田汽车	松下
7	安泰科技	宁波韵升	TDK	有研新材	三井化学	HM	东芝	雅保公司	飞利浦	通用电气
8	通用电气	方正电机	宁波韵升	UMICORE	广晟有色	三菱商事	昭和电工	丰田汽车	三井化学	HM
9	TDK	丰田汽车	阿西布朗	方正电机	昭和电工	通用电气	三井化学	A. A. M	德昌电机	大洋电机
10	东芝	宁波韵升	昭和电工	TDK	贵研铂业	通用电气	北方稀土	三井化学	HM	UMICORE
11	庄信万丰	中科三环	中国铝业	昭和电工	有研新材	银河磁体	雅保公司	信越化学	五矿稀土	卧龙电驱
12	厦门钨业	安川电机	三井化学	松下	京瓷	中国铝业	阿西布朗	LYNAS	丰田汽车	德昌电机
13	厦门钨业	松下	江特电机	贵研铂业	京瓷	三井化学	银河磁体	昭和电工	丰田汽车	安川电机
14	阿西布朗	厦门钨业	中国铝业	京瓷	银河磁体	贵研铂业	安川电机	松下	信越化学	UMICORE

续表

窗口	1	2	3	4	5	6	7	8	9	10
15	阿西布朗	厦门钨业	中国铝业	松下	有研新材	方正电机	江特电机	贵研铂业	TDK	三井化学
16	厦门钨业	阿西布朗	发那科	有研新材	TDK	三井化学	银河磁体	福特汽车	京瓷	中国铝业
17	TDK	三井化学	厦门钨业	阿西布朗	广晟有色	安泰科技	UMICORE	发那科	银河磁体	京瓷
18	三井化学	京瓷	广晟有色	厦门钨业	安川电机	安泰科技	庄信万丰	UMICORE	贵研铂业	丰田汽车
19	安泰科技	厦门钨业	阿西布朗	中科三环	信越化学	HM	安川电机	发那科	通用电气	江特电机
20	安泰科技	卧龙电驱	日立金属	厦门钨业	阿西布朗	丰田汽车	庄信万丰	HM	三菱商事	贵研铂业
21	安川电机	厦门钨业	HM	阿西布朗	贵研铂业	安泰科技	三井化学	有研新材	UMICORE	信越化学
22	厦门钨业	中科三环	安泰科技	日立金属	LYNAS	贵研铂业	银河磁体	UMICORE	卧龙电驱	安川电机
23	丰田汽车	阿西布朗	庄信万丰	有研新材	信越化学	大洋电机	安泰科技	昭和电工	汇川技术	卧龙电驱
24	日立金属	大洋电机	有研新材	金龙机电	信越化学	丰田汽车	UMICORE	贵研铂业	五矿稀土	昭和电工
25	日立金属	北方稀土	广晟有色	三菱化学	卧龙电驱	TDK	大洋电机	福特汽车	安泰科技	昭和电工
26	卧龙电驱	三菱化学	庄信万丰	大洋电机	东芝	福特汽车	昭和电工	日立金属	广晟有色	三井化学
27	五矿稀土	贵研铂业	三菱化学	卧龙电驱	大洋电机	日立金属	安泰科技	HM	宁波韵升	三菱电机
28	广晟有色	贵研铂业	庄信万丰	安川电机	东芝	雅保公司	厦门钨业	宁波韵升	昭和电工	银河磁体

表 7 - 2 - 11　　　　　中期正向传导稳定程度排名（Top10）

窗口	1	2	3	4	5	6	7	8	9	10
29	发那科	方正电机	汇川技术	卧龙电驱	HM	金龙机电	江特电机	广晟有色	中国铝业	安泰科技
30	江特电机	汇川技术	发那科	TDK	安泰科技	方正电机	金龙机电	HM	松下	三菱商事
31	德昌电机	江特电机	金龙机电	发那科	汇川技术	大洋电机	安泰科技	方正电机	宁波韵升	中科三环
32	德昌电机	金龙机电	汇川技术	发那科	丰田汽车	宁波韵升	银河磁体	卧龙电驱	江特电机	HM
33	东芝	丰田汽车	金龙机电	方正电机	江特电机	北方稀土	厦门钨业	汇川技术	银河磁体	卧龙电驱
34	东芝	方正电机	金龙机电	汇川技术	HM	江特电机	发那科	安川电机	丰田汽车	三井化学
35	丰田汽车	金龙机电	汇川技术	江特电机	方正电机	北方稀土	东芝	三菱商事	银河磁体	安川电机
36	金龙机电	HM	汇川技术	江特电机	丰田汽车	安川电机	TDK	安泰科技	厦门钨业	中科三环
37	雅保公司	金龙机电	三菱商事	广晟有色	安泰科技	安川电机	江特电机	HM	银河磁体	北方稀土
38	安川电机	广晟有色	银河磁体	HM	中科三环	江特电机	TDK	昭和电工	卧龙电驱	信越化学
39	汇川技术	中科三环	丰田汽车	安泰科技	安川电机	广晟有色	金龙机电	卧龙电驱	银河磁体	五矿稀土
40	日立金属	汇川技术	昭和电工	丰田汽车	三菱化学	安川电机	TDK	中科三环	安泰科技	厦门钨业
41	TDK	方正电机	中科三环	卧龙电驱	日立金属	安川电机	厦门钨业	汇川技术	丰田汽车	江特电机

续表

窗口	1	2	3	4	5	6	7	8	9	10
42	A. A. M	方正电机	卧龙电驱	广晟有色	厦门钨业	江特电机	信越化学	银河磁体	三菱化学	五矿稀土
43	汇川技术	金龙机电	雅保公司	安泰科技	卧龙电驱	贵研铂业	中科三环	三井化学	江特电机	厦门钨业
44	大洋电机	中科三环	江特电机	厦门钨业	京瓷	宁波韵升	广晟有色	金龙机电	贵研铂业	银河磁体
45	金龙机电	中科三环	宁波韵升	汇川技术	贵研铂业	广晟有色	大洋电机	银河磁体	卧龙电驱	京瓷
46	江特电机	大洋电机	广晟有色	银河磁体	五矿稀土	贵研铂业	安泰科技	方正电机	厦门钨业	中科三环
47	大洋电机	贵研铂业	江特电机	厦门钨业	五矿稀土	银河磁体	有研新材	广晟有色	宁波韵升	三菱化学
48	金龙机电	大洋电机	贵研铂业	银河磁体	五矿稀土	宁波韵升	安泰科技	江特电机	汇川技术	有研新材
49	大洋电机	广晟有色	江特电机	贵研铂业	有研新材	银河磁体	中科三环	安泰科技	卧龙电驱	宁波韵升
50	银河磁体	广晟有色	江特电机	汇川技术	贵研铂业	大洋电机	有研新材	宁波韵升	五矿稀土	卧龙电驱
51	大洋电机	汇川技术	中科三环	卧龙电驱	有研新材	银河磁体	五矿稀土	HM	江特电机	京瓷
52	汇川技术	中科三环	卧龙电驱	广晟有色	银河磁体	五矿稀土	大洋电机	宁波韵升	HM	江特电机
53	银河磁体	卧龙电驱	五矿稀土	有研新材	大洋电机	安泰科技	中科三环	江特电机	贵研铂业	广晟有色
54	银河磁体	中科三环	卧龙电驱	有研新材	大洋电机	京瓷	安泰科技	汇川技术	五矿稀土	贵研铂业
55	五矿稀土	北方稀土	卧龙电驱	中科三环	厦门钨业	银河磁体	有研新材	贵研铂业	大洋电机	安泰科技
56	银河磁体	安泰科技	五矿稀土	有研新材	中科三环	北方稀土	广晟有色	大洋电机	卧龙电驱	汇川技术

表 7 - 2 - 12　　　　　后期正向传导稳定程度排名（Top10）

窗口	1	2	3	4	5	6	7	8	9	10
57	汇川技术	银河磁体	卧龙电驱	东芝	方正电机	北方稀土	安泰科技	宁波韵升	中科三环	广晟有色
58	A. A. M	东芝	银河磁体	汇川技术	卧龙电驱	贵研铂业	大洋电机	宁波韵升	有研新材	北方稀土
59	东芝	金龙机电	汇川技术	银河磁体	卧龙电驱	北方稀土	五矿稀土	江特电机	安泰科技	广晟有色
60	中国铝业	金龙机电	中科三环	通用电气	广晟有色	有研新材	卧龙电驱	银河磁体	贵研铂业	大洋电机
61	卧龙电驱	有研新材	中国铝业	安泰科技	金龙机电	广晟有色	五矿稀土	汇川技术	东芝	中科三环
62	安泰科技	金龙机电	卧龙电驱	广晟有色	贵研铂业	东芝	中国铝业	有研新材	三菱商事	五矿稀土
63	卧龙电驱	贵研铂业	安泰科技	宁波韵升	金龙机电	有研新材	五矿稀土	广晟有色	银河磁体	三菱商事
64	A. A. M	卧龙电驱	安泰科技	贵研铂业	有研新材	宁波韵升	大洋电机	TDK	五矿稀土	金龙机电
65	卧龙电驱	有研新材	广晟有色	金龙机电	贵研铂业	宁波韵升	大洋电机	安泰科技	北方稀土	三菱商事
66	金龙机电	安泰科技	三菱商事	广晟有色	卧龙电驱	京瓷	五矿稀土	宁波韵升	北方稀土	贵研铂业
67	金龙机电	贵研铂业	安泰科技	五矿稀土	卧龙电驱	广晟有色	有研新材	北方稀土	京瓷	宁波韵升
68	金龙机电	松下	有研新材	五矿稀土	安泰科技	银河磁体	贵研铂业	京瓷	卧龙电驱	宁波韵升
69	安泰科技	宁波韵升	广晟有色	有研新材	北方稀土	卧龙电驱	松下	HM	五矿稀土	方正电机

窗口	1	2	3	4	5	6	7	8	9	10
70	五矿稀土	有研新材	安泰科技	飞利浦	LYNAS	松下	北方稀土	广晟有色	银河磁体	三菱商事
71	五矿稀土	三井化学	广晟有色	京瓷	松下	HM	有研新材	宁波韵升	北方稀土	安泰科技
72	松下	银河磁体	北方稀土	五矿稀土	宁波韵升	信越化学	厦门钨业	日立金属	三菱电机	广晟有色
73	五矿稀土	银河磁体	宁波韵升	飞利浦	三菱商事	广晟有色	HM	北方稀土	京瓷	中科三环
74	五矿稀土	北方稀土	广晟有色	HM	信越化学	银河磁体	京瓷	宁波韵升	中科三环	松下
75	北方稀土	五矿稀土	京瓷	飞利浦	信越化学	银河磁体	宁波韵升	有研新材	雅保公司	HM
76	五矿稀土	银河磁体	信越化学	京瓷	宁波韵升	北方稀土	三菱电机	有研新材	三菱化学	昭和电工
77	五矿稀土	银河磁体	京瓷	信越化学	北方稀土	有研新材	金龙机电	宁波韵升	发那科	广晟有色
78	金龙机电	京瓷	信越化学	广晟有色	飞利浦	北方稀土	江特电机	宁波韵升	五矿稀土	昭和电工
79	信越化学	广晟有色	有研新材	银河磁体	发那科	北方稀土	三井化学	安泰科技	五矿稀土	江特电机
80	信越化学	宁波韵升	贵研铂业	广晟有色	安川电机	北方稀土	银河磁体	昭和电工	三井化学	五矿稀土
81	广晟有色	贵研铂业	银河磁体	昭和电工	三菱化学	有研新材	五矿稀土	安泰科技	宁波韵升	北方稀土
82	安泰科技	广晟有色	信越化学	有研新材	HM	北方稀土	宁波韵升	发那科	京瓷	银河磁体
83	日立金属	三菱化学	银河磁体	广晟有色	有研新材	昭和电工	五矿稀土	安泰科技	中科三环	三井化学
84	银河磁体	有研新材	广晟有色	五矿稀土	宁波韵升	北方稀土	日立金属	三菱化学	安泰科技	京瓷

前期占据前十位置次数最多的股票分别为：中国铝业（16）、日立金属（16）和发那科（16）；中期为江特电机（22）、银河磁体（20）和汇川技术（19）；后期为五矿稀土（23）、广晟有色（23）、宁波韵升（21）和北方稀土（21）。广晟有色，宁波韵升，五矿稀土和银河磁体不仅具有较强的正向传导能力且对其所传导的股票的传导能力稳定。即其所影响的股票范围较为稳定且传导力度较大。且这些股票均来自中国，表明中国股票在正向传导能力方面占据重要的地位。来自日本的股票日立金属和中国股票中国铝业具有稳定的正向传导作用。

金龙电机、汇川技术、发那科、江特电机均属下游企业，日立金属是中游企业。发那科是日本企业，是全世界最大的数控系统生成企业，在全世界的市场占有率高达70%以上，其市场地位极其稳固，因此与其他上市公司的关系也极为稳定。

图 7-2-11 展示了各时段排名前十的股票所属产业链环节。在前期分别有64只、134只、112只股票属于上、中、下游；中期有43只、114只、141只股票分别属于上、中、下游；后期有74只、167只、68只股票分别属于上、中、下游。整个时期有181只、415只、321只股票分别属于上、中、下

游。中游股票的正向传导稳定性始终排名第一，下游股票的受波动程度随着时间的演变逐渐增强。

■中国　□日本　■欧洲　▨美洲

图7-2-11　各时段正向传导稳定程度排名前十的股票所属地区

图7-2-12 展示了各时段排名前十的股票所属地区。各时期排名前十的股票大部分均来自中国和日本，欧洲和美洲股票出现次数很少。前期有 143 只股票属于中国，129 只股票属于日本，8 只股票属于美洲；中期有 218 只、57 只、5 只股票分别属于中国、日本和美洲，后期有 204 只、37 只、4 只、5 只股票分别属于中国、日本、欧洲和美洲。整体上有 656 只、253 只、4 只、18 只股票分别属于中国、日本、欧洲和美洲。中国股票在传导过程中表现出的稳定性始终较强。

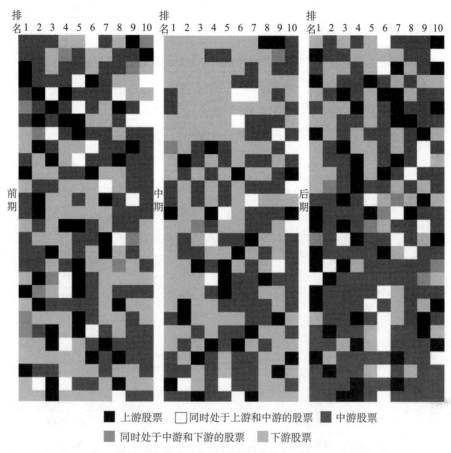

排名1 2 3 4 5 6 7 8 9 10　　　排名1 2 3 4 5 6 7 8 9 10　　　排名1 2 3 4 5 6 7 8 9 10

前期　　　　　　　　　　　中期　　　　　　　　　　　后期

■ 上游股票　　□ 同时处于上游和中游的股票　　■ 中游股票

■ 同时处于中游和下游的股票　　■ 下游股票

图 7 - 2 - 12　各时段正向传导稳定程度排名前十的股票所属产业链环节

7.3　负向因果关系网络演化特征

本节主要从股票的波动影响力、受波动影响程度、在负向传导中的媒介作用以及负向传导的稳定程度几个方面，对股票因果关系网络进行统计对比，找出这些指标随时间的演变所产生的变化情况，以找到其演化特征。

7.3.1　负向影响能力

仅有少数股票不具有正向传导能力，与正向传导不同，具有负向传导能力的股票较少。表 7-3-1 列出了各时段占据正向或负向传导能力前十名出现次数最多的 10 只股票。

表 7-3-1　　各时段在正向及负向传导能力前十名出现次数最多的股票（Top10）

传导方向	前期	中期	后期
正向	宁波韵升	五矿稀土	中国铝业
	贵研铂业	宁波韵升	昭和电工
	中科三环	广晟有色	中科三环
	京瓷	银河磁体	安川电机
	银河磁体	有研新材	三井化学
	丰田汽车	厦门钨业	三菱电机
	北方稀土	北方稀土	HM
	三菱化学	中科三环	江特电机
	三菱商事	安泰科技	TDK
	有研新材	三菱电机	丰田汽车
负向	LYNAS	中国铝业	A. A. M
	雅保公司	中科三环	宁波韵升
	庄信万丰	有研新材	银河磁体
	安泰科技	A. A. M	中科三环
	信越化学	UMICORE	五矿稀土
	江特电机	LYNAS	飞利浦
	通用电气	雅保公司	阿西布朗
	中国铝业	方正电机	中国铝业
	东芝	宁波韵升	北方稀土
	昭和电工	信越化学	方正电机

　　前期具有较强正向传导能力的股票与具有较强负向传导能力的股票无重合。中期宁波韵升、有研新材、中科三环三只股票不仅具有较强正向传导能力而且具有较强负向传导能力，表明这三只股票的波动极有可能引起其他股票的股价波动但波动方向仍需进一步考虑。后期中国铝业和中科三环同时具备较强的正向传导和负向传导能力，中科三环在第 29 期后，即 2015 年 6 月之后一直表现出较强的股价波动传导能力。仅观察负向传导能力情况可以发现，LYNAS、雅保公司和信越化学在前期和中期同时具有较强的负向传导能力；而 A. A. M、

方正电机和宁波韵升在中期和后期展现出较强的负向传导能力。与这些股票相关联的股票应关注这些股票的股价变动情况，及时采取相应措施。

表7-3-2展示了各时段排名前十的股票所属产业链环节对比。在前期分别有62只、167只、100只股票属于上、中、下游；中期有55只、163只、94只股票分别属于上、中、下游；后期有72只、134只、88只股票分别属于上、中、下游。整个时期有189只、464只、282只股票分别属于上、中、下游。中游股票始终占据着重要的位置，上下游环节变化幅度较小。

表7-3-2 各时段出现次数排行前十名的股票所属产业链环节正负向传导对比

传导方向	产业链环节	前期	中期	后期	整体
正向	上游	40	87	47	174
	中游	180	179	151	510
	下游	92	56	111	259
负向	上游	62	55	72	189
	中游	167	163	134	464
	下游	100	94	88	282

表7-3-3展示了各时段排名前十的股票所属地区对比。中国和日本地区的股票仍然占据重要的位置，但相比于正向传导能力，欧洲和美洲股票出现次数大幅增加。前期有97只、80只、33只、65只股票分别属于中国、日本、欧洲和美洲；中期有116只、71只、33只、50只股票分别属于中国、日本、欧洲和美洲，后期有135只、37只、37只、52只股票分别属于中国、日本、欧洲和美洲。整体上有348只、188只、103只、167只股票分别属于中国、日本、欧洲和美洲。相较于正向传导，欧美地区股票在负向传导过程中表现出的作用更为强烈。

表7-3-3 各时段出现次数排行前十名的股票所属地区正负向传导对比

传导方向	地区	前期	中期	后期	整体
正向	中国	146	208	125	479
	日本	134	70	151	355
	欧洲	0	1	4	5
	美洲	0	1	0	1

续表

传导方向	地区	前期	中期	后期	整体
负向	中国	97	116	135	348
	日本	80	71	37	188
	欧洲	33	33	37	103
	美洲	65	50	52	167

7.3.2　受负向波动影响程度

受负向波动的股票数量较具有负向传导能力的股票数量更少，从表7-3-4中可以发现中期及后期表现出的特征更为明显。前期银河磁体、昭和电工和北方稀土受正向和负向波动影响的程度均较为强烈，中期宁波韵升和中国铝业，后期仅有中国铝业同时受较大的正向波动和较小的负向波动。这些股票，尤其是中国铝业很容易受到股价波动的影响。仅观察受负向波动的股票情况可以发现，京瓷、庄信万丰、雅保公司、A.A.M、中国铝业和昭和电工在整个时段都表现出易受负向波动影响的特征。表7-3-4展示了各时段在受负向波动影响程度前十榜单出现次数最多的股票。

表7-3-4　各时段在受波动影响程度前十名出现次数最多的股票（Top10）

传导方向	前期	中期	后期
正向	贵研铂业	有研新材	厦门钨业
	银河磁体	宁波韵升	方正电机
	宁波韵升	贵研铂业	中科三环
	中科三环	北方稀土	中国铝业
	昭和电工	银河磁体	大洋电机
	厦门钨业	五矿稀土	江特电机
	北方稀土	卧龙电驱	宁波韵升
	安泰科技	安泰科技	贵研铂业
	三菱商事	中国铝业	三菱化学
	三菱电机	厦门钨业	北方稀土

续表

传导方向	前期	中期	后期
负向	北方稀土	京瓷	A. A. M
	LYNAS	庄信万丰	HM
	方正电机	雅保公司	京瓷
	中国铝业	A. A. M	雅保公司
	A. A. M	松下	安川电机
	大洋电机	中国铝业	飞利浦
	银河磁体	宁波韵升	中国铝业
	昭和电工	三菱商事	信越化学
	京瓷	昭和电工	昭和电工
	庄信万丰	TDK	庄信万丰

表 7 - 3 - 5 展示了各时段排名前十名的股票所属产业链环节对比。在前期有 85 只、148 只、95 只股票分别属于上、中、下游；中期有 50 只、168 只、104 只股票分别属于上、中、下游；后期有 63 只、130 只、83 只股票分别属于上、中、下游。整个时期有 198 只、446 只、282 只股票分别属于上、中、下游。中游股票始终占据着重要的位置，上下游环节变化幅度较小。

表 7 - 3 - 5　各时段出现次数排行前十名的股票所属产业链环节正负向传导对比

传导方向	地区	前期	中期	后期	整体
正向	上游	41	75	71	187
	中游	192	167	127	486
	下游	88	78	129	295
负向	上游	85	50	63	198
	中游	148	168	130	446
	下游	95	104	83	282

表 7 - 3 - 6 展示了各时段排名前十名的股票所属地区对比，中国和日本地区的股票仍然占据重要的位置，但相比于正向传导能力，欧洲和美洲股票出现次数大幅增加。前期有 144 只、63 只、21 只、51 只股票分别属于中国、日本、欧洲和美洲；中期有 79 只、109 只、31 只、43 只股票分别属于中国、

日本、欧洲和美洲，后期有 72 只、90 只、23 只、58 只股票分别属于中国、日本、欧洲和美洲。整体上有 144 只、63 只、21 只、51 只股票分别属于中国、日本、欧洲和美洲。相较于正向传导，欧美地区股票在负向传导过程中表现出的被影响程度更大，且中国股票承受的波动带来的负向影响程度逐渐降低。

表 7 – 3 – 6   各时段出现次数排行前十名的股票所属地区正负向传导对比

传导方向	地区 时段	前期	中期	后期	整体
正向	中国	168	232	213	168
	日本	110	45	58	110
	欧洲	1	2	5	1
	美洲	1	1	4	1
负向	中国	144	79	72	144
	日本	63	109	90	63
	欧洲	21	31	23	21
	美洲	51	43	58	51

7.3.3　负向传导中的媒介作用

表 7 – 3 – 7 列出了各时段在正向或负向传导中承担较强媒介作用次数最多的 10 只股票。前期昭和电工在正向传导和负向传导中均具有较强的媒介作用。中期中国铝业和方正电机两只股票，在正向传导和负向传导过程中的传导作用和媒介作用均较强，表明中国铝业和方正电机在波动的负向传导过程中占据重要的媒介地位。后期在正向传导与负向传导过程中承担较强媒介作用的股票无重合，表明在时间演变过程中，在传导过程中股票媒介作用方向逐渐趋于稳定。仅观察负向传导中的媒介作用情况可以发现，LYNAS、方正电机和中国铝业在前期和中期同时在负向传导过程中具有较强的媒介作用；而 A. A. M、HONDA MOTOR、LYNAS 和庄信万丰与中期和后期在负向传导中的媒介作用均较强。LYNAS 和 A. A. M 同时具有较强的负向传导能力。

表 7 - 3 - 7　　各时段在受波动影响程度前十名榜出现次数最多的股票（Top10）

传导方向	前期	中期	后期
正向	安泰科技	阿西布朗	阿西布朗
	阿西布朗	昭和电工	中国铝业
	厦门钨业	三菱化学	三菱化学
	三井化学	中国铝业	大洋电机
	昭和电工	厦门钨业	厦门钨业
	宁波韵升	宁波韵升	UMICORE
	贵研铂业	飞利浦	三菱电机
	TDK	方正电机	昭和电工
	丰田汽车	三菱电机	三井化学
	安川电机	贵研铂业	江特电机
负向	LYNAS	中国铝业	A. A. M
	江特电机	庄信万丰	银河磁体
	东芝	方正电机	庄信万丰
	昭和电工	雅保公司（ALDEMARLE）	宁波韵升
	通用电气	金龙机电	HM
	大洋电机	HM	北方稀土
	方正电机	LYNAS	飞利浦
	卧龙电驱	A. A. M	信越化学
	北方稀土	发那科	LYNAS
	中国铝业	丰田汽车	福特汽车

　　表 7 - 3 - 8 展示了各时段排名前十名的股票所属产业链环节对比。在前期有 37 只、80 只、81 只股票分别属于上、中、下游；中期有 25 只、61 只、76 只股票分别属于上、中、下游；后期有 37 只、60 只、36 只股票分别属于上、中、下游。整个时期有 99 只、201 只、193 只股票分别属于上、中、下游。整体上各环节变化幅度均较小，相对来看中游和下游环节股票占据较为重要的

地位。

表 7 - 3 - 8　各时段出现次数排行前十名的股票所属产业链环节正负向传导对比

传导方向	地区 时段	前期	中期	后期	整体
正向	上游	32	56	39	127
	中游	167	161	127	455
	下游	120	98	154	372
负向	上游	37	25	37	99
	中游	80	61	60	201
	下游	81	76	36	193

表 7 - 3 - 9 展示了各时段排名前十的股票所属地区对比，中国地区的股票在负向传导过程中具有较强的媒介作用。前期有 80 只、46 只、11 只、39只股票分别属于中国、日本、欧洲和美洲；中期有 49 只、45 只、16 只、25只股票分别属于中国、日本、欧洲和美洲，后期有 45 只、22 只、14 只、33只股票分别属于中国、日本、欧洲和美洲。整体上有 360 只、337 只、98 只、45 只股票分别属于中国、日本、欧洲和美洲。

表 7 - 3 - 9　各时段出现次数排行前十名的股票所属地区正负向传导对比

传导方向	地区 时段	前期	中期	后期	整体
正向	中国	119	123	118	174
	日本	114	110	113	113
	欧洲	30	31	37	41
	美洲	17	16	12	97
负向	中国	80	49	45	360
	日本	46	45	22	337
	欧洲	11	16	14	98
	美洲	39	25	33	45

7.3.4　负向传导稳定程度

因具有负向传导能力的股票数量较少且强度较弱，各股票在演变过程中聚类系数值大多为 0。中国铝业、有研新材、江特电机、昭和电工、丰田汽车和 A. A. M 6 只股票均有五个时期稳定程度非零，在负向传导过程中有较为稳定的作用。前三只股票属于中国，中间两只股票属于日本，后两只股票属于美洲。分别有两只股票来自上游、中游和下游。

7.4　本章小结

本章将样本期划分为前期、中期和后期三个时段，各时段分别包含 28 期滑动窗。为了体现各股票之间相互影响的细节特征，从股票价格波动传导能力、价格受波动影响程度、媒介作用以及股价波动传导能力的稳定性四个方面结合上市公司所处产业链环节及地区分析其在系统中的影响力和地位。

第一，产品具有行业核心地位的企业，其波动传导能力和受其他企业波动影响程度都较高，而产品过于单一或产品应用广泛的企业容易受上下游环节企业影响。如宁波韵升、中科三环和银河磁体这种以钕铁硼材料为主要产品的企业，其与其他企业联系紧密；大洋电机和安泰科技则容易受其他企业股价波动影响。

第二，随着时间的演变，高技术产品占主营产品比重较高的企业，其影响力逐渐提升，直接反映的就是下游企业的影响力逐渐提升。贵研铂业就属于这种情况，同时日本企业多处于中下游，其影响力也在日渐增强，尤其像昭和电工这种技术水平高的企业。

第三，在演化过程中正向传导占据主要的作用。从产业链环节来看，各环节股票在正向传导过程中传导能力整体变化趋势均为下降与上升交替趋势，后期于 2018 年 12 月开始呈上升趋势，但上升幅度较小，各环节均趋于相对平稳状态。相较于中游和下游，上游环节的股票在正向传导过程中的传导能力逐渐降低；中游环节股票始终保持较强的传导能力，较为稳定；下游环节股票传导能力整体呈上升趋势。

第四，与正向传导相同，中游环节的股票在负向传导方面占据重要的作用。正向传导的稳定程度各环节演化趋势均相对平稳，中期随着传导能力较大幅度的降低而降低，近年来变化趋于平稳。各环节稳定程度相差不大，无明显稳定程度高低的区别。各环节受正向波动影响程度的整体变化趋势与正向传导能力变化趋势相近，相较于前期和中期，后期各环节受正向波动影响程度有一定增长，各环节于 2018 年 12 月开始逐渐趋于平稳状态，变化幅度相对较小。相对来看，上游环节的股票受正向波动影响程度逐渐增强，中游环节受正向波动影响程度逐渐降低。与负向传导能力表现出的特征相同，受其他股票负向影响的股票大多为中游环节的股票。正向传导过程中各环节股票的媒介作用整体上均围绕其均值 0.0221、0.0236、0.0212 上下波动，短期内变化幅度逐渐降低，变化趋于平稳。上游和中游环节股票的媒介作用能力逐渐降低，而下游变化相对平稳，这使得下游环节股票在媒介作用方面的重要程度相对提升。

第五，从股票所属地区来看，正向传导过程中的传导能力方面前期中国股票数量大于日本股票，但数量相差不大。中期中国股票数量远大于日本股票数量，后期日本股票数量多于中国。中国股票呈现先增长后下降的变化特征，日本股票呈现先下降后增长的变化特征。近年来，日本企业在稀土股票市场中的股价波动正向传导能力逐渐显现，相对于中期来看，中国股票所占据传导地位有所降低。

第六，相较于正向传导，欧美地区股票在负向传导过程中表现出的作用更为强烈。而不明传导能力相对较弱。尽管中国股票的传导能力有所降低，但其传导稳定程度始终处于较高的程度，整体呈现上升趋势，而日本股票的稳定程度呈现下降趋势。而受正向波动影响程度上，前期中国股票数量大于日本股票，但数量相差不大；中期和后期中国股票数量远大于日本股票数量。中国股票所承受的正向波动的影响程度主要呈现增长趋势，日本股票呈现先增长后下降的趋势。

第七，各时期中国和日本股票所具有的媒介作用能力相差不大，且变化不大，较为稳定。但欧洲和美洲股票表现出相对传导能力较强的媒介作用，但仍不及中日两国。

第八，大型跨国企业的波动传导媒介作用特别明显，其传导稳定性也比较强，如瑞士的阿西布朗勃法瑞及日本的三菱化学、三井化学和发那科等企业。

| 第8章 |

稀土产业链上市公司股价波动因果关系预测分析

通过前边分析，较为全面地反映了稀土产业上市公司股票间波动因果关系及其演化规律。本章在前面分析的基础上，选择神经网络长短期记忆模型（LSTM）为基础，根据量化因果关系数据特征和预测需求，设计了 LSTM - TDD 预测模型，在第 7 章数据的基础上进行了模型训练，并由此对未来 12 个月的数据进行了预测，进一步对预测结果进行分析，解析规律。以预测结果为各类市场参与主体提供未来决策的重要参考。

8.1　预测方法的选择

金融时间序列数据的预测，能够帮助了解其未来走势，能对投资者的投资决策起到重要的指导作用。传统的金融时间预测方法主要是运用参数统计方法，计算最佳估计值，建立历史行为数据与未来价格走势数据间的关系模型，进一步利用市场的历史样本数据进行预测。

皮尔万茨等（Pirwins et al.，2019）通过构建基于 ARIMA 的计量模型，对芬兰股票市场指数进行预测研究。阿德比伊等（Adebiyi et al.，2014）提出一个基于 ARIMA 的股票价格预测系统，并在两个典型证券交易所的上市股票中进行实验，实验结果证明 ARIMA 模型在短期预测方面潜力明显。

因为金融时间序列数据的非线性特征通过传统的统计模型进行分析，存在较大的问题，无法反映其非线性特征。相比于传统计量模型，神经网络模型对时间序列的非线性特征具有显著的映射和拟合能力，因此，机器学习方法的神经网络模型成为特征选择的另一重要替代。

尹和斯维尔斯（Yoon and Swales，1991）在股票价格预测方面运用神经网络方法与多元判别分析方法进行了比较分析，结果表明神经网络方法预测效果提升明显。学者们将神经网络应用于金融时间序列的预测当中，并通过对比分析证实其预测有效性，并逐步作出改进提升其预测效率。陈小玲（2017）采用了 ARIMA 模型和 BP 神经网络对百度、阿里巴巴两只股票的收盘价进行建模与预测，并对比了两模型的预测精度，结果表明两种预测模型都达到比较理想的预测精度和短期预测可行的效果。迪克森等（Dixon et al.，2017）使用随机梯度下降的 BP 算法对 43 种商品和期货进行未来 5 分钟的价格变化预测，准确率高达 42%。刘京路等（2003）采用改进的遗传算法对 BP 网络的结构参数进行优化，并对上海证券交易所的指数进行了预测，实验结果充分支持了该方法的效率。阿德比伊等（Adebiyi et al.，2014）利用纽交所的股票数据，对比 ARIMA 和神经网络模型的预测性能，研究表明神经网络模型预测效果更优。

邱锡鹏（2020）研究表明，循环神经网络（RNN）具有记忆性、参数共享并且图灵完备（turing completeness），因此在对序列的非线性特征进行学习时具有一定优势（邱锡鹏 2020）。但如果循环神经网络的隐藏层过多，其对较长时间前的信息无法记忆。因此，霍克利特和施密德胡贝（Hochreiter and Schmidhuber，1997）提出了长—短期记忆模型，引入了"门"的概念，能够有效解决对远期信息遗忘的问题。LSTM 可以学习到比浅层神经网络更复杂的模式，广泛应用于金融时间序列如人民币汇率（黎壹，2021）、比特币价格（张宁、方靖雯等，2021）以及通货膨胀率（陈彦斌、刘玲君等，2021）相关的预测。为提高股票价格预测精度，学者们不断做出相应改进，彭燕等（2019）构建了基于 LSTM 的股票价格预测模型，对比评价指标与预测效果找到适宜的 LSTM 层数与隐藏神经元个数，将预测准确率提高了约 30%。

因此，本章以第四部分用演化模型获得的 42 只稀土类上市公司间的 84 组（每组 3 个）因果关系网络为学习对象，以 LSTM 为基础模型，学习一个模型为未发生的股票间波动因果关系提供一个很好的预测工具。

8.2　基于 LSTM 的股票因果关系演化模型构建分析

本节对研究的问题以及问题需求进行描述分析的同时对 LSTM 模型原理

进行简单分析说明。

8.2.1 需求问题描述及分析

给定 84 个滑动窗的 42 只股票间价格波动的量化因果关系数据，学习一个预测模型。该模型可以根据 t 时刻的前 k 个时刻的股票间量化因果关系序列、预测第 t 时刻的股票量化因果关系。

为形式化描述问题和预测模型，首先定义如下符号。

模型输入为 $(A^{t-k}, \cdots, A^{t-1})$，其中，$A^l$ 表示 l 时刻 42 只股票的量化因果关系矩阵，该矩阵为 42×42 的有向加权邻接矩阵。矩阵的每个元素 A_{ij}^l 为 l 时刻第 i 只股票与 j 只股票的因果关系值，A_{ji}^l 为 l 时刻第 j 只股票与 i 只股票的因果关系值。模型输出为 A^t。模型如式（8-2-1）所示。

$$f(A^{t-k}, \cdots, A^{t-1}) = A^t \qquad (8-2-1)$$

该模型实现根据多个矩阵序列预测矩阵。84 个滑动窗的稀土产业链股票间价格波动因果关系矩阵序列可看作一个矩阵时间序列，第 t 时刻的矩阵为该时刻的预测值。因此，股票价格波动量化因果关系关联矩阵预测问题是一个时间序列预测问题。

8.2.2 长短期记忆模型

8.2.2.1 长短期记忆网络（long short-term memory，LSTM）

自然语言处理领域的 N-gram 语言模型是最早可实现时间序列预测的模型，其可根据最近 $n-1$ 步词预测第 n 时刻的词。但其仅考虑前 $n-1$ 步的影响，如果考虑更长步的影响，会增加模型的时间复杂度和空间复杂度。因此，埃尔曼（Elman，1990）提出了第一个全连接的 Elman 网络，即循环神经网络模型（recurrent neural network，RNN）。RNN 并非记住固定长度的词序列来预测当前时刻的词，其通过隐藏状态来存储之前的信息。

但循环神经网络存在长期依赖问题（long-term dependencies problem），即在对长序列进行学习时，循环神经网络会出现梯度消失（gradient vanishing）和梯度爆炸（gradient explosion）现象，无法记住距离较长的信息。长短期记忆网络（long short-term memory networks，LSTM）通过门控制将短期记忆与长期记忆结合起来，并且一定程度上解决了梯度消失的问题（Hochreiter and Schmidhuber, 1997）。因此，在循环神经网络模型基础上，实现股票间因果关系矩阵序列预测。

LSTM 是循环神经网络的一个变体，可以有效地解决简单循环神经网络的梯度爆炸或消失问题。LSTM 在 RNN 的隐含状态 h 基础上引入一个细胞状态 c，专门进行线性的循环信息传递，同时非线性地输出信息给隐藏层的外部状态 h。隐含状态和细胞状态的结构如图 8-2-1 所示，其代替 RNN 的隐层状态，就得到了 LSTM 网络结构。LSTM 在隐含状态学习中引入了 3 个门：输入门、遗忘门、输出门，一个细胞状态 c_t 记录更长距离的信息。

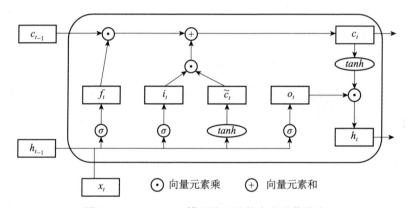

图 8-2-1 **LSTM 模型的细胞状态和隐藏状态**

在神经网络中，长期记忆（long-term memory）可以看作网络参数，隐含了从训练数据中学到的经验，其更新周期要远远慢于短期记忆。而在 LSTM 网络中，记忆单元 c 可以在某个时刻捕捉到某个关键信息，并有能力将此关键信息保存一定的时间间隔。记忆单元 c 中保存信息的生命周期要长于短期记忆 h，但又远远短于长期记忆。长短期记忆是指长的"短期记忆"，因此，称为长短期记忆（long short-term memory）。

8.2.2.2 模型分析

LSTM 模型每个时刻输入一个对象的向量，模型根据上个时刻的隐含变量 h_{t-1} 和当前输入 x_t，预测当前时刻的输出 y_t 和隐含变量 h_t、细胞态变量 c_t。

本节所预测的股票间价格波动量化因果关系与常规 LSTM 预测问题存在三个方面的不同，分别是输入、输出及每时刻使用的隐含状态。

（1）常规 LSTM 在每个时刻的输入，对应一个值或一个向量值，但是当前问题所需要的每个时刻的输入为股票间波动因果关系矩阵，是一组二维数据。

（2）常规 LSTM 在每个时刻的输出也是对应一个值或一个向量值，而当前问题每个时刻的输出是一组二维数据——预测的因果关系矩阵。

（3）本节当前问题需实现根据 t 时刻的前 k 个时刻的股票因果关系值预测当前时刻的股票因果关系值，当前时刻使用的隐含状态不能是上一时刻的隐含变量。不能直接利用上述模型进行预测。

8.3　稀土上市公司股票价格波动量化因果关系预测模型（LSTM-TDD）

针对股票因果关系数据特征，基于 LSTM 模型结构设计了一个以二维矩阵序列为输入、根据前 k 个时刻矩阵预测当前时刻输出矩阵的循环神经网络模型（LSTM for two dimension data，LSTM-TDD）。

LSTM-TDD 模型如图 8-3-1 所示，给定模型输入 k 个因果关系矩阵序列，利用模型参数可预测下一时刻的股票因果关系矩阵。该模型对应一个非线性函数，函数的输入为因果关系矩阵，函数的输出为输入序列下一时刻的因果关系矩阵。函数的形式对应 LSTM-TDD 神经网络，网络的权重参数和阈值需要根据训练数据学习。

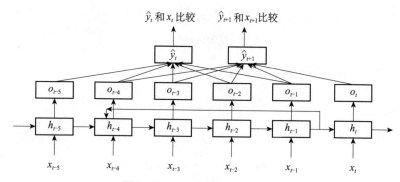

图 8-3-1　LSTM-TDD 模型

8.3.1 LSTM-TDD 模型结构

假设输入 t 时刻的前 5 个（该值可根据实际需要改变）时刻的股票量化因果关系矩阵 $\{x_{t-5}, x_{t-4}, x_{t-3}, x_{t-2}, x_{t-1}\}$，$x_i \in R^{42 \times 42}$，输出第 t 个时刻的量化因果关系矩阵 $y_t \in R^{42 \times 42}$。LSTM 单元的输入层到隐藏层的模型参数有 U_{xi}，U_{xf}，U_{x0}，U_{xi}，U_{xf}，U_{xc}，隐藏层到隐藏层的参数有 W_{hi}，W_{hf}，W_{h0}，W_{hc}，b_i，b_f，b_o，每时刻隐藏层到输出层的模型参数有 V，b_t。假设 LSTM 输入 5 个时刻的 $\{x_{t-5}, x_{t-4}, x_{t-3}, x_{t-2}, x_{t-1}\}$，利用 LSTM 单元学习其隐含变量 $\{h_{t-5}, h_{t-4}, h_{t-3}, h_{t-2}, h_{t-1}\}$，然后基于这些值得到输入的预测序列 $\{\widehat{y_{t-5}}, \widehat{y_{t-4}}, \widehat{y_{t-3}}, \widehat{y_{t-2}}, \widehat{y_{t-1}}\}$。以 5 个预测值为输入，利用全连接层预测下一时刻的股票量化因果关系矩阵 $\widehat{y_t}$。该层的参数为 W，b。

时间序列当中 5 个时刻 $\{x_{t-5}, x_{t-4}, x_{t-3}, x_{t-2}, x_{t-1}\}$ 的输入，基于 LSTM 单元学习到每个输入的隐层特征和预测值。LSTM – TDD 首先构造训练序列：$\{\{x_1, x_2, x_3, x_4, x_5, x_6\}, \{x_2, x_3, x_4, x_5, x_6, x_7\}, \cdots\}$。

第 1 个序列 $\{x_1, x_2, x_3, x_4, x_5; x_6\}$ 训练序列与 LSTM 单元一样，每个输入的隐层特征学习不仅与前一个时刻的隐藏状态，还利用当前时刻的隐层状态 x。h_1 的计算如下：

$$I_1 = \sigma \ (x_1 \ U_{xi} + h_0 W_{hi} + b_i) \qquad (8-3-1)$$

$$F_1 = \sigma \ (x_1 \ U_{xf} + h_0 W_{hf} + b_f) \qquad (8-3-2)$$

$$O_1 = \sigma \ (x_1 \ U_{xo} + h_0 W_{ho} + b_o) \qquad (8-3-3)$$

$$h_1 = O_1 \odot tanh \ (c_0) \qquad (8-3-4)$$

$$\tilde{c}_1 = tanh \ (x_1 \ U_{xc} + h_0 W_{hc} + b_c) \qquad (8-3-5)$$

$$c_1 = F_1 \odot c_0 + I_1 \odot \tilde{c}_1 \qquad (8-3-6)$$

h_2 的计算如下：

$$I_2 = \sigma \ (x_2 \ U_{xi} + h_1 \ W_{hi} + b_i) \qquad (8-3-7)$$

$$F_2 = \sigma \ (x_2 \ U_{xf} + h_1 \ W_{hf} + b_f) \qquad (8-3-8)$$

$$O_2 = \sigma \ (x_2 \ U_{xo} + h_1 \ W_{ho} + b_o) \qquad (8-3-9)$$

$$h_2 = O_2 \odot tanh\ (c_1) \qquad (8-3-10)$$

为让之后的序列充分利用前面序列学到的信息，从第 2 个序列开始，其包含的输入，如 $\{x_2, x_3, x_4, x_5, x_6\}$ 的 x_5 已经在前面学到更准确的隐含特征，则可将其作为该序列的初始隐含特征。因此，这些序列第一个输入可利用之前学到的隐含特征，该序列之后的输入则利用前一个输入学到的新隐含特征，其间接利用了前一个序列的隐含特征。下面以第 2 个序列的 x_2 和 x_3 为例，说明这些序列的隐含特征学习。

第 2 个序列的 h_2 的计算如下：

$$I_2 = \sigma\ (x_2\,U_{xi} + h_5 W_{hi} + b_i) \qquad (8-3-11)$$

$$F_2 = \sigma\ (x_2\,U_{xf} + h_5 W_{hf} + b_f) \qquad (8-3-12)$$

$$O_2 = \sigma\ (x_2\,U_{xo} + h_5 W_{ho} + b_o) \qquad (8-3-13)$$

$$h_2 = O_2 \odot tanh\ (c_5) \qquad (8-3-14)$$

$$\tilde{c}_2 = tanh\ (x_2\,U_{xc} + h_5 W_{hc} + b_c) \qquad (8-3-15)$$

$$c_2 = F_2 \odot c_5 + I_2 \odot \tilde{c}_5 \qquad (8-3-16)$$

第 2 个序列的 h_3 的计算如下：

$$I_3 = \sigma\ (x_3 U_{xi} + h_2\ W_{hi} + b_i) \qquad (8-3-17)$$

$$F_3 = \sigma\ (x_3 U_{xf} + h_2\ W_{hf} + b_f) \qquad (8-3-18)$$

$$O_3 = \sigma\ (x_3 U_{xo} + h_2\ W_{ho} + b_o) \qquad (8-3-19)$$

$$h_3 = O_3 \odot tanh\ (c_2) \qquad (8-3-20)$$

$$\tilde{c}_3 = tanh\ (x_3 U_{xc} + h_2\ W_{hc} + b_c) \qquad (8-3-21)$$

$$c_3 = F_3 \odot c_2 + I_2 \odot \tilde{c}_3 \qquad (8-3-22)$$

为预测第 t 个时刻的量化因果关系矩阵，从前 5 个时刻的输出矩阵 $\{o_{t-5}, o_{t-4}, o_{t-3}, o_{t-2}, o_{t-1}\}$，构建一个全连接层输出预测量化因果关系矩阵，同时根据 5 个矩阵的 (i, j) $(i, j \in [1, 2, \cdots, 42])$ 矩阵元素值预测 $\widehat{y}_t$ 的 (i, j) 元素。所有位置模型参数共享。$\widehat{y}_t\ (i, j)$ 的计算如下：

$$\widehat{y}_t\ (i, j) = (o_{t-5}, o_{t-4}, o_{t-3}, o_{t-2}, o_{t-1})\ W + b \qquad (8-3-23)$$

每个序列输入的隐层状态与普通 LSTM 有所不同。如 $\{x_{t-5}, x_{t-4}, x_{t-3}, x_{t-2}, x_{t-1}\}$ 下一个训练样例 $\{x_{t-4}, x_{t-3}, x_{t-2}, x_{t-1}, x_t\}$，预测第 $t+1$ 个时刻的输出时，x_{t-4} 的隐状态学习，利用的是上一个序列的输出隐状态 h_{t-1} 和当前输入，而非 h_{t-5}。这样可以让每个序列充分利用已有数据学习的信息。

8.3.2 LSTM-TDD 模型优化目标及优化算法

设计 LSTM-TDD 模型是为了能更好、更准确地预测尚未发生的股票交易波动间的三种量化因果关系。因此模型优化的首要目标是能够兼顾预测精度和预测准确率，同时，对于因果关系的预测目的本身判断，预测者在不能得到最精确的因果关系数据的情况下，最需要知道的是一段时间内哪些股票间存在明显的某种因果关系，以及哪些股票间的因果关系不明显。

如果能高精度、高准确率预测股票间波动因果关系具体数值，则模型设计目标达到，并且不再进行明显因果关系（因果关系值较高的因果关系）预测，否则，若无法预测准确数值，或预测的准确数值精度太低，则退而求其次，进行明显因果关系预测。

因此，对股票间波动量化因果关系预测问题，设计了以下两种优化目标函数。第一种函数的目标是预测股票间波动因果关系具体数值，第二种函数的目标是预测股票间波动"强"因果关系，采用了"0""1"二分类方法进行预测，即强的因果关系赋值为 1，不强的因果关系赋值为 0，具体方法如下。

第一种方法将预测值与真实值计算均方差损失。假设需要预测的时刻从第 6 时刻到第 80 时刻，则损失函数为：

$$L = \frac{1}{2} \sum_{t=6}^{80} \sum_{i=1}^{42} \sum_{j=1 \atop j \neq i}^{42} (\hat{y}_t(i,j) - y_t(i,j))^2 \qquad (8-3-24)$$

第二种方法将预测值与真实值用阈值进行处理，大于阈值的矩阵元素映射为 1，否则为 0。则可将预测问题转化为二分类问题。假设需要预测的时刻从第 6 时刻到第 80 时刻，则交叉熵损失函数为：

$$L = \frac{1}{2} \sum_{t=6}^{80} \sum_{i=1}^{42} \sum_{j=1, j \neq i}^{42} y_t(i,j) \, log \, \widehat{y}_t(i,j) \qquad (8-3-25)$$

以上两种方法将先后进行各预测精度、各阈值下预测准确率实验，通过实验对比，选择适合的方法进行下一步预测。

8.3.3　模型预测效果测试

基于 LSTM - TDD 模型及其优化目标，进行了如下实验测试：把总共 84 期滑动窗量化因果关系矩阵划分为训练集和测试集，前 72 期数据为算法的训练集，后 12 期为算法预测测试集。进行预测时，以前 5 期因果关系矩阵预测后 1 期，总共进行 12 期预测，用预测所得的 12 期正、负、不明因果关系数据与测试集因果关系数据进行对比得出如表 8 - 3 - 1 至表 8 - 3 - 6 的正、负、不明因果关系准确率对比数据。表 8 - 3 - 1 至表 8 - 3 - 3 为预测具体因果关系数值在多种精度下的预测准确率，表 8 - 3 - 4 至表 8 - 3 - 6 为预测股票间波动因果关系在多种阈值条件下的明显因果关系预测准确率。

（1）测试一：多精度下量化因果关系具体数值预测测试（损失函数为均方差损失的实验）。对测试集进行基于均方差损失的因果关系预测，其预测结果与测试集原始数据进行对比，其相对误差（Er）分别等于 ±5%、±10% 和 ±15%，相对误差计算方法如下：

$$Er = \frac{\widehat{y}_{t_{ij}} - y_{t_{ij}}}{y_{t_{ij}}} \times 100\% \qquad (8-3-26)$$

以下分别是采用损失函数为均方差损失的正向因果关系、负向因果关系、不明因果关系预测结果在不同相对误差水平下的预测准确率。

表 8 - 3 - 1 给出稀土产业上市公司股票间波动正向因果关系 12 期预测结果数据在不同相对误差水平下的预测准确率。

表 8 - 3 - 1　　基于均方差损失在测试集上的正向因果关系准确率　　　单位:%

时刻	Er = ±5%	Er = ±10%	Er = ±15%	Er = ±20%
73	16. 61	32. 75	47. 04	58. 77
74	15. 33	30. 60	45. 01	58. 19
75	16. 43	31. 42	46. 52	60. 51

续表

时刻	Er = ±5%	Er = ±10%	Er = ±15%	Er = ±20%
76	16.38	32.69	46.28	58.77
77	15.51	31.07	44.43	57.55
78	15.16	31.53	45.64	58.25
79	16.43	30.55	44.72	56.74
80	15.80	31.24	45.88	58.48
81	14.87	31.18	46.28	59.12
82	16.90	30.66	46.98	60.22
83	18.35	33.33	46.98	60.91
84	17.13	32.87	47.74	61.50
均值	16.24	31.66	46.13	59.08

从表 8 - 3 - 1 可知，相对误差水平分别在 ±5%、±10%、±15% 时，其预测准确率均值都低于 50%，分别为 16.24%、31.66% 和 46.13%，预测准确率较低，仅在误差水平在 20% 时，预测准确率均值接近 60%。以上数据反映了模型的预测精度在 0.80 时，预测结果具有一定的准确率，预测结果的可信度一般。

表 8 - 3 - 2 给出稀土产业上市公司股票间波动负向因果关系 12 期预测结果数据在不同相对误差水平下的预测准确率。

表 8 - 3 - 2　　　　基于均方差损失在测试集上的负向因果关系准确率　　　　单位:%

时刻	误差 ±5%	误差 ±10%	误差 ±15%	误差 ±20%
73	8.59	18.99	28.16	37.34
74	9.52	19.74	29.85	38.91
75	10.28	21.31	30.89	39.49
76	……	……	……	……
77	……	……	……	……
78	……	……	……	……
79	……	……	……	……
80	……	……	……	……
81	……	……	……	……
82	……	……	……	……

续表

时刻	误差 ±5%	误差 ±10%	误差 ±15%	误差 ±20%
83	9.35	20.03	29.27	38.21
84	9.99	19.69	30.31	39.02
均值	9.55	19.76	29.51	38.39

从表 8-3-2 可知，在四个相对误差水平下，预测准确率都较低，均值未能超过 40%，以上数据反映了模型对负向量化因果关系的预测能力较低，预测可信度不高。

表 8-3-3 给出稀土产业上市公司股票间波动不明因果关系 12 期预测结果数据在不同相对误差水平下的预测准确率。

表 8-3-3　　基于均方差损失在测试集上的不明因果关系准确率　　　　单位：%

时刻	误差 ±5%	误差 ±10%	误差 ±15%	误差 ±20%
73	17.89	36.58	52.50	66.43
74	18.93	35.66	52.96	66.38
75	18.00	36.59	54.82	66.96
76	20.09	37.80	53.19	65.27
77	19.74	36.76	52.73	66.78
78	18.41	36.18	52.96	65.62
79	18.41	35.19	51.34	65.27
80	17.07	35.31	50.12	64.87
81	19.28	35.25	51.51	64.11
82	18.35	37.11	52.56	65.68
83	18.70	37.05	54.30	66.90
84	17.94	37.46	52.21	65.21
均值	18.57	36.41	52.60	65.79

从表 8-3-3 可知，虽然模型在对不明因果关系数据的预测在相对误差水平分别为 ±5% 和 ±10% 时，预测准确率未能超过 50%，但是在 ±15 时就已经超过 50%，均值达到了 52.6%，在 ±20 预测准确率更是达到了 65.79%。以上数据说明模型对不明因果关系预测的能力较强，预测的准确率也更高。

通过表 8-3-1、表 8-3-2、表 8-3-3 数据对比发现，所设计的模型对不明因果关系预测能力最强，预测准确率最高，其次是正向量化因果关系，也具有一定的预测能力，预测效果最差的是负向因果关系，其预测结果在各种精度下准确率都是最低，预测结果的可信度不够。

在测试一预测准确率普遍偏低的情况下，把优化目标从具体的因果关系数值预测向强因果关系预测转变，进而做如下测试二。

（2）测试二：在多阈值条件下明显因果关系预测准确率测试（损失函数为交叉熵损失的实验）。对测试集进行按阈值二分类的因果关系预测，对预测结果和测试集原始数据进行阈值筛选，大于阈值时数据置1，其他情况数据置0，然后对预测筛选后结果以及原始数据筛选后结果进行对比，取得其预测准确率。以下分别给出了正、负、不明因果在不同阈值下的预测准确率。

表8-3-4给出稀土产业上市公司股票间波动正向因果关系在不同阈值下预测所得12期数据与测试集真实数据对比所得的准确率。测试数据共选用了0.3、0.37和0.4三个阈值，三个阈值的选取与第4章研究选取阈值时所考虑情况保持一致。

表8-3-4　　基于交叉熵损失在测试集上的正向因果关系准确率　　单位:%

时刻	阈值0.3	阈值0.37	阈值0.4
73	68.23	81.30	85.13
74	67.25	81.42	85.60
75	66.38	78.34	83.33
76	67.02	79.21	82.69
77	66.38	80.20	83.91
78	67.60	79.33	84.03
79	65.97	79.85	83.62
80	68.82	81.53	85.02
81	68.35	81.53	85.42
82	69.40	80.66	84.20
83	70.33	80.43	85.31
84	68.87	81.82	85.83
均值	67.88	80.47	84.51

由表8-3-4数据可知，阈值为0.3时，预测的正向因果关系数据准确率

均值为 67.88%，阈值为 0.37 时，预测的正向因果关系数据准确率明显提升，均值为 80.47%，当阈值为 0.4 时，准确率进一步提升，均值达到了 84.51%，说明预测准确率与网络密度呈负向相关，网络越稀疏，预测精度越高。

表 8 - 3 - 5 给出稀土产业上市公司股票间波动负向因果关系在不同阈值下预测所得 12 期数据与测试集真实数据对比所得的准确率。测试数据共选用了 0.22、0.37 和 0.4 三个阈值，三个阈值的选取与第 4 章保持一致。

表 8 - 3 - 5　　　**基于交叉熵损失在测试集上的负向因果关系准确率**　　　单位:%

时刻	阈值 0.22	阈值 0.37	阈值 0.4
73	63.70	97.50	98.08
74	62.78	96.57	98.26
75	63.18	96.69	98.20
76	62.54	97.27	98.84
77	62.31	98.03	98.72
78	61.27	97.68	99.13
79	62.14	97.39	98.78
80	61.67	97.85	98.90
81	60.57	97.56	98.66
82	61.09	98.03	99.25
83	63.59	97.85	99.07
84	63.24	98.14	99.13
均值	62.34	97.55	98.75

表 8 - 3 - 6 给出稀土产业上市公司股票间波动不明因果关系在不同阈值下预测所得 12 期数据与测试集真实数据对比所得的准确率。测试数据共选用了 0.23、0.37 和 0.4 三个阈值，三个阈值的选取与第 4 章保持一致。

表 8 - 3 - 6　　　**基于交叉熵损失在测试集上的不明因果关系准确率**　　　单位:%

时刻	阈值 0.23	阈值 0.37	阈值 0.4
73	63.36	99.77	100
74	61.61	99.71	99.94
75	60.51	99.59	99.94
76	60.22	99.59	99.83

时刻	阈值0.23	阈值0.37	阈值0.4
77	58.36	99.94	100
78	58.25	99.94	100
79	57.67	99.94	100
80	58.13	99.77	100
81	56.04	99.83	99.94
82	57.43	99.77	99.88
83	58.36	99.77	100
84	58.30	99.94	100
均值	59.02	99.80	99.96

当负向因果关系数据选择阈值为0.22时，预测效果较低，同样，不明因果关系数据选择阈值为0.23时，预测效果也较低。由表8-3-5和表8-3-6数据可知，阈值在0.37和0.4的情况下，负向因果关系和不明因果关系预测的准确率都接近100%。主要是因为负向因果关系数据和不明因果关系数据相对于正向因果关系，数据普遍偏小，当阈值相同时，负向因果关系网络和不明因果关系网络密度更小更稀疏。这进一步证实了预测效果与网络密度呈明显的负相关关系。

8.3.4　LSTM-TDD 模型特点

本节在借鉴神经网络中的LSTM神经网络模型对时间序列预测的有效性的基础上，进行了一定的改进，构建了LSTM-TDD模型，使之能够更好地处理二维关系矩阵的预测问题。

LSTM-TDD模型的特点主要有两个方面：一是预测效率高；二是在一定的优化目标下，预测准确率高，预测效果良好。

（1）预测效率高。运用传统的LSTM模型，把84个42×42的因果关系矩阵，看作1764个长度为84的时间序列，按照某种顺序依次进行预测，因为序列较多，计算量巨大，使计算机计算压力巨大，效率极低。整套Python程序在jupyter平台，利用配置较高的台式机（处理器为intel（R）Core（TM）i7-1165G7@4.7GHz，16G内存），处理一遍数据需要40~60分钟。

经过改进后的 LSTM – TDD 模型，对输入矩阵数据的计算方式进行了改进，从矩阵元素相乘转变为以 Hadamard 积的矩阵乘法算法，处理同样的数据仅需要约 1 分钟时间，大幅度提高了预测效率，降低了对硬件的依赖程度。

这种改进主要是把原有的基于矩阵元素相乘的输入网络转变为以 Hadamard 积的矩阵乘法算法，因为 Hadamard 积可以用来同时计算多组数据的乘积，大幅度提升了对输入矩阵的计算效率。

（2）预测准确率高，预测效果良好。运用传统的 LSTM 模型进行的预测，同样的阈值情况下，预测的准确率平均比 LSTM – TDD 模型预测准确率低 8% 左右，主要是因为模型在每个序列输入的隐层状态与普通 LSTM 有所不同。如 $\{x_{t-5}, x_{t-4}, x_{t-3}, x_{t-2}, x_{t-1}\}$ 下一个训练样例 $\{x_{t-4}, x_{t-3}, x_{t-2}, x_{t-1}, x_t\}$，预测第 $t+1$ 个时刻的输出时，x_{t-4} 的隐状态学习，利用的是上一个序列的输出隐状态 h_{t-1} 和当前输入，而非 h_{t-5}。这样可以让每个序列充分利用已有数据学习的信息。因此预测准确率得到了明显提升。

8.4   预测结果分析

利用 LSTM – TDD 预测模型进行因果关系预测，并对预测结果进行稀土上市公司因果关系变化趋势分析。

图 8 – 4 – 1 为用 LSTM – TDD 模型预测的正向因果关系量化值用阈值 0.4 进行过滤后，股票作为节点，大于等于 0.4 的因果关系作为连边所作的网络图，图中形成了三个明显的地区特征的社团，分别代表中国公司、日韩公司、欧美公司，进一步反映了地区内部公司间正向因果关系明显，地区间公司间正向因果关系

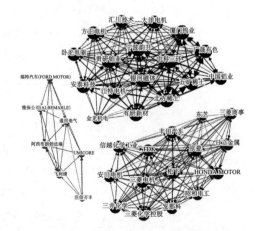

图 8 – 4 – 1   LSTM – TDD 预测正向因果关系网络

相对较弱；社团间没有任何两只股票间正向因果关系大于等于 0.4。

8.4.1 基于预测数据的因果关系沿产业链波动传导路径

产业链之间具有较强的产品供需关系，因此产业链上中下游公司间股票价格波动也具有较强的关联关系，相互间波动影响较为明显，表 8-4-1 给出了三类因果关系从上游到中游到下游的因果关系强度最大的波动传导路径，各种因果关系传导路径均找出了 10 条。

表 8-4-1　　　　产业链方向的波动传导路径（根据预测值）

因果类别	传导路径	因果关系强度	
		上游→中游	中游→下游
正向因果关系	五矿稀土→银河磁体→贵研铂业	0.6526	0.5762
	广晟有色→银河磁体→贵研铂业	0.6349	0.5762
	五矿稀土→中科三环→贵研铂业	0.6173	0.5994
	广晟有色→中科三环→贵研铂业	0.6070	0.5994
	五矿稀土→宁波韵升→贵研铂业	0.5966	0.5705
	广晟有色→宁波韵升→贵研铂业	0.5604	0.5705
	广晟有色→有研新材→贵研铂业	0.5575	0.5874
	广晟有色→安泰科技→贵研铂业	0.5534	0.6102
	五矿稀土→有研新材→贵研铂业	0.5482	0.5874
	五矿稀土→安泰科技→贵研铂业	0.5347	0.6102
负向因果关系	LYNAS→宁波韵升→发那科	0.2654	0.2852
	中国铝业→通用电气→江特电机	0.2560	0.2715
	LYNAS→有研新材→福特汽车（FORD MOTOR）	0.2511	0.2406
	广晟有色→通用电气→江特电机	0.2499	0.2715
	LYNAS→昭和电工→金龙机电	0.2470	0.2552
	AVALON ADVANCED MATERIALS→东芝→方正电机	0.2438	0.2643
	LYNAS→日立金属→大洋电机	0.2406	0.2346
	广晟有色→京瓷→江特电机	0.2401	0.2414
	LYNAS→通用电气→江特电机	0.2389	0.2715
	五矿稀土→信越化学工业→贵研铂业	0.2380	0.2459

续表

因果类别	传导路径	因果关系强度	
		上游→中游	中游→下游
不明因果关系	中国铝业→三菱化学控股→方正电机	0.2767	0.2382
	中国铝业→通用电气→卧龙电驱	0.2678	0.2820
	广晟有色→东芝→福特汽车（FORD MOTOR）	0.2637	0.2644
	广晟有色→日立金属→江特电机	0.2574	0.2414
	中国铝业→信越化学工业→金龙机电	0.2555	0.2528
	广晟有色→京瓷→福特汽车（FORD MOTOR）	0.2530	0.2407
	中国铝业→京瓷→福特汽车（FORD MOTOR）	0.2520	0.2407
	中国铝业→三菱商事→大洋电机	0.2492	0.2544
	广晟有色→通用电气→卧龙电驱	0.2482	0.2820
	五矿稀土→东芝→福特汽车（FORD MOTOR）	0.2453	0.2644

从表 8 - 4 - 1 中能看出，正向因果关系传导路径中全部为中国公司，并且由上游公司五矿稀土和广晟有色发出正向波动因果的情况各占一半，中游分布较为分散，银河磁体、中科三环、宁波韵升、有研新材以及安泰科技各自出现了两次，下游则集中在贵研铂业一家公司。

上游的五矿稀土和广晟有色两家公司均为以提供稀土精矿、稀土氧化物、稀土金属等为主营业务的行业龙头企业，主营产品集中度高，与稀土产业链中游企业关联程度较高，对中游企业的波动传导起非常重要的作用。

产业链中游上市公司银河磁体、中科三环、宁波韵升、有研新材和安泰科技，中科三环、宁波韵升以生产钕铁硼磁体产品为主，而银河磁体则是以生产粘结钕铁硼稀土磁体为主。钕铁硼材料是电子信息产品中重要的基础材料之一，与许多电子产品紧密相关。随着现代通信设备的普及和节能汽车的高速发展，世界对高性能稀土永磁材料的需求迅速增长。因此与汝铁硼材料生产相关的企业间关联密切，进而表现在股票层面的波动因果关系。这几家企业的业务与其他企业业务关联性强，使得其波动传导作用较大。安泰科技的稀土永磁相关新材料及制品主营占比高达 90% 以上，因此在产业链上容易受其他上市公司制约，反映在股票市场，即其股票价格波动易受其他公司股价波动影响。而有研新材的稀土功能材料等销售收入占比接近 50%，这些企业对上游原材料企业的依赖程度较高，受上游企业影响较大，而与下游相关企业的联结程度也很高，尤其是高技术企业，因此贵研铂业就成为最受这五家企业影响的企业。

这一情况与总体正向因果关系传导情况较为相似，但也有不同，上游的广晟有色影响力明显提高，中游的情况更为均衡，下游则更集中。同时也反映了国内稀土类上市公司间正向关联关系相较于其他地区公司间更为紧密。

负向因果关系当中，上游以澳大利亚上市公司 LYNAS 作为波动发出方最多，受影响的中游企业也是以欧美和日韩公司为主，下游则是以中国公司较多，江特电机受负向影响最多。一般情况是上游、中游、下游的企业分别不属于同一地区。表明地区间公司之间存在较为明显的竞争关系。这一情况与总体负向因果关系传导情况相似但略有区别。

不明因果关系当中，上游以中国公司为主，中游以日本公司为主，下游则是中美企业为主。说明中日企业间、日美企业间股票价格波动不相关性最为明显。

8.4.2 基于预测数据的稀土产业股票市场股价波动最强传导全连通图

根据预测的三类因果关系所构建的网络图，结合最小生成树思想，分别构建了如图 8 - 4 - 2 所示的有向网络图的最大树形图，以此代表稀土股票市场价格波动传导的最强路线。

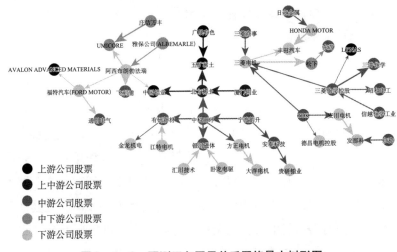

图 8 - 4 - 2　预测正向因果关系网络最大树形图

最大树形图是波动传遍全部股票的最简洁且传导力度最大的路径，从图 8 – 4 预测正向因果关系网络最大树形图可知，北方稀土、中科三环、三菱电机、三菱化学控股、阿西布朗勃法瑞、福特汽车以及 TDK 在整个体系中起着较为关键的作用。同时，也能直观反映整个产业链当中，中国、日韩、欧美形成了三大相对独立且内部联系密切的区域。分别以我国的北方稀土和中科三环，日本的三菱电机和三菱化学控股，以及欧美的阿西布朗勃法瑞和福特汽车为三个区域企业的因果关系中转中心。

根节点有上中游的北方稀土、中游的中科三环和 TDK、下游的阿西布朗勃法瑞和三菱电机，这几只股票具有最关键的向外传导能力，也即作为波动因，正向影响其他股票的波动。同时反映的是中国、日韩、欧美的地区根节点。

预测的正向因果关系最强传导路径与总体正向因果关系类似，仍然存在于地区内部，地区间的传导关系不密切且强度较小的规律。

如图 8 – 4 – 3 所示，福特汽车、金龙电机、北方稀土、三菱电机、卧龙电驱、有研新材、飞利浦、五矿稀土、通用电气等股票处于负向因果传递的关键节点。也可以看出，负向因果关系往往都是向非本地区股票传递更为明显。

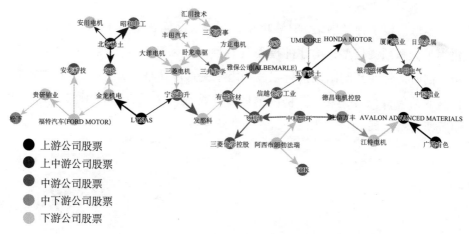

图 8 – 4 – 3　预测负向因果关系网络最大树形图

如图 8 – 4 – 4 所示，庄信万丰、三井化学、北方稀土、福特汽车、阿西布朗勃法瑞、优美科等股票处于不明因果关系传递的关键节点。同时也显示不明因果关系与负向因果关系类似，往往都是向非本地区股票传递更为明显。

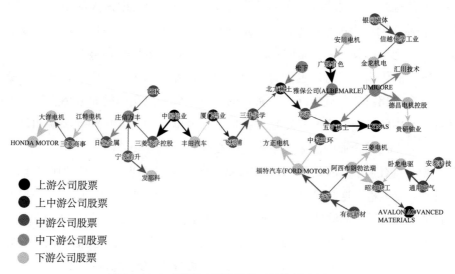

上游公司股票
上中游公司股票
中游公司股票
中下游公司股票
下游公司股票

图 8 − 4 − 4   预测不明因果关系网络最大树形图

8.5   本章小结

本章借鉴了神经网络 LSTM 模型，结合实际问题构建了 LSTM − TDD 量化因果关系预测模型，构建的模型具有预测效果较好，预测效率较高的特点。同时，针对预测结果进行了波动因果关系传导路径分析，经分析发现，预测的结果符合第 3 章所分析的整体传导特征，区别只是在于部分关键公司股票有所不同。

| 第 9 章 |

结论与展望

9.1　结论与政策建议

稀土作为重要的矿产资源，是很多现代高科技产业必不可少的原材料，也是我国社会经济发展的战略性矿产资源。尤其作为全世界重要的稀土原料供应国，其战略意义更为显著，因此稀土类上市公司的股票价格波动影响投资者的利益同时，对我国重点企业的经营状况也具有较强的反映，也能体现我国重点企业在产业链上的地位和作用。

股票间波动传导具备高维复杂特征，通过建立量化因果关系模型及滑动窗等研究框架，从整体和演化的角度分析了稀土产业股票间波动的因果传导关系，又根据因果关系矩阵结构构建了预测模型并进行了预测。

（1）为了测度稀土产业链股票间量化因果关系，构建了基于相空间重构和符号动力学的量化因果关系模型。从量化因果关系结果数据可知，产业链上下游企业间正向因果关系紧密，相同区域企业间正向因果紧密，不同区域企业间负向因果关系或无因果关系较为明显。

从总体角度分析了稀土产业链股票间各类因果关系。研究发现，从因果关系强度角度看，各只股票间的正向影响明显大于负向影响和不明影响，投资者和管理者在关注这些股票时，应更多关注其正向影响。

从强因果关系的角度分析可知，我国上市公司在稀土产业链上游具有极强的影响力，中下游则是以日本公司影响力最强。而市场的整体情况显示，对其他公司股票影响排名前十的公司全部来自我国国内，上、中、下游之间的相互影响也较为明显。从区域看，不同国家间的股票相互影响较小，同一国家内部公司间的波动因果关系紧密，说明同一国家因为资源、技术、人才等方面同质化的原因，相互之间的竞争合作关系紧密，导致相同市场内部股票波动相关性极强。

从社团划分情况可知，不同市场间的相互影响较小，相同市场间的波动影响关系较为紧密，日本股票市场股票间、国内股票市场股票间、欧美股票市场股票间均有密切的波动相关性，但是不同市场之间的波动相关性就非常弱，只有极少数具有一定的关联性。

中国、日本、欧美三个地区间的股票价格波动正向因果关系相对较低，负向因果关系和不明因果关系相对较高，国际投资者以及监管者对国际资本的监管可以充分利用此项规律。

（2）为了观测稀土产业股票间因果关系随时间变化情况，构建了量化因果关系演化模型。通过演化分析，发现稀土产业公司股票间价格波动因果关系逐步趋于稳定，表明产业链稳定性进一步加强。

经分析发现，在演化过程中正向因果关系占据主要的作用。中国股票对其他股票的正向影响力较强，近年来日本企业在这方面的影响力也在逐渐显现。产业链企业当中，中游企业影响力更强在稀土股票市场中的股价波动正向传导能力逐渐显现。

下游股票价格间波动正因果关系网络出度，即对其他股票的影响程度整体呈上升趋势，中游较平稳，上游在逐渐下降。相对应的，在受其他股票价格波动影响方面，上游受其他股票的正向影响更大，下游在逐渐降低，而中游较为平稳。

通过演化分析，发现稀土产业公司股票间价格波动因果关系逐步趋于稳定，表明产业链稳定性进一步加强。总体而言，从 2018 年 12 月以来，各类因果关系网络中各项指标都趋于平稳，变化不大，说明随着时间的推移，稀土产业链上市公司间的关系趋于稳定。上市公司应在保持稳定关系的基础上，开拓新增长点，增加竞争优势。

（3）为了预测稀土产业链股票间强因果关系，对 LSTM 模型进行了改进，构建了 LSTM - TDD 模型。对预测结果进行分析发现，其因果关系规律符合整体因果关系规律和演化规律，在趋于稳定的同时，部分重点企业有所区别。

LSTM - TDD 模型的优势主要有两个方面：一是预测效率高；二是在一定的优化目标下，预测准确率高，预测效果良好。

首先是预测效率高。改进主要是把原有的基于矩阵元素相乘的输入网络转变为以 Hadamard 积的矩阵乘法算法,因为 Hadamard 积可以用来同时计算多组数据的乘积,大幅度提升了对输入矩阵的计算效率。

其次是预测准确率高,预测效果良好。改造后的 LSTM - TDD 模型对强因果关系的预测准确率可达到 85% 以上。

因此,本预测模型对于投资者和市场管理者具有较大参考价值,市场各参与主体,均可以依据此模型预测结果进行波动传导预测,作出相应的决策。

依据预测数据发现,处于产业链下游的中国企业贵研铂业的影响力愈加明显,因此,贵研铂业对市场的变化有更加明显地反映。作为高技术企业的贵研铂业,其产品的技术含量高,并且在稀土类贵金属回收利用方面也有比较大的业务量,结合演化结果看,像此类高技术含量稀土类产品占主营比重较高的企业,其在整个产业链中的作用和影响力均在明显上升。建议后期投资和市场管控时,增加对该类型企业的关注度,以获取更为长期的收益和明确的监管风向标。

9.2 研究展望

本书通过多领域方法的融合,建立了稀土产业链上市公司间股价波动因果关系分析模型,并分析了其传导特征,同时也构建了预测模型,对预测结果进行了分析,得到了有针对性的研究结果,未来可以在以下三个方面进行深入探索和拓展。

首先,目前研究构建因果关系模型的过程中所设计的实际因子只用到了主营产品占比、加权净资产收益率以及地区因子,但是其他在实际当中可能对股票波动关联关系产生影响的因素还很多。因此在未来的研究中,会将更多的因素纳入因果关系模型构建当中,以使模型与实际情况更接近。

其次,目前的研究未能把稀土产业链上市公司间波动传导特征实现模型化表述,无法真正反映传导的规律。因此,在未来的研究中,将对传导特征进行更为科学的描述,并实现模型化,使研究结果能够更好地得以推广和应用。

最后,目前研究中的预测模型对于因果关系的预测结果仍然存在一定的误差,循环神经网络的预测能力在关系值的预测方面的能力还有待提高。未来可以在模型改进方面进行更多的努力,使之更适合预测关系数据。

附录

附表 A　　　　　　　　　　　股票收益率的分布特征

股票	平均值	最大值	最小值	标准差	Skew.	Kurt.	JB
000552. SZ	-0.0149	0.0958	-0.1058	0.0261	-0.1683	3.6857	1 379.987 **
000780. SZ	-0.0547	0.0967	-0.1069	0.0259	-0.1836	3.5838	1 307.4562 **
000937. SZ	-0.0491	0.0959	-0.1055	0.0263	-0.1578	2.7365	764.1309 **
000983. SZ	-0.0500	0.0961	-0.1059	0.0257	-0.0628	3.1980	1 031.6784 **
002128. SZ	-0.0237	0.0958	-0.1059	0.0252	-0.1366	3.6372	1 340.2666 **
600121. SH	-0.0029	0.0974	-0.1060	0.0278	-0.0285	3.4786	1 219.2434 **
600123. SH	-0.0493	0.0957	-0.1060	0.0239	-0.3790	3.8760	1 571.6857 **
600188. SH	-0.0295	0.0959	-0.1057	0.0281	-0.0733	2.8026	793.0822 **
600348. SH	-0.0589	0.0961	-0.1060	0.0258	-0.1498	3.1750	1 024.3632 **
600395. SH	-0.0299	0.0959	-0.1059	0.0272	-0.1609	3.3404	1 134.3875 **
600397. SH	-0.0327	0.0971	-0.1063	0.0302	0.0351	2.7084	739.1298 **
600403. SH	-0.0419	0.0965	-0.1060	0.0267	-0.1645	3.5710	1 295.5710 **
600508. SH	-0.0370	0.0958	-0.1058	0.0218	-0.2922	5.4261	3 001.8895 **
600758. SH	-0.0357	0.0961	-0.1057	0.0297	-0.2011	2.7113	756.5833 **
600971. SH	-0.0356	0.0962	-0.1060	0.0274	-0.1195	3.0514	943.5081 **
600985. SH	0.0118	0.0957	-0.1058	0.0262	-0.3463	3.6065	1 358.7930 **
601001. SH	-0.0490	0.0962	-0.1061	0.0260	0.0314	3.8654	1 505.7165 **
601088. SH	0.0089	0.0955	-0.1055	0.0194	-0.0502	5.7939	3 384.4662 **
601101. SH	-0.0486	0.0961	-0.1061	0.0267	-0.1220	3.2702	1 083.1801 **
601666. SH	-0.0364	0.0962	-0.1065	0.0248	-0.2505	3.7328	1 429.1001 **
601699. SH	-0.0471	0.0960	-0.1056	0.0271	-0.0024	2.3100	537.1304 **
601898. SH	-0.0310	0.0958	-0.1061	0.0222	-0.3693	6.3140	4 073.6022 **
601918. SH	-0.0464	0.0968	-0.1059	0.0280	0.0361	3.6131	1 315.6346 **
900948. SH	-0.0600	0.0955	-0.1059	0.0212	-0.6677	4.9064	2 606.3321 **

股票	平均值	最大值	最小值	标准差	Skew.	Kurt.	JB
000968. SZ	− 0. 0485	0. 0959	− 0. 1059	0. 0267	− 0. 1543	3. 1255	993. 4969 **
600028. SH	0. 0020	0. 0956	− 0. 1058	0. 0160	− 0. 3432	7. 8668	6 286. 5804 **
600256. SH	− 0. 0478	0. 0959	− 0. 1056	0. 0235	− 0. 4790	3. 7032	1 474. 3623 **
600759. SH	− 0. 0328	0. 0964	− 0. 1066	0. 0272	0. 0976	4. 2279	1 804. 8854 **
600777. SH	− 0. 0008	0. 0979	− 0. 1056	0. 0245	− 0. 0337	4. 3667	1 921. 8081 **
601857. SH	− 0. 0308	0. 0956	− 0. 1052	0. 0146	− 0. 0919	12. 1703	14 938. 7822 **
000655. SZ	− 0. 0447	0. 0963	− 0. 1059	0. 0285	− 0. 1026	2. 3998	583. 9960 **
000762. SZ	− 0. 0280	0. 0957	− 0. 1056	0. 0310	− 0. 1391	2. 4817	627. 8890 **
000923. SZ	0. 0417	0. 0961	− 0. 1057	0. 0328	− 0. 1692	2. 4567	619. 1911 **
600532. SH	0. 0131	0. 0966	− 0. 1064	0. 0320	0. 0540	2. 6221	693. 4428 **
000426. SZ	0. 0037	0. 0963	− 0. 1061	0. 0299	− 0. 0047	2. 4023	580. 9519 **
000506. SZ	− 0. 0563	0. 0970	− 0. 1070	0. 0300	0. 0090	3. 1265	984. 5529 **
000603. SZ	− 0. 0201	0. 0957	− 0. 1056	0. 0322	0. 0074	1. 8463	342. 9765 **
000688. SZ	0. 0401	0. 7865	− 0. 1056	0. 0275	9. 5453	274. 6982	7 648 722. 6123 **
000758. SZ	− 0. 0342	0. 0964	− 0. 1058	0. 0298	− 0. 0088	2. 3413	551. 8312 **
000975. SZ	0. 0450	0. 0957	− 0. 1057	0. 0295	− 0. 0996	2. 8598	827. 5808 **
002155. SZ	− 0. 0342	0. 0957	− 0. 1058	0. 0262	− 0. 0624	2. 4605	611. 0773 **
600259. SH	− 0. 0324	0. 0955	− 0. 1055	0. 0297	0. 2082	2. 3928	593. 9389 **
600311. SH	− 0. 1006	0. 0966	− 0. 1063	0. 0289	− 0. 0731	2. 3450	555. 7243 **
600338. SH	0. 0033	0. 0958	− 0. 1058	0. 0321	− 0. 0445	2. 2337	503. 0199 **
600489. SH	− 0. 0309	0. 0957	− 0. 1058	0. 0238	0. 0815	3. 6033	1 310. 6195 **
600497. SH	− 0. 0258	0. 0959	− 0. 1058	0. 0274	− 0. 0341	3. 1521	1 001. 1519 **
600547. SH	− 0. 0041	0. 0956	− 0. 1056	0. 0253	0. 0124	3. 6271	1 325. 3369 **
600711. SH	0. 0261	0. 0959	− 0. 1059	0. 0320	0. 0482	2. 3038	535. 2013 **
600766. SH	− 0. 0025	0. 0962	− 0. 1058	0. 0281	− 0. 1637	3. 4037	1 177. 8249 **
600988. SH	0. 0772	0. 0960	− 0. 1056	0. 0293	0. 2904	2. 5331	680. 1349 **
601168. SH	− 0. 0145	0. 0959	− 0. 1056	0. 0244	− 0. 1614	4. 0481	1 661. 6304 **
601899. SH	0. 0311	0. 0965	− 0. 1062	0. 0228	0. 2469	4. 6323	2 186. 9747 **
601958. SH	− 0. 0532	0. 0961	− 0. 1056	0. 0253	− 0. 1904	3. 4551	1 217. 1870 **

续表

股票	平均值	最大值	最小值	标准差	Skew.	Kurt.	JB
002207. SZ	− 0. 0248	0. 0958	− 0. 1057	0. 0270	− 0. 2017	3. 1305	1 003. 4994 **
300084. SZ	− 0. 0265	0. 0963	− 0. 1674	0. 0316	− 0. 1013	2. 3668	568. 0570 **
600339. SH	− 0. 0398	0. 0964	− 0. 1061	0. 0280	− 0. 3403	3. 2633	1 119. 4839 **
600583. SH	− 0. 0196	0. 0961	− 0. 1058	0. 0241	− 0. 1385	4. 0140	1 631. 0921 **
600871. SH	− 0. 0613	0. 0972	− 0. 5576	0. 0284	− 3. 1775	63. 0349	404 874. 0424 **
601808. SH	− 0. 0241	0. 0957	− 0. 1056	0. 0254	− 0. 1626	3. 3307	1 128. 1447 **

注：**表示在1%水平上显著。

附表 B   排名前五的上市公司的度

排名	LCAN – SI	LCAN – PE	LCAN – CD	LCAN – OA	LCAN – GA	LCAN – CF
1	600387. SH	601857. SH	600348. SH	600397. SH	601666. SH	600997. SH
2	600997. SH	000571. SZ	601699. SH	600348. SH	601898. SH	600387. SH
3	600397. SH	900948. SH	000937. SZ	000780. SZ	600997. SH	000554. SZ
4	600759. SH	002353. SZ	000983. SZ	600395. SH	600714. SH	600583. SH
5	000407. SZ	000983. SZ	000407. SZ	600856. SH	000780. SZ	600397. SH

附表 C   前十名上市公司的中间中心性

排名	LCAN – SI	LCAN – PE	LCAN – CD	LCAN – OA	LCAN – GA	LCAN – CF
1	300191. SZ	600997. SH	000983. SZ	000059. SZ	601666. SH	600758. SH
2	000937. SZ	600175. SH	600348. SH	002267. SZ	000780. SZ	600583. SH
3	600792. SH	600740. SH	002267. SZ	600121. SH	600403. SH	601088. SH
4	002267. SZ	600121. SH	601699. SH	002492. SZ	601101. SH	600997. SH
5	601699. SH	601918. SH	601011. SH	601857. SH	601011. SH	002267. SZ
6	601857. SH	600714. SH	600028. SH	002221. SZ	000552. SZ	000780. SZ
7	002478. SZ	601666. SH	601808. SH	600028. SH	601001. SH	300164. SZ
8	002490. SZ	601857. SH	600121. SH	000780. SZ	601898. SH	002128. SZ
9	600395. SH	000780. SZ	600971. SH	600397. SH	600997. SH	601808. SH
10	601798. SH	000723. SZ	600508. SH	600348. SH	600714. SH	600395. SH

参考文献

［1］柴俊伟，陈金车，苏士翔，等．基于 BP 神经网络的农业原材料价格预测［J］．智慧农业导刊，2021，1（3）：3.

［2］柴源．国内区块链领域作者合作关系研究［J］．图书情报导刊，2018，3（12）：70 - 77.

［3］陈赫岩，施国良，谢泽宇．投资者情感指标与股票收益率的因果关系研究——以苹果公司股票为例［J］．价格理论与实践，2019（2）.

［4］陈锐刚，杨如彦．系统风险联动分析：以股市和银行间债市为例［J］．南开管理评论，2005，8（5）：14 - 20.

［5］陈向阳，何海靖．我国碳排放权交易市场与股票市场的关联——基于非线性 Granger 因果检验与非平衡面板模型的实证分析［J］．技术经济，2021，40（3）：11.

［6］陈小玲．基于 ARIMA 模型与神经网络模型的股价预测［J］．经济数学，2017，34（4）：5.

［7］陈彦斌，刘玲君，陈小亮．中国通货膨胀率预测——基于 LSTM 模型与 BVAR 模型的对比分析［J］．财经问题研究，2021（6）：18 - 29.

［8］董娟，郑明贵，罗婷．财政支持中国稀土产业发展效应分析——来自中国稀土上市公司的数据［J］．稀土，2021，42（1）：147 - 158.

［9］董晓娟，安海岗，董志良．有色金属国际期货市场价格联动效应演化分析：以铜、铝、锌为例［J］．复杂系统与复杂性科学，2018，15（4）：50 - 59.

［10］冯洋，邵晨泽．神经机器翻译前沿综述［J］．中文信息学报，2020（7）：18.

［11］傅国康，赵荣椿 . 模糊自组织神经网络在语音识别中的应用［J］. 西北工业大学学报，1999，17（4）：599 - 602.

［12］盖荣丽，蔡建荣，王诗宇，等 . 卷积神经网络在图像识别中的应用研究综述［J］. 小型微型计算机系统，2021，42（9）：5.

［13］高丽，高世宪 . 价格联动与价格发现：上海原油期货市场运行的研究［J］. 价格月刊，2019（6）：22 - 29.

［14］郭磐 . 我国稀土资源类股票投资价值分析［D］. 南宁：广西大学，2016.

［15］郭水霞 . 矢量格兰杰因果关系及其在复杂网络中的应用［J］. 计算机工程与应用，2008，44（29）：31 - 33.

［16］郭燧，李华姣 . 石油市场价格传导综述［J］. 资源与产业，2020，22（2）：51 - 59.

［17］韩智勇，魏一鸣，焦建玲，等 . 中国能源消费与经济增长的协整性与因果关系分析［J］. 系统工程，2004（12）：17 - 21.

［18］侯建荣，黄丹，顾锋 . 基于分形时变维数变化的股价突变动力学特征研究［J］. 中国管理科学，2008（S1）：3.

［19］胡秋灵，马丽 . 我国股票市场和债券市场波动溢出效应分析［J］. 金融研究，2011（10）：198 - 206.

［20］黄健柏，程慧，郭尧琦，等 . 金属期货量价关系的多重分形特征研究——基于 MF - DCCA 方法［J］. 管理评论，2013，25（4）：77 - 85.

［21］黄杰 . 中国能源环境效率的空间关联网络结构及其影响因素［J］. 资源科学，2018，40（4）：759 - 772.

［22］黄玮强，庄新田，姚爽 . 复杂网络视角下的我国股票之间信息溢出研究［J］. 运筹与管理，2013，22（5）：177 - 184，208.

［23］黎萍，朱军燕，彭芳，等 . 基于可视图与 A* 算法的路径规划［J］. 计算机工程，2014，40（3）：193 - 195.

［24］黎壹 . 基于 LSTM 神经网络的人民币汇率预测研究［J］. 中国物价，2021（12）：20 - 22.

［25］李岸，粟亚亚，乔海曙 . 中国股票市场国际联动性研究——基于

网络分析方法 [J]. 数量经济技术经济研究, 2016, 33 (8): 114 - 128.

[26] 李百吉, 周旭旭, 武舜臣. 我国煤炭相关期货品种价格联动关系研究: 基于对焦煤、焦炭和动力煤期货价格联动性分析 [J]. 价格理论与实践, 2018 (7): 71 - 74.

[27] 李红权, 洪永淼, 汪寿阳. 我国 A 股市场与美股、港股的互动关系研究: 基于信息溢出视角 [J]. 经济研究, 2011 (8): 15 - 25.

[28] 李洁, 杨莉. 上海和伦敦金属期货市场价格联动性研究: 以铜铝锌期货市场为例 [J]. 价格理论与实践, 2017 (8): 100 - 103.

[29] 李伟伟. 不同品种间蔬菜价格相关性及其传导路径分析 [J]. 价格理论与实践, 2017 (8): 24 - 27.

[30] 李玮峰, 段征宇, 郭高华. 基于 ARCH 模型簇的路径行程时间可靠性分析 [J]. 交通运输系统工程与信息, 2014, 14 (4): 186 - 193.

[31] 李岳. 股价波动及相关因素的实证研究 [J]. 数理统计与管理, 1998, 17 (6): 5.

[32] 李振民, 刘一力, 李平, 等. 世界稀土供应趋势分析 [J]. 稀土, 2016, 37 (6): 146 - 154.

[33] 梁万杰, 曹宏鑫. 基于卷积神经网络的水稻虫害识别 [J]. 江苏农业科学, 2017, 45 (20): 4.

[34] 刘法建, 张捷, 陈冬冬. 中国入境旅游流网络结构特征及动因研究 [J]. 地理学报, 2010, 65 (8): 1013 - 1024.

[35] 刘汉中. 阈值自回归模型参数估计的小样本性质研究 [J]. 数量经济技术经济研究, 2009 (10): 112 - 124.

[36] 刘军. 整体网分析讲义: UCINET 软件实用指南 [M]. 上海: 格致出版社, 2014.

[37] 刘军. 整体网分析讲义: UCINET 软件实用指南 [M]. 上海: 上海人民出版社, 2009.

[38] 刘立涛, 沈镭, 刘晓洁, 等. 基于复杂网络理论的中国石油流动格局及供应安全分析 [J]. 资源科学, 2017, 39 (8): 1431 - 1443.

[39] 刘知博, 胡景亮, 宝力克. 中国稀土类上市公司股票收益与市场结

构关系研究［J］．内蒙古大学学报（哲学社会科学版），2011（2）：65－71.

［40］孟庆芳，陈珊珊，陈月辉，等．基于递归量化分析与支持向量机的癫痫脑电自动检测方法［J］．物理学报，2014，63（5）：88－95.

［41］彭燕，刘宇红，张荣芬．基于 LSTM 的股票价格预测建模与分析［J］．计算机工程与应用，2019，55（11）：4.

［42］邱均平，伍超．基于社会网络分析的国内计量学作者合作关系研究［J］．图书情报知识，2011（6）：12－17.

［43］邱南平，李建武，肇创．全球稀土供应现状及未来趋势浅析［J］．矿床地质，2014（S1）：863－864.

［44］邱南平，徐海申，李颖，等．中国稀土政策的变迁及对稀土产业的影响［J］．中国国土资源经济，2014（10）：41－44.

［45］邱锡鹏．神经网络与深度学习［J］．中文信息学报，2020（7）：1.

［46］饶育蕾，袁玫，鲍玮．期铜价格对相关股价传导机制研究——基于实体效应与行业效应的分析［J］．价格理论与实践，2017（9）：76－79.

［47］任卓明，邵凤，刘建国，等．基于度与集聚系数的网络节点重要性度量方法研究［J］．物理学报，2013，62（12）：522－526.

［48］尚园，谢海宁，王涛．稀土行业股票投资价值分析——以北方稀土为例［J］．北方金融，2021（1）：18－22.

［49］石文西，雷雨田，汪月婷，等．基于深度学习的农业大棚遥感提取方法研究［J］．无线电工程，2021，51（12）：1477－1484.

［50］石智超，许争，陈瑞．中国股票市场与商品期货市场传导关系的实证分析——基于风险 Granger 因果检验的研究［J］．金融理论与实践，2016（2）：82－89.

［51］宋玉萍，倪静．网络集聚性对节点中心性指标的准确性影响［J］．物理学报，2016，65（2）：379－386.

［52］孙君顶，李琳．基于 BP 神经网络的医学图像分类［J］．计算机系统应用，2012（3）：4.

［53］谭程午，夏利民，王嘉．基于融合特征的群体行为识别［J］．计算机技术与发展，2018，28（1）：17－22.

［54］田娟，朱姝婧，陆强，等．基于 BP 神经网络预测儿童甲状腺疾病的模型研究［J］．中国医学物理学杂志，2020，37（10）：5.

［55］王楚玥，张宇，付东升，等．我国黄金期货与现货价格的联动关系研究［J］．营销界，2019（34）：31－33.

［56］王川，赵俊晔，赵友森．组合预测模型在农产品价格短期预测中的应用——以苹果为例的实证分析［J］．系统科学与数学，2013，33（1）：89－96.

［57］王江，郑真真．铁矿石与焦炭期货价格联动性的研究［J］．价格月刊，2019，511（12）：4－11.

［58］王美今，孙建军．中国股市收益，收益波动与投资者情绪［J］．经济研究，2004（10）：9.

［59］王甜，董志良，刘森，等．原油价格时间序列自回归子模式传输特征分析［J］．系统科学与数学，2020，40（1）：117－128.

［60］王仲君，李俊．基于多重分形的原油和天然气市场风险研究［J］．武汉理工大学学报，2018，40（1）.

［61］魏红玉，高湘昀，季婷玉，等．战略性金属矿产资源多维价格联动网络研究［J］．资源与产业，2021，23（3）：102－111.

［62］温晓倩，魏宇，黄登仕．我国新能源公司股票价格与原油价格的波动率外溢与相关性研究［J］．管理评论，2012，24（12）：11.

［63］吴烨．当前国际铜价波动对我国铜产业链的影响研究［J］．价格理论与实践，2013，000（7）：93－94.

［64］吴一丁，王雨婷，罗翔．微观视角下我国稀土产业链延伸的驱动因素研究［J］．中国矿业，2020（10）.

［65］吴一丁，王雨婷，罗翔．供应链稳定性对我国稀土产业升级的影响研究［J］．工业技术经济，2021（1）：44－49.

［66］肖琴．复杂网络在股票市场相关分析中的应用［J］．中国管理科学，2016（S1）：470－474.

［67］谢豆，郑菲，陈涛，等．基于 CNN 的 COVID－19 医学影像远程诊断算法与实现［J］．电脑知识与技术：学术版，2021，17（23）：3.

［68］徐凌，黎佳卉，李亮．ARIMA 模型在国际原油价格预测中的应用［J］．河南科学，2013（5）：692－695.

［69］杨斌清．江西稀土产业链 SWOT 分析研究［J］．稀土，2012（4）：94－98.

［70］杨艳琳，周丹．试论金融产业链的构建与完善［J］．金融与经济，2015（4）：14－17.

［71］翟明国，吴福元，胡瑞忠，等．战略性关键金属矿产资源：现状与问题［J］．中国科学基金，2019，33（2）：106－111.

［72］张爱英，赫永达，文红．基于连续小波的能源价格与能源类股票的交互效应研究［J］．经济问题，2020，496（12）：24－34.

［73］张兵，范致镇，李心丹．中美股票市场的联动性研究［J］．经济研究，2010（11）：143－153.

［74］张金清，刘烨．股市规模与股价波动性的相互影响实证研究［J］．管理评论，2010，22（10）：8.

［75］张蕾，汪志刚．体育产业股票收益波动的联动性研究［J］．技术经济与管理研究，2020（6）：103－107.

［76］张丽颖，李胜连．稀土产业链综合绩效评价现状、问题与展望［J］．华东经济管理，2012，26（1）：68－71.

［77］张宁，方靖雯，赵雨宣．基于 LSTM 混合模型的比特币价格预测［J］．计算机科学，2021，48（S2）：39－45.

［78］张文宇，刘畅．卷积神经网络算法在语音识别中的应用［J］．信息技术，2018，42（10）：6.

［79］张旭光，刘春霞，左佳倩．基于因果网络分析的小规模人群行为识别［J］．光学学报，2015（8）：185－191.

［80］张志顺．改进的小波变换在中医舌象边缘检测中的研究［J］．计算机工程与应用，2012，48（35）：135－138.

［81］赵建敏，李艳，李琦，等．基于卷积神经网络的马铃薯叶片病害识别系统［J］．江苏农业科学，2018，46（24）：5.

［82］赵丽佳．基于作者合作关系的社会网络分析［J］．物流—贸易，

2016（27）：7.

［83］郑桂波，金宁德. 两相流流型多尺度熵及动力学特性分析［J］. 物理学报，2009，58（7）：4485 – 4492.

［84］朱冬芳，陆林，虞虎. 基于旅游经济网络视角的长江三角洲都市圈旅游地角色［J］. 经济地理，2012，32（4）：149 – 154，135.

［85］朱景和，袁怀雨，刘国仁. 中国稀有稀土金属行业上市公司股权结构分析及改进策略［J］. 中国钨业，2002，17（3）：14 – 17.

［86］庄新田，闫志锋，陈师阳. 上海证券市场的复杂网络特性分析［J］. 东北大学学报（自然科学版），2007，28（7）：1053 – 1056.

［87］曾志坚，谢天赐，刘光宇. 公司债券与股票间极端风险溢出研究——基于分位 Granger 因果关系模型［J］. 湖南大学学报：社会科学版，2021，35（2）：86 – 95.

［88］Abdalla I., Murinde V. Exchange rate and stock price interactions in emerging financial markets：evidence on India，Korea，Pakistan and the Philippines［J］. Applied Financial Economics，1997，7（1）：25 – 35.

［89］Samad A. R. A.，Othman M. S. H. Sustainable forest management and west Malaysian sawntimber supply analysis［J］. Journal of Sustainable Development，2009，2（2）：58 – 64.

［90］Acemoglu D.，Ozdaglar A.，Tahbaz-Salehi A. Systemic risk and stability in financial networks［J］. American Economic Review，2015，105：564 – 608.

［91］Adebiyi A. A.，Adewumi A. O.，Ayo C. K. Comparison of ARIMA and Artificial Neural Networks Models for Stock Price Prediction［J］. Journal of Applied Mathematics，2014（1）：1 – 7.

［92］Alam M. S.，Shahzad S.，Ferrer R. Causal flows between oil and forex markets using high-frequency data：Asymmetries from good and bad volatility［J］. Energy Economics，2019，84：104513.

［93］An S.，Gao X.，An H.，Liu S.，Sun Q.，Jia N. Dynamic volatility spillovers among bulk mineral commodities：A network method［J］. Resources Policy 2020，66.

［94］ Anari A. , Kolari J. House prices and inflation ［J］. Real Estate Economics. 2002 （30）: 67 –84.

［95］ Anas A. , Arnott R. J. Taxes and allowances in a dynamic equilibrium model of urban housing with a size-quality hierarchy ［J］. Regional Science and Urban Economics, 1997 （27）: 547 –580.

［96］ Arouri M. E. H. , Nguyen D. K. Time-varying characteristics of cross-market linkages with empirical application to Gulf stock markets ［J］. Managerial Finance, 2009, 36 （1）: 57 –70.

［97］ Ashfaq S. , Tang Y. , Maqbool R. Dynamics of spillover network among oil and leading Asian oil trading countries' stock markets ［J］. Energy, 2020, 207: 118077.

［98］ Ausloos M. , Zhang Y. , Dhesi G. Stock index futures trading impact on spot price volatility. The CSI 300 studied with a TGARCH model ［J］. Expert Systems with Applications, 2020, 160: 113688.

［99］ Barabási A. , Albert R. Emergence of scaling in random networks ［J］. Science, 1999, 286 （5439）: 509 –512.

［100］ Adam S. An inquiry into the nature and causes of the wealth of nations ［M］. University of Chicago Press, 2008.

［101］ Barrat A. , Barthélemy M. , Vespignani A. Modeling the evolution of weighted networks ［J］. Physical review. E, Statistical, nonlinear, and soft matter physics, 2004, 70 （6）: 066149.

［102］ Barrat A. , Barthelemy M. , Pastor-Satorras R. , et al. The architecture of complex weighted networks ［J］. Proceedings of the national academy of sciences, 2004, 101 （11）: 3747 –3752.

［103］ Barabási A. L. , Albert R. Emergence of scaling in random networks ［J］. science, 1999, 286 （5439）: 509 –512.

［104］ Rossen A. What are metal prices like? Co-movement, price cycles and long-run trends ［J］. Resources Policy, 2015, 45: 255 –276.

［105］ Bahdanau D. , Cho K. , Bengio Y. Neural machine translation by jointly learning to align and translate [J]. Computer Science, 2014.

[106] Balcilar M. , Ozdemir Z. A. Asymmetric and time-varying causality between inflation and inflation uncertainty in G-7 countries [J]. Scottish Journal of Political Economy, 2013, 60 (1): 1 –42.

[107] Bao D. Dynamics and correlation of platinum-group metals spot prices [J]. Resources Policy, 2020, 68: 101772.

[108] Barnett L. , Barrett A. B. , Seth A. K. Granger causality and transfer entropy are equivalent for gaussian variables [J]. Physical Review Letters 2009, 103 (23): 238701.

[109] Bein M. A. , Tuna G. Volatility transmission and dynamic correlation analysis between developed and emerging european stock markets during sovereign debt crisis [J]. Journal for Economic Forecasting, 2015, 18 (2): 61 –80.

[110] Bekaert G. , Hodrick R. J. , Zhang X. International stock return comovements [J]. The Journal of Finance, 2009, 64 (6): 2591 –2626.

[111] Bekiros S. , Nguyen D. K. , Junior L. S. , Uddin G. S. Information diffusion, cluster formation and entropy-based network dynamics in equity and commodity markets [J]. European Journal of Operational Research, 2017, 256 (3) 945 –961.

[112] Belke A. , Wiedmann M. Real estate bubbles and monetary policy-the US case [J]. Ekonomicky Casopis. 2006, 54 (9): 898 –917.

[113] Billio M. , Getmansky M. , Lo A. W. , et al. Econometric measures of connectedness and systemic risk in the finance and insurance sectors [J]. Journal of financial economics, 2012, 104 (3): 535 –559.

[114] Bollen J. , Pepe A. , Mao H. Modeling public mood and emotion: Twitter sentiment and socio-economic phenomena [C]// In Proceedings of the international AAAI conference on web and social media, 2011, 5 (1): 450 –453.

[115] Bollerslev T. Generalized autoregressive conditional heteroskedasticity [J]. Eeri Research Paper, 1986, 31 (3): 307 –327.

[116] Bonanno G. , Caldarelli G. , Lillo F. , et al. Networks of equities in

financial markets [J]. The European Physical Journal B, 2004, 38 (2): 363 – 371.

[117] Boubaker H., Raza S. A. A. Wavelet analysis of mean and volatility spillovers between oil and BRICS stock markets [J]. Energy Economics, 2017, 64: 105.

[118] Bouchouicha R., Ftiti Z. Real estate markets and the macroeconomy: A dynamic coherence framework [J]. Economic Modelling, 2012, 29 (5): 1820 – 1829.

[119] Bouri E., Kanjilal K., Ghosh S., et al. Rare earth and allied sectors in stock markets: Extreme dependence of return and volatility [J]. Applied Economics, 2021, 53 (49): 5710 –5730.

[120] Box G. E. P., Pierce D. Distribution of residual autocorrelations in autoregressive-integrated moving average time series models [J]. Publications of the American Statistical Association, 1970, 65 (332): 1509 – 1526.

[121] Breitung J., Candelon B. Testing for short-and long-run causality: A frequency-domain approach [J]. Journal of Econometrics, 2006, 132 (2): 363 –378.

[122] Brinkley G. L. The causal relationship between socioeconomic factors and alcohol consumption: A granger-causality time series analysis, 1950 – 1993 [J]. Journal of Studies on Alcohol, 1999, 60 (6): 759.

[123] Karali B., Ramirez O. A. Macro determinants of volatility and volatility spillover in energy markets [J]. Energy Economics, 2016 (46): 413 –421.

[124] Caetano M. A. L., Yoneyama T. A model for the evaluation of systemic risk in stock markets [J]. Physica A: Statistical Mechanics and its Applications, 2011, 390 (12): 2368 –2374.

[125] Cai D. Contents of rare earth elements in orange from rare earth mining area of Wuxun, China [J]. Asian Journal of Chemistry, 2013, 25 (14).

[126] Cao G., Zhang Q., Li Q. Causal relationship between the global foreign exchange market based on complex networks and entropy theory [J]. Chaos

Solitons and Fractals, 2017, 99: 36 - 44.

[127] Caporale G. M. , You K. F. , Chen L. Global and regional stock market integration in Asia: Apanel convergence approach [J]. International Review of Financial Analysis, 2019, 65: 101381.

[128] Carvalho V. M. From micro to macro via production networks [J]. Journal of Economic Perspectives, 2014, 28 (4): 23 - 48.

[129] Case K. E. , Glaeser E. L. , Parker J. A. Real estate and the macroeconomy [J]. Brookings Papers on Economic Activity, 2000 (2): 119 - 162.

[130] Chand P. , Thakkar J. J. , Ghosh K. K. Analysis of supply chain performance metrics for Indian mining and earthmoving equipment manufacturing companies using hybrid MCDM model [J]. Resources Policy, 2020, 68: 101742.

[131] Chen G. , Tang P. , Wang Y. Measuring the network connectedness of global stock markets [J]. Physica A: Statistical Mechanics and its Applications, 2019, 535: 122351.

[132] Chen K. , Luo P. , Sun B. X. , Wang H. Q. Which stocks are profitable? A network method toinvestigate the effects of network structure on stock returns [J]. Physica a-Statistical Mechanics and Its Applications, 2015, 436: 224 - 235.

[133] Chen L. , Han Q. , Qiao Z. L. Correlation analysis and systemic risk measurement of regional, financial and global stock indices [J]. Physica A, 2019, 542: 122653.

[134] Chen Y. , Zheng B. , Qu F. , et al. Modeling the nexus of crude oil, new energy and rare earth in China: An asymmetric VAR-BEKK (DCC) -GARCH approach [J]. Resources Policy, 2020, 65: 101545.

[135] Chen Y. , Li W. , Qu F. Dynamic asymmetric spillovers and volatility interdependence on China's stock market [J]. Physica a-Statistical Mechanics and Its Applications, 2019, 523: 825 - 838.

[136] Chi X. , Bian H. , Wang G. Dynamic topology of stock correlation networks from the bull and bear perspective: A case of shanghai 50 index [J].

Complex Systems and Complexity Science, 2017, 14（1）: 66 – 74.

［137］ Cho K. ,Merrienboer B. V. , Gulcehre C. , et al. Learning phrase representations using RNN encoder-decoder for statistical machine translation ［J］. Computer Science, 2014.

［138］ Cho K. , Merrienboer B. V. , Bahdanau D. , et al. On the properties of neural machine translation: Encoder-decoder approaches ［J］. Computer Science, 2014.

［139］ Chong E. , Han C. , Park F. C. Deep learning networks for stock market analysis and prediction: Methodology, data representations, and case studies ［J］. Expert Systems with Applications, 2017. 83: 187 – 205.

［140］ Chun-Biu L. , Haw Y. , Tamiki K. Multiscale complex network of protein conformational fluctuations in single-molecule time series ［J］. Proceedings of the National Academy of Sciences of the United States of America, 2008, 105（2）: 536 – 541.

［141］ Costa M. D. , Peng C. -K. , Goldberger A. L. Multiscale analysis of heart rate dynamics: Entropy and time irreversibility measures ［J］. Cardiovascular Engineering, 2008, 8（2）: 88 – 93.

［142］ Courty P. , Li H. Timing of seasonal sales ［J］. Journal of Business, 1999, 72（4）: 545 – 572.

［143］ Cox C. , Kynicky J. The rapid evolution of speculative investment in the REE market before, during, and after the rare earth crisis of 2010-2012 ［J］. The Extractive Industries and Society, 2017, 5（1）.

［144］ Chi K. T. , Liu J. , Lau F. C. M. A network perspective of the stock market ［J］. Journal of Empirical Finance, 2010, 17（4）: 659 – 667.

［145］ Das P. , Babadi B. Dynamic bayesian multitaper spectral analysis ［J］. IEEE Transactions on Signal Processing, 2017, 66（6）: 1394 – 1409.

［146］ Das S. , Demirer R. , Gupta R. , Mangisa, S. The effect of global crises on stock market correlations: Evidence from scalar regressions via functional data analysis ［J］. Structural Change and Economic Dynamics, 2019, 50:

132 – 147.

［147］ Deng W. , Wang G. A novel water quality data analysis framework based on time-series data mining ［J］. Journal of Environmental Management, 2017, 196: 365 – 375.

［148］ Ding H. , Chong T. T. , Park S. Y. Nonlinear dependence between stock and real estate markets in China ［J］. Economics Letters, 2014, 124（3）: 526 – 529.

［149］ Ding N. , Fung H. G. , Jia J. Comparison of bank profitability in china and the USA ［J］. China & World Economy, 2017, 25（1）: 90 – 108.

［150］ Dixon M. F. , Klabjan D. , Bang J. Classification-based financial markets prediction using deep neural networks ［J］. Social Science Electronic Publishing, 2017.

［151］ Dong X. , Gao X. , Dong Z. , et al. Network evolution analysis of nickel futures and the spot price linkage effect based on a distributed lag model ［J］. International Journal of Modern Physics B, 2019, 33（19）: 21.

［152］ Donner R. V. , Small M. , Donges J. F. , Marwan N. , Yong Z. , Xiang R. , Kurths J. Recurrence-based time series analysis by means of complex network methods ［J］. International Journal of Bifurcation and Chaos, 2011, 21（4）: 1019 – 1046.

［153］ Donner R. V. , Zou Y. , Donges J. F. , Marwan N. , Kurths J. Recurrence networks—a novel paradigm for nonlinear time series analysis ［J］. New Journal of Physics, 2009, 12（3）: 129 – 132.

［154］ Watts D. , Strogatz S. Collective dynamics of ´small-world´ networks （see comments）［J］. Nature, 1998, 393: 440 – 442.

［155］ Rafael E. , Sara L. , Andres R. A complex network approach to the generation of synthetic power transmission networks ［J］. IEEE Systems Journal, 2019, 13（3）: 3050 – 3058.

［156］ Fang W. S. , Wang K. M. , Nguyen T. B. T. Is real estate really an inflation hedge? Evidence from Taiwan ［J］. Asian Economic Journal. 2008, 22

（2）：209 - 224.

　　［157］Feng S. , Huang S. , Qi Y. , Liu X. , Sun Q. , Wen S. Network features of sector indexes spillover effects in China: A multi-scale view ［J］. Physica a-Statistical Mechanics and Its Applications, 2018, 496: 461 - 473.

　　［158］Finkle J. D. , Wu J. J. , Bagheri N. Windowed Granger causal inference strategy improves discovery of gene regulatory networks ［J］. Proceedings of the National Academy of Sciences of the United States of America, 2018, 115 （9）: 2252 - 2257.

　　［159］Balli F. , Naeem M. A. , Shahzad S. J. H. , Bruin A. d. Spillover network of commodity uncertainties ［J］. Energy Economics, 2019, 81: 914 - 927.

　　［160］Diebold F. X. , Liu L. , Yilmaz K. Commodity connectedness ［J］. Social Science Electronic Publishing, 2017.

　　［161］Gao X. , Fang W. , An F. , et al. Detecting method for crude oil price fluctuation mechanism under different periodic time series ［J］. Applied energy, 2017, 192: 201 - 212.

　　［162］Gao X. , An H. , Fang W. , et al. Characteristics of the transmission of autoregressive sub-patterns in financial time series ［J］. Scientific reports, 2014, 4 （1）: 6290.

　　［163］Gao X. , Fang W. , An F. , Wang Y. Detecting method for crude oil price fluctuation mechanism under different periodic time series ［J］. Appl Energ. 2017, 192: 201 - 212.

　　［164］Gao X. Y. , An H. Z. , Fang W. , Li H. J. , Sun X. Q. The transmission of fluctuant patterns of the forex burden based on international crude oil prices ［J］. Energy, 2014, 73: 380 - 386.

　　［165］Gao Y. , Su H. , Li R. , et al. Synchronous analysis of brain regions based on multi-scale permutation transfer entropy ［J］. Computers in Biology and Medicine, 2019, 109: 272 - 279.

　　［167］Gao Z. K. , Cai Q. , Yang Y. X. , et al. Visibility graph from adaptive optimal kernel time-frequency representation for classification of epileptiform EEG

[J]. International Journal of Neural Systems, 2017, 27 (4): 1750005.

[168] Gao Z. K., Dang W. D., Yang Y. X., Cai Q. Multiplex multivariate recurrence network from multi-channel signals for revealing oil-water spatial flow behavior [J]. Chaos. 2017, 27: 035809.

[169] Gao Z. K., et al. Characterizing slug to churn flow transition by using multivariate pseudo Wignerdistribution and multivariate multiscale entropy [J]. Chemical Engineering Journal, 2016, 291: 74 –81.

[170] Gao Z. K., Yang Y. X., Zhai L. S., et al. Multivariate multiscale complex network analysis of vertical upward oil-water two-phase flow in a small diameter pipe [J]. Scientific reports, 2016, 6 (1): 20052.

[171] Gao Z. K., et al. Multivariate recurrence network analysis for characterizing horizontal oil-water two-phase flow [J]. Physical Review E Statistical Nonlinear & Soft Matter Physics, 2013, 88 (3): 032910.

[172] Gao Z. K., et al. Multivariate weighted complex network analysis for characterizing nonlinear dynamic behavior in two-phase flow [J]. Experimental Thermal and Fluid Science, 2015, 60: 157 –164.

[173] Gao Z. K., Li S., Dang W. D., Yang Y. X., Do Y., Grebogi C. Wavelet multiresolution complex network for analyzing multivariate nonlinear time series [J]. International Journal of Bifurcation and Chaos, 2017, 27 (8): 1750123.

[174] Gao Z. K., Small M., Kurths J. Complex network analysis of time series [J]. Epl, 2016, 116 (5): 50001.

[175] Gao Z. K., Zhang S. S., Dang W. D., Li S., Cai Q. Multilayer network from multivariate time series for characterizing nonlinear flow behavior [J]. International Journal of Bifurcation and Chaos. 2017, 27 (4): 1750059.

[176] Ge J., Wang X., Guan Q., et al. World rare earths trade network: Patterns, relations and role characteristics [J]. Resources Policy, 2016, 50: 119 –130.

[177] Ge J., Lei Y., Zhao L. China's rare earths supply forecast in 2025:

A dynamic computable general equilibrium analysis [J]. Minerals, 2016, 6 (3): 95.

[178] Gebarowski R., Oswiecimka P., Watorek M., Drozdz S. Detecting correlations and triangular arbitrage opportunities in the Forex by means of multifractal detrended cross-correlations analysis [J]. Nonlinear Dynamics, 2019, 98 (1): 2349 - 2364.

[179] Geert Bekaert. Robert J Hddrick, Xiaoyan zhang. International stock return comovements [J]. The Journal of Finance, 2009 (9): 2591 - 2626.

[180] Grishick R., Donahue J., Darrell T., et al. Rich feature hierarchies for accurate object detection and semantic segmentation [C]// Proceedings of the IEEE conference on computer vision and pattern recognition, 2014: 580 - 587.

[181] Glushchenko Y. G., Nechaev A. V., Polyakov E. G. Development trends of the rare-earth industry in the Russian federation [J]. Theoretical Foundations of Chemical Engineering, 2017, 51 (5): 835 - 840.

[182] Godsell J., Hoek R. V. Fudging the supply chain to hit the number: Five common practices that sacrifice the supply chain and what financial analysts should ask about them [J]. Supply Chain Management, 2009, 14 (3): 171 - 176.

[183] Goh K. I., Oh E., Kahng B., et al. Betweenness centrality correlation in social networks [J]. Physical Review E, 2003, 67 (1).

[184] Granger C. W. J. Andersen A. P. An introduction to bilinear time series models [J]. Inernational Statistical Review, 1978, 48 (2).

[185] Granger C. Forecasting in business and economics [J]. Elsevier Monographs, 1979, 32 (1): 74 - 74.

[186] Graves A., Schmidhuber J. Framewise phoneme classification with bidirectional LSTM and other neural network architectures [J]. Neural Networks, 2005, 18 (5 - 6): 602 - 610.

[187] Guangli Y., Zhongxue L. I. International rare earth supply and demand forecast based on panel data analysis [J]. IOP Conference Series: Earth

and Environmental Science, 2020, 461 (1): 012011.

[188] Uddin G. S., Hernandez J. A., Shahzad S. J. H., Hedström A. Multivariate dependence and spillover effects across energy commodities and diversification potentials of carbon assets [J]. Energy Economics, 2018, 712018: 35 - 46.

[189] Guo H., Yu S. S., Iu H. H. C., et al. A complex network theory analytical approach to power system cascading failure—From a cyber-physical perspective [J]. Chaos: An Interdisciplinary Journal of Nonlinear Science, 2019, 29 (5).

[190] Hua-Bin G., Coltd B. F. Analysis on the Industrial Chain Financial Services of Financial Companies [J]. Management and Technology of SME, 2017.

[191] Hammoudeh S., Sari R. Financial CDS, stock market and interest rates: Which drives which [J]. North American Journal of Economics and Finance, 2011, 22 (3): 257 - 276.

[192] Hanousek J., Koč enda E. Foreign news and spillovers in emerging European stock markets [J]. Review of International Economics, 2011, 19 (1): 170 - 188.

[193] Hansen J. V., Nelson R. D. Neural networks and traditional time series methods: A synergistic combination in state economic forecasts [J]. IEEE Transactions on Neural Networks, 1997, 8 (4): 863.

[194] Hassan M. R., Nath B., Kirley, M. A fusion model of HMM, ANN and GA for stock market forecasting [J]. Expert Systems with Applications, 2007, 33 (6): 171 - 180.

[195] Hayes-Labruto L., Schillebeeckx S., Workman M., et al. Contrasting perspectives on China's rare earths policies: Reframing the debate through a stakeholder lens [J]. Energy Policy, 2013, 63: 55 - 68.

[196] He Z. F. Dynamic impacts of crude oil price on Chinese investor sentiment: Nonlinear causality and time-varying effect [J]. International Review of Economics and Finance, 2020, 66: 131 - 153.

[197] Hirschman A. O. , Sirkin G. Investment criteria and capital intensity once again [J]. The Quarterly Journal of Economics, 1958, 72 (3).

[198] Hochreiter S. , Schmidhuber J. Long short-term memory [J]. Neural Computation, 1997, 9 (8): 1735 – 1780.

[199] Hong G. , Lee B. S. Does Inflation Illusion Explain the Relation between REITs and Inflation? [J]. Journal of Real Estate Finance and Economics, 2013, 47: 123 – 151.

[200] Hong Y. , Liu Y. , Wang S. Granger causality in risk and detection of extreme risk spillover between financial markets [J]. Journal of Econometrics, 2009, 150 (2): 271 – 287.

[201] Hu M. , Zhang D. , Ji Q. , Wei L. Macro factors and the realized volatility of commodities: A dynamic network analysis [J]. Resources Policy, 2020, 68.

[202] Hu Z. , Zhong D. , Wang H. Pricing influence of China's iron ore futures market: An empirical analysis based on VEC-SVAR models [J]. Chinese Journal of Management Science, 2018, 26: 96 – 106.

[203] Huang S. , An H. , Huang X. , et al. Co-movement of coherence between oil prices and the stock market from the joint time-frequency perspective [J]. Applied Energy, 2018 (221): 122 – 130.

[204] Huang N. E. , Shen Z. , Long S. R. , Wu M. L. C. , Shih H. H. , Zheng Q. N. , Yen N. C. , Tung C. C. , Liu H. H. The empirical mode decomposition and the Hilbert spectrum for nonlinear and non-stationary time series analysis [J]. Proceedings of the Royal Society a-Mathematical Physical and Engineering Sciences, 1998, 454: 903 – 995.

[205] Huang S. , An H. , Gao X. , Hao X. Unveiling heterogeneities of relations between the entire oil-stock interaction and its components across time scales [J]. Energy Economics, 2016, 59: 70 – 80.

[206] Huang S. , An H. , Gao X. , Huang X. Time-frequency featured co-movement between the stock and prices of crude oil and gold [J]. Physica A: Statistical Mechanics and its Applications 2016, 444: 985 – 995.

[207] Huang S. , An H. , Gao X. , Wen S. , Jia X. The global interdependence among oil-equity nexuses [J]. Energy, 2016, 107: 259 – 271.

[208] Huang W. Q. , Zhuang X. T. , Yao S. , Uryasev S. A financial network perspective of financial institutions' systemic risk contributions [J]. Physica a-Statistical Mechanics and Its Applications, 2016, 456: 183 – 196.

[209] Huang X. , An H. , Gao X. , Hao X. , Liu P. Multiresolution transmission of the correlation modes between bivariate time series based on complex network theory [J]. Physica A: Statistical Mechanics and Its Applications, 2015, 428: 493 – 506.

[210] Li H. , An H. , Liu X. , Gao X. , Fang W. , An F. Price fluctuation in the energy stock market based on fluctuation and co-fluctuation matrix transmission networks [J]. Energy, 2016, 117: 73 – 83.

[211] Zhang H. Y. , Ji Q. , Fan Y. Competition, transmission and pattern evolution: A network analysis of global oil trade [J]. Energy Policy, 2014, 73: 312 – 322.

[212] Inglesi-Lotz R. , Balcilar M. , Gupta R. Time-varying causality between research output and economic growth in US [J]. Scientometrics, 2014, 100: 203 – 216.

[213] Jain A. , Biswal P. C. Dynamic linkages among oil price, gold price, exchange rate, and stock market in India [J]. Resources Policy, 2016, 49: 179 – 185.

[214] Jakimow B. , Griffiths P. , Linden S. V. D. , et al. Mapping pasture management in the Brazilian Amazon from dense Landsat time series [J]. Remote Sensing of Environment, 2017, 205: 453 – 468.

[215] Jan Hanousek, Evzen Kocenda. Foreign news and spillovers in emerging european stock markets [J]. Review of International Economics, 2011, (1): 170 – 188.

[216] Jeong K. , Hhrdle W. K. A consistent nonparametric test for causality in quantile [J]. Ssrn Electronic Journal, 2007.

[217] Ji Q., Fan Y. Evolution of the world crude oil market integration: A graph theory analysis [J]. Energy Economics, 2016 (53): 90 - 100.

[218] Ji Q., Zhang H. Y., Fan Y., Management. Identification of global oil trade patterns: An empirical research based on complex network theory [J]. Energy Conversion, 2014, 85 (9): 856 - 865.

[219] Jian Y. Contagion around the October 1987 stock market crash [J]. Social Science Electronic Publishing, 2008, 184 (1): 291 - 310.

[220] Guangyu J. Comparative study on the characteristics and development modes of international mining capital market [C]// IOP Conference Series: Earth and Environmental Science, 2019, 267 (6): 062016.

[221] Jiang X. M., Mai Y. H., Wang S. Y. Study on dynamic computable general equilibrium model for China's real estate and macro-economy [J]. Xitong Gongcheng Lilun Yu Shijian/system Engineering Theory and Practice, 2013, 33: 3035 - 3039.

[222] Johansen S., Juselius K. Identification of the long-run and the short-run structure an application to the ISLM model [J]. Journal of Econometrics, 1994, 63 (1): 7 - 36.

[223] Junczys-Dowmunt M., Dwojak T., Hoang H. Is neural machine translation ready for deployment? A case study on 30 translation directions [J]. CoRR, 2016, abs/1610: 01108.

[224] Jung W. S., Kwon O., Yang J. S., et al. Effects of the globalization in the Korean financial markets [J]. Papers, 2005 (2).

[225] Batten J. A., Ciner C., Lucey B. M. The macroeconomic determinants of volatility in precious metals markets [J]. Resources Policy, 2010, 35 (2): 65 - 71.

[226] Beirne J., Caporale G. M., Schulze-Ghattas M., Spagnolo N. Volatility spillovers and contagion from mature to emerging stock markets [J]. Discussion Papers of Diw Berlin, 2013 (221): 1060 - 1075.

[227] Zhang J., Cheng W., Liu Z., Zhang K., Lei X., Yao Y., Becker

B. , Liu Y. , Kendrick K. M. , Lu G. J. B. Neural, electrophysiological and anatomical basis of brain-network variability and its characteristic changes in mental disorders [J]. Brain, 2016 (139): 2307 –2321.

[228] Kim K. , Kim S. Y. , Ha D. H. Characteristics of networks in financial markets [J]. Computer Physics Communications, 2007, 177 (1 –2): 184 – 185.

[229] Kim H. J. , Kim I. M. , Lee Y. , et al. Scale-free network in stock markets [C]. 7th International Workshop on Similarity in Diversity, 2002.

[230] Kim H. J. , Lee Y. , Kahng B. , et al. Weighted scale-free network in financial correlations [J]. Journal of the Physical Society of Japan, 2002, 71 (9): 2133 –2136.

[231] Kim H. S. , Eykholt R. , Salas J. D. Nonlinear dynamics, delay times, and embedding windows [J]. Physica D: Nonlinear Phenomena, 1999, 127 (1 – 2): 48 –60.

[232] Kim K. , Kim S. Y. , Ha D. H. Characteristics of networks in financial markets [J]. Computer Physics Communications, 2007, 177 (1): 184 – 185.

[233] Kitamura T. , Managi S. Driving force and resistance: Network feature in oil trade [J]. Applied Energy, 2017, 208: 361 –375.

[234] Koh G. S. Markets system changes and the relationship between stock prices and foreign exchange rates [J]. Journal of The Korean Data Analysis Society, 2016, 18 (6): 3187 –3201.

[235] Kullback S. , Leibler R. A. On information and sufficiency [J]. The annals of mathematical statistics, 1951, 22 (1): 79 –86.

[236] Lee J. W. , Nobi A. State and network structures of stock markets around the global financial crisis [J]. Computational Economics, 2018, 51 (1): 1 –16.

[237] Lee K. E. , Lee J. W. , Hong B. H. Complex networks in a stock market [J]. Computer Physics Communications, 2007, 177 (1 –2): 186.

[238] Lee C. L. , Lee M. L. Do European real estate stocks hedge inflation? Evidence from developed and emerging markets [J]. International Journal of Stra-

tegic Property Management. 2014, 18 (2): 178 – 197.

[239] Lee J. W. Nobi A. State and network structures of stock markets around the global financial crisis [J]. Computational Economics, 2018, 51 (1): 1 – 16.

[240] Lei Y. , Cui N. , Pan D. Economic and social effects analysis of mineral development in China and policy implications [J]. Resources Policy, 2013, 38 (4): 448 – 457.

[241] Li X. M. , Peng L. US economic policy uncertainty and co-movements between Chinese and US stock markets [J]. Economic Modelling, 2017 (61): 27 – 39.

[242] Li B. , Pi D. , Raul H. Analysis of global stock index data during crisis period via complex network approach [J]. PLoS ONE, 2018, 13 (7): 0200600.

[243] Li H. , An H. , Huang J. , Huang X. , Mou S. , Shi Y. The evolutionary stability of shareholders' co-holding behavior for China's listed energy companies based on associated maximal connected sub-graphs of derivative holding-based networks [J]. Appl Energ, 2016, 162: 1601 – 1607.

[244] Li H. J. , Fang W. , An H. Z. , Gao X. Y. , Yan L. L. Holding-based network of nations based on listed energy companies: An empirical study on two-mode affiliation network of two sets of actors [J]. Physica a-Statistical Mechanics and Its Applications, 2016, 449: 224 – 232.

[245] Li Q. , He X. , Wang W. , et al. AeMFace: Additive e-margin loss for deep face recognition [C] // IEEE International Conference on Signal, Information and Data Processing (ICSIDP), 2019: 1 – 6.

[246] Li R. , Hu Y. , Heng J. , et al. A novel multiscale forecasting model for crude oil price time series [J]. Technological Forecasting and Social Change, 2021, 173: 121181.

[247] Li S. , Liu X. , Lin A. Fractional frequency hybrid model based on EEMD for financial time series forecasting [J]. Communications in Nonlinear Science and Numerical Simulation, 2020, 89.

[248] Li S., Zhang H., Yuan D. Investor attention and crude oil prices: Evidence from nonlinear Granger causality tests [J]. Energy Economics, 2019, 84: 104494.

[249] Li X. L., Chang T. Y., Miller S. M., Balcilar M., Gupta R. The co-movement and causality between the US housing and stock markets in the time and frequency domains [J]. International Review of Economics and Finance, 2015, 38: 220 – 233.

[250] Li X. M., Peng L. US economic policy uncertainty and comovements between Chinese andUS stock markets [J]. Economic Modelling 2017, 61: 27 – 39.

[251] Li Y., Vilela A. L. M., Stanley H. E. The institutional characteristics of multifractal spectrum of China's stock market [J]. Physica a-Statistical Mechanics and Its Applications, 2020, 550.

[252] Lin E. M. H., Sun E. W., Yu M. T. Systemic risk, financial markets, and performance of financial institutions [J]. Annals of Operations Research, 2018, 88 (12): 1 – 25.

[253] Liow K. H., Song J. Dynamic interdependence of ASEAN5 with G5 stock markets [J]. Emerging Markets Review 2020, 45.

[254] Liu B., Deng W., Zhong Y., et al. Fair loss: Margin-aware reinforcement learning for deep face recognition [C]// 2019 IEEE/CVF International Conference on Computer Vision (ICCV), 2020: 1 – 10.

[255] Liu C., Sun X., Wang J., Li J., Chen J. Multiscale information transmission between commodity markets: An EMD-Based transfer entropy network [J]. Research in International Business and Finance, 2021, 55.

[256] Liu J., Han M., Wang V. Model for forecasting stock indices based on improved BP network [C]// 5th International Symposium on Test and Measurement, 2003.

[257] Lucas L., Bartolo L., Fernando B., Jordi L. Juan Carlos N. O. From time series to complex networks: The visibility graph [J]. Proceedings of the Na-

tional Academy of Sciences of the United States of America, 2008, 105 (13):
4972 – 4975.

[258] Lungarella M., Ishiguro K., Kuniyoshi Y., Otsu N. Methods for quantifying
the causal structure of bivariate time series [J]. International Journal of Bifurcation and
Chaos, 2007, 17: 903 –921.

[259] Ma H., Leng S., Aihara K., et al. Randomly distributed embed-
ding making short-term high-dimensional data predictable [J]. Proceedings of the
National Academy of Sciences, 2018, 115 (43): E9994-E10002.

[260] Mahata A., Nurujjaman M. Time scales and characteristics of stock
markets in different investment horizons [J]. Frontiers in Physics, 2020, 8.

[261] Mantegna R. N. Information and hierarchical structure in financial mar-
kets [J]. The European Physical Journal B-Condensed Matter and Complex Sys-
tems, 1999, 11 (1): 193 – 197.

[262] Mao X., Shang P. Transfer entropy between multivariate time series
[J]. Communications in Nonlinear Science and Numerical Simulation, 2017, 47:
338 – 347.

[263] Mensi W., Hammoudeh S., Shahzad S. J. H., Shahbaz M. Modeling
systemic risk and dependence structure between oil and stock markets using a varia-
tional mode decomposition-based copula method [J]. Journal of Banking and Fi-
nance, 2017, 75: 258 – 279.

[264] Modak M., Pathak K., Ghosh K. K. Performance evaluation of out-
sourcing decision using a BSC and fuzzy AHP approach: A case of the Indian coal
mining organization [J]. Resources Policy, 2017, 52: 181 – 191.

[265] Mohamed E. H. A., Khuong Nguyen D. Time-varying characteristics of
crossmarket linkages with empirical application to Gulf stock markets [J]. Manag-
erial Finance, 2010, 36 (1): 57 – 70.

[266] Mohan R. R. Time series GHG emission estimates for residential, com-
mercial, agriculture and fisheries sectors in India [J]. Atmospheric Environment,
2018, 178: 73 – 79.

［267］Mokni K. , Hammoudeh S. , Ajmi A. N. , Youssef M. Does economic policy uncertainty drive the dynamic connectedness between oil price shocks and gold price［J］. Resources Policy, 2020, 69.

［268］Moura M. D. C, Zio E. , Lins I. D. , et al. Failure and reliability prediction by support vector machines regression of time series data［J］. Reliability Engineering and System Safety, 2017, 96 (11)：1527 – 1534.

［269］Muniz A. S. G. Input-output research in structural equivalence：Extracting paths and similarities［J］. Economic Modelling. 2013, 31：796 – 803.

［270］Ahmadi M. , Behmiri N. B. , Manera M. , How is volatility in commodity markets linked to oil price shocks［J］. Energy Economics, 2016, 59：11 – 23.

［271］Newman M. E. J. , Watts D. J. Renormalization group analysis of the small-world network model［J］. Physics Letters A, 1999, 263 (4 – 6)：341 – 346.

［272］Newman M. E. J. The structure of scientific collaboration networks［J］. Proceedings of the National Academy of Sciences, 2001, 98 (2)：404 – 409.

［273］Jiang M. , Gao X. , Guan Q. , Hao X. , An F. The structural roles of sectors and their contributions to global carbon emissions：A complex network perspective［J］. Journal of Cleaner Production, 2019, 208：426 – 435.

［274］Wiliński M. , Sienkiewicz A. , Gubiec T. , et al. Structural and topological phase transitions on the German stock exchange［J］. Physica A Statistical Mechanics and Its Applications, 2013, 392 (23)：5963 – 5973.

［275］Nair B. B. , Kumar P. K. S. , Sakthivel N. R. , et al. Clustering stock price time series data to generate stock trading recommendations：An empirical study［J］. Expert Systems with Applications, 2017 (70)：20 – 36.

［276］Nakamura T. , Tanizawa T. Networks with time structure from time series［J］. Physica A Statistical Mechanics and Its Applications, 2012, 391 (20)：4704 – 4710.

[277] Nataf O. , De Moor L. Debt rating downgrades of financial institutions: Causality tests on single-issue CDS and iTraxx [J]. Quantitative Finance, 2019, 19 (12): 1975 – 1993.

[278] Neaime S. The global financial crisis, financial linkages and correlations in returns and volatilities in emerging MENA stock markets [J]. Emerging Markets Review, 2012, 13 (3): 268 – 282.

[279] Newman M. E. J. The structure and function of complex networks [J]. SIAM review, 2003, 45 (2): 167 – 256.

[280] Niu H. , Hu Z. Information transmission and entropy-based network between Chinese stock market and commodity futures market [J]. Resources Policy, 2021, 74: 102294.

[281] Okunev J. , Wilson P. , Zurbruegg R. The causal relationship between real estate and stock markets [J]. Journal of Real Estate Finance and Economics, 2020, 21 (3): 251 – 261.

[282] Olayeni O. R. Causality in continuous wavelet transform without spectral matrix factorization: Theory and application [J]. Computational Economics, 2016, 47 (3): 321 – 340.

[283] Anna K. , Kristína M. , Hana B. Use of false nearest neighbours for selecting variables and embedding parameters for state space reconstruction [J]. Journal of Complex Systems, 2015, 2015: 1 – 12.

[284] Papana A. , Kyrtsou C. , Kugiumtzis D. , Diks C. Detecting causality in non-stationary time series using partial symbolic transfer entropy: Evidence in financial data [J]. Computational Economics, 2016, 47 (3): 341 – 365.

[285] Peters E. Fractal market analysis: Applying chaos theory to investment and economics [J]. Chaos Theory, 1994, 34.

[286] Ping L. I. , Wang B. An approach to Hang Seng index in Hong Kong stock market based on network topological statistics [J]. Chinese Science Bulletin, 2006, 51 (5): 624 – 629.

[287] Porter E. Michael. Technology and competitive advantage [J].

Journal of Business Strategy, 1985, 5 (3): 60 – 78.

[288] Puliga M. , Caldarelli G. , Battiston S. Credit default swaps networks and systemic risk [J]. Scientific Reports, 2014, 4 (1): 6822.

[289] Purwins H. , Li B. , Virtanen T. , et al. Deep learning for audio signal processing [J]. IEEE Journal of Selected Topics in Signal Processing, 2019, 13 (2): 206 – 209.

[290] Qian M. C. , Jiang Z. Q. , Zhou W. X. Universal and nonuniversal allometric scaling behaviors in the visibility graphs of world stock market indices [J]. Journal of Physics A Mathematical and Theoretical, 2009, 43 (3): 161 – 165.

[291] Ji Q. , Geng J. B. , Tiwari A. K. Information spillovers and connectedness networks in the oil and gas markets [J]. Energy Economics, 2018 (75): 71 – 84.

[292] Reboredo J. C. Volatility spillovers between the oil market and the European Union carbon emission market [J]. Economic Modelling, 2014, 36: 229 – 234.

[293] Rahman Z. U. , Khattak S. I. , Ahmad M. , Khan A. A disaggregated-level analysis of the relationship among energy production, energy consumption and economic growth: Evidence from China [J]. Energy, 2020, 194.

[294] Rand D. A. , Young L. S. Dynamical systems and turbulence, warwick 1980 [J]. Lecture Notes in Mathematics Berlin Springer Verlag, 1981, 898 (3): 75 – 89.

[295] Raza S. A. , Shahbaz M. , Amir-ud-Din R. , et al. Testing for wavelet based time-frequency relationship between oil prices and US economic activity [J]. Energy, 2018, 154: 571 – 580.

[296] Reboredo J. C. , Ugolini A. Price spillovers between rare earth stocks and financial markets [J]. Resources Policy, 2020, 66: 101647.

[297] Ren H. H. , Folmer H. , Van der Vlist A. J. What role does the real estate-construction sector play in China's regional economy [J]. Annals of Region-

al Science, 2014, 52: 839 – 857.

[298] Ren Y. , Suganthan P. N. , Srikanth N. A comparative study of empirical mode decomposition-based short-term wind speed forecasting methods [J]. Ieee Transactions on Sustainable Energy, 2015, 6 (1): 236 – 244.

[299] Rim K. T. , Koo K. H. , Park J. S. Toxicological evaluations of rare earths and their health impacts to workers: A literature review [J]. Safety and Health at Work, 2013, 4 (1) .

[300] Rollat A. , Guyonnet D. , Planchon M. , et al. Prospective analysis of the flows of certain rare earths in Europe at the 2020 horizon [J]. Waste Management, 2016, 49: 427 – 436.

[301] Roulac S. E. Real estate value chain connections: Tangible and transparent [J]. Journal of Real Estate Research, 1999, 17: 387 – 404.

[302] Engle R. F. , Kroner K. F. Multivariate simultaneous generalized ARCH [J]. Econometric Theory, 1995, 11 (1): 122 – 150.

[303] Khalfaoui R. , Boutahar M. , Boubaker H. Analyzing volatility spillovers and hedging between oil and stock markets: Evidence from wavelet analysis [J]. Energy Economics, 2015, 49: 540 – 549.

[304] Schreiber. Measuring information transfer [J]. Physical review letters, 2000, 85 (2): 461.

[305] Servadio J. L. , Convertino M. Optimal information networks: Application for data-driven integrated health in populations [J]. Science Advances, 2018, 4 (2): 1701088.

[306] Shahzad S. J. H. , Bouri E. , Ahmad T. , et al. Extreme tail network analysis of cryptocurrencies and trading strategies [J]. Finance Research Letters, 2022, 44: 102106.

[307] Shannon C. E. A mathematical theory of communication [J]. The Bell System Technical Journal, 1948, 27 (3): 379 – 423.

[308] Shao L. , Hu W. , Yang D. The price relationship between main-by-product metals from a multiscale nonlinear Granger causality perspective [J]. Re-

sources Policy, 2020, 69: 101846.

[309] Shen L., Zhong S., Hu S. Opportunities and challenges of natural resources research of China in the New Era [J]. Journal of Natural Resources, 2020, 35: 1773 – 1788.

[310] Shen Y. Y., Jiang Z. Q., Ma J. C., et al. Sector connectedness in the Chinese stock markets [J]. Empirical Economics, 2022, 62 (2): 825 – 852.

[311] Shirokikh O., Pastukhov G., Boginski V., et al. Computational study of the US stock market evolution: A rank correlation-based network model [J]. Computational Management Science, 2013, 10 (2 – 3): 81 – 103.

[312] Shuai C., Shen L., Jiao L., et al. Identifying key impact factors on carbon emission: Evidences from panel and time-series data of 125 countries from 1990 to 2011 [J]. Applied Energy, 2017 (187): 310 – 325.

[313] Singhal S., Choudhary S., Biswal P. C. Return and volatility linkages among International crude oil price, gold price, exchange rate and stock markets: Evidence from Mexico [J]. Resources Policy, 2019, 60: 255 – 261.

[314] Smitha P. S., Narasimhan B., Sudheer K. P., et al. An improved bias correction method of daily rainfall data using a sliding window technique for climate change impact assessment [J]. Journal of Hydrology, 2018, 556: 100 – 118.

[315] Song Y., Liu C., Langston C. A linkage measure framework for the real estate sector [J]. International Journal of Strategic Property Management, 2010, 9 (3): 121 – 143.

[316] Sornette D., Woodard R. Financial bubbles, real estate bubbles, derivative bubbles, and the financial and economic crisis [C]// Econophysics approaches to large-scale business data and financial crisis. Springer Japan, 2010: 101 – 148.

[317] Stavroglou S. K., Pantelous A., Stanley H. E., et al. Hidden interactions in financial markets [J]. Proceedings of the National Academy of Sciences, 2019, 116 (22): 10646 – 10651.

[318] Steeg G. V. , Galstyan A. Information transfer in social media [C]// Proceedings of the 21st international conference on World Wide Web, 2011: 509 - 518.

[319] Su C. W. Non-linear causality between the stock and real estate markets of Western European countries: Evidence from rank tests [J]. Economic Modelling, 2011, 28 (3): 845 - 851.

[320] Sugihara G. , May R. , Ye H. , et al. Detecting causality in complex ecosystems [J]. Science, 2012, 338 (6106): 496 - 500.

[321] Sun X. , Yao X. , Wang J. Dynamic interaction between economic policy uncertainty and financial stress: A multi-scale correlation framework [J]. Finance Research Letters, 2016, 21: 212 - 214.

[322] Boccaletti S. , Latora V. , Moreno Y. , Chavez M. , Hwang D. U. Complex networks: Structure and dynamics [J]. Physics Reports, 2006 (424): 175 - 308.

[323] Hammoudeh S. , Yuan Y. Metal volatility in presence of oil and interest rate shocks [J]. Energy Economics, 2008 (30): 606 - 620.

[324] Kang S. H. , Mciver R. , Yoon S. M. Dynamic spillover effects among crude oil, precious metal, and agricultural commodity futures markets [J]. Energy Economics, 2017, 62: 19 - 32.

[325] Scarsoglio S. , Cazzato F. , Ridolfi L. From time-series to complex networks: Application to the cerebrovascular flow patterns in atrial fibrillation [J]. Chaos: An Interdisciplinary Journal of Nonlinear Science, 2017, 27 (9) .

[326] Terrell D. , Millimet D. Money-income granger-causality in quantiles [M]. University of California at Riverside, Department of Economics, 2012.

[327] Tong H. , Lim K. S. Threshold autoregression, limit cycles and cyclical data [J]. Journal of the Royal Statistical Society, 1980, 42 (3): 245 - 292.

[328] Tongal H. , Sivakumar B. Forecasting rainfall using transfer entropy coupled directed? weighted complex networks [J]. Atmospheric Research 2021,

255.

[329] Tu C. Cointegration-based financial networks study in Chinese stock market [J]. Physica A Statistical Mechanics and Its Applications, 2014, 402: 245 – 254.

[330] Brandes U. A faster algorithm for betweenness centrality [J]. Journal of Mathematical Sociology, 2001, 25 (2): 163 – 177.

[331] Wang X. , Yao M. , Li J. , et al. China's rare earths production fore-casting and sustainable davelopment policy implications [J]. Sustainability, 2017, 9 (6): 1003.

[332] Wang Z. , Noda M. Identification of repeated sequential alarms in noisy plant operation data using dot matrix method with sliding window [J]. Journal of Chemical Engineering of Japan, 2017, 50 (6): 445 – 449.

[333] Wang D. , Huang W. Q. Forecasting macroeconomy using Granger-causality network connectedness [J]. Applied Economics Letters, 2021, 28 (16): 1363 – 1370.

[334] Wang G. J. , Xie C. , Chen S. , et al. Random matrix theory analysis of cross-correlations in the US stock market: Evidence from Pearson's correlation coeffi-cient and detrended cross-correlation coefficient [J]. Physica A Statistical Mechan-ics & Its Applications, 2013, 392 (17): 3715 – 3730.

[335] Wang G. J. , Xie C. , Chen S. Multiscale correlation networks analy-sis of the US stock market: A wavelet analysis [J]. Journal of Economic Interac-tion and Coordination, 2017, 12 (3): 561 – 594.

[336] Wang G. J, Xie C. , He K. , et al. Extreme risk spillover network: Application to financial institutions [J]. Quantitative Finance, 2017, 17 (9): 1417 – 1433.

[337] Wang G. J. , Xie C. , Stanley H. E. Correlation structure and evolu-tion of world stock markets: Evidence from Pearson and partial correlation-based networks [J]. Computational Economics, 2018, 51: 607 – 635.

[338] Wang G. J. , Xie C. Correlation structure and dynamics of international

real estate securities markets: A network perspective [J]. Physica a-Statistical Mechanics and Its Applications, 2015, 424, 176 – 193.

[339] Wang H., Risk S. Li. contagion in multilayer network of financial markets [J]. Physica A: Statistical Mechanics and its Applications, 2019, 541.

[340] Wang J., Guo M., Liu M., et al. Long-term outlook for global rare earth production [J]. Resources Policy, 2020, 65: 101569.

[341] Wang L., Ma F., Niu T. J., He C. T. Crude oil and BRICS stock markets under extreme shocks: New evidence [J]. Economic Modelling 2020, 86 (c): 54 – 68.

[342] Wang M. Analyzing the non-linearity of Chinese stock market using R/S method [J]. Forecasting, 2002, 21 (3): 42 – 45.

[343] Wang X., Ge J., Li J., et al. Market impacts of environmental regulations on the production of rare earths: A computable general equilibrium analysis for China [J]. Journal of Cleaner Production, 2017, 154 (15): 614 – 620.

[344] Wang X., Lei Y., Ge J., et al. Production forecast of Chinas rare earths based on the Generalized Weng model and policy recommendations [J]. Resources Policy, 2015, 43: 11 – 18.

[345] Wang X. X., Wang Y. D. Volatility spillovers between crude oil and Chinese sectoral equity markets: Evidence from a frequency dynamics perspective [J]. Energy Economics, 2019, 80: 995 – 1009.

[346] Wang Z., Gao X., An H., et al. Identifying influential energy stocks based on spillover network [J]. International Review of Financial Analysis, 2020, 68: 101277.

[347] Wu T., Gao X., An S., et al. Diverse causality inference in foreign exchange markets [J]. International Journal of Bifurcation and Chaos, 2021, 31 (5): 2150070.

[348] Wu Z., Huang N. E. Ensemble empirical mode decomposition: A noise-assisted data analysis method [J]. Advances in Adaptive Data Analysis 2009, 1 (1): 1 – 41.

［349］ Wübbeke, J. Rare earth elements in China: Policies and narratives of reinventing an industry ［J］. Resources Policy, 2013, 38 （3）: 384 – 394.

［350］ Xi X. , An H. Research on energy stock market associated network structure based on financial indicators ［J］. Physica A: Statistical Mechanics and its Applications, 2018, 490: 1309 – 1323.

［351］ Xi X. , Gao X. , Zhou J. , et al. Uncovering the impacts of structural similarity of financial indicators on stock returns at different quantile levels ［J］. International Review of Financial Analysis, 2021, 76: 101787.

［352］ Xiang H. , Zhang G. , An P. , et al. Protecting the environment and public health from rare earths mining: Rare earths mining ［J］. Earth's Future, 2016, 4 （11）.

［353］ Xiao D. , Wang J. Dynamic complexity and causality of crude oil and major stock markets ［J］. Energy, 2020, 193: 747 – 766.

［354］ Xiaoke X. , Jie Z. , Michael S. Superfamily phenomena and motifs of networks induced from time series ［J］. Proceedings of the National Academy of Sciences of the United States of America, 2008, 105 （50）: 19601 – 19605.

［355］ Xu X. Contemporaneous and Granger causality among US corn cash and futures prices ［J］. European Review of Agricultural Economics, 2019, 46 （4）: 663 – 695.

［356］ Liu X. , An H. , Huang S. , Wen S. The evolution of spillover effects between oil and stock markets across multi-scales using a wavelet-based G ARCH-BEKK model ［J］. Physica A Statistical Mechanics and Its Applications, 2017, 465: 374 – 383.

［357］ Yang C. , Chen Y. , Niu L. , Li Q. Cointegration analysis and influence rank—A network approachto global stock markets ［J］. Physica A Statistical Mechanics & Its Applications, 2014, 400: 168 – 185.

［358］ Yasaka K. , Akai H. , Abe O. , et al. Deep learning with convolutional neural network for differentiation of liver masses at dynamic contrast-enhanced CT: a preliminary study ［J］. Radiology, 2018, 286 （3）: 887 – 896.

[359] Yoon Y., Swales G. Predicting stock price performance: A neural network approach [J]. Neural Networks in Finance and Investing, 1993, 4: 329 – 342.

[360] You T., Pawe F., Artur H. Network analysis of the shanghai stock exchange based on partial mutual information [J]. Journal of Risk and Financial Management, 2015, 8 (2): 266 – 284.

[361] Yu K. D. S., Tan R. R., Aviso K. B., Promentilla M. A. B., Santos J. R. A vulnerability index for post-disaster key sector prioritization [J]. Economic Systems Research. 2014, 26 (1): 81 – 97.

[362] Yue Y. D., Liu D. C., Xu S. Price linkage between Chinese and international nonferrous metals commodity markets based on VAR-DCC-GARCH models [J]. Transactions of Nonferrous Metals Society of China, 2015, 25 (3): 1020 – 1026.

[363] Yue Y., Wang J., Yang H., Mang J. Visibility graph approach to exchange rate series [J]. Physica A Statistical Mechanics and Its Applications, 2009, 388 (20): 4431 – 4437.

[364] Yue Y., Yang H. Complex network-based time series analysis [J]. Physica A Statistical Mechanics and Its Applications, 2008, 387 (5): 1381 – 1386.

[365] Yue P., Fan Y., Batten J. A., Zhou W. X. Information transfer between stock market sectors: A comparison between the USA and China [J]. Entropy 2020, 22 (2): 194.

[366] Yusof M. R., Majid A. S. M. Who moves the Malaysian stock market-the US or Japan?: Empirical evidence from the pre, during, and post-1997 Asian financial crisis [J]. Gadjah Mada International Journal of Business, 2006, 8 (3): 367 – 406.

[367] Ma Y., Zhang D., Ji Q., Pan J. Spillovers between oil and stock returns in the US energy sector: Does idiosyncratic information matter [J]. Energy Economics, 2019, 81: 536 – 544.

[368] Qi Y. , Li H. , Liu N. , Hao X. , Guan Q. Transmission characteristics of investor sentiment for energy stocks from the perspective of a complex network [J]. Journal of Statistical Mechanics: Theory and Experiment, 2018 (7): 073401.

[369] Zhao Y. , Peng X. , Small M. Reciprocal characterization from multi-variate time series to multilayer complex networks [J]. Chaos, 2020, 30 (1): 013137.

[370] Zhang G. P. Time series forecasting using a hybrid ARIMA and neural network model [J]. Neurocomputing, 2003, 50 (1): 159 – 175.

[371] Zhang J. , Small M. Complex network from pseudoperiodic time series: Topology versus dynamics [J]. Physical Review Letters, 2006, 96 (23): 238701.

[372] Zhang J. , Tang H. , Tannant D. D. , et al. Combined forecasting model with CEEMD-LCSS reconstruction and the ABC-SVR method for landslide displacement prediction [J]. Journal of Cleaner Production, 2021, 293: 126205.

[373] Zhang X. , Podobnik B. , Kenett D. Y. , Stanley H. E. Systemic risk and causality dynamics of the world international shipping market [J]. Physica a-Statistical Mechanics and Its Applications, 2014, 415: 43 – 53.

[374] Zhao X. , Sun Y. , Li X. , Shang P. Multiscale transfer entropy: Measuring information transfer on multiple time scales [J]. Communications in Nonlinear Science and Numerical Simulation, 2018, 62: 202 – 212.

[375] Zheng B. , Zhang Y. Chen Y. Asymmetric connectedness and dynamic spillovers between renewable energy and rare earth markets in China: Evidence from firms' high-frequency data [J]. Resources Policy, 2021, 71 (6): 101996.

[376] Zhou L. , Gong Z. Q. , Zhi R. , Feng G. L. Influence of time delay on global temperature correlation [J]. Acta Phys Sin, 2011, 20 (8): 380 – 387.

[377] Zhou Y. , Gao Z. Intelligent recognition of medical motion image combining convolutional neural network with Internet of Things [J]. IEEE Access, 2019, 7: 145462 – 145476.

［378］Gao Z. , Small M. , Kurths J. Complex network analysis of time series ［J］. EPL, 2016, 116: 50001.

［379］Lin Z. , Jian L. , Zhou J. , Zhu J. , Li Y. , Qian W. Complexities'day-to-day dynamic evolution analysis and prediction for a Didi taxi trip network based on complex network theory ［J］. Modern Physics Letters B, 2018, 32（9）: 1850062.